역사 속의 유로메나

역사 속의 유로메나

교류와 갈등의 역사

초판 1쇄 인쇄일 2021년 11월 1일 **초판 1쇄 발행일** 2021년 11월 5일

기획 서강대학교 유로메나연구소 | **엮은이** 박단
펴낸이 박재환 | **편집** 유은재 | **마케팅** 박용민 | **관리** 조영란
펴낸곳 에코리브르 | **주소** 서울시 마포구 동교로15길 34 3층(04003) | **전화** 702-2530 | **팩스** 702-2532
이메일 ecolivres@hanmail.net | **블로그** http://blog.naver.com/ecolivres
출판등록 2001년 5월 7일 제201-10-2147호
종이 세종페이퍼 | **인쇄·제본** 상지사 P&B

ISBN 978-89-6263-232-3 93900

서강대학교 유로메나연구소 기획 | 박단 엮음

역사 속의 유로메나

교류와 갈등의 역사

에코리브르

차례

3부 유럽연합과 메나

4부 유럽 속의 메나

프롤로그

박단 서강대학교

유럽의 역사는 이웃 지역과 늘 갈등과 교류의 연속이었습니다. 주변국과의 관계 속에서 유럽의 정체성과 영역은 더욱 뚜렷해졌고, 유럽인들은 유럽다움과 유럽답지 않음을 구분하게 되었습니다. 이러한 과정에서 오늘날 "우리"라는 유럽인과 "너희"라는 비유럽인 사이의 관계가 형성되었습니다. 유럽의 형성과 발전에 가장 직접적으로 영향을 미친 지역이 메나(Middle East & North Africa, MENA), 즉 오늘날의 북아프리카와 중동이라는 것은 주지의 사실입니다. 다양한 민족이 함께 생활하는 유럽 대륙에서 유럽인들이 "우리"와 "너희"를 구분하는 일차적 기준은 오랫동안 크리스트교인과 비크리스트교인, 즉 종교였습니다. 유럽과 이웃한 메나는 이슬람 지역으로, 크리스트교 문명의 유럽 대륙에 때로는 위협적인 존재로, 때로는 멸시의 대상으로 인식되었습니다.

하지만 유럽과 메나는 역사 속에서 전쟁과 화해를 반복하면서, 갈등과 협력 관계로 두 문명 발전에 상당한 영향을 주고받았습니다. 그럼에도 국내 학계는 두 문명권을 별개로 인식함으로써 많은 중요한 사실들을 놓쳐왔습니다. 근대 이전의 십자군 전쟁, 레콩키스타 등은 별개로 하더라도 제국주의 문제, 오늘날 일어나고 있는 '종교·문화 간 갈등'을 제대로 이해하기 위해 두 문명권을 종합적인 관점에서 바라보는 것은 반드시 필요합니다. 이슬람의 영향력을 도외시한 유럽사, 유럽의 영향력을 무시한 메나 지역의 역사 연구는 그 한계가 너무 뚜렷합니다.

이처럼 균형 잡힌 역사 연구를 위해서 두 문명을 종합적으로 살펴보는 것은 불가피하지만, 국내의 연구 현실은 그렇지 않습니다. 대학 대부분은 여전히 한국사, 동양사, 서양사라는 틀 안에 함몰되어 더 넓은 시야로 역사를 바라보지 못하는 한계가 있습니다. 대학뿐만 아니라 학회, 연구소도 마찬가지입니다. 메나 지역은 서양사, 동양사 어디에서도 본격적으로 다루어지지 않을뿐더러 유럽 혹은 동아시아와 함께 다룬 연구도 찾아보기 쉽지 않습니다. 서강대학교 유로메나연구소(The Sogang Euro-MENA Institute, https://euro-mena.net/)는 이러한 한계를 탈피하기 위해 2019년 4월 설립되었습니다. 이 책은 유로메나연구소의 첫 학술대회 결과물입니다.

첫 시도는 항상 빛과 그늘이 함께 존재합니다. 우선 유로메나연구소의 이러한 취지에 많은 연구자가 공감해주었고, 본 저술에 기꺼이 참여해주었다는 것은 분명 매우 긍정적인 요소라고 할 수 있습니다. 유럽과 메나 지역 두 문명권의 갈등과 교류에 관심을 가진 국내 학자들의 글을 체계적으로 종합했다는 사실은 무엇보다 획기적인 시도입니다. 이는 지금까지 어느 학술단체도 이루어내지 못한 성과입니다. 하지만 근대 이전부터 현대까지 두 문명의 역사를 관통하다 보니 시대나 지역에 따라 빈 곳이 생길 수밖에 없었다는 점 또한 인정하지 않을 수 없습니다. 두 문명의 역사를 균형 잡힌 연구로 승화시키기에는 메나 지역 연구자가 턱없이 부족한 것이 국내의 현실이기 때문입니다. 그럼에도 국내 역사학계뿐만 아니라 사회과학, 아랍지역학 등의 연구자들이 적극적으로 동참하여 빈 부분을 어느 정도 메운 것은 이 책의 커다란 장점이라고 생각합니다.

이 책은 시대에 따라 1부 "근대 이전의 유럽과 메나", 2부 "근대 이후 유럽 국가와 메나", 3부 "유럽연합과 메나", 4부 "유럽 속의 메나" 등 총 4부로 구성되어 있습니다. "근대 이전의 유럽과 메나"는 고대 '영원한 로마' 개념에서부터 16세기 오스만 제국의 빈 침공까지를 다루는데, 이 장의 특징은 근대 이전 두 문명권 사이에 다양한 갈등이 존재했지만, 그 못지않게 교류도 활발했다는 점을 보여주는 데 있습니다. 특히 서기 천년의 교황 제르베르의 역할과 제6차 십자군 연구가 근대 이전 크리스트교와 이슬람의 교류와 평화 공존을 잘 보여주고 있습니다.

"근대 이후 유럽 국가와 메나"는 나폴레옹의 이집트 침공부터 제2차 세계대전 전후 영국의 유대국가 건설 기획까지를 다루고 있습니다. 근대 이전까지 두 문명 간 갈등이 주로 전쟁이라는 형태로 이루어져 단기간의 충돌 이후 다시 원래의 지역으로 돌아가는 형태가 대부분이었다면, 근대 이후에는 서구의 메나 지역에 대한 침략이 식민주의 형태를 띰으로써 아랍 세계 점령이 일반화되었습니다. 심지어 정착민 형태로 유럽인들이 식민지에 거주함으로써 두 문명이 직접 접촉하는 계기가 되었습니다. 특히 영국과 프랑스의 메나 지배는 제국주의 침략의 전형적인 모습으로, 우리가 왜 유럽과 메나를 함께 검토해야 하는지를 가장 잘 보여주는 구체적인 사례라고 할 수 있습니다.

"유럽연합과 메나"는 그 이전 시대와 달리 유럽과 메나의 관계를 각국 차원이 아니라 하나의 대표성을 갖는 집단으로 바라볼 수 있는 좋은 사례입니다. 27개 유럽 국가의 연합체인 유럽연합(EU)의 정체성을 잘 보여주는 터키의 유럽연합 가입 협상 문제뿐만 아니라, 유럽과 메나 지역을 하나의 단일체로 묶으려는 다양한 시도를 통하여 유럽과 메나를 별개로 볼 수 없다는 점을 강조하고 있습니다.

"유럽 속의 메나"는 사실 "메나 속의 유럽"과 짝을 지어 고찰할 필요가 있는 주제입니다만, 연구자의 한계로 유럽 내 위치한 메나적 요소를 탐구한 장이라고 할 수 있습니다. 장기간 이슬람 문명과 교류해온 유럽 내에는 무슬림 이민자뿐만 아니라 메나 지역의 언어, 이슬람의 건축, 심지어 이슬라모포비아(Islamophobia)라는 혐오감마저 내재해 있음을 보여주고 있습니다. 유럽과 메나를 더 이상 별개의 지역, 별개의 문화권으로 보는 것이 현실적이지 않은 이유입니다.

우리는 단 한 차례의 시도로 유럽과 메나 지역에 대한 종합적 성과물을 이뤄낼 수는 없습니다. 하지만, 챕터 하나, 주제 하나하나가 향후 유로메나 연구의 선구적 역할을 할 것임은 틀림없어 보입니다. '구슬이 서 말이라도 꿰어야 보배'라는 말이 있습니다. 그동안 각 연구자가 개별적으로 관심을 갖고 연구해왔을 주제들을 이번 책을 기회로 정리하고 종합해 보니 나름대로 유로메나 연구에 대한 하나의 종합서로 손색이 없어 보입니다.

글을 맺기 전 '유로-메나' 용어와 관련하여 한 가지 분명히 하고 싶은 것이 있습니다. 2019년 초 연구소 이름을 유로-메나로 지을 때 유럽과 메나를 하나의 문명권으로 파악하면 이 지역의 역사와 문명을 훨씬 종합적이고 거시적으로 이해할 수 있으리라 생각했습니다. 실제 서양사를 공부하면서 메나 지역과 함께 살피지 않는 유럽의 역사는 늘 불완전하다고 느껴왔기 때문입니다. 하지만 오래전부터 유럽인들 또한 다른 차원에서 '유로-메나'를 강조해왔다는 것을 잊고 있었습니다. 특히 프랑스의 알제리 식민화를 살피다 보면 유럽인의 메나에 대한 시각을 더욱 명확히 파악할 수 있습니다. 프랑스의 역사학자 알랭 뤼시오(Alain Ruscio)는 그의 책 《백인의 신념(Le credo de l'homme blanc)》에서 서구인들이 아프리카를 식민지화하면서 "우리는 우리에게 조금도 낯설지 않은 땅으로 되돌아가고 있다", "과거에 로마 문명의 빛이 그 땅에서 찬란히 빛났기 때문이다", "아프리카에서 우리는 로마인이다"라고 말했음을 상기시킵니다. 이는 프랑스의 알제리 정복을 역사적으로 정당화하는 말입니다. 알제리에 남아 있는 로마의 유적이 세계문화유산으로 지정되고 있고, 이는 오늘날의 알제리인에게도 그들 이전에 "이 땅에 로마인들(서양인들)이 살고 있었다"라는 사실을 되새기도록 합니다.

유럽과 메나가 진정 어느 한쪽이 일방적으로 시혜를 제공하는 관계였을까요? 유로메나는 서구인들에게 아프리카 식민화의 정당성을 제공하기도 하지만, 다른 한편으로는 두 문명권을 바라보는 데 통합적이고 객관적인 관점을 제공하기도 합니다. 유로메나라는 명칭의 이러한 이중적 관점을 인지하면서, 우리는 향후 서구인들의 유럽 중심적 관점을 극복하기 위해 더욱 균형 잡힌 연구에 매진할 필요성이 있을 것입니다. 또한 우리는 향후 이러한 유로메나 연구를 넘어 한국과 메나 관계 연구로도 우리의 연구를 확대 발전시킬 필요가 있어 보입니다. 무슬림 이민자가 더욱 늘어나고 있는 국내에 K-메나 연구가 21세기 한국 경제 사회에 커다란 도움이 되기를 희망하며, 글을 마무리합니다.

끝으로, 이 책의 출간을 위해 도움을 주신 많은 분께 감사의 인사를 전하고 싶습니다. 이번에 참여한 필자들은 대부분 2007년 결성된 통합유럽연구회의 회원들입니다. 통합유럽연구회는 인문학자와 사회과학자가 함께 모여 융·복합적 관점에서 유럽의 과거와 현재를 꾸준히 연구해온 단체입니다. 필진 다수는 유럽에 대한 이해를 더욱 넓고 깊이 추구한다는 차원에서 본 저술에 기꺼이 참여해주셨습니다. 특히 이 책의 기초가 된 유로메나연구소의 전국학술대회 "역사 속의 유로메나: 교류와 갈등의 역사"(2019. 12. 20.~21., 서강대학교) 기획에 힘써주신 수원대학교 윤성원 교수와 유로메나연구소 태동에 커다란 역할을 해주신 본 연구소 박현도 교수, 김재희 박사에게 깊은 감사를 드립니다. 또한 본 연구소의 활성화를 위해 흔쾌히 연구소 발전기금을 기탁해주신 라인플러스 석종완 사장님께도 이 자리를 빌려 깊은 감사의 말씀을 전합니다. 마지막으로 이 책의 출간을 흔쾌히 맡아주신 박재환 에코리브르 대표께도 감사드립니다.

2021년 10월

필진을 대표하여 서강대학교 유로메나연구소 소장

박단

1부

근대 이전의 유럽과 메나

'영원한 로마' 이념과 유럽 공동체 혹은 유로메나•

01

최혜영 전남대학교

들어가는 말

오늘날 유럽, 나아가 유로메나는 대중적 담론의 초점이 되고 있다. 이와 긴밀하게 연관된 유럽 이념(idea)에 관해서도 다양한 견해가 존재하는 가운데, 유럽공동체의 기원과 의미를 공통된 역사적 전통에서 찾으려는 노력이 있다. EEC의 초대 의장 발터 할슈타인(Walter Hallstein)은 유럽은 '창조된 것이 아니고 재발견된 것'이라고 강조하며, 미국과 유럽의 차이는 이에 있다고 하였다. 1973년 코펜하겐에서 유럽 9개국 외상은 유럽 정체성(identity)에 관한 헌장을 채택하고 선언하였으며, 유럽통합론의 주요 주창자였던 알티에로 스피넬리(Altiero Spinelli)는 "중요한 변화가 유럽인들

• 이 글은 〈'영원한 로마' 이념과 유럽 통합: 그 문화적 고리〉, 《서양고전학연구》 제16권(2001)을 수정·재편집한 것이다.

의 정치의식 속에 나타나고 있습니다……. 유럽에서 가장 참혹했던 세계대전이 끝난 이후로 이제 이들 이웃들은 공동의 운명을 나눌 친근한 국가들로 인식되고 있습니다"라고 말하였다. 그런데 그러한 공통의 문화적 기억과 유산은 현재의 EU 국가, 혹은 유로메나 국가들 대다수를 포함하고 있던 로마 제국에서 찾을 수 있을 것 같다. 사실 근대 이후 민족주의의 발달과 더불어 조각난 국민 국가들을 다시 꿰매어 하나의 통합된 국가를 이루겠다는 이념은 놀랄 만큼 로마 제국과 닮은 점이 있다.

제1차 세계대전 이후 프랑스 시인 폴 발레리는 유럽은 세 가지 가치를 공유하는데, 그것은 예루살렘, 아테네, 로마라고 하였다. 예루살렘, 즉 크리스트교로부터는 도덕성이나 보편적 정의를, 아테네로부터는 지혜에 대한 사랑과 인간중심적 사고를, 로마로부터는 국가의 힘, 법, 정치제도, 시민권 등을 물려받았는데, 이 세 요소가 있으면 유럽인이라고 볼 수 있다는 것이다. 사실 이 세 요소는 로마라는 한 요소로 집약할 수 있다. 로마 제국에서 그리스 문화와 크리스트교와 함께 어울려져서 후세에 전해졌기 때문이다. 영국 시인 엘리엇이 "유럽의 문화를 계승하고 있는 한 우리 모두는 여전히 로마 제국의 시민들이다"라고 하였던 것이나, "로마가 몰락할 때 세계도 몰락하리라"는 바이런의 선언은 같은 맥락에서 볼 수 있으며, 근대 역사학의 아버지 랑케가 로마 문화를 모든 고대사가 모이고 모든 근세사가 흘러나온 호수에 비유하였던 것도 비슷한 의미를 담고 있을 것이다.

고대의 유럽의 개념과 실체

1946년, 제2차 세계대전 직후 영국 수상 처칠은 취리히 대학에서 유럽 통합에 대한 의견을 피력한 다음 "유럽을 건설합시다"는 말로 연설을 마쳤다. 그런데 유럽이 무엇이냐 하는 질문에 답하기란 그리 쉽지 않을 것이다. 하나의 응집력 있는 유럽적 정체성이 있는가? 유럽은 어디에 있는가? 유럽은 공유하는 역사와 문화가 있는가? 누가 유럽에 속하며 누가 배제되는가? 유럽과 유럽인이 된다는 것은 무엇을 의미하는가? 유럽을 위협하는 세력이 있는가? EU는 유럽 역사의 패턴과 경험에 어떻게 관련되어 있는가? 앞으로 어떤 유럽이 세워질 것이며 그 배경은? 유럽을 둘러싼 경계는 변동하며 제도들은 홍망하며 민족들은 생겼다가 해체되었다가 재형성된다. 제라드 델란티(Gerard Delanty)에 의하면 유럽은 이념(ideas)과 이상(ideals)과 실체(reality)의 복합적 상징물이며, 여러 변수에 의하여 끊임없이 변하는 구조물이다. 비트겐슈타인의 말처럼 정체성이란 하나의 변하지 않는 독특한 것이 아니라, 일종의 '양털뭉치'처럼 많은 작은 실들이 뭉쳐져서 된 것에 가까워서, 논제가 클수록 그 기반도 복잡하다 할 것이다. 유럽이라는 개념은 총체적 문화, 즉 언어, 종교, 역사의식, 국적, 국경, 물질적·심미적 문화, 법과 시민권 등 여러 변수를 포함하고 있으며 계속 변화하고 있다.

사실 유럽이라는 말의 기원은 고대 신화로까지 거슬러 올라간다. 페니키아 왕의 아름다운 딸 에우로페를 소로 변장한 제우스가 크레타까지 유인하여 미노스를 비롯한 세 아들을 낳았다는 것이며, 이 공주 이름에서 'Europe'이라는 단어가 유래했다는 것이다. '이민족 출신의 비자발적 여성 이주민'이라는 이중적 주변인이었던 한 여인의 이름이 유럽 대륙의 이름으로 남은 것은 유럽의 복수적 기원과 개방성의 정체성을 잘 보여주는 것인지도 모른다. 지중해를 중심으로 살던 자신들을 '연못가에 살고 있는 개미와 개구리들'에 비유하였던 플라톤의 말은 개방적이면서 문화와 인종의 용광로였던 고대 지중해 연안 문명의 성격을 잘 보여주는 듯하다.

그러면서도 특히 페르시아 전쟁 이후로 그리스인들은 아시아와의 지역적 차이를 분명하게 인식하게 되었다. 예컨대 헤로도토스는 아시아와 유럽의 지리적 개념을 언어와 관습, 특성뿐만 아니라 정치 체제의 차이와도 연관시켰다. 아테네, 즉 유럽은 자유의 상징이며, 페르시아, 즉 아시아는 전제정의 나라를 의미한다는 것이다. 기원전 400년경의 히포크라테스는 아시아와 유럽의 차이를 기후나 지질과 연관하여 설명하였는데, 아시아인들이 대체로 유럽인들보다 더 부드러우면서 비전투적인 기질을 갖는 것은 물, 대기 등의 지리적 환경이 유럽과 다르기 때문이라는 것이다. 아리스토텔레스 역시 《정치학》에서 유럽인들은 추운 기후 탓에 용감하고 독립적이나 단합이 잘 안 되고 다른 이들을 통치하는 데 서투른 반면, 아시아인들은 두뇌와 기술이 있으나 용기와 의지력이 떨어지므로 예속 상태에 머물러 있다고 유럽과 아시아를 비교하였다. 기후나 지질보다도 둘 사이의 문화적 차이를 강조하였던 이는 소크라테스였다.

그러나 알렉산드로스의 세계 제국 및 로마 제국의 성립 이후 여러 대륙과 인종의 차이를 그리 강조하지 않게 되면서 유럽이라는 이름은 주로 지리적 명칭으로 사용되었다. 고대 로마 제국을 대표하는 작가 베르길리우스는 《아이네이스》에서 다음과 같이 말한다.

나는 유럽과 아시아에서 벗어나 지금 리비아(아프리카)의 광야를 헤매고 있습니다.

우리는 운명이 유럽과 아시아의 충돌을 어떻게 조장하였는지 모두 알고 있습니다…….

여기서 유럽은 리비아(아프리카) 및 아시아와 구별되는 지리적 개념으로 사용되고 있는데, 베르길리우스는 로마 건국자 아이네이아스가 디도 여왕이 있는 아프리카를 떠나 새로운 유럽 대륙에 정착하지만 그의 고향은 아시아라는 것을 거듭 말하고 있다. 아시아를 떠나 아프리카를 거쳐 운명적 힘에 의해 유럽을 지배하게 되었다고 본 것이다. 이는 로마 제국이 아시아, 아프리카, 유럽 모두를 포함하게 될 제국임을 상징적으로 잘 나타내고 있다고 보인다. 예컨대 로마 제정기의 대리석 부조에서 유럽과 아시아는 아르벨라(Arbela) 전투가 묘사된 한 큰 방패의 양쪽 가에 서 있는 여성으로 묘사되어 있는데, 이는 로마가 아시아와 유럽을 모두 지배한다는 사실을 상징적으로 보여주는 좋은 예다.

즉 로마 제국 시기에 유럽이라는 단어는 주로 지리적 개념으로 사용되었으며 유의미한 문화적 정체성을 담은 개념으로 나타나지는 않는다. 유럽도 아시아도 같은 제국 안에 포함되었으므로 오히려 그 경계가 모호해진 것이다. 그러면서 모두를 아우르는 개념이자 공동 조국으로서의 '로마'가 떠오르기 시작하였다. 예컨대 로마 제국 전성기 때 살았던 아리스테이데스는 〈로마 송사〉에서 로마는 이제 한 도시가 아니라 모든 사람을 지칭하게 되었다고 말한다. 세계는 오직 하나의 폴리스 로마가 있을 뿐, 로마의 주민들은 유럽, 아시아, 아프리카 등 어디서 출생하였든 또 지금 어느 폴리스에 속해 있든 문제가 되지 않을뿐더러 로마는 하나의 경제와 행정을 이룩했으며, 모든 사람에게 공통되는 법률과 문화를 가지게 함으로써 '모두의 조국'임을 증명하였다는 것이다. 이러한 사상은 로마 제국 말기의 크리스트교도들에게서도 그대로 발견되는데, 예컨대 시인 프루덴티우스(Prudentius)는 '로마의 공통된 법이 우리를 평등하게 하고, 로마인이라는 하나의 이름이 우리를 결합시키고 피정복자들도 형제와 같이 되도록 유도했다. 서로 떨어진 여러 지역에 살면서도 마치 고향의 한 성벽 내에 살면서 같은 조상과 혈통을 가진 시민인 것처럼 생활하고 있다'고 고백하였던 것이다.

'영원한 로마' 사상

이러한 고백 뒤에는 하나의 공통된 이념이 가로놓여 있는데, 이는 '영원한 로마' 사상이다. 당시 로마와 결합하였던 많은 수식어 중에서도 영원함을 의인화한 '로마 아이테르나(Roma Aeterna)' 사상은 수많은 정치가, 철학자, 시인을 사로잡은 도시와 제국의 개념이었다. '영원한 로마' 이념은 '여신 로마(Dea Roma)'로 신격화되어 로마 제국의 정치·종교적 이념의 토대로 국가적으로 숭배되었을 뿐만 아니라, 문학과 조각 등 예술 분야에서도 자주 발견되는 주제가 되었다. 화폐에서도 여신 로마는 세계를 상징하는 구(球) 위에 앉아 왕권을 상징하는 홀을 들고 있는 모습으로 자주 등장한다. 트라야누스와 하드리아누스 같은 오현제 시대에 이르면 '영원한 도시 로마'의 거창한 축제 행사도 도입되기에 이른다. 흥미로운 점은 제국의 전성기 때뿐만 아니라 빈번한 반란, 이민족의 침입, 경제 침체, 전염병 등으로 그 상황이 절망적일 때 영원한 로마 사상은 더 강조되었다는 사실이다. 이렇게 로마는 영원한 도시(urbs aeterna)이자 세계의 수도

(caput mundi)로서 제국 그 자체의 상징적인 모습을 띠게 되고 영원히 지속될 것으로 각인되기에 이르렀다. 로마 제국의 영원한 힘을 나타내는 깃발과 같은 역할을 하게 된 '영원한 로마' 사상은 로마 제국이 훗날 수도를 밀라노, 라벤나, 혹은 콘스탄티노플로 옮긴 후에도 살아남게 되었다.

시인 오비디우스는 다른 나라들은 제한된 경계를 가지게 마련이었지만, 로마의 경계는 도시(urbs)인 동시에 세계(orbs) 그 자체와 같다고 선언한다. 역사가 리비우스는 《로마 건국사》에서 위대한 도시, 로마의 건설은 운명에 의한 것이라고 말한다. 로마의 건국자 로물루스가 하늘에 올라간 후, '로마가 세계의 수도가 될 것이며, 어떤 인간의 힘도 로마군에 저항할 수 없다는 하늘의 뜻을 전해라'고 하였던 것은 이러한 맥락에서였다. 베르길리우스의 《아이네이스》 1장에서도 로마인들에게는 장소나 시간의 경계가 없는 끝없는 지배가 허락되었음이 최고의 신 유피테르 신의 입을 통하여 장엄하게 선언된다. 또 《아이네이스》 8장에 나오는 아이네이아스의 방패에는 모든 민족이 로마 통치에 종속하여 공물을 바치러 오는 모습이 그려져 있다. 그런데 로마 지배자에게 모든 민족이 공물을 바치러 오는 이러한 모습은 몇 백 년 뒤의 크리스트교 사가 에우세비우스에게서 다시 발견할 수 있다. 두 저자는 서로의 시간적·언어적·종교적 차이에도 불구하고 한 메시지를 전하고 있는데, 그것은 바로 전 세계적인 로마 제국의 권력과 그 영원성이다.

그리하여 로마는 세계의 여왕으로, 모든 도시의 어머니로 각인되었다. 로마 제정 말기의 역사가 암미아누스는 로마를 여러 아이를 거느린 어머니로 묘사하면서 전 세계가 그녀를 여주인 혹은 여왕으로 받아들인다고 하였으며, 헌사가 클라우디아누스도 태양이 모든 세상을 비추는 것처럼, 또 마치 어머니가 아이들을 품듯 로마만이 정복당한 모든 종족을 포용하여 하나의 세계로 만들어 시민으로 삼았으며, 이러한 로마의 지배는 끝이 없을 것임을 장엄하게 선포하였다.

그런데 놀라운 점은 이교 여신의 모습을 띠었던 로마가 크리스트교가 우위를 점한 후에도 살아남았다는 사실이다. 지금도 로마의 산타 마리아 마조레 교회의 승리 아치에는 여신 로마가 예수 그리스도와 함께 관을 쓰고 있다. 물론 이때 그녀를 여신이라고 보기는 힘들다. 그녀는 스스로의 신성에 의해서 살아남은 것이 아니라 제국의 지배 이데올로기에 부합하여 살아남을 수 있었기 때문이다. 이에 대해서 길버트 머리(Gilbert Murrey)는 5세기 때의 진정한 종교는 바로 로마 도시 그 자체에 대한 헌신이었다고 이야기한 바 있다. 로마 아이테르나 사상은 이교도들에게는 물론 크리스트교도들에게도 마찬가지의 상징성과 의미로 큰 영향을 끼치면서 크리스트교와도 결합하여 결국 문화 그 자체의 상징으로 남게 되었던 것이다.

크리스트교와 로마 아이테르나

크리스트교가 로마에서 세력을 키워갈 무렵 크리스트교 내부에서 로마를 보는 관점은 두 가지 서로 대립된 시각이 있었다. 하나는 4세기 교부 아우구스티누스적 견해로 로마를 바빌론적 로마, 혹은 순교자들을 박해한 로마로 보는 것이며, 다른 하나는 그의 제자 오로시우스적 관점으로 예수 그리스도가 그 시민으로 태어난 로마, 그리고 순교자들로 영광을 차지한 로마로 보는 시각이다.

아우구스티누스는 한편으로는 로마의 위대성을 인식하고 있었지만 그렇다고 로마에 특별한 지위를 부여하지는 않았다. 로마는 바빌론, 아시리아, 페르시아 등의 다른 나라들과 마찬가지로 한때 세계를 지배한 나라에 불과하며 특별한 사명이 있다든가 영원하다고 보지 않았다. 폭력과 명예와 허영심으로 차 있는 나라인 로마는 그리스도의 사랑으로 가득 찬 천상의 나라인 신국(神國)과는 다르다는 것이다.

그러나 오로시우스에게 로마는 이전의 제국들과 크게 구별되는데 그것은 바로 크리스트교 때문이다. 예수 그리스도 그 자신이 아우구스투스 시대 로마 제국의 한 인구로 등록되기를 원하셨다. 오로시우스에게 로마 역사는 하나님의 독특하고 특별한 섭리에 의해 전개되었으며, 로마는 크리스트교가 전파되는 데 큰 역할을 담당하였다. 오로시우스는 자신이 크리스트교도인 동시에 로마인임을 자랑스럽게 선언한다. "나는 동서남북 어디를 가더라도 돌연한 폭력을 두려워하지 아니한다. 왜냐하면 나는 한 로마인이며, 한 크리스트교도로 크리스트교도들과 로마인들에게 다가가기 때문이다."

프루덴티우스 역시 예전에 로마는 여러 이교들의 어머니 역할을 하였으나 이제 그리스도에게 복종하게 되었음을 강조한다. 로마의 주권을 다른 어떤 나라보다 높이고 다른 나라들을 그 힘에 복종케 하였던 이는 바로 그리스도 그 자신이다. 그는 모든 인류가 로마로 모이게 하고 하나의 언어, 신념, 법체계를 공유케 하였는데, 이는 이를 토대로 모든 이들을 크리스트교라는 하나의 종교로 개종시키기 위해서였다. 따라서 이제 로마의 건국자 로물루스도 크리스트교 신자로 받아들이는 편이 좋을 것이라면서 로마 제국의 크리스트교화를 선포하고 있다. 놀라의 주교 파울리누스도 이와 비슷한 맥락에서 하나님께서 로마의 영적인 병을 치료해줄 의사로 베드로와 바울을 보내셨으며, 이제 치료된 로마는 훌륭한 크리스트교 왕국이 되었다고 암시한다.

요약하자면 아우구스티누스는 로마의 영원성을 파괴하려고 하였으며, 오로시우스나 프루덴티우스는 그것을 크리스트교화하려고 노력하였다. 결국 후자의 로마관이 이후 정치적 권력가로부터 문필가에 이르기까지 많은 제자를 발견하게 되었다. 로마가 베드로의 도시, 교황의 도시가 되었기 때문이기도 하지만, 로마 제국의 가장 강력한 이데올로기로 존재하던 '영원한 로마' 사상을 크리스트교 측으로서도 무시하기도 힘들고 버리기에도 너무 유용한 개념이었을 것이다. 이는 아우구스투스를 첫 황제로, 예수 그리스도를 첫 교황으로 보면서 로마 제국과 크리스트교의 조화를 찾던 중세적 관점으로 이어지고, 이러한 생각은 르네상스 시대 단테에게서도 그대로 발견된다. 단테는 로마와 예수 그리스도를 두 개의 태양으로 묘사하는데, 그에게 로마는 제국의 어머니, 라틴 문화의 창조자, 모든 인류의 화합자, 베드로의 교구, 세계 교회의 중심으로 인류의 통합과 크리스트교도의 화합을 상징하는 이념이었던 것이다.

서로마 제국 몰락 이후의 로마 아이테르나

따라서 서로마 제국이 멸망한 다음에도 '영원한 로마', 그리고 renovatio, 즉 로마 제국의 황금시대로의 복귀는 중세의 지속적 심성으로 작동하였다. 로마는 고대 로마 제국의 수도로서의 역할은 잃었지만, 여전히 모두가 끊임없이 바라보는 하나의 깃발과도 같았다. 로마 제국 황제들의 모국이자, 가장 중요한 사도들의 무덤이 있는 곳이자, 교황의 소재지이기도 한 '로마'인들의 동의는 이후의 정치에서도 중요한 역할을 담당하였다.

비록 로마가 더 이상 이 세계를 현실적으로 지배하지 못한다 하더라도 세계를 지배하려는 자에게 로마를 지배하는 것은 필요하였기 때문이다.

동로마 제국 유스티니아누스 대제의 이탈리아 정복은 고대 로마 질서의 회복으로 비쳤다. 프랑크 왕국의 카롤루스 대제는 그의 칙서에서 자신을 "로마 제국의 회복자(Renovatio Roman. Imp.)"로 지칭하였다. 카롤루스 대제의 후원으로 카롤링거 르네상스를 이끈 대학자 알퀸의 찬사인 "강력한 로마, 세계의 영광, 유명한 어머니(Roma potens, mundi decus, incluta mater)"에서도 잘 드러나듯이 로마는 여전히 세계의 수도로 존재하게 되었던 것이다. 로마를 순례하는 것은 그들의 숭고한 의무의 하나이자 지적 각성을 위한 기회이기도 하였다. 근세까지 이어진 신성로마 제국의 창건자 오토 대제의 통치기에 로마 아이테르나 사상은 더욱 활기를 띠었다. 오토 대제 스스로 로마인(Romanus)이라고 서명하였는데, 오래전부터 로마인(populus Romanus)은 크리스트교인(populus Christianus)을 의미하기에 이르렀기 때문이다. 998년 오토의 신하이자 사제였던 레오는 교황 그레고리 5세에게 바친 헌사에서 로마 안에서 두 세력이 이상적으로 결합한 것을 축하하고 있다. 민족과 국가의 구분이 모호하던 시기에 로마와 크리스트교는 중세를 헤쳐나가는 중에 단단히 결합하였다.

남아 있던 동로마 제국의 수도 콘스탄티노플이 이슬람 세력에 함락될 즈음에는 크리스트교로 개종해 있던 모스크바가 그 자리를 대신할 준비가 되어 있었다. 16세기 초 러시아의 수도원장 필로테오스(Philotheos)는 이렇게 말하였다. "두 로마가 무너졌다. 그러나 세 번째 로마가 섰다. 네 번째 로마는 없을 것이다." 《성경》의 〈요한 계시록〉에 나오는 '해 입은 여자'는 첫 로마에서 새로운 로마, 콘스탄티노플로 도망하였으나, 거기서도 휴식을 찾지 못하여 이제 세 번째 로마인 러시아의 모스크바로 간 것이다. 이렇게 러시아 황제 차르는 비잔티움 제국 황제 카이사르를 계승하여 동로마를 대신한 것으로 인식되었다. 그리하여 서유럽에는 신성로마 제국이, 동유럽에는 러시아가 제3의 새로운 로마를 자처하면서 오랫동안 공존하였다. 심지어 유럽 이주민들이 새로운 대륙에 세운 미합중국의 건국자들도 로마 공화정을 이상으로 삼았다.

그런 의미에서 로마 아이테르나는 비록 양자(養子)들인 데다가 이름뿐인 아이들에 불과하였지만, 계속하여 자신의 아이들을 가지고 있었다. 신성로마 제국이 1806년 나폴레옹에 의해 해체되었을 때, 나폴레옹 역시 또 하나의 로마 제국을 꿈꾸면서 그 자리를 대체할 준비가 되어 있었다. 나폴레옹 시대의 그림, 가구, 의복, 건축물에 반영된 상징들은 의도적으로 고대 로마에서 채택한 것이다. 파리에 세워진 개선문을 비롯하여 그의 전승을 기념하기 위해 세운 기념 건축물의 조각이나 아치 등은 특히 로마 황제들의 그것을 연상시킨다. 20세기 히틀러의 제3제국도 제1제국으로서의 신성로마 제국을 토대로 나타난 것이었으며, 그것은 로마 제국의 진정한 계승자를 자처한 이탈리아의 무솔리니가 표방한 제국에도 해당되었다.

그러나 '영원한 로마 idea'는 15세기경이 되면 그 자리를 실질적으로 '유럽 idea'에 점차 내어주게 된다. 이때부터 유럽이라는 단어가 자주 사용되면서 로마 아이테르나 대신에 크리스트교와도 동일시되게 되었는데, 이는 교황의 아비뇽 유수 사건 및 동로마 제국의 함락과 관련된다. 즉 교황의 거주지가 로마가 아닌 아비뇽이 됨으로써 "교황이 있는 그곳이 바로 로마(ubi papa ibi Roma)"라는 개념이 등장하여 로마가 아닌 아비뇽, 즉 서유럽의 중요성이 강조되게 되었다. 특히 동로마 제국의 함락은 유럽 사람들에게 위기의식과 함께 유럽이 크리스트교도들의 대륙이라는 인식을 강하게 심어주었다. 즉 동로마 제국이 무너진 이후 아시아는 이슬람교도가 거주하는 지역이 되었으므로, 유럽이라는 단어가 유럽과 아시아, 아프리카 세 대륙을 모두 포함하던 로마 제국을 연상시키는 로마 아이테르나를 대체하게 되었던 것이다. 동로마 제국이 멸망하던 즈음의 로마 교황 비오 2세가 'europeus'라는 단어를 형용사이자 유럽 거주민을 뜻하는 의미로 처음 사용하는 등, 이후로는 유럽이라는 단어가 로마를 대신하여 '크리스트교도 유럽'이라는 개념을 점점 강하게 담기 시작하였다. 그러다가 지리상의 발견 이후의 유럽의 팽창, 계몽주의 시대와 산업 혁명을 거치면서 유럽의 개념은 비교 우위의 자존심을 담게 되었다. 그러나 이러한 유럽 이념의 탄생은 바로 로마 아이테르나의 이념이 선행하였기 때문에 가능하였던 것이다. 즉 이전까지 'Romanus'라고 믿던 이들이 동로마 제국이 몰락한 이후에는 'Eurepeus'를 외치게 되었는데, 그 명칭은 달랐지만 그 바탕에 흐르는 세계관은 동일한 것이었기 때문이다.

나가는 말

유럽통합과 관련하여서 유럽의 역사적 기원과 공통분모에 대한 관심도 증대하고 있다. 근세 이후의 유럽 역사가 과도한 분열과 전쟁으로 점철되어오면서, 상대적으로 평화와 동질성을 유지하였던 고대 로마 제국에 대한 향수를 더욱 진하게 느끼고 있는 듯하다. 그리스 시대 유럽이란 말은 신화적으로 아시아와 유럽을 이어주는 일종의 교량적 용어에서 기원하였다가 점차 아시아와 구분되는 지리적·인종적·문화적 의미를 가진 것으로 자주 사용되었다. 그러나 로마 제국이 유럽과 아시아, 아프리카를 모두 포함한 지역을 통치하게 되면서 유럽이라는 단어는 지리적 명칭으로 주로 쓰이게 되었다. 그 대신 다양한 역사, 문화를 가진 여러 민족을 포함하는 단일한 정치 집단임을 강조하는 "영원한 로마(Roma Aeterna)"의 이념이 강조되었다. 계속적인 영토 확장 가운데 발전 정도가 달랐던 다양한 인종, 민족, 국가 등의 여러 이질적 집단과 그 문화를 포함했던 당시 로마 제국이 표방하던 이념, 영원한 로마 개념은 오늘날 EU 공동체, 나아가 유로메나 공동체를 이해하는 한 열쇠가 될 수도 있을 것이다. 두 공동체 모두 불변의 어떤 민족이나 지리적 한계를 말하기보다 현실적으로 형성되는 공동체를 넓게 지칭하며 계속 새것을 포괄할 수 있는 융통성을 지녔다는 점에서 공통점을 발견할 수 있을 것이기 때문이다.

로마 최고의 문필가 키케로는 두 개의 조국, 즉 '태생적인 조국과 시민권(법)에 의한 조국(unam naturae, alteram civitatis)'을 말한 바 있는데, EU 공동체에 소속된 이들에게도 두 개의 조국이 있는 셈이다. EU는 현재 진행 중인 역사다. 유럽 이데아에 기반한 '유럽화'라는 것은 통합의 구조와 정책을 마련하는 지속적인 과정으로, 초국가적(supranational), 혹은 정부간(intergovernmental) 유럽을 만드는 것을 의미한다. 유럽통합의 장래는 결국 유럽 국가들 및 시민들의 의지에 달려 있을 것, 특히 어느 정도로 민족주의와 지역주의를 넘어설 공동체 의식을 갖는가 하는 것이 관건이 될 것인데, 그런 의미에서도 "영원한 로마" 사상은 하나의 좋은 모델이 될 수 있을 것이다.

참고문헌

G. Delanty, *Inventing Europe, Idea, Identity, Reality* (London: MacMillan Press, 1995).

Paulus Orosius, *Pauli Orosii historiarum adversum paganos*. *The History of the Idea of Europe*, ed. P. den Boer (London: Routledge, 1995).

R. Mellor, *Goddess ROME(ΘΕΑ ΡΩΜΗ)* (Göttingen: Vandenhoeck & Ruprecht, 1975).

Vergilius, *Aeneis*.

721년 툴루즈 전투와 732년 푸아티에 전투 프랑크를 수호하다?•

02

이정민 경상국립대학교

샤를 마르텔 732, 르 펜 2002!

"샤를 마르텔(Charles Martel) 732, 르 펜(Le Pen) 2002!"라는 함성과 함께 민족전선(Front National) 당원들이 2002년 푸아티에(Poitiers)에 집결하였다. 이후 13년이 지난 2015년 6월 5일 〈르 몽드(Le Monde)〉는 카롤루스 마르텔루스(Carolus Martellus)와 732년 푸아티에 전투(la bataille de Poitiers)를 기념하고자 사회당이 푸아티에에 집결한 기사를 소개하고 있다. 프랑수아르네 드 샤토브리앙(François-René de Chateaubriand)의 표현처럼, 프랑스인들은 푸아티에의 영웅 카롤루스 마르텔루스가 프랑스와 크리스트교 공동체를 구원한 것으로 믿고 싶어 했다. 서고트 왕국을 정복한 우마

• 이 글은 〈721년 툴루즈 전투와 732년 푸아티에 전투: 프랑크를 수호하다?〉, 《통합유럽연구》 제11권 제1집(2020)을 수정·재편집한 것이다.

이야(Omeyyades, Umayyad) 왕조는 피레네를 넘어 셉티마니아(Septimania, 피레네에서 론까지)와 아키텐(Aquitaine)까지 진격했으며 719년(혹은 720년) 나르본(Narbonne)을 점령했다. 그러나 721년 6월 툴루즈 전투(la bataille de Toulouse)에서 아키텐 공 외드(Eudes)가 이슬람의 진격을 잠시 멈추게 하였다. 이어 725년 이슬람 세력은 부르고뉴(Bourgogne) 오툉(Autun) 수도원까지 진출하였으며 732년 새로운 지도자 아브드 알라만(Abd al-Rahman, Abdérame)은 보르도 전투(la bataille de Bordeaux)에서 아키텐군을 크게 격파하였다. 보르도 전투에서 만족할 만한 승리를 거둔 아브드 알라만은 투르(Tours)의 생 마르탱(St. Martin) 수도원을 약탈하였다. 이에 아키텐 공 외드는 프랑크 왕국의 궁재(宮宰, maior domus) 카롤루스 마르텔루스에게 도움을 요청하였다. 카롤루스 마르텔루스가 이끄는 프랑크 군대가 재빨리 루아르(Loire)강을 따라 이동할 때 아브드 알라만은 푸아티에 부근에 있었다. 서로 지켜보던 팔일째, 아브드 알라만은 진두지휘를 하며 전투의 시작을 알렸다. 밤이 다가오자, 프랑크 부대는 적의 부대로 돌아가서 진영을 파고들었다. 엄청난 혼란과 대학살이 자행되었다. 아브드 알라만은 수많은 사망자들 중에 있었다.

푸아티에 부근에서 커다란 승리를 이끈 카롤루스 마르텔루스는 여전히 '프랑크인들의 공'이었으나 누가 뭐래도 프랑크 왕국을 이끄는 우두머리였다. 메로빙거(Merovingian) 왕들은 점차 희미하게 잊혔다. 프랑크의 첫 번째 왕가가 추락하기 시작한 것이다. 스페인 정복 후 거침없이 팽창을 시도하는 아브드 알라만의 이슬람군으로부터 크리스트교 공동체인 프랑크 왕국을 구원한 영웅이자 새로운 시대를 열어갈 '크리스트교 전사'가 바로 궁재 카롤루스 마르텔루스였다. 오늘날 프랑스인들은 푸아티에 전투를 이슬람의 침략을 막아내고 크리스트교 유럽을 지켜낸 세계사적인 사건으로 평가하고 있다. 그러나 현실적으로 8세기에 '프랑스인'이라는 공동체 유대감이 존재했을까? 이에 앞서, 732년 푸아티에 전투에서 이슬람의 팽창을 저지한 카롤루스 마르텔루스는 크리스트교 공동체를 수호한다는 사명감을 가슴 깊이 품고 있었단 말인가? 명백하게도 8세기 아우스트라시아와 루아르강 남쪽은 하나 된 크리스트교 공동체가 아니었다. 스페인 정복 후 자신들의 영토를 지속적으로 팽창시키려는 이슬람의 공격에 맞선 아키텐 공 외드의 721년 툴루즈 전투나 카롤루스 마르텔루스의 732년 푸아티에 전투는 자신들의 공국과 왕국을 지켜내려는 방어이자 정치적 확장을 완성하는 전투였다. 즉, 아키텐 공 외드나 카롤루스 마르텔루스는 크리스트교 공동체를 수호한다는 사명감보다는 영토와 재원을 마련하고 정치적 연합을 통해 권력 확장에 집중하는 '전사'였다.

아키텐 독립을 꿈꾸는 아키텐 공 외드와 721년 툴루즈 전투

715년 아우스트라시아의 궁재 피피누스 2세(Pépin le Gros, Pépin d'Héristal)가 사망하자, 네우스트리아인들은 성직자 칠페릭 다니엘(Chilpéric Daniel) 왕과 앙주(Anjou) 제후 라강프레드(Raganfred)를 궁재로 지명하고, 테오데발트(Theudoaldo)의 섭정인 피피누스의 아내 플렉트루다(Plectruda)에 대항하였다. 네우스트리아인들은 계모 플렉트루다에 의해 투옥되었다가 '신의 도움으로' 탈출하여 아우스트라시아인들의 우두머리가 된 피피누스의 서자 카롤루스 마르텔루스에게 대항하였다. 칠페릭 2세와 궁재 라강프레드는 프리슬란트(Frisia) 군대를 이끈 라드보드(Radbod)와 카롤루스 마르텔루스를 공격하였다. 이에 아이펠(Eifel) 산악 지역으로 후퇴한 카롤루스 마르텔루스는 716년 네우스트리아 군대를 앙블레브(Amblève)에서 공격하여 자신의 궁재 지위를 회복하는 조건으로 평화를 체결하고자 했다. 하지만 평화 체결은 이루어지지 못했고 717년 3월 21일 카롤루스 마르텔루스는 캉브레 근처 뱅시(Vincy)와 파리 근교에서 승리를 거두고 아우스트라시아로 돌아가서 클로타르(Clothard) 4세를 왕(rex)으로 추대했다.

실권을 장악한 카롤루스 마르텔루스는 718년 작센족을 응징하는 원정을 시작했다. 719년 네우스트리아의 칠페릭 2세와 라강프레드는 카롤루스 마르텔루스에게 대항하고자 아키텐 공 외드에게 도움을 청하였다. 그 대가로 칠페릭 2세는 아키텐 공 외드에게 '왕국 통치권(regnum)'을 부여했다. 공식적으로 네우스트리아 왕 칠페릭 2세에 의해 '왕(rex)'이 된 아키텐 '공(dux)' 외드는 다고베르트 1세(Dagobert I)의 방식대로, 네우스트리아 왕 칠페릭 2세와 '제후-왕(domnus princeps)'의 위치를 가지게 되었다. 그러나, 《프랑크인들의 역사서(Liber historiæ Francorum)》의 저자는 네우스트리아 왕 칠페릭과 라강프레드 궁재가 아키텐 공 외드에게 도움을 청했다는 사실만을 기록하고 있을 뿐이다. 이에 관련된 다른 증언을 살펴보자. 《위(僞)프레데가르(Pseudo Frédégaire)》가 네우스트리아 왕 칠페릭과 아키텐 공 외드의 결탁에 관해 비교적 구체적으로 기술하는 것에 비해 《프랑크인들의 역사서》는 이들의 연합을 비교적 건조하게 서술하고 있다. 이것은 카롤루스 마르텔루스에 맞서는 네우스트리아 왕과 아키텐 공 외드의 정치 군사 연합이 정치적 배신과 음모의 결과물이라는 강한 인상을 전달한다.

결국 자신의 군대를 파리로 끌고 온 아키텐 공 외드는 수아송(Soissons) 부근에서 카롤루스 마르텔루스에게 패하자 루아르강 남쪽으로 피신하는 데 성공하였고 프랑크인들과의 전투 재개를 거절했다. 《메츠 연대기

(Annales Mettenses Priores)》는 카롤루스 마르텔루스가 도착하자 아키텐 공 외드가 싸우지 않고 바로 후퇴하는 과정을 비교적 상세하게 설명하고 있다. 아우스트라시아 궁재 카롤루스 마르텔루스의 정치적 팽창과 군사적 행동을 미화하는 입장을 취하는 《메츠 연대기》는 아키텐 공 외드를 부정적으로 표현할 수 있다. 그러나 카롤루스 마르텔루스는 작센족을 해결해야 하는 현실적 어려움 때문에 협상의 필요성을 느끼고 있었다. 720년 아키텐 공 외드는 네우스트리아 왕 칠페릭을 보내서 카롤루스 마르텔루스와 강화조약을 맺고 아우스트라시아의 왕 클로타르 4세가 사망하자 칠페릭 2세를 프랑크 왕국의 왕으로 받아들였다.

스페인 정복 19년 후, 이슬람 군대는 720년 피레네산맥을 건너 나르본(Narbonne)을 점령했다. 이슬람인들은 아키텐 공 외드가 소유한 코트 뒤 론(côte du Rhône)을 통과하기 위해 전력을 다했고 마침내 721년 코트 뒤 론을 차지했으나 거주민들의 저항을 받았다. 아키텐 공 외드는 이슬람에 맞서 셉티마니아의 서고트를 구했는데, 스페인의 발리(Wali, 지방에 파견된 행정관)는 그를 처벌하기를 원했다. 이슬람 수장 엘 사마흐(El Samah)가 이슬람 군대를 이끌고 툴루즈로 왔으나 아키텐 공 외드는 아직 도착하지 않았다. 이들의 전투는 툴루즈 도시 앞에서 이루어졌다. 이슬람군은 툴루즈 일대에 참호를 마련한 후 성벽을 세웠다. 승리는 불확실했다. 아키텐 공 외드가 이끄는 아키텐 별동대(別動隊)는 성벽을 에워싸서 이슬람 진영을 뚫고 들어갔다. 아키텐 공 외드는 단 하루 만에 이슬람군을 섬멸했다. 결국 이슬람군은 항복했다. 아키텐 공 외드가 교황 그레고리우스 2세에게 보낸 보고에 따르면, 37만 5000명을 죽이고 프랑스인 1500명을 잃었다고 한다. 셉티마니아는 술렁거렸고 카르카손은 다시 크리스트교 공동체로 돌아갔다. 나르본과 엘른(Elne) 교구의 거주민들은 이슬람의 구역이 되는 것을 거부했다. 툴루즈 전투에서 아키텐 공 외드는 이슬람을 격퇴했으나 나르본을 되찾는 데는 실패했다.

툴루즈 전투에 관한 이슬람 작가들의 기록은 크리스트교 연대기 작가들보다 정확하지 않으며, 이 전투에서 전사한 이들을 순교자라고 부른다. 이븐 하이얀(Ibn Hyyan)은 이슬람의 실패를 분명히 인정하고 프랑크인들과 맞서 싸운 이슬람 병사 중 어느 누구도 살아남지 못했다고 기술하고 있다. 이것은 과장이다. 다른 크리스트교 작가는 엘 사마흐의 군대 일부는 적들로부터 도망쳐 나르본을 획득하는 데 성공했다고 설명한다. 피레네에서 이슬람 군대의 공격과 전투에 관한 중요한 자료를 제공하는 《무아삭 연대기(La Chronique de Moissac)》는 나르본을 점령한 이슬람군이 엘 사마흐를 대신할 임시 발리로 선출한 아브드 알라만은 셉티마니아에서 자신들의 처절한 상태를 알리고자 스페인으로 전령을 파견했다고 기술하고 있다. 엘 사마흐가 지목한 자신의 사령관 안바사(Anbasa ben Sohim)는 군대를 이끌고 나르본으로 왔다. 죽음을 앞둔 안바사의 후임으로 무누자(Munuza, 또는 Abi nessâ)라고도 부르는 오트만(Uthman ibn)이 권력을 장악했다.

한편, 이슬람인들에게서 커다란 승리를 거둔 아키텐 공 외드는 루아르강 쪽에서 위협적으로 세력을 확장하는 카롤루스 마르텔루스의 존재를 의식할 수밖에 없었다. 스페인에서 아브드 알라만은 프랑크를 상대로 가공할 만한 침공 준비에 집중하고 있었다. 이러한 상황 속에서 아키텐의 독립과 아키텐 공권의 확장을 추진하던 아키텐 공 외드가 아브드 알라만과의 정치적 연합을 선택하는 것은 불가능한 일이 아니었을 것이다. 그러나 아브드 알라만은 여러 이슬람 수장들, 특히 오토만에게 큰 불만을 품고 있었다. 당시의 아랍계와 아랍계의 지배를 받던 베르베르인들로 구성된 스페인 통치자들 중 베르베르인들의 지지를 받던 오토만은 이슬람 수장들 사이에서 자신의 위치를 확고하게 다지려는 정치적 목적을 가지고 있었고 피레네 경계 지역의 크리스트교인들에게 강한 의심을 품고 있었다. 이러한 긴장된 현실 속에서, 아키텐 공 외드와 이슬람 수장 오토만이 정치적 연합을 구축할 필요성을 공감했을 가능성은 충분히 존재한다. 아키텐 공 외드 2세는 자신의 딸 랑페지(Lampégie)를 국경 지대 이슬람군의 오트만과 결혼시켰다. 오토만과 랑페지의 결혼으로 아키텐 공 외드의 정치적 영향력은 에브르(Ebre) 계곡까지 확장되었다. 이러한 사실을 알리는 편지를 받은 아브드 알라만은 매우 분노했다. 아브드 알라만은 자신의 동의도 없이 체결한 평화 협정은 무효라고 밝히고 곧장 군대를 꾸렸다. 아키텐 공 외드가 카롤루스 마르텔루스에 맞서고 있을 때, 732년 아브드 알라만은 오토만을 징벌하고자 피레네를 넘어 보르도를 포위했다. 오토만과 아내는 도망쳤으나 결국 오토만은 아내를 보호하다가 죽음을 맞이했으며 랑페지는 칼리프의 하렘(harem)으로 보냈다고 전한다. 아브드 알라만은 가론(Garonne)강 어귀에서 외드를 격파하고 루아르강을 향해 진격했다. 이슬람과의 지속적인 전쟁과 정략결혼을 통해 아키텐 왕국을 지켜내고자 했던 공 외드의 정치적 선택과 군사적 행위는 물거품이 되었다. 아키텐 공 외드는 어쩔 수 없이 한때는 적이었던 카롤루스 마르텔루스에게 도움을 청했다. 때로는 이슬람과의 전쟁으로, 때로는 이슬람과의 정략결혼으로 아키텐의 독립과 확장을 시도하였던 아키텐 공 외드는 결국 카롤루스 마르텔루스에게 굴복했다.

732년 푸아티에 전투 날짜와 장소

푸아티에 전투에 관한 프랑크 왕국의 기술은 736년경 작성된 것으로 보이는 《위프레데가르》와 《무아삭 연대기》에 크게 의존하고 있다. 이슬람 사료들은 프랑크 사료들에 비해 다소 뒤늦게 8세기 말경에야 등장한다. 카롤루스 마르텔루스의 형 킬데브란두스(Childebrandus) 백작의 명으로 작성된 《위프레데가르》는 732년 가론강을 가로질러 보르도에 진입하여 교회를 불태우고 주민들을 학살하면서 푸아티에까지 진격하여 생 힐레르(St. Hilaire) 대성당을 불태우고, 투르의 생 마르탱 대성당을 샅샅이 약탈하기로 결정한 이슬람군을 응징하고자 카롤루스 마르텔루스는 군대를 이끌고 전장으로 나갔다고 전한다. 그러나 《위프레데가르》 작가 역시 전투의 장소와 날짜에 관해서는 언급하지 않는다. 732년 푸아티에 전투에 관한 이슬람 역사가의 증언 또한 크게 다르지 않다. 아브드 알라만은 외드공을 쫓으면서 투르의 교회들을 약탈하고 나아가는 길에 보이는 성과 교회를 방화했다. 이처럼, 외드를 쫓아 투르의 교회들을 방화하고 주민들을 괴롭혔으며 진격하는 길에 걸리는 성과 교회를 공격하고 불태웠다는 기술만 전할 뿐 푸아티에라는 지명조차 언급하지 않는다.

732년 푸아티에 전투가 일어난 날짜와 장소에 관한 학자들의 오랜 논쟁 속에서 얻은 결론은 전투가 벌어진 장소는 비엔(Vienne)의 무세-라-바타유(Moussais-la-Bataille) 혹은 투르 부근이다. 또한 푸아티에와 투르 사이, 정확히 대부분의 전투가 푸아티에에서 멀지 않은 곳에서, 그리고 투르 근처에서 한 차례 전투가 있었다고 기술한다. 반면에 이슬람 작가들의 정보에 근거한 로데리쿠스(Rodericus de Tolède)는 733년 투르 전투라고 기술하고 있다. 이와는 다르게, 《뮈르바 연보(Les Annales de Murbach)》에서

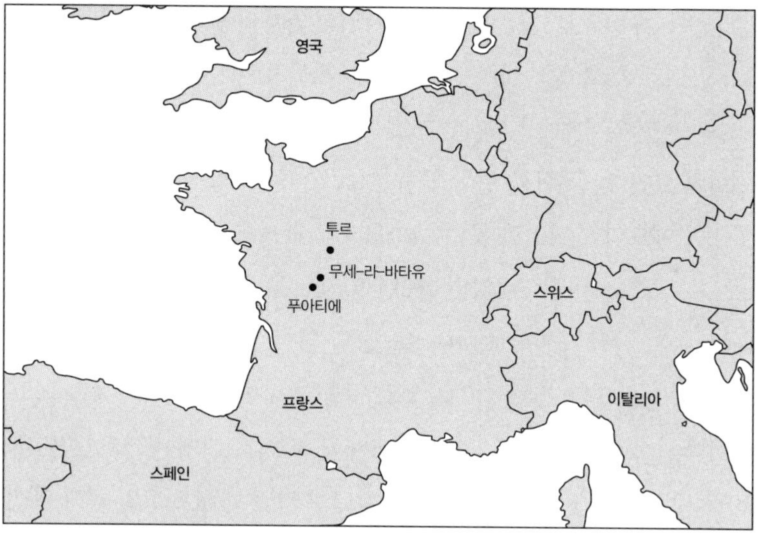

그림 2.1 무세-라-바타유

주요 정보를 제공받은 《무아삭 연대기》는 정확하게 '푸아티에'가 아니라 '푸아티에 변두리(in suburbio Pictavensi)'로 기록하고 있다. 여기에서 언급한 'suburbium'이란 단어는 촌락의 근교, 포부르그(faubourg) 혹은 방리유(banlieue)를 뜻한다. 이는 촌락으로부터 20~50킬로미터 이내에 있는 곳이다. 그러므로 푸아티에와 투르 사이에서 양 진영이 만나게 되었을 가능성이 높다. 즉, 생 힐레르 대성당을 방화하고 투르의 생 마르탱 대성당을 약탈하려는 목표를 가진 이슬람 군대가 고대 로마의 대로, 비엔에서 비외-푸아티에(Vieux-Poitiers) 부근에 있는 현재 샤텔로(Châtellerault)까지 진격해왔을 수 있다.

또한 732년 푸아티에 전투 장소에 관한 논쟁만큼이나 전투 날짜에 관한 논쟁 역시 계속되고 있다. 프랑크 연보는 푸아티에 전투를 732년으로 기록하고 있으며 프랑크 연대기도 이를 기반으로 하고 있다. 이와는 달리, 이슬람 역사가들은 아브드 알라만의 패배와 죽음을 헤지라(hégire) 115년으로 보고 있는데, 이를 서기로 계산하면 733년 2월 21일부터 734년 2월 9일까지다. 그러나 '732년 10월 토요일'에는 대체로 동의하는 것처럼 보인다. 《무아삭 연대기》는 732년 10월 17일 토요일로 설명하고 있으며 에드워드 윌리엄 왓슨(Edward William Watson)은 《아니안 연대기(Annales d'Aniane)》를 언급하며 732년 10월로 주장한다. 레옹 르빌렝(Léon Levillain)과 샤를 사마랑(Charles Samaran) 역시 전투 날짜를 732년 10월 4일, 11일, 18일과 25일 중 토요일로 기술한다. 이와는 달리, 에르네스트 라비스(Ernest Lavisse)는 《프랑스사(Histoire de France)》에서 732년 전투를 10월 세 번째 토요일인 17일로 설명한다. 732년 10월 토요일 날짜 계산에 차이가 있는 것은 기술하는 작가들의 날짜 계산법의 차이나 오류에서 발생하는 것으로 보인다. 732년 푸아티에 전투 날짜에 관한 다양한 견해를 정리해보면, 가장 많이 언급되는 날짜는 732년 10월 세 번째 토요일이다.

732년 푸아티에 전투 신화 만들기

역사적으로 널리 알려진 732년 푸아티에 전투에 관한 당대인들의 상세한 기술과 선명한 상황 정보는 놀랍게도 극히 제한적이다. 프랑스 역사에서 끊임없이 재현되는 역사적 사건은 이슬람의 맹렬한 진격을 크리스트교 세력이 처음으로 저지한 툴루즈 전투가 아니라 푸아티에 전투다. 영토 확장을 진행하던 궁재 카롤루스 마르텔루스는 732년 아키텐 공 외드의 도움 요청에 응하며 루아르강 쪽으로 재빨리 향했다. 카롤링거 왕조에 호의적인 《위프레데가르》와 같은 연대기 작가들은 카롤루스 마르텔루스의 모든 군사 행동에 부정적인 감정이나 의심조차 표출하지 않는다. 오히려 아키텐 공 외드가 카롤루스 마르텔루스에 대항하여 비밀리에 군대를 준비하고 있었다고 주장한다. 궁재 카롤루스 마르텔루스는 군대를 소집하였고 루아르강을 지나 아키텐을 휩쓸고 전리품을 챙겼으며 아키텐 공 외드는 도망쳤다고 기술한다. 이상하게도 《잉글랜드인들의 교회사》의 저자이자 735년 사망한 베다 베네라빌리스(Bède le Vénérable)는 732년 푸아티에 전투와 카롤루스 마르텔루스의 승리에 관한 증언은커녕 이에 관한 언급조차 하지 않는다. 또한 이슬람 사가나 크리스트교 사가 중에는 721년 툴루즈 전투와 732년 푸아티에 전투를 혼동하는 이도 있다. 그런가 하면 몇몇 아랍-스페인 역사가는 이 두 전투를 'Balat el Choada'라는 같은 이름으로 부르기도 한다. 그러나 721년 툴루즈 전투나 732년 푸아티에 전투를 기술하는 프랑크 역사가들 중 성전(holy war)이나 순교자(martyr)라는 용어를 사용하는 경우는 없다.

732년 푸아티에 전투 과정을 비교적 객관적으로 기술하는 조제프 투생 레이노(Joseph Toussaint Reinaud)는 투르, 적어도 투르 부근에서 아브드 알라만은 카롤루스 마르텔루스가 이끄는 프랑크 군대가 가까이 왔다는 소식을 접했으며 전투가 시작되자 이슬람 기병대는 성벽처럼 빽빽하고 견고한 크리스트교 병사들에 부딪혀 무너졌다고 기술한다. 이듬해 카롤루스 마르텔루스는 부르고뉴로 진격하여 리옹을 점령하여 프랑스 남부 지방에까지 영향력을 확장하였다. 그뿐만 아니라 735년 아키텐 공 외드 2세가 사망하자 카롤루스 마르텔루스는 즉시 아키텐을 공격하였다. 아키텐의 도시들을 정복하여 가신들에게 맡겼으며 아키텐 공 외드 2세의 아들을 아키텐 공으로 인정하였다. 그러나 한 가지 눈여겨볼 사실은 카롤루스 마르텔루스가 나르본에서 아를로 진격해오는 이슬람군에게는 전혀 대응하지 않았다는 것이다. 《무아삭 연대기》에 따르면, 리옹만의 전 해안을 점령한 이슬람교도들은 이곳에서 4년 동안 머물면서 약탈과 만행을 저질렀다. 메로빙거 왕 테오데릭(Theuderic) 4세가 젊은 나이로 사망한 737년 이후 실권을 장악한 카롤루스 마르텔루스는 적극적으로 이슬람군에 대응했다. 이슬람군이 아비뇽을 점령하자 카롤루스 마르텔루스는 바로 아비뇽을 되찾고 이어 나르본을 수복했다. 귀환 길에 그는 님(Nîmes), 아그드(Agde)와 베지에(Béziers)를 불태웠다. 갑작스럽게 이슬람교도의 재침략을 예방하기보다는 남부 도시민들을 위협하고자 하는 정치적 메시지였을지도 모른다.

732년 푸아티에 전투 이후 아키텐과 부르고뉴를 장악하던 적극적인 행보와는 달리 이슬람의 약탈에도 전혀 반응을 보이지 않던 카롤루스 마르텔루스는 737년 메로빙거 왕 테오데릭 4세의 사망 후 상당히 대조적인 대응을 보인다. 알프스를 넘어 이슬람 군대를 격파한 롬바르드족은 739년 카롤루스 마르텔루스에게 저항하던 마우론투스(Maurontus)를 점령했다. 롬바르드족의 공격에 시달리던 교황 그레고리우스(Gregorius) 3세는 도움을 청했으나 카롤루스 마르텔루스는 이에 응하지 않는다. 아마도 732년 푸아티에 전투 당시 롬바르디아의 후원을 받은 카롤루스 마르텔루스의 입장에서는 로마 교황청의 요청을 수락한다는 것은 상당히 부담스러운 일이었을 것이다. 이러한 맥락에서 볼 때, 카롤루스 마르텔루스에게 크리스트교 공동체 수호자라는 칭호는 어울리지 않는다. 그럼에도 불구하고, 프랑크 왕국을 확장하는 과정에서 이슬람의 지속적인 위협과 공격을 막아낸 카롤루스 마르텔루스의 732년 푸아티에 전투는 크리스트교-프랑크 왕국을 지켜내는 신화로 탄생했다.

신의 도움으로 732년 푸아티에 전투를 승리로 이끈 궁재 카롤루스 마르텔루스와 프랑크 왕국은 기병과 투창병을 주력 부대로 하는 이슬람 군대에 맞선 경험으로 군사상의 변화를 맞이하게 되었다. 당시 카롤루스 마르텔루스의 군대는 프란키스카(francisca)라 부르는 무거운 대형 도끼를 든 보병과 기타 도끼를 든 보병으로, 이들은 철제 투구와 미늘 갑옷 차림이었다. 결국 카롤루스 마르텔루스는 기병부대 창설의 필요성을 인식하게 되었고 이는 주종제의 기원으로 이어졌다. 이와는 달리 정치적 내분과 북아프리카에서 일어난 베르베르인의 반란으로 이슬람의 진출은 중단되었다. 반면, 과학 기술과 군사력이 앞선 이슬람과의 접촉이 이루어진 푸아티에 전투를 통해 카롤루스 마르텔루스는 아키텐 공 외드의 충성서약과 아키텐에 대한 권한을 확보하였으며 자신의 아들 피피누스 3세(Pippinus Brevis)는 카롤링거 왕조를 세웠다. 크리스트교 공동체와 이슬람교도들의 충돌로 알려진 732년 푸아티에 전투와 카롤루스 마르텔루스는 신화가 되어 오랫동안 프랑스와 프랑스인의 정체성을 작동시키는 구심점 역할을 담당했다. 이에 반해, 721년 툴루즈 전투로 이슬람 진출을 저지했던 아키텐 공 외드는 이슬람 수장 오토만과 자신의 딸과의 결혼으로 또 다른 정치 전략을 시도했으나 오히려 상상할 수도 없는 저항과 반격에 부딪히게 되었다. 732년 이후 프랑스 남부 도시를 진압하고 불을 지르는 카롤루스 마르텔루스는 이슬람 세력에 대한 경고가 아니라 자신에게 저항하는 이들을 진압하는 선전포고를 감행했다.

카롤루스 마르텔루스의 정치 전략을 가장 명확하게 읽어낼 수 있는 증거인 732년 푸아티에 전투는 정치적 명분과 정당성을 획득하는 출발로 미화되었다. 당대인들에게 721년 툴루즈 전투나 732년 푸아티에 전투는 영토 팽창을 시도하는 이슬람에 맞서 그들을 저지하고 방어하는 전투일 뿐이었다. 721년 툴루즈 전투를 승리로 이끌고 이슬람 수장과 자신의 딸을 결혼시킴으로써 정치적·군사적 영향력을 확장시켜나가는 아키텐 공 외드는 카롤루스 마르텔루스에게도 제거해야 할 막강한 경쟁자였을 것이다. 카롤루스 마르텔루스는 732년 푸아티에 전투를 승리로 이끌면서 이슬람과 아키텐 공 외드를 저지하는 데 성공했다. 732년 푸아티에 전투를 역사적 사건으로 탄생시킨 이는 바로 카롤루스 마르텔루스의 형 힐데브란트다. 힐데브란트가 732년 푸아티에 전투를 담은 《위프레데가르》 연대기를 주문한 이유와 동기는 밝혀지지 않았다. 더 나아가서, 《위프레데가르》 연대기를 주문한 이가 정말 힐데브란트였을까 하는 의문도 생긴다. 결과적으로 732년 푸아티에 전투는 카롤루스 마르텔루스의 새로운 왕조 개창의 명분과 정당성을 제공하는 신화로 탄생했다. 신의 선택은 점점 희미해져가는 메로빙거 왕가가 아니라 새롭게 빛을 발하는 카롤루스 마르텔루스였던 것이다. 그렇다면, 732년 푸아티에 전투는 왜 투르 전투, 투르-푸아티에 전투라기보다는 푸아티에 전투로 널리 알려지게 된 것일까? 이는 프랑스와 프랑스인이라는 정체성과 공동체 유대감이 꿈틀거리던 1356년 푸아티에 전투와 무관한 것일까? 크리스트교 공동체와 이슬람교도들의 충돌에 방점을 찍는다면 푸아티에 전투가 아니라 투르 전투가 훨씬 설득력을 얻게 된다. 프랑스의 수호성인이자 프랑스 왕들이 전투에 나갈 때나 서약을 할 때 사용한 '성 마르티노의 기적의 망토(cappa Sancti Martini)'의 기적(miracula)이 행해진 투르는 크리스트교적 프랑크 왕국의 크리스트교적 역할과 성격을 부각하는 공간이기 때문이다. 732년 푸아티에 전투 신화는 크리스트교-프랑크 왕국을 완성시켜나가고자 하는 궁재 카롤루스 마르텔루스의 정치적 전략으로 탄생하였으며 이후 프랑스와 프랑스인의 정치적 결집을 끌어내는 구심점으로 자리 잡았다.

참고문헌

Annales Mettenses Priores (Hannoverae et Lipsiae Impensis Bibliopolii Hahniani, 1905).

Chronicarum quae dicuntur Fredegarii scholastici liber IV, Fredegarii et aliorum chronica, Monumenta Germaniae Historiae (Hannover, 1888).

Chronicon Anianense, Annales et chronica aevi Carolini. Scriptores, Monumenta Germaniae Historiae (Hannover, 1826).

Liber historiæ Francorum, Monumenta Germaniae Historiae (Hannover, 1888).

Liber pontificalis, éd. par l'abbé L. Duchesne (E. Thorin, 1886-1892), t.I *Scriptores rerum Langobardicarum et Italicarum saec. VI-IX, Monumenta Germaniae historiae* (Hannoverae, 1878), I, VI, c.46.

서기 천년 교황의 천문 관측기 아스트롤라베 도입 사례로 본 이슬람 천문학의 유럽 전래•

03

이진현 서강대학교

머리말

서기 천년 이전 유럽의 중세는 교통과 통신이 느리고 아직 인쇄술이 발명되지 않아서 책이 널리 보급되지 못했던 시기다. 그래서 학자들은 지식에 대한 갈증으로 온갖 수단을 동원하여 귀중한 필사본을 얻으려 했다. 984년 프랑스 베네딕토회 수도승 제르베르 도리악(Gerbert d'Aurillac)은 바르셀로나의 대부제 루피투스(Lupitus, Sunifred Llobet)에게 그가 번역한 《점성술서(De astrologia)》와 《아스트롤라베의 이해(Astrolabii sententiae)》를 보내달라고 부탁하며 원하는 무엇이든 보답하겠다고 약속한다. 교황 실베스테르 2세(Sylvestre II, 999~1003)로 즉위한 후에도 여전히 책 수집욕이

• 이 글은 〈기독교 수도승 제르베르의 아스트롤라베 도입 사례로 본 이슬람 천문학의 유럽 전래〉, 《통합유럽연구》 제11권 제3집(2020)을 수정·재편집한 것이다.

강했던 제르베르는 지인에게 편지를 보내 루카누스(Lucanus)의 로마 내전 서사시 《파르살리아(Pharsalia)》 필사본을 구해주면 가죽 천구의를 주겠다고 약속한다. 제르베르가 필사본을 받고 보니 전문이 아님을 알게 되는데, 원래 미완성 작품인 줄 모르고 편지 수신인에게 천구의를 절반으로 자른 반구를 보낸다(움베르토 에코의 《중세》 서문). 사실보다 과장됐을 이 유쾌한 일화는 지성의 암흑기로 알려진 서기 천년 전후의 중세에서도 고전에 대한 관심과 천문 탐구가 계속 이어졌음을 알려준다.

제르베르는 어린 시절부터 오리약의 생 제라르 수도원에서 양성을 받았는데 그의 탁월한 지적 능력을 심화시켜주고 싶었던 원장의 배려로 당시 이슬람 영토 알안달루스(Al-Andalus)의 접경 지역인 카탈루냐의 보렐(Borrell) 백작령으로 유학을 갔다. 그는 967년부터 970년까지 비크(Vic)와 리폴(Ripoll) 수도원을 중심으로 3년간 무슬림과 유대인 학자들과 교류하며 교양 7과목 학습을 비롯해 최신의 수학·천문학 지식과 과학기구 제작 및 사용법을 습득하고 라틴어 번역서들과 기기들을 서유럽에 전해주었다. 제르베르가 가져온 대표적인 것들로 인도-아라비아 숫자와 주판, 천구의와 이를 여러 고리로 구현한 혼천의(armillary sphere), 천구를 평면에 투영시킨 휴대용 천문 관측기 아스트롤라베(astrolabe)와 더 간소화된 사분의(quadrant), 괘종시계와 오르간 등이 있다. 이처럼 다방면의 아랍 지식을 섭렵한 그는 프랑스로 돌아와 '현자 제르베르(savant Gerbert)'라 불리며 여러 군데 초빙을 받아 직접 가르치기도 하고 본인의 서신과 저술, 그리고 제자들의 필사를 통해 당대 아랍의 최신 지식을 곳곳에 전파했다. 제르베르는 보비오 수도원장, 랭스 교구장, 라벤나 대주교 등 고위 성직자가 된 후에도, 그리고 교황이 되어서도 이베리아반도의 선진 지식에 대한 남다른 관심을 꾸준히 이어갔다.

이 글은 '교황의 천문 관측기'로 오랫동안 널리 알려져왔으면서도 여태껏 그 유입 경로가 불분명했던 제르베르의 아스트롤라베 도입 사례를 중심으로 실물 기기들과 관련 문헌들을 비교 분석하여 10~11세기 이슬람 천문학의 유럽 전래 과정의 실상을 추적하였다. 그리하여 백과사전식 단편적 정보나 흥미 위주로 알려져왔던 서기 천년의 교황에 대한 과도한 신비화나 영웅화, 또 정반대로 터무니없는 악마화와도 거리를 두고 사료가 전하는 당대 지식인 활동의 복원을 시도했다.

제르베르의 이슬람 천문학 도입

10세기 말 제르베르가 스페인에서 유학하던 시기(967~970) 코르도바에서는 그리스도인, 유대인, 무슬림 지식인들이 각각 라틴어, 히브리어, 아랍어, 그리스어로 바그다드 '지혜의 집'에서 온 수많은 과학 서적을 읽고 토론하고 번역하여 유대인 지식 중개상들을 통해 바르셀로나로 전해주고 있었다. 제르베르의 동료였던 앙굴렘의 생-시바흐(St. Cybard d'Angoulême) 수도원 출신 아데마흐(Adémar de Chabannes, 989?~1034)는 《프랑크인의 역사(Historia Francorum III, 814~1028)》에서 지식을 갈망하는 오리약의 젊은 수도승이 카탈루냐와 알안달루스, 칼리프의 수도인 코르도바까지 갔다고 증언하고 있다.

이들 도시에서 과학 서적들을 접한 제르베르는 유럽에 돌아와 수도원과 성당 학교에서 가르침으로써 외래 지식 전파의 선구자가 되었다. 이 새로운 과학에 관심을 가진 많은 이들은 고위 성직자와 군주들이었고 제르베르와 서신 교환을 하거나 그에게서 직접 개인 교습을 받아 학적 인연을 맺었는데, 그들 중 여러 명이 교황과 황제, 왕이 되었다. 대표적인 사례로 제르베르는 신성로마 제국 황제 오토 1세의 부탁으로 오토 2세와 3세의 어린 시절 개인교사가 되었다. 따라서 그는 주로 유럽 곳곳을 일종의 방랑학자(wandering scholar) 혹은 순회교사(itinerant teacher)로 돌아다니며 지역 유력 인사들에게 순회강연(lecturing tour)을 했다고 볼 수 있다. 대학이 출현하기 이전 중세 유럽의 교육은 제르베르처럼 유명한 방랑학자들이 수도원이나 성당 학교, 황제·군주·영주의 성을 방문하여 가르치는 활동이 일반적이었다.

제르베르의 생애 전후로 이베리아반도에서는 많은 아랍어 과학서가 무슬림과 유대인 학자 및 접경 지역 크리스트교 수도승들의 협력으로 라틴어로 번역되었다. 그러나 제르베르가 직접 아랍어 원서를 읽고 라틴어로 번역한 자필 사료나 관련 서지 증거는 남아 있지 않다. 19세기 중반 프랑스 사제 자크 폴 미뉴가 집대성한 라틴 교부 총서 제139권에는 제르베르의 서한들을 비롯해 그가 쓴 것으로 여겨지는 수학서와 서한 및 교황 재직 시 쓴 교도권 저술이 포함되어 있는데(영인본과 텍스트 본문), 서한과 교황 문서를 제외한 저술 대부분은 원본이 없고 후대에 필사 편집한 것들이다. 그래서 20세기 말의 연구들은 아랍 지식의 서구 전래 역사에서 제르베르의 역할을 부정하거나 축소하려는 경향이 있었다. 이들 관점에서 보면 제르베르가 피레네산맥 너머에서 아주 흥미로운 것들을 배운 것은 분명한 사실이지만 그것이 곧 그가 아랍 천문학을 직접 익혔다는 확증이 될 수는 없다. 이 입장은 서구에 이슬람 과학을 소개했다는 제르베르의 명성에 반해 정작 당대에 본인이 남긴 저술에서는 아랍이나 이슬람 관련 언급을 거의 찾아볼 수 없음을 근거로 제시한다. 더구나 이 시기 국제 관계가 종종 긴장의 연속이었고 그리스도인들이 무슬림 침략자들에 대한 격렬한 증오로 가득했다고 보는 관점에서는 카탈루냐와 알안달루스의 문화적 접촉이 어떻게 가능했을까 하는 의문이 당연히 들 수 있다.

하지만 실상은 크리스트교의 뿌리인 유대교에 대한 이슬람교의 관용 정책 덕분에 디아스포라 유대인들이 유럽의 가혹한 처우를 피해 이베리아반도로 모여들었고 그들 중 많은 수가 유대교 신앙을 유지하면서 고위 관직에까지 진출하였으며 번역과 저술 등 지적 활동도 자유롭게 펼칠 수 있었다. 더구나 아랍 점령지와 접경 지역의 수도승들이나 모사라베인(Mozarab)들처럼 8~15세기에 이슬람 지배 아래 살면서 개종하지 않고 아랍 문화를 유럽에 전해준 그리스도인들도 있었음을 감안하면 종교 정책에서는 이슬람이 유럽보다 더 유연했다고 볼 수 있다. 또한 이 시기 유럽이 아랍보다 경직되었다고 해도 정치적 이해관계에 따른 특정 시점의 긴장과 갈등이었지 장기간 문화적으로 적대할 상황은 아니었다. 따라서 '격렬한 증오'라는 것은 십자군 시기 크리스트교 유럽 전반의 이슬람 적대 정서를 10~11세기로 소급하여 투사한 것이라 볼 수 있다.

요컨대 제르베르가 10세기 알안달루스 이슬람의 관용 정책 혹은 최소한 유럽보다 덜 적대적인 문화 속에서 코르도바 아랍 지식인들을 만났다고 해도 그가 아랍어 원서를 읽고 본인이 직접 번역했을 가능성은 희박하다. 이를 뒷받침할 사료 증거가 발견되지 않았기 때문이다. 그렇다고 그가 익힌 이슬람 지식의 영향을 완전히 부정할 수는 없다. 그보다는 무슬림이나 유대인 중개자 혹은 아랍 점령지 거주 그리스도인들(주로 수도승과 성직자)이 코르도바나 바르셀로나에서 일차로 번역한 라틴어본을 제르베르가 접하고 그 지식을 다듬어 서유럽에 전해주었을 가능성이 더 높다.

서기 900년대 중반 이후 아랍어 저술들과 라틴어 번역서들이 알안달루스에서 서방 크리스트교 접경 지역인 카탈루냐 백작령으로 전해졌다. 새로운 지식의 유통 과정은 대체로 유대교 지식인들의 중개로 이루어졌는데, 그 대표적인 학자들이 북아프리카 파티마 왕조의 궁정의사이자 과학자인 두나쉬(Dunash ibn Tamim, 890~956. 아랍 이름은 Abu Sahl)와 칼리프 아브드알라흐만(Abderramán)과 알아켄(Alhakén)의 대사이자 고문이면서 코르도바의 유대인 공동체 지도자(Nasi) 하스다이(Hasday ibn Saprut, 910?~975?)다. 두나쉬는 고대 그리스의 물리학과 자연과학 관련 그리스 원서를 연구한 논문들을 읽고 여러 권의 책을 히브리어와 아랍어로 저술하였다. 하스다이는 두나쉬의 천문학과 점성술 저술들 중, 《천구론(la nature des sphères)》, 《천문 계산법(les calculs astronomiques)》, 《별들의 운행(la course des étoiles)》 등을 라틴어로 번역하여 유럽에 전해주었다. 그리고 《전통 천문학(Astronomica vetera)》의 아랍어 원본도 두나쉬의 천문학 저술로 하스다이가 입수하여 카탈루냐에 전해주었다. 이 책은 아스트롤라베와 가장 오래된 사분의(quandrans vetustissimus) 및 천구의 등의 천문 기구 사용법과 제작법을 담은 모음집이다. 첫 장에 '천구 둘레 알코람에 따른 시계에 관하여(De horologio secundum Alkoram id est speram rotundam)'라는 소제목이 있는데, 여기서 '알코람 시계'는 천구의나 아스트롤라베를 뜻한다.

제르베르는 두나쉬의 《천구론》을 통해 프톨레마이오스 천동설 구조를 수정한 이슬람 천문학을 학습했다. 그가 살았던 시기, 즉 서기 천년 즈음에 그려진 우주 모형을 보면 중심부터 '지구-해-달-5행성-황도12궁' 순서로 배열되어 있는데, 지구 주위를 달만 동심원으로 돌고, 태양·화성·목성·토성은 편심원으로 돌며, 수성과 금성은 태양 주위를 돌고 있다. 지구가 둥글다는 것은 서기 천년 이전에도 이미 유럽 지식인들 사이에서 자연스럽게 받아들여졌다. 978년 제르베르는 플뢰리의 제자 콩스탕탱(Constantine de Fleury, 985~1014)에게 보낸 답신에서 "지구는 완전히 둥글게 형성되어 원주로 가운데를 가로지르면 똑같이 양분되고 60개 지역으로 나뉜다"고 설명한다. 비슷한 시기 플뢰리 수도원에서 만든 세계지도 해설은 지구 북반구만 보인다고 설명하고 에라토스테네스(Eratosthenes, 기원전 276~기원전 194)의 지구 둘레 측정법을 알려준다. 이 지도는 또한 남반구에도 북반구처럼 거주 가능한 땅이 있다고 예측한다.•

제르베르의 아스트롤라베 전래와 이용 실상

제르베르는 카탈루냐에서 아스트롤라베 제작과 사용법을 익힌 후 프랑스로 돌아와 랭스(Reims) 수도원의 제자들에게 제일 먼저 이 기구를 알려주었다. 아스트롤라베는 3차원 천구를 2차원 평면 원반에 투영한 것(flattened sphere)으로 천체의 움직임을 측정하여 정확한 시각과 위치와 방향을 정하는 휴대용 천문 관측기다. 이것은 고대 중근동 문명 이래로 축적되어온 육안 천문 관측과 지상 측량 지식이 집약된 도구로, 망원경과 기계식 시계가 발명되기 이전에는 가장 정교한 장치였다. 아스트롤라베를 사용하여 특정 장소에서 하늘을 바라볼 때 태양과 달, 행성들과 그 바깥 별들의 위치가 일정 시간 동안 어떻게 변동하는지 알 수 있

• Ms. 188, fol. 30r, Musee Municipal, Boulogne-Billancourt, https://www.learner.org/series/art-through-time-a-global-view/cosmology-and-belief/cosmological-diagram-map-of-the-heavens-from-the-phenomena-of-aratus/과 Ms. Phill. 1833, fol. 39v. Staatsbibliothek Berlin, Preuβischer Kulturbesitz, https://digital.staatsbibliothek-berlin.de/werkansicht?PPN=PPN83017379X&PHYSID=PHYS_0084&DMDID=DMDLOG_0023 참조.

고, 반대로 천체 위치부터 관측자의 시각과 방향, 그리고 천체 이동 궤적으로부터 날짜와 시간을 알아낼 수 있다. 아스트롤라베의 천구 평사도법(stereographic projection)과 삼각법 측량 원리는 기원전 2세기 히파르쿠스(Hipparchus of Nicaea, 기원전 190?~기원전 120?)가 처음 고안하고, 프톨레마이오스(Claudius Ptolemy, 100?~170?)가 자신의 《천문학 대계(Almagest)》에서 평사도법을 이용한 별의 위치 표시를 설명한 데 이어, 최초의 여성 과학자로 여겨지는 히파티아(Hypatia, 370?~415)가 처음으로 평면 아스트롤라베를 제작했다고 알려져왔다. 그러나 이들이 직접 제작한 실물 기구나 이 기구를 설명한 본인 저술은 현존하지 않는다. 기원전 1세기 즈음의 고대 그리스 난파선 잔해에서 발견된 이른바 '안티키테라 기계(Antikythera mechanism)'가 태양과 달과 주요 행성들의 운동을 정밀하게 재현한 독창적 계산 기능을 갖췄다는 점에서 아스트롤라베의 원형으로 보기도 하지만 직접적인 연관 관계는 아직 밝혀지지 않았다.

비잔틴 문명에서 보존된 아스트롤라베의 제작 및 사용법은 8세기 중반 이슬람 문명에서 실용적 천문 관측기로 대중화되고 정교해졌는데, 하루 다섯 번 기도하는 무슬림들에게는 이동 중에도 천체 관측을 통해 자신의 위치와 시간과 메카의 카바(Kaaba, Cube) 신전 방향 키블라(Qibla)를 알아내는 데 이런 휴대용 기구가 유용했다. 이슬람권에서는 페르시아 천문학자 아브라힘 알파자리(Ibrāhīm al-Fazārī, ?~777)가 처음 아스트롤라베를 제작하고 바그다드 '지혜의 집(Bayt-al-Hikma)' 도서관장 알콰리즈미(Al-Khwarizmi, 780~850)가 설명서를 저술하여 널리 보급한 것으로 알려져 있다. 따라서 상당수의 이슬람 아스트롤라베가 제작되었고 현재 다양한 실물 기기가 중동과 유럽의 여러 박물관에 전시되어 있다.

제르베르는 유럽 최초로 라틴어 아스트롤라베 사용서 《아스토롤라베의 유용성에 관하여(De utilitatibus astrolabii)》를 쓴 인물로 알려져왔지만, 문헌들의 선후 관계를 비교했을 때 현재까지 알려진 최초의 라틴어 아스트롤라베 설명서는 바르셀로나의 루피투스(Lupitus)가 알콰리즈미의 저술로 추정되는 아랍어 원서를 번역한 《아스트롤라베의 이해(Sententiae astrolabii)》다. 제르베르가 최초로 유럽에 아스트롤라베를 소개했는지, 루피투스의 책이 제르베르에게 전해졌는지, 그가 중세 때 거듭 필사된 《아스트롤라베 사용서(Liber de utilitatibus astrolabii)》의 최초 저자인지 등 여러 질문이 제기된다. 최근 연구를 종합해 이 책의 저술 과정을 살펴보면, 먼저 코르도바에 전해진 아랍어 원서가 바르셀로나에서 라틴어로 초벌 번역된 후〔984년 이전 루피투스의 《아스트롤라베의 이해》, 987년 이후 《아스트롤라베 측정법(De mensura astrolapsus)》〕, 이 번역본을 제르베르가 입수하여 제자들에게 설명해주었는데 그들 중 콩스탕탱이 11세기 초 《아스트롤라베 사용서》를 수정·보완하여 펴낸 것이 《아스토롤라베의 유용성에 관하여》이다. 이 책은 Gerbertus, Gilebertus, Girbertus 등의 저자명으로 13세기까지 여러 필사본으로 등장하며 앞서 언급한 《전통 천문학》에 주로 포함되었다. 11세기 중반 독일 수도승 헤르만(Hermann von Reichenau, 1013~1054)이 가장 널리 알려진 《아스토롤라베의 유용성에 관하여》와 《아스트롤라베 측정법(De mensura astrolabii)》 두 권을 저술했는데, 부록으로 제르베르의 아스트롤라베 설명을 첨부하였다.

그런데 실물 아스트롤라베의 경우 제르베르가 이 기기를 유럽에 전해줄 당시에는 천문 학습용이나 수도원 시간전례(성무일도)용 정도로만 쓰였고 그 이후로도 한참 동안 대중적으로 널리 사용되지 않았다. 아스트롤라베는 천구상의 천체들 위치와 그 이동 궤적을 평면에 투영하여 원호와 눈금으로 새긴 정밀한 의기이자 지상 측정 기능까지 갖춘 일종의 아날로 그 컴퓨터로 구면 및 사영 기하학과 삼각법을 알아야, 그리고 이를 설명한 해설서가 있어야 사용이 가능한 고급 계산 도구였다. 아스트롤라베로 시간을 알아내는 것 자체가 높은 수준의 지식을 요구해서 보통 사람들은 사용법조차 알기 어려웠고 집 한 채를 웃도는 고가였기 때문에 이 기구는 널리 보급되지 못했다. 사실 농경과 목축 위주로 살아가는 대부분의 민초들에게는 일출-정오-일몰 정도의 느슨한 시간 간격만으로도 충분했기 때문에 분초 단위의 정확한 시계가 필요하지 않았다. 게다가 아스트롤라베 제작과 사용에 높은 비용과 고급 수학 지식이 요구되었기 때문에 전례력과 기도 시간을 계산해 공동체에 알리는 수도승들, 천체 관측과 측정이 중요한 소수의 천문 수학자들, 정확한 측정 단위로 통치하는 권위가 필요한 군주들, 정교한 장식품을 구입할 경제적 능력을 지닌 귀족들, 거래를 위한 특정 장소와 시간이 중요한 상인들 정도가 이 기구를 만져볼 수 있었다. 이 복잡한 관측기는 유럽이 팽창하는 15세기 대항해 시기부터 항해용 아스트롤라베나 사분의 및 육분의 등 더 간편한 기기로 개량되어 널리 쓰였다. 그러나 망원경이 발명되고 분초 단위로 더 정교해진 기계식 시계와 결합된 경선의(經線儀, chronometer) 같은 측정 장비가 등장하는 18세기부터 전통적인 원반형 아스트롤라베는 서서히 자취를 감추게 된다.

제르베르 시기 실물 아스트롤라베의 유입 경로

16세기 이전 중세 유럽에서 제작된 아스트롤라베는 150개 정도가 현존하는데 이것들 중에서 제르베르가 최초로 이 기구를 도입했던 시기와 지역이 거의 일치하는 실물 기기는 현재 두 개가 남아 있다. 하나는 피렌체 갈릴레오 박물관에, 다른 하나는 파리 아랍세계연구소(Institute of the Arab World)에 보관되어 있는데 제작 시기와 제작자를 추적해보면 둘 사이에 유사성과 차이점이 드러나 실제 제작 경로를 추정할 수 있다.

우선 "실베스테르 2세 교황의 아스트롤라베"로 알려진 원반형 의기의 모체판(mater) 앞면•에는 교체 가능한 2개의 양면 위도판(tympan)이 부착돼 있는데, 총 4개 면은 각각 북위 30°, 33°, 36°, 42°에서 바라본 하늘을 원형 면에 투영한 것으로 페르시아와 흑해 사이의 지역에 해당한다. 각 위도판 위에는 천구상 별들의 일주운동을 회전 가능한 평원에 투영시킨 투각(透刻, perforated)형 성좌판(星座板, rete)과 눈금자(rule)가 부착돼 있다. 뒷면••에는 삼각법 측량을 위한 눈금들과 황도 12궁 달력이 새겨져 있고 조준의(alidade)가 부착되어 있다. 이 기기를 담은 검정색 가죽 주머니••• 안쪽에 라틴어 필사 기록이 있는데 "이 아랍 아스트롤라베는 춘분이 3월 15일이 되는 1252년 알퐁소 왕 시기 스페인에서 가져왔다"고 쓰여 있다. 그런데 3월 15일의 춘분은 13세기보다는 10세기에 맞아떨어진다. 게다가 원판에 새겨진 천문 수치를 따라가면 실제 제작 시기는 서기 천년 이전, 그러니까 제르베르 당시보다도 이른 9세기 샤를마뉴(Charlemagne) 시기까지 거슬러 올라간다. 따라서 이 아스트롤라베가 서기 천년 직전이나 직

• Plane astrolabe # 1113, Museo Galileo, Firenze, https://catalogue.museogalileo.it/gallery/PlaneAstrolabeInv1113.html 오른쪽 사진 참조.

•• Plane astrolabe # 1113, Museo Galileo, Firenze, https://catalogue.museogalileo.it/gallery/PlaneAstrolabeInv1113_n01.html 참조.

••• Plane astrolabe # 1113, Museo Galileo, Firenze, https://catalogue.museogalileo.it/gallery/PlaneAstrolabeInv1113.html 왼쪽 사진 참조.

후의 실베스테르 2세 교황을 위한 것이라면, 혹은 그 이전 제르베르나 그의 제자들 것이라면(심지어 한참 후대의 것이라 해도), 실제 관측용으로 쓰기에는 실용성이 떨어지는 일종의 교보재나 장식품으로, 9세기의 원형 기기를 모사하여 제작되었을 가능성이 크다.

이 기구와 비슷한 모양의 아랍식 아스트롤라베 도면이 피렌체 우피치 박물관 서화실에서 전시하는 소 안토니오 다 상갈로(Antonio da Sangallo il Giovane)의 1520년경 그림에 묘사되어 있는데,• 그림 왼편 원판(아스트롤라베 뒷면의 상단 오른쪽 바깥 둘레)에는 "알리 이븐 이사의 도제 카피프가 만들었다(ṣana'ahu Khafīf ghulām 'Alī ibn 'Isā)"는 문구가 아랍어 쿠픽(kufic) 서체로 쓰여 있다. 이 문구의 이름들을 추적했더니 850년경 바그다드에 살았던 제작자들로 밝혀졌다.

이 도면과 비슷한 디자인에 같은 제작자 이름(Khafīf)이 새겨진 실물이 영국 옥스퍼드 과학박물관에 보관돼 있는데, 유럽에서 만들어진 것이 아니라 9세기 후반 시리아에서 제작된 것으로 추정되며, 전 세계에 현존하는 아스트롤라베 중 가장 오래된 것으로 알려져 있다.••

이와 같이 위도판과 천문수치, 겉모양이 유사한 10~11세기 알안달루스에서 제작된 현존 이슬람 아스트롤라베 16개를 비교하여 분석해본 결과, 이 "교황의 아스트롤라베"의 원형은 실베스테르 2세 시기보다 훨씬

• Antonio da Sangallo il Giovane, *Astrolabio arabo* (1520), Gabinetto Disegni e Stampe degli Uffizi, Firenze #1454 A. r-v, https://brunelleschi.imss.fi.it/mediciscienze/imed.asp?c=70025, http://www.imss.fi.it/masaccio/10/appro/1_08.html 참조.

•• Khafif Astrolabe, late 9th century Syria, History of Science Museum, Oxford, MHS 47632. http://www.mhs.ox.ac.uk/collections/search/displayrecord/?invnumber=47632 참조.

이전에 850년경 바그다드나 시리아에서 처음 제작되었고, 그 복제품이 스페인 코르도바와 바르셀로나를 거쳐 라틴 유럽에 전해졌거나, 이것에 기초해 카이로나 프랑스에서 만들어진 후대의 기기를 980년에서 1003년 사이 제르베르가 입수했을 가능성이 높다. 이후 서유럽에서 이것을 모방하여 새로 제작했고, 다시 1252년 이탈리아 피렌체에서 양피지 기록을 덧붙인 가죽 주머니만 따로 만들어 넣었다고 볼 수 있다.

제르베르가 최초로 아스트롤라베를 도입한 시기와 지역이 거의 일치하는 실물 기기는 '바르셀로나(Barcelona)' 혹은 '카롤링거(Carolingian)' 아스트롤라베라고 불리는 것으로 980년경 스페인 카탈루냐에서 제작되었다.• 겉모양을 볼 때 이 기구는 먼저 도입된 이슬람 아스트롤라베를 모사했거나 설명서 도해를 보고 만들었을 것으로 추측된다. '데통베 아스트롤라베'라는 별칭을 가진 이 관측기는 지도학자이자 과학 기기 역사가인 마르셀 데통베(Marcel Destombes)가 1961년 파리의 한 고물상에서 발견하여 1981년 아랍세계연구소 박물관에 유증한 것으로 현존하는 유럽의 아스트롤라베들 중 가장 오래된 것으로 알려졌다. 위도판에는 "Roma et Francia"라는 구절이 적혀 있는데, 로마 위도(41°54′)가 이 원판의 최적 관측 지점(41°30′)에 가깝고 비슷한 위도의 다른 도시는 바르셀로나(41°23′)다. 이 아스트롤라베가 제작된 980년 당시 바르셀로나를 비롯한 카탈루냐 백작령이 프랑스 왕의 봉토였음을 감안하면 'Francia'라는 표기를 이해할 수 있다. 얼마 후 988년 보렐 2세 백작은 새 프랑스 왕 위그 카페를 인정하지 않음으로써 사실상 프랑스로부터 독립했다.

• *The Carolingian astrolabe* (IMA AI 86-31), Institut du Monde Arabe, Paris, https://www.qantara-med.org/public/show_diaporama.php?do_id=1379# 참조.

그런데 이 아스트롤라베가 당대에 제작된 상태로 지금까지 원형 그대로 보존된 진품인지에 대해서는 논란이 많다. 이 기기에 부착된 성좌판에는 18개의 별이 찍혀 있지만 명칭이 없고 다른 판에 새겨진 천문값도 실제 관측 정보와 차이가 많이 난다. 이런 이유로 데통베 아스트롤라베가 아랍식 원판이나 그 설명서 그림을 그대로 베꼈을 것으로 추정된다. 실제 관측기로 쓰기에는 정확도가 크게 떨어져서 실용성과는 거리가 멀고, 이슬람 천문학 이해를 돕기 위한 교보재 수준이거나 외래 문물에 대한 호기심에서 제작되었을 가능성이 크다. 제르베르가 바로 이 실물 아스트롤라베를 입수했든 비슷한 모사품을 제작했든, 이 휴대용 관측기와 설명서를 갖고 다니면서 천문학을 가르치고 교황이 되어서도 소장했을 개연성은 앞서 언급한 문헌 사료로 충분히 뒷받침된다. 다만 위 천문 정보 비교에서 알 수 있는 것은 서기 천년 즈음의 라틴 서유럽이 관측지 위도에서 바라본 천구의 별들을 평면에 정확히 투영한 아스트롤라베를 제작할 정도로 정교한 천문학 지식을 아직 충분히 갖추지 못했다는 점이다. 물론 이 한계는 12세기 중반 이후 아스트롤라베가 유럽 전역으로 전파됨에 따라 조금씩 개선되었다.

맺음말: 제르베르의 재조명

서기 천년을 앞둔 999년, 제르베르가 교황에 즉위하기 불과 몇 주 전, 친구이자 우트레이트의 주교 아달볼트에게 보낸 편지에는 삼각형 넓이를 구하는 문제가 들어 있다. 이 문제는 그가 썼다는 대표적인 중세의 수학서 《기하학 입문(Geometriae Isagoge)》에도 나온다. 사실 이 책의 저자 본인 저술은 남아 있지 않고 현재까지 전하는 가장 오래된 사본은 12세기 중반에 작성되었다. 이 책 외에도 제르베르가 최초 저자로 명시된 과학 분야 서적들(12세기와 13세기 여러 필사본에서 Gerbertus, Gilebertus, Girbertus 등으로 표기)도 대부분 제자들의 필사이거나 그 후대의 편집본들이다. 하지만 이들 저술에 담긴 과학 지식들이 제르베르에게서 비롯되었음은 부인할 수 없다.

이렇게 탁월했던 제르베르의 지적 능력과 업적은 그러나 그의 서거 후 십자군 시기부터 부정적 평가로 왜곡되기 시작했다. 그가 앞서서 배우고 전한 이슬람 천문학과 수학 지식은 오히려 이교도와 내통한 배신자, 마녀를 정부로 둔 마법사 교황, 악마에게 영혼을 팔아넘긴 흑마술사 등 그를 비난하는 근거가 되어버렸다. 한 예로 13세기 스코틀랜드 출신 수학자이자 철학자였던 마이클 스콧(Michael Scot, 1175~1232?)은 제르베르가 악마들에게서 아스트롤라베를 빌려와 그 원리와 제작법 및 사용법을 배웠다고 주장했다. 그런데 정작 스콧 본인이 더 아랍 지식에 몰입하여 이븐 시나와 이븐 루시드의 원전을 탐독하고 아리스토텔레스 저작의 아랍어 주석서를 번역한다. 이슬람 점성술과 연금술에도 관심이 높았던 스콧은 흥미롭게도 단테(1265?~1321)의 《신곡》에서 민중을 현혹시키는 거짓 예언자이자 점쟁이로 지옥에 떨어진다. 지금의 관점에서 보면 제르베르를 비난한 스콧이 오히려 더 비과학적이고 더 이단적인 인물이었던 셈이다.

제르베르는 또 다른 천년이 지난 20세기 후반부터 사료 발굴과 연구로 재조명을 받기 시작했다. 특히 최근 10년간 GERBERTVS라는 제목의 국제 중세과학사 학술대회가 매년 열리고 제르베르의 과학 저술들을 주제로 삼은 연구 논문들이 발표되고 있다. 그 결과 제르베르가 천문·수학·

음악·기계 등의 분야에서 백과사전적 박학다식함으로 중세 유럽 과학 발전에 공헌한 사실들이 속속 알려지고 있다.

제르베르의 아스트롤라베 도입 사례에서 알 수 있듯이 10~11세기 이베리아반도는 이슬람 과학이 유럽으로 전해지는 통로 역할을 했다. 톨레도, 코르도바, 바르셀로나 등의 주요 도시를 중개지로 한 서기 천년 지식 교류는 쌍방향이 아닌 일방통행, 즉 아랍에서 서유럽이었지 그 반대 방향은 아니었다. 당시 이슬람 세계는 그리스 문명을 간직했던 비잔틴 제국의 지식을 적극 받아들였지만 서유럽의 라틴 크리스트교 지역에 대해서는 배울 것이 없다고 여겨 자신의 우월성을 확신하고 있었다. 그렇다고 서유럽이 마냥 수동적이거나 방어적이지는 않았다. 오히려 8세기 말 이후 카롤링거 왕조의 정치적 안정을 거치며 서서히 문화적 역량을 키워가고 있었다. 서기 천년 유럽은 서로마 몰락(476) 후 300여 년간 민족이동으로 약화되었던 고전 라틴 문명을 뒤늦게나마 부흥시키는 움직임(카롤링거 르네상스)에 더해 외부 신지식을 수용하고자 하는 열린 태도도 갖추고 있었다. 이런 시대적 분위기 속에서 남부 프랑스와 칼탈루냐 접경지대의 상대적 개방성을 체험한 제르베르는 비록 독창적 사상가나 탁월한 번역가로 불리기에는 미흡하지만, 아랍인이 전하고 스페인 유대인이 중개한 이슬람의 선진 지식을 유럽에 전파한 유능한 '과학 교육자'의 역할로 크나큰 공헌을 했다.

참고문헌

조너선 라이언스, 김한영 옮김, 《지혜의 집: 이슬람은 어떻게 유럽 문명을 바꾸었는가》 (책과함께, 2013).

Gerbert d'Aurillac, *The Letters of Gerbert: with his papal privileges as Sylvester II,* Harriet Pratt Lattin, tr. (Columbia University Press, 1961).

Marcel Destombes, "Un astrolabe carolingien et l'origine de nos chiffres arabes," *Archives internationales d'histoire des sciences* 15 (1962), pp. 3~45.

Marco Zuccato, "Gerbert of Aurillac and a Tenth-Century Jewish Channel for the Transmission of Arabic Science to the West," *Speculum* 80 (2005), pp. 742~763.

Nancy Maria Brown, *The Abacus and the Cross: The Story of the Pope who Brought the Light of Science to the Dark Age* (New York: Basic Books, 2010).

크리스트교와 이슬람의 평화와 공존? 프리드리히 2세의 제6차 십자군

04

홍용진 고려대학교

십자군과 서아시아의 정치적 변동

십자군 전쟁은 서구 중세 역사에서 가장 많은 주목을 받는 주제 중 하나다. 공식적으로 교황이 조직하고 허가한 십자군 전쟁은 1096년부터 1272년까지 '무장한 순례자'를 표방한 십자군이 이슬람교도에게서 성지, 즉 예루살렘과 그 인근 지역을 '회복'하겠다며 레반트 지역, 때로는 북아프리카 일부 지역을 9차례에 걸쳐 침입한 사건을 지칭한다. 물론 십자군이라는 명칭은 이러한 경우만을 지칭하는 것은 아니었다. 십자군은 보다 넓은 의미로 교황의 정책과는 직접적 관계가 없더라도 서유럽 무장 세력이 크리스트교를 내세우며 비크리스트교 또는 이단 세력을 공격한 경우를 일컫기도 했다. 동유럽에서 독일 기사단이 수행한 북방 십자군이나 유대인 학살을 초래한 민중 십자군, 이단 척결을 내세운 알비 십자군, 이베리아반도의 레콩키스타 운동 등이 모두 이러한 넓은 의미의 십자군에 속한다.

십자군 전쟁이 진행되던 11세기 말~13세기 말까지 200여 년의 기간은 서아시아의 역사에서는 분열과 정치적 혼란의 시기였다. 반면에 동로마 제국으로서는 이 기회를 이용하여 부활을 노리다가 결국 쇠락의 길로 들어서기 시작한 시기였다. 그리고 서유럽의 다양한 세력들에게는 선진 문명의 수혜를 받으며 지중해 지역에서 정치·경제적 확장을 이룬 시기였다. 주목해야 할 점은 이 기간에 이루어진 공식적인 9차례의 십자군 전쟁이 모두 단일한 세력들 간의 충돌이 아니었다는 사실이다. 큰 틀에서 크리스트교와 이슬람의 충돌이긴 했지만 각 전쟁 때마다 활약한 구체적인 세력들은 시기적으로 큰 변화를 겪었다.

서아시아에서는 7세기 초에 등장한 이슬람 종교 공동체인 움마가 사산조 페르시아를 붕괴시킨 후 영토를 확장해나가면서 왕조 체제로 전환하였고 7세기 중반부터 9세기 중반까지 200여 년 동안 우마이야 할리파국, 아바스 할리파국으로 이어지는 거대한 제국을 형성했다. 하지만 9세기 후반부터 거대한 아바스 제국에는 균열이 생기기 시작했다. 그리고 이미 7세기 초 즈음부터 중앙아시아에서 서진해오기 시작한 튀르크족(서돌궐) 일부가 서남아시아에서 세력을 이루기 시작했다. 이후 여러 세력이 난립하는 가운데 10세기 말부터 셀주크튀르크가 서남아시아의 패권을 장악하기 시작했다. 하지만 부족 연맹체인 셀주크 술탄국은 11세기 말에 이르러 급작스럽게 해체되기 시작했고 이러한 가운데 셀주크 세력권에 있던 레반트 지역도 정치적 무질서가 팽배해지기 시작했다.

12세기 말 레반트 지역을 장악한 세력은 살라흐 앗딘(Salah ad-Din, 재위 1174~1193)이 세운 아유브 술탄국이었다. 아유브 술탄국은 이집트를 중심으로 레반트 지역과 아라비아반도 서부를 장악하며 크게 성장했다. 살라흐 앗딘은 통치의 효율성을 위해 영토를 카이로와 다마스쿠스, 알레포를 중심지로 하여 세 지역으로 나누었는데 이는 그의 사후 세 거점지를 중심으로 한 세력들 간의 투쟁의 기반이 되었다. 13세기 중반부터 이집트에서는 튀르크계 맘루크(예속민 출신 근위대)가 정권을 장악하고 맘루크 술탄국이 시작되었다. 다른 한편 13세기 전반기 아나톨리아반도는 여전히 셀주크 제국 이후 분할된 10여 개의 튀르크 부족 세력들로 분할되어 있었고 메소포타미아에서 페르시아에 이르는 지역은 튀르크 이후 새로운 중앙아시아 유목민인 몽골족이 급작스럽게 팽창하여 훌레구 울루스(일 칸국)를 건설했다.

이상과 같은 서아시아의 간략한 역사만 보더라도 십자군이 대적한 이슬람 세력이 단일하지 않다는 점을 알 수 있다. 물론 십자군 또한 크리스트교를 표방하고는 있지만 다양한 세력들 간의 이합집산이었다는 점은 말할 나위 없다. 십자군 기간 내내 잉글랜드와 프랑스 간의 경쟁뿐만 아니라 황제와 교황 간의 대립, 동로마와 베네치아 간의 경제적 이권 갈등 등 여러 다양한 문제가 뒤섞여 있었다는 점은 주지의 사실이다. 이러한 차원에서 9차로 정리되는 십자군 전쟁은 국면마다 뒤얽히는 다양한 세력들 간의 교차와 교섭, 상호 영향 관계로 파악되어야 할 것이다. 종교적 외피를 걷어내고 실제 전쟁 당사자들을 중심으로 구성된 십자군 전쟁의 주체들을 살펴보자(표 4.1).

무엇보다 표 4.1에서 십자군에 대적한 이슬람 세력에 주목해보자. 역대 십자군 중 가장 큰 일탈이었던 제4차 십자군을 제외한다면 대부분의 십자군과 대적했던 세력은 다양한 이슬람 세력 중에서도 아이유브 술탄국이었다. 실제 십자군 전쟁을 촉발한 세력은 셀주크 제국이지만 이집트에서 레반트에 이르는 지역을 장악한 아이유브 술탄국, 그리고 이를 계

표 4.1 십자군 전쟁 주요 참전국 및 전쟁 지역

차수/기간	십자군	십자군 대적 세력	전쟁 지역
1차 1095~1099	프랑스(N)	셀주크 제국, 파티마 할리파국	아나톨리아반도, 레반트 지역
2차 1147~1150	성지 제후국, 기사단, 프랑스, 신성로마 제국	셀주크 제국, 파티마 할리파국	아나톨리아반도, 레반트 지역
3차 1189~1192	신성로마 제국, 프랑스, 잉글랜드, 성지 제후국	아이유브 술탄국, 셀주크 룸 술탄국	아나톨리아반도, 레반트 지역
4차 1202~1204	프랑스(N), 신성로마 제국(N)	헝가리(자다르), 동로마 제국	발칸반도 (콘스탄티노폴리스)
5차 1217~1221	신성로마 제국, 프랑스, 헝가리(N)	아이유브 술탄국	이집트(다미에타)
6차 1228~1229	신성로마 제국	아이유브 술탄국	레반트(예루살렘)
7차 1248~1254	프랑스	아이유브 술탄국 (맘루크 술탄국)	이집트(다미에타)
8차 1270	프랑스	하프스 술탄국	튀니스
9차 1271~1272	잉글랜드, 나폴리 왕국, 프랑스(N), 일 칸국	맘루크 술탄국	레반트 지역, 키프로스

* N: 왕이나 황제를 제외한 귀족들만 참전한 경우

승한 맘루크 술탄국이 3차에서 9차까지의 십자군 공격을 막아내야만 했다. 물론 프랑스 왕 루이 9세가 준비한 8차 십자군은 마그레브의 하프스(Hafs) 술탄국에 속한 튀니스(Tunis)를 공격 목표로 삼았다. 하지만 이는 아이유브 술탄국을 공략하기 위한 병참기지를 확보하기 위한 것이었다. 즉 루이 9세의 궁극적인 공격 목표는 7차 때와 마찬가지로 이집트 지역이었다.

이는 두 가지 사실을 말해준다. 첫째, 12세기 말 이후 아이유브 술탄국을 제외한다면 다른 여러 이슬람 세력은 실제로 십자군의 직접적인 공격

을 거의 받지 않았다는 점이다. 예를 들어 메소포타미아에서 페르시아에 이르는 지역을 장악한 화레즘 제국은 그보다는 1220년대부터 몽골의 침략을 받고 있었고 북아프리카의 알모라브, 알모하드 제국은 십자군 전쟁 이전부터 시작된 이베리아 크리스트교 세력들과 투쟁하고 있었다. 둘째, 13세기에 이르러 신성로마 제국과 프랑스가 주축이 된 십자군은 예루살렘 왕국이 위치한 레반트 지역보다는 이집트를 직접적인 원정의 대상으로 삼고 있다는 점이다. 다마스쿠스와 알레포가 아이유브 술탄국의 또 다른 중심지이긴 했지만 이집트의 카이로는 그중에서도 가장 핵심적인 도성이었다. 이집트 원정 제8차 십자군에 참전했던 루이 9세의 동생 아르투아 백작 로베르 1세가 말하듯 "뱀을 죽이고 싶은 자는 처음에 머리부터 짓밟아야" 하기 때문이었다. 하지만 이러한 견해는 사실 예루살렘으로 직접 향해야 한다는 견해와 충돌했다. 즉 13세기 5~9차에 이르는 십자군 내부에서는 예루살렘부터 공고히 하는 것이 옳은지, 아니면 최대의 위협 세력부터 제거하는 것이 옳은지, 양자 사이에서 고민이 깊었다.

13세기에 전개된 십자군은 제1차 십자군과 같은 성과를 거두지 못했다는 점에서 크게 관심을 받지 못했다. 하지만 전쟁의 승패 이외에 십자군 전쟁이 전개된 구체적인 과정이나 이후에 그것이 몰고 온 다양한 효과를 살펴본다면 5~9차에 이르는 13세기 십자군 전쟁은 충분히 재고할 만한 가치가 있다.

제5차 십자군의 실패

십자군 전체의 역사에서 프리드리히 2세(Friedrich II, 1194~1250)가 직접 참전한 제6차 십자군 전쟁은 제4차 십자군과는 또 다른 의미에서 매우 독특한 위치를 차지한다. 왜냐하면 이 원정에서 프리드리히 2세는 어떠한 전투도 치르지 않았기 때문이다. 과연 프리드리히 2세는 어떤 자였을까? 사실 그의 아버지는 호엔슈타우펜 가문 출신의 신성로마 황제인 하인리히 6세였고 어머니는 노르만 가문 출신의 시칠리아 여왕 콘스탄차였다. 교황과 대립하던 하인리히 6세가 요절하자 제위는 그의 적수였던 오토 4세(Otto IV, 1175~1218)에게 돌아갔고 어린 프리드리히 2세는 모후와 함께 시칠리아에서 성장했다. 하지만 곧 오토 4세 또한 교황 인노켄티우스 3세(Innocentius III, 재위 1198~1216)와 충돌했고 1215년 교황은 그를 폐위했다. 그리고 교황은 같은 해 친교황파 제후들을 지원하여 일단 프리드리히 2세가 독일 왕에 즉위하도록 했다. 이때 프리드리히 2세는 십자군 출병을 교황과 다른 여러 제후에게 약속해왔다. 1217년 드디어 제5차 십자군이 시작되었고 그의 출병은 만인의 관심사가 되었다. 1220년 교황 호노리우스 3세(Honorius III, 재위 1216~1227)는 그에게 공식적으로 제위를 부여했지만, 그는 계속해서 출병을 미루다가 1225년 7월에 가서야 호노리우스 3세에게 2년 후에 출병하겠다고 약속했다. 그리고 같은 해 11월에는 이를 다짐하듯 예루살렘 왕 장 드 브리엔(Jean de Brienne, 1170~1237)의 장녀이자 왕국 상속녀인 이자벨 2세(Isabelle II, 1212~1228)와 결혼했다. 그리고 예루살렘에 당도하여 대관식을 거행하고자 했다.

사실 그가 이렇게 십자군을 늦춘 데에 이유가 없는 것은 아니었다. 1215년 독일 제후들의 추대로, 또 교황 인노켄티우스 3세(Innocentius III, 재위 1198~1216)의 지지로 황제의 지위에 올랐지만, 이는 선황제의 사망으로 인한 것이 아니었다. 프리드리히 2세의 조부인 프리드리히 1세(프리드리히 바르바로사)와 부친인 하인리히 6세는 교황권과 극심한 갈등을 겪은

예루살렘 왕위 계승

이 당시 예루살렘 왕위 계승은 모계를 인정하고 있었다(이 경우 영어의 'Queen' 또는 프랑스어의 'Reine'라는 표현은 왕비가 아닌 여왕을 의미한다). 사실 장 드 브리엔이 예루살렘 왕이 될 수 있었던 이유도 부인이 예루살렘 왕위 계승자인 마리아 몬페라토였기 때문이었다. 그리고 그녀 또한 몬페라토(Monferrato) 후작 코라도 1세(Corrado I)의 딸이지만 어머니인 이자벨 1세가 예루살렘 왕위 계승권자였기 때문에 혈연으로 왕위 계승권자가 되었다. 즉 장 드 브리엔은 마리아의 남편이자 딸인 이자벨 2세의 섭정으로 왕이라는 칭호를 사용할 수 있었다. 마리아의 직계 혈통으로 왕위 계승권을 지닌 이자벨 2세가 성인을 인정받아 대관식을 거행한다면 왕위는 당연히 이자벨 2세에게 이양된다. 이때 이자벨 2세의 남편인 프리드리히 2세도 함께 왕으로 즉위하게 된다.

황제들이다. 하인리히 6세가 요절하자 교황은 곧바로 반황제파이자 친교황파인 벨펜(Welfen) 가문의 오토 4세를 제위에 앉혔는데 그 또한 제위에 오르자 교황과 갈등을 빚기 시작했다. 결국 1214년 부빈(Bouvines) 전투에서 잉글랜드 왕 존(John)과 연합군을 형성한 오토 4세는 프랑스 왕 필리프 2세(Philippe II)에게 대패하고 말았고 이 기회를 이용하여 교황 인노켄티우스 3세는 그에게 파문을 선언하고 다시 1215년에 21세의 프리드리히를 제위에 오르게 하였다. 하지만 제후들의 선출과 교황의 인정은 명목적 정당성에 불과했다. 제위에 오른 프리드리히는 이제 실질적인 제권을 구축해야 했고 무엇보다 그의 반대 세력이 전개하는 저항을 잠재워야만 했다. 퇴위당한 오토 4세는 물론 북부 이탈리아 도시국가 연합인 롬바르디아 동맹(Lega Lomabarda)이 바로 그에 대한 주요 적대 세력이었다. 특히 롬바르디아 동맹은 이미 조부인 프리드리히 1세에 대해 승리를 거둔 바 있는 반황제(반호엔슈타우펜)파의 핵심 세력으로 기세를 떨치고 있었다.

지방 분권적 제후 세력의 연합에 불과한 신성로마 제국에서 내치를 체계화하고 저항 세력을 제압하는 일은 분명 간단치 않았다. 그렇기 때문에 후임 교황 호노리우스 3세(Honorius III, 재위 1216~1227)는 참을성 있게 그의 반복되는 십자군 원정 지연을 용인했다. 그 또한 일말의 책임을 다하기 위해 당시 전개되던 제5차 십자군 전쟁에 바이에른 공 루트비히 1세(Ludwig I)가 이끄는 지원군을 이집트 다미에타에 파병했다(1221). 당시 십자군이 점령하고 있던 다미에타에서는 교황 대사인 추기경 펠라기우스가 십자군을 이끌고 있었는데 십자군에서 교회와 성직자의 주도권을 강조하는 그의 입장은 여러 귀족 및 기사단과 마찰을 빚었다. 특히 추기경은 항구적인 예루살렘 방어를 위해서는 카이로를 점령하여 이집트를 장악하는 것이 우선이라는 전략을 강하게 추진하고 있었다. 반면 프리드리히 2세는 루트비히 1세에게 다미에타에서 더 나아가지 말고 일단 수성에 전념하라는 명을 받은 상태였다. 따라서 추기경에게 거부감을 느낀 많은 귀족과 기사들은 곧 루트비히 1세를 중심으로 모여들기 시작했다. 그럼에도 군기 상실과 사기 저하가 지속되자 루트비히 1세는 펠라기우스의 주장을 받아들여 만수라 진격을 시도했다. 하지만 이는 결국 패전과 다미에타 상실로 이어졌고 이로 인해 제5차 십자군은 실패하고 말았다.

이후 프리드리히 2세는 십자군에 직접 참전하지 않았다는 이유로 제5차 십자군 실패의 가장 큰 책임자로 지목되었다. 가장 강력한 정치적 정당성을 가진 그가 참전했더라면 십자군 지휘 계통이 큰 어려움 없이 통합되어 효과적으로 전쟁을 수행할 수 있었을 것이라는 비판이 쏟아졌다. 하지만 그로서는 이름에 불과한 제권을 실질적인 제권으로 만들고 자신의 통치 영역에 내치를 다지는 것이 무엇보다 중요한 일이었다. 황제란 직위는 교황의 비위에 맞춰 십자군에만 몰두할 수 있는 자리가 아니었다. 특히 애초에 이집트를 장악하겠다는 교황의 노선 자체가 당시 서유럽의 군사적 역량, 즉 3만~4만 명에 불과한 병력으로 비추어봤을 때 가능한 일이 아니었다. 더군다나 십자군이란 조직은 애초부터 확고한 규율 부과가 불가능한 군대였다. 근대적 군율은커녕 교회에서는 일정 기간만 십자군으로 복무하면 구원을 보장해주었기 때문에 군대 자체에 질서와 통합을 기대하기도 힘들었다. 실제로 원정 중에 무수히 많은 기사가 새로 도착했고 또 교회가 인정하는 복무 기간이 만료된 기사들은 미련 없이 전장을 떠났다. 이러한 상황에서 실제로 프리드리히 2세가 도착했다 한들 각지에서 모여든 기사들이 과연 체계적이고 통일적인 군대를 이룰 수 있었을지 의문이다.

프리드리히 2세의 제6차 십자군

거센 비난의 뭇매를 맞은 프리드리히 2세는 1225년 6월 21일에 십자군에 출정하기로 약속했다. 하지만 계속 출병을 연기한 그는 교황 호노리우스 3세에게 늦어도 1228년 이전에는 출병하겠다고 단단히 약속했다. 이를 보증이라도 하듯 그는 1225년 예루살렘 왕국 공주 이자벨 2세와 결혼하여 예루살렘을 향한 십자군 의지를 드러냈다. 그사이 호노리우스 3세가 사망하고 새로 즉위한 교황 그레고리우스 9세(Gregorius IX, 재위 1227~1241)는 프리드리히의 십자군 준비를 예의 주시하고 있었다. 1227년 8월, 드디어 프리드리히 2세는 이탈리아 남부 브린디시(Brindisi)에서 십자군 출병식을 거행했다. 하지만 유난히 더웠던 그해 여름, 십자군 진영에는 전염병이 퍼져 10월까지 출병이 지체되었다. 교황 그레고리우스 9세는 이 또한 출병 지체를 위한 핑계로 여기고 9월 29일 프리드리히 2세에게 파문을 내렸다. 하지만 그는 교황의 파문에도 아랑곳하지 않고 일단 10월에 본진을 보낸 후 자신은 건강을 추스른 후 이듬해 5월에 출발하겠다고 선언했다.

그러나 엎친 데 덮친 격으로 이듬해인 1228년 4월 25일 왕비 이자벨 2세가 아들 콘라트를 출산하다 사망하고 말았다. 이로 인해 다시 한번 프리드리히 2세의 출정은 한 달 이상 늦어졌다. 게다가 예루살렘으로 향하기 이전에 그는 키프로스에 한 달 이상 체류하여 실제로 아크레(Acre)에 도착한 때는 9월 7일이었다. 처음 십자군을 맹세한 이후 10여 년이 지난 시점이었다. 그사이 교황은 지속되는 그의 출정 지연에 분노하며 예루살렘의 성직자와 귀족, 기사단에게 프리드리히는 크리스트교의 적으로 파문당했기에 십자군을 이끌 수 없다는 점, 따라서 그 누구도 그의 십자군에 동참하지 말라는 내용의 서한을 보냈다. 예루살렘에서는 이 서한을 두고 극심한 분열이 일어났다. 프리드리히 2세 통치 영역인 독일 및 이탈리아 지역 출신의 십자군과 독일(Teuton) 기사단은 그를 지지했지만 성전·구호 기사단과 고위 성직자들은 격렬하게 거부를 표했다.

이때 주목해야 할 점은 프리드리히가 이집트가 아닌 예루살렘으로 향했다는 사실이다. 그가 볼 때 이집트 장악은 현실적으로 불가능할 뿐만 아니라 자신에게는 예루살렘에서의 대관식이 정치적으로 더 중요했기 때문이다. 사실 1226년에 아이유브 왕조의 이집트 술탄인 알카밀은 프리드리히 2세에게 사신을 보내 이집트가 아닌 레반트(시리아)로 가서 다마스쿠스를 공격해준다면 예루살렘을 넘겨주겠다는 제안을 한 바 있었다. 제

5차 십자군 이후 아이유브 술탄국은 내전 상황에 처해 있었다. 제5차 십자군 전쟁 기간 동안 술탄 알아딜(al-Adil, 1145~1218)과 그의 세 아들, 즉 알무아잠(Al-Muazzam, 1176~1227)과 알카밀(Al-Kamil, 1177~1238), 알아슈라프(Al-Asraf, 1178~1237)는 합심하여 전쟁을 승리로 이끌었다. 전쟁 도중 알아딜이 사망하자 왕국은 양분되어 1218년 맏형 알무아잠이 시리아 지역의 술탄이, 둘째 알카밀이 이집트 지역의 술탄이 되었다. 그러나 제5차 십자군이 끝난 이후인 1223년부터 두 형제 술탄 간의 영토 분쟁이 발생했고 서로 대립하는 상황으로 이어졌다. 이러한 상황에서 알카밀은 형 알무아잠의 세력 약화를 위해 프리드리히 2세에게 위와 같은 제안을 했던 것이다. 이에 프리드리히 2세는 알무아잠에게도 협상 가능성을 타진했으나 호전적인 답변만을 받았고 이에 알카밀과의 협상을 추진하기로 결정했다.

문제는 프리드리히 2세가 1228년 아크레에 도착했을 때 상황이 바뀌어 있었다는 사실이다. 알무아잠은 이미 1227년에 사망했고 그의 아들 안나시르 다우드(An-Nasir Dawud)가 뒤를 이었으나 시리아의 세력은 크게 약화되어 있었기 때문이다. 이미 알카밀은 동생 알아슈라프를 시리아 술탄에 즉위시키기 위해 다마스쿠스를 공격하고 있던 중이었다. 알카밀은 프리드리히 2세의 도움이 불필요했고 이는 앞서 제시한 협상에 대한 재고와 번복의 사유가 되었다. 그럼에도 알카밀은 협상 파기를 이유로 프리드리히가 돌연 배후인 이집트를 공격할 수도 있다는 생각에 이를 막기 위해 재협상에 돌입했다.

그 결과 1229년 2월, 양측 사이에 모종의 협약이 이루어졌다. 먼저 프리드리히 2세는 예루살렘은 물론 나사렛, 시돈, 자파, 베들레헴과 같은 '성지'를 알카밀에게 부여받아 예루살렘 왕위 계승권자인 아들 콘라트의 섭정으로 예루살렘의 통치자가 되었다. 하지만 여기에는 당시로서는 전례 없는 조건이 뒤따랐다. 알카밀은 예루살렘에 무슬림교도가 기존 방식대로 또 기존 권리를 갖고 거주하는 것은 물론 성전 산의 이슬람 사원인 알아크사(Al-Aqsa) 모스케와 바위의 돔(Dome of the Rock)을 그대로 무슬림의 통제하에 둘 것을 요구했다. 예루살렘 왕국과 아이유브 간에는 10년의 평화를 유지하기로, 또 그 밖의 제후국인 트리폴리나 안티오크의 크리스트교도와 무슬림 간 전쟁이 발발해도 프리드리히는 중립을 지키기로 약속했다. 더 놀라운 점은 예루살렘 왕국 인근에 아이유브 요새들이 건재했는데도 예루살렘에는 성채나 요새와 같은 어떠한 방어 시설도 두지 않기로 했다는 사실이다. 이는 현대적 관점에서 볼 때 예루살렘을 '평화적 비무장·다종교 공존 지대'로 만든다는 의미였다. 예루살렘은 실로 크리스트교와 유대교, 이슬람 어느 한 종교만을 위한 성지가 아니라 세 종교 모두가 공유하는 성지가 되었다. 같은 해 3월 18일, 프리드리히 2세는 예루살렘 왕으로 대관식을 치렀다. 사실 모계 혈통을 인정하고 있던 예루살렘 왕위 계승 관례상 적법한 계승자는 그가 아니라 이자벨의 혈통에 의거한 그의 아들 콘라트였다. 하지만 그는 예루살렘을 새로 수복한 자로 스스로 왕위에 올랐다. 특히 교회의 파문에도 아랑곳하지 않고, 예루살렘 총대주교가 참석하지 않았음에도 그는 마치 로마 황제처럼 스스로 대관식을 치렀다.

많은 비판에도 불구하고 프리드리히 2세는 예루살렘을 회복했다. 1099년 제1차 십자군이 정복한 예루살렘은 1187년 살라흐 앗딘의 수중에 들어갔다가 40여 년 만에 다시 크리스트교 군주의 지배하에 들어왔다. 아크레 등 해안가 영지로만 이루어졌던 예루살렘 왕국은 이렇게 해서 다시 국명에 걸맞게 예루살렘을 차지했다. 하지만 그의 예루살렘 입성과 대관식은 예루살렘이 크리스트교도만을 위한 성지여야 하고 이를 위해 전투적인 방어 체계를 갖추어야 한다고 생각하던 이들에게, 또 교황의 권위를 지지하는 자들에게 분노와 실망감을 안겨주는 사건이었다. 곧이어 로마 교황과 그를 따르는 성직자들은 물론 레반트 지역에서 계속 무슬림과 투쟁해오던 십자군 기사단들이 프리드리히 2세에게 공격적인 태도를 취하기 시작했다. 교황 그레고리우스 9세는 이탈리아에서 프리드리히 2세의 세력을 약화하기 위해 다방면으로 움직이고 있었는데 특히 그의 장인인 장 드 브리엔을 불러들여 시칠리아 왕국을 공격하게 했다. 또한 예루살렘 왕국 내에서도 베이루트 영주 장 디블랭(Jean d'Ibelin)이 이끄는 귀족 및 기사단 세력이 그에게 반기를 들었다. 이에 5월 1일 프리드리히 2세는 급히 이탈리아로 돌아오는 배에 오를 수밖에 없었다. 프리드리히 2세의 6차 십자군은 피 한 방울 흘리지 않고 예루살렘에 입성할 수 있었다. 하지만 기존의 호전적인 십자군 방식과 이념을 고수하던 이들은 이를 용납할 수 없었다. 결국 프리드리히 2세는 이탈리아에서 교황 및 롬바르디아 동맹과의 투쟁에 다시 돌입했고 1239년 교황으로부터 또다시 파문을 당했다.

종교에서 정치로

프리드리히 2세가 돌아간 이후 예루살렘 왕국에서는 내전이 벌어졌다. 1231년 프리드리히 2세는 장 디블랭의 세력 확장에 맞서 리카르도 필란제리(Riccardo Filangieri)를 지휘관으로 하는 군대를 파견했고 이는 곧 내전으로 확대되었다. 예루살렘과 티레를 거점으로 삼은 황제군과 아크레와 베이루트를 중심으로 한 예루살렘 귀족 세력 간의 대결은, 동부 지중해에서 활동하던 십자군 세력도 양분하여 독일 기사단과 병원 기사단은 전자를, 성전 기사단 및 키프로스 왕국은 후자를 지원하게 만들었다. 게다가 내전은 아이유브 술탄국의 내전과도 맞물렸다. 1238년 알카밀이 사망하자 아이유브 또한 크게 시리아와 이집트 세력으로 양분되었다. 사실 구체적인 상황은 더욱 복잡하여 아이유브 왕조 내 세력가들 간에 끊임없이 동맹과 배반이 반복되었다. 1239년 프리드리히 2세와 알카밀 간에 맺은 평화조약이 끝나면서 예루살렘은 또다시 이슬람의 위협을 받았고 곧 아이유브 시리아군에 의해 점령당했다.

하지만 시리아의 가장 큰 위협은 아이유브 이집트였다. 이에 시리아는 오히려 예루살렘 왕국의 십자군 세력과 동맹을 맺었다. 이때 프리드리히 2세의 지원을 더 받지 못한 황제파 세력은 크게 쇠약해져 있었던 반면 귀족파 쪽에는 이들의 대의를 지지하는 유럽 제후들이 대거 합류한 상황이었다. 프리드리히 2세는 이탈리아 내에서 교황과의 전쟁으로 예루살렘에 신경 쓸 여력이 없었다. 그사이 1241년 바투가 이끄는 몽골군이 동유럽 지역을 강타하자 프리드리히 2세는 몽골군에 대항할 십자군을 여러 군주에게 제안하기도 했지만, 이듬해 바투의 회군으로 이는 실현되지 못했다. 결국 프리드리히 2세의 영향력이 예루살렘 왕국에서 약화되어가는 가운데 아이유브 시리아와 동맹을 맺은 상대는 바로 예루살렘 귀족파였다. 흥미로운 점은 이 예루살렘 귀족파는 프리드리히 2세가 이슬람 세력과 협상했다고 강하게 비판한 세력이었다는 사실이다. 새롭게 십자군에 합류한 나바라 왕 티보 1세(Thibaut I)는 귀족파 십자군의 대표로 시리아와 동맹을 맺었고 그 대가로 예루살렘 왕국 관할권을 다시 넘겨받았다. 1243년 예루살렘 왕국 내전은 종식되었고 귀족파는 드디어 황제파 군대를 모두 몰아냈다.

귀족파가 승리했지만 내전은 예루살렘 왕국에 큰 상처를 남겼다. 혈통으로 보았을 때 예루살렘 왕은 프리드리히 2세의 아들 콘라트였지만 그는 한 번도 예루살렘에 온 적이 없었다. 또한 내전은 십자군에 커다란 전력 손실을 초래했다. 더구나 이집트는 시리아를 공격하기 위해 화레즘 출신의 군사들을 고용하여 전력을 크게 증강하고 있었다. 튀르크계 유목민이 세운 화레즘 왕국은 1220년 몽골군의 침략으로 대부분의 영토를 상실하고 멸망 직전에 처해 있었다. 이때 몰락해가는 화레즘 왕국 출신의 군인들이 서아시아와 북아프리카 전역에서 용병으로 활동했고 아이유브 이집트는 이들을 대거 고용했다. 당시 술탄에게 예속된 이 튀르크계 부대를 지칭하는 용어가 바로 '맘루크'다.

1244년 이집트 술탄 앗살리흐 아이유브가 이끄는 맘루크 부대는 십자군-시리아 동맹을 공격하여 예루살렘을 함락하고 이듬해에는 시리아의 수도 다마스쿠스도 점령했다. 프리드리히 2세가 떠난 지 15년 후, 예루살렘은 다시 아이유브 왕조의 영토가 되었고 예루살렘 왕국은 크게 위축되고 말았다. 1249년 프랑스 왕 루이 9세는 제7차 십자군을 조직하여 다시 한번 이집트를 공략했다. 군사력이 역부족인 프랑스 십자군은 이전처럼 이집트와 시리아 간의 경쟁을 이용해보고자 했고 결국 이집트와의 동맹을 선택했다. 그런데 그사이 아이유브 왕조는 종말을 고했고 맘루크 세력이 이집트 지역의 정권을 장악하여 새로운 왕조를 개창했다. 그리고 1253년 신생 맘루크 왕조는 시리아와의 종전을 선언했다. 이는 또한 루이 9세가 이끈 제7차 십자군의 끝을 의미하기도 했다. 왜냐하면 이집트로서는 더 이상 루이 9세의 십자군과 동맹을 유지할 이유가 없었기 때문이다. 13세기 후반에 두 차례 더 십자군이 조직되었지만 모두 실패로 끝났고 결국 맘루크 이집트는 시리아와 십자군 영지를 모두 정복했다.

십자군의 역사에서 프리드리히 2세의 6차 십자군은 루이 9세의 7차 십자군과 많은 대비를 이룬다. 프리드리히가 교회를 무시하고 교황과 적대 세력을 이루면서 자기 멋대로 십자군을 수행했다면 루이는 반대로 교황의 협조를 받고 교회의 권위를 존중하면서 숭고하게 십자군을 이끌었다는 내용이다. 하지만 13세기 동안 이루어진 십자군 원정의 역사에서 주목해야 할 점은 12세기 말까지 이루어진 제1~3차 십자군과 다르게 십자군이라는 '사업'에 종교적 열정보다는 정치적 이해관계가 보다 잘 드러난다는 사실이다. 제5차까지의 십자군이 분권적인 제후와 귀족이 교황의 주도로 조직된 모습을 보여준다면 제6차 십자군부터는 프리드리히 2세라는 세속 군주가 자신의 정치적 이해관계와 야망을 위해 십자군을 조직하고 진두지휘하는 모습을 보여주었다. 이러한 성격은 사실 그를 뒤이어 이집트로 진격한 루이 9세의 제7차 십자군에서도 나타난다. 십자군은 이제 보편적 교황권이 아니라 특정 지역에 통합적인 왕국을 구축한 세속 군주들이 추진하는 대외 사업이 되었다.

물론 이 두 군주에게 종교적 열정보다 정치적 이해관계가 우선했다고 이야기할 수는 없다. 중요한 점은 실제로 두 사람의 마음이나 의도가 어떠했는지를 공허하게 따지는 것이 아니라 두 군주의 종교적 열정이 현실에 미친 영향을 가늠하는 것이다. 특히 프리드리히 2세의 경우 그가 교황권과 투쟁했다고 해서 크리스트교적 신앙심을 저버렸다고 말할 수는 없다. 《성경》을 어떻게 해석하는가에 따라 교황보다 우위에 있는 황제권도 얼마든지 가능하기 때문이었고 실제로 교황에 비판적인 급진적 크리스트교 사상가(이른바 이단)나 영성파 프란체스코 수도사들은 프리드리히에게서 진정한 크리스트교 군주의 모습을 찾고자 했다. 문제는 13세기에 이르러 군주의 종교적 열정은 통합된 왕국의 정치적 대외 팽창으로 번역되었다는 사실이다. 보편적 교황이 다양한 지방 분권 세력을 모아서 이끌고 가는 십자군에서 한 군주가 자신이 다스리는 통합적 영토 내의 신민들로 조직한 십자군으로 변화하면서, 십자군은 하나의 군주가 이끄는 통합 왕국을 위한 이데올로기로 영향을 발휘한다.

이런 점에서 프리드리히 2세의 제6차 십자군은 그의 종교적 열정이나 평화와 공존에 대한 열망을 드러내기도 하지만, 십자군이 정치적 정당성을 확립하기 위한 방법으로 활용되기 시작했다는 정치 현실을 보여주기도 한다. 이러한 점에서 제6차 십자군은 종교적 대립이라는 외피에 가려진 현실정치의 역학관계를 가감 없이 보여주는 사건이라 평가할 수 있다. 프리드리히 2세를 적그리스도라고 비판한 예루살렘의 교황파 귀족들 또한 자신들의 정치적 목표를 달성하기 위해 언제든지 시리아와 손을 잡을 준비가 되어 있었다. 또한 교황의 찬사를 받은, 루이 9세의 두 차례의 십자군 원정은 결국 프랑스 왕권의 신성화로 이어져 이후 필리프 4세(Philippe IV, 재위 1285~1314)의 정책을 정당화하는 계기가 되었다. 십자군의 역사는 '크리스트교 십자군'이나 '이슬람 지하드'라는 이분법을 넘어서 복잡한 현실정치의 매듭을 포착하고 유럽과 서아시아에 걸쳐 전개된 다양한 변동의 흐름에 주목할 때, 보다 역동적이고 풍성한 모습으로 우리에게 다가올 수 있다.

참고문헌

Christopher Tyerman, *God's War: A New History of the Crusades* (Cambridge, Mass.: Belknap Press of Harvard University Press, 2006).

Clifford Edmund Bosworth, *The new Islamic dynasties* (New York: Columbia University Press, 1996).

David Abulafia, *Frederick II—A Medieval Emperor* (Oxford: Oxford University Press, 1992, 1988).

James M. Powell, "Church and Crusade: Frederick II and Louis IX," *The Catholic Historical Review* 93-2 (April. 2007), pp. 251~264.

Jean-Philippe Genet, *Le Monde au Moyen Âge: Espaces, pouvoirs, civilisations* (Paris: Hachette, 1991).

중세 스페인의 재정복과 무슬림 여성의 섹슈얼리티•

05

서영건 부산대학교

문제 제기

상이한 종교 집단 간 혼인은 크리스트교 역사 초기부터 당국의 규제와 통제 대상이 되었으나, 중세 시대 들어 이 문제는 대체로 당국의 관심에서 비켜나 있었다. 이는 서유럽 지역이 다문화적 사회 현실을 훨씬 덜 맞닥뜨린 탓에 이 사안이 긴급 현안으로 인식되지 않았기 때문으로 보인다. 이 점에서 이베리아반도는 하나의 예외가 될 수 있는데, 12세기 이후 크리스트교 세력은 재정복(reconquista)을 통해 과거 이슬람 지역이 대거 왕국 내로 편입되자 이 문제에 적극 개입하기 시작한 것이다.

다른 종교 간 성행위에 대한 통제는 큰 틀에서 보면 12세기 이후 유럽

• 이 글은 〈12~13세기 스페인의 유대인과 무슬림에 대한 성적(性的) 통제와 그 의미〉, 《동국사학》 제59권(2015)을 수정·재편집한 것이다.

에서 분출되기 시작한 광범위한 배제의 담론과 관련이 있다. 그러나 이베리아반도 내부로 논의를 좁히면, 재정복이 본격화되면서 유대인과 무슬림 공동체가 크리스트교 사회 속으로 대거 편입되면서 종교 간 사회적 관계 문제가 새로운 이슈로 부상한 것이다. 12세기 후반 이후 새로 크리스트교권에 편입된 지역의 자치법(fueros)에 명시된 내용 중 가장 큰 관심을 끄는 대목은 사회적 관계 중에서도 본질적이라 할 수 있는 육체적 행위가 핵심적으로 다루어졌다는 점이다.

이베리아반도에서 일련의 자치법을 촉발시킨 것은 재정복이 활발하게 이루어진 시기(1085년경~1260년)였다. 변경 지역이라는 특정 장소의 법체계로 기능한 자치법은 중세 이베리아반도에서 크리스트교 팽창의 행정적 특징 가운데 하나가 되었다. 이를 감안하면, 종교 간 성행위를 규정한 법조항들은 스페인 특유의 시대상과 일정 부분 맞닿아 있다고 볼 수 있다. 그런 점에서 종교 간 성행위 문제는 종교와 젠더, 권력 등이 긴밀하게 얽혀 있는 지점에 위치한다.

재정복과 경계, 성적 통제

이베리아반도에서 크리스트교 세력의 재정복은 11~12세기 동안에 가속화되었다. 1031년에 단일한 칼리프 체제가 무너지면서 이슬람권은 상호 경쟁 관계에 있는 일군의 소왕국들로 분열되어, 이베리아반도의 세력 균형이 레온, 카스티야, 나바라, 아라곤 등 북부의 크리스트교 왕국들에 유리한 쪽으로 크게 변했다. 1085년 크리스트교도들이 반도의 중앙에 위치한 톨레도를 장악한 것은 재정복 과정에서 일어난 최초의 대승리였다. 곧 이어 북아프리카 이슬람 세력들의 침략을 연이어 받기도 했지만, 반도의 정치군사적 무게중심은 갈수록 북쪽의 크리스트교 왕국들에 놓이게 되었다. 특히 1212년 라스 나바스 데 톨로사에서 이슬람 군대의 패퇴를 시작으로 코르도바(1236)와 하엔(1246), 세비야(1248) 등 남부의 주요 도시들이 잇따라 크리스트교 왕국의 영토로 복속되었다.

재정복의 진전과 함께 종교 공동체 간의 사회적 관계가 늘어남에 따라, 공동체 간의 관계를 정한 법률들도 상세해졌다. 대표적인 것은 쿠엥카와 테루엘시에서 공포된 자치법이다. 쿠엥카 법은 상속권, 형법, 군사적 의무, 크리스트교도와 이교도와의 관계, 공중목욕탕 이용 등 거의 1000여 조항을 포함했다. 이 포괄적인 법은 1177년에 카스티야의 알폰소 8세(재위 1158~1214)가 쿠엥카를 무슬림으로부터 탈환한 직후 이 도시에 내려주었다. 1171년 아라곤의 알폰소 2세(재위 1162~1196)가 정복한 테루엘시에도 쿠엥카와 유사한 법전이 내려졌다. 쿠엥카와 테루엘 법은 지역적 경계를 넘어 퍼져나갔다. 크리스트교 세력이 남하하면서 이들 법은 서쪽의 카세레스, 북쪽으로 두에로강 변에 위치한 소리아, 남쪽으로 바에사와 같은 도시에까지 확대되었다. 쿠엥카를 중심으로 반경 수백 킬로미터에 걸쳐 있는 여러 도시들이 이들 법을 전면 내지 일부 채택하는 등 그 영향권하에 있었다.

이 시기의 여느 자치법과 마찬가지로 테루엘과 쿠엥카 법 역시 종교 집단 사이의 관계 문제를 다루었다. 무슬림과 유대인들은 테루엘과 쿠엥카 두 도시에서 환영받았다. 사실 이들 중 상당수가 크리스트교도의 정복 이후 잔류를 선택하였다. 이들은 여러모로 크리스트교도와 동일한 권리와 법적 보호를 누렸다. 하지만 도시 당국은 이들에게 특혜와 권리를 부여하는 동시에 종교 간 경계선을 명확히 하여 과도한 사회적 관계를 막았다.

이들 법에서 특히 흥미로운 점은 이교도와의 성행위에 대해 극도의 우려를 표했다는 것이다. 특히 크리스트교 여성과 이교도 남성의 성행위에 대해 테루엘과 쿠엥카의 자치법은 가혹한 처벌을 규정했다. 테루엘 법은 "무어인과 잠자리한 여성에 대하여"라는 제목의 조문에서 "크리스트교도 여성이 무어인 혹은 유대인과 잠자리를 같이 하다 적발될 시 모두 화형에 처한다"고 명시하고 있다. 쿠엥카 법도 대동소이하다. "여성이 무어인 혹은 유대인과 함께 잠자리하다 적발될 경우 두 사람은 화형에 처한다." 이러한 규정은 재정복 초기 국면에 제정된 세풀베다 자치법과 비교하면 카스티야의 중심부에서 일어난 법적·문화적 변화를 잘 보여준다. 알폰소 6세(재위 1065~1109)는 1076년에 재정복 지역의 최전선에 위치한 세풀베다의 정착민들에게 상당한 특혜가 보장된 소략한 자치법을 부여하였는데, 종교 간 성행위뿐 아니라 사회적 관계를 규정하는 아무런 규정도 포함되어 있지 않았다. 이 법은 당시 카스티야, 아라곤 할 것 없이 변경 지역에 적절히 손질되어 부여된 만큼 재정복 초기 변경 도시의 일반적인 사회적 관계를 잘 보여주는 것이었다. 그러나 인준된 지 2세기가 지난 1272년에 쿠엥카 모델을 상당 부분 본떠 만든 광범위한 자치법이 편찬되었는데, 그 속에는 무슬림이나 유대인 남성과 성관계를 하다가 현행범으로 체포된 크리스트교 여성은 화형에 처하고 그 상대방은 절벽에서 던져 죽이는 형벌이 포함되었다. 이와 같이 종교 간 성행위에 대한 규정은 11세기 이전의 도시법에는 찾아볼 수 없고 12세기 이후의 산물이라는 점에서 역사성을 지닌다.

테루엘과 쿠엥카의 법조항은 스페인의 크리스트교 왕국들에서 종교 간 성적 경계를 명확히 규정한 최초의 법률로 알려져 있다. 자치법이 포고된 상당수의 도시에서 종교 간 성행위에 대한 금지 조항 역시 쿠엥카 법이 수용되는 것과 궤를 같이하여 반영되었다. 쿠엥카와 동일한 내용들이 바에사와 소리아 자치법에도 나타난다. 그 외에 쿠엥카 법에 의거하지 않고 여러 도시에서 새로 제정된 법도 크리스트교 여성과 이교도 남성 간의 성행위는 엄중 처벌해야 하는 위험한 행위라는 판단을 내포하였다. 이러한 기조는 13세기에도 그대로 이어졌다. 1250년의 발렌시아 법은 여타 자치법과 마찬가지로 공중목욕탕 이용 금지 등과 더불어 무슬림·유대인 남성과 크리스트교 여성의 성행위에 대해 "유대인이나 사라센인이 크리스트교 여성과 잠자리하다 적발될 시, 두 사람 모두 화형에 처한다"고 규정하고 있다. 이와 같이 크리스트교 여성과 이교도 남성의 성적 관계는 명백히 금지되었다. 사실상 절벽에서 던져 죽이는 벌이나 화형은 이교도 남성의 욕망을 꺾기에 충분했을 것이다.

그러나 주목할 점은 자치법에서 종교 간 성행위에 이중 잣대를 적용했다는 것이다. 유대인·무슬림 여성과 잠자리를 같이 한 크리스트교 남성에 대한 처벌 규정은 따로 마련되어 있지 않다. 물론 이교도 여성과 외도하는 크리스트교 남성을 나무라는 목소리가 없지 않았다. 카스티야의 산초 4세(재위 1284~1295)는 "유대인 여성과 무어인 여성은 다른 법과 신앙의 여성이기 때문에" 크리스트교 남성이 그들과 죄를 짓지 말도록 충고한 바 있으나, 법적 구속력을 가진 것은 아니었다. 사실 크리스트교 남성과 이교도 여성 사이의 성행위는 노름이나 기혼자가 매춘부를 자주 찾는 행위와 마찬가지로 행실이 못된 징표로 인식되는 정도였지 사회적으로 큰 문제가 되지는 않았다.

이러한 종교 간 성적 경계와 법의 이중 잣대가 지닌 함의를 이해하기 위해서는 당대 사회에서 몸이 지니는 의미를 살펴볼 필요가 있다. 사실

제도를 나타내기 위한 몸에 대한 은유가 뿌리내린 것은 중세 시대였다. 대표적인 예로 바울의 '그리스도의 몸과 지체'나 솔즈베리 존의 '몸의 정치(body politics)' 같은 유기체론적 은유로서의 사회 이미지를 들 수 있다. 이런 은유를 통해 중세인들은 스스로를 성적 공동체로 상정할 수 있었다. 일반적으로 여성은 한 집단의 상징체계를 나타내며, 그 공동체의 건설은 여성의 몸을 통해 이루어지며 가시화된다. 이것은 여성에게 가해지는 폭력이 한 집단의 물리적·인적 완전성을 겨냥한다는 것을 의미한다. 따라서 한 공동체의 여성에 대한 강간은 그 공동체의 몸에 대한 상징적 강간으로 간주될 수 있다. 크리스트교 사회 못지않게 유대인·무슬림 사회가 자기 공동체의 여성을 단단히 단속한 것도 비슷한 맥락에서 이해할 수 있다. 또한 여성은 본질적으로 공동 재산이라는 인식이 뿌리내린 만큼 국외자에게 여성을 잃는 것은 내집단의 명예와 남성성에 대한 모욕이었다. 그래서 이교도 남성과 크리스트교 여성의 성행위는 크리스트교 남성의 남성성을 손상시키며 크리스트교 남성이 공동체의 여성에 대해 휘두르는 가부장적 권위를 약화시키는 것으로 가혹한 처벌의 대상이 되었다. 특히 앞서 살펴본 법조항들에서 크리스트교 여성과 성교한 유대인과 무슬림에 대한 처형에는 크리스트교 여성은 "영적으로 우리 주 예수의 신부"라는 인식이 깔려 있다. 이교도 남성과의 성행위는 그리스도 자체를 욕보이는 행위인 것이다. 따라서 그러한 희롱은 문화적·종교적으로 전복적인 것으로 보였으며, 그런 만큼 더욱더 이슈가 되었다.

이와 대조적으로 그러한 농탕에 관계된 남성은 반드시 비난받지는 않았다. 사실 무슬림과 크리스트교도 모두에게 외집단 여성에 대한 유혹이나 성적 소유는 권력을 드러내고 재확인하는 것으로 비쳤다. 크리스트교 남성에게 무슬림 여성과의 성행위는 사회적 지배에 대한 관념을 강화하는 데 반해, 이교도 남성들에게 크리스트교 여성과의 성행위는 자신의 종속적 지위를 거부하는 행위이며 나아가 공동체의 저항으로 보일 수 있었다. 크리스트교 사회는 무슬림 남성들이 크리스트교 처녀와 유부녀를 노리는 등 성적으로 약탈적이라는 강박에 사로잡히게 되었다. 이러한 우려가 12세기 이후 일련의 자치법에 반영되어 종교 간 성행위에 대한 가혹한 처벌로 나타났던 것이다.

또한 크리스트교 당국의 매춘부에 대한 통제는 성이 공동체적 정체성의 주요 사항일 뿐만 아니라 권력 문제와도 맞닿아 있음을 잘 보여준다. 크리스트교 매춘부는 종교 간 성행위와 관련하여 공동체의 특별한 관리 대상이었다. 매춘부는 크리스트교 공동체에 불명예를 안겨주는 위협적인 존재로 인식되어 성적 경계를 유지하기 위한 핵심적 요소로 부각되었다. 이들은 종교적 경계를 넘은 성관계로 정기적으로 죽임을 당한 유일한 크리스트교 여성이었다. 그리고 고발 시에 비크리스트교도와 고의적으로 관계를 맺은 것이 아님을 증명하는 등 자신의 결백을 입증해야 했다. 이들에게는 신원을 알아보는 것이 바로 생사의 문제였던 것이다. 크리스트교 매춘부는 크리스트교 남성이 공동의 성적 유대로 상호 협력하여 관리해야 하는 몸, 다시 말해 타자의 침탈로부터 지켜내야 하는 영역이었던 것이다.

종교와 권력, 섹슈얼리티

자치법에서 종교 간 성적 경계가 강화된 것은 정치적·인구적 지형의 급격한 변화와 이에 따른 크리스트교도들의 우려와 직접적으로 맞물려 있다. 즉 종교 간 성적 경계의 극단적 강화는 부분적으로 11세기 이후에 일어난 이베리아반도 내 권력 추의 급격한 이동과 새로운 피정복민의 수적 증대, 그리고 이에 대한 크리스트교도들의 우려 등에 기인하였다. 또 하나의 계기는 1090년과 1110년 사이에 일어난 북아프리카 알모라비데족의 이베리아반도 침략이었다. 이 사건으로 크리스트교도들은 무슬림에 대한 전대미문의 적대감을 보였고, 이를 통해 크리스트교도들의 정체성 관념이 크게 강화되었다. 11세기 후반과 12세기 중반에 잇따라 이베리아반도를 강타한 북아프리카의 알모라비데족과 알모하데족의 침략으로 크리스트교 사회에서는 십자군의 관념이 한층 고양되는 계기가 마련되었으며, 이로 인해 크리스트교 공동체의 정체성에 합당한 규범이 확립되었다. 즉 이교도와 성교하는 크리스트교 여성은 크리스트교 공동체에 모욕을 안겨주지만, 크리스트교 남성과 이교도 여성 사이의 성교는 크리스트교인의 기상을 뽐내는 행위로 정당화되었다. 따라서 이교도 여성들에 대한 성적 정복은 합법적인 방식의 공격이자 우월성의 표현이었던 것이다.

크리스트교도와 이교도 여성의 성관계는 재정복 동안 행해진 약탈식의 전쟁 기법과 유사한 면이 있다. 여성을 정복하는 것은 상대 진영의 가장 귀중한 부를 획득하는 것을 의미했다. 중세사가 루스 마조 카라스(Ruth Mazo Karras)는 "삽입은 권력을 상징한다. 한 집단의 남성이 다른 집단의 여성과 성관계를 갖는 것은 그 전체 집단에 대해 권력을 행사하는 것"이라고 주장한다. 무슬림 여성에 대한 크리스트교 남성의 성적 지배는 무슬림에게 자신들의 종속적 지위를 굴욕적으로 일깨워줄 뿐 아니라 크리스트교의 정치적·군사적 지배와 정복 행위를 상징·재연하는 의미를 담았던 것이다.

스페인 특유의 재정복 전쟁은 남성성과 여성성에 대한 관념이 형성되는 도가니였다. 크리스트교 저자들은 때때로 무슬림 전사들이 보여준 남성적 무용을 찬양하였다. 그러한 찬미는 이들과 맞서 싸우는 크리스트교도들의 힘의 우위를 돋보이게 하려는 의도였다. 그러나 다른 한편으로 크리스트교 측 저술에서 무슬림 남성들은 남성성이 제거되어 정복에 적합하도록 여성화된, 수동적 존재로 묘사되었다. 그러한 여성적 적에 대한 크리스트교 기사들의 승리는 여성에 대한 남성의 지배와 크리스트교에 대한 이교도의 종속화만큼 자연스러운 것이었다. 크리스트교의 남성적 힘을 과시하기 위해 크리스트교 저자들은 무슬림 도시들을 정복되기를 간절히 바라는 유혹적인 여성으로 상상하였다. 변경 발라드에서 크리스트교도들이 정복한 도시의 명칭이 바에사(Baeza), 알로라(Alora), 발렌시아(Valencia) 등 여성 명사인 것도 이와 같은 맥락에서 생각할 수 있다.

이와 유사하게 크리스트교 문화에 투영된 이교도 여성의 성적 욕망의 발현은 이들이 처한 사회적 현실과 무관하지 않다. 특히 무슬림 여성의 취약성은 한편으로 가족의 명예가 여성의 성적 순수성과 결부되어 혼전 성행위나 간통 등에 연루된 여성들이 가족과 공동체로부터 내침을 당하는 이슬람 사회의 산물이기도 하지만, 크리스트교도들의 식민지적 착취에도 기인한다. 종교 간 성적 경계 의무를 위반한 무슬림 여성은 이슬람법과 크리스트교 법을 동시에 어긴 셈이다. 국왕은 무슬림 여성의 성범죄에 적극 개입하여 태형, 투석형 등 이슬람법의 집행을 차단하는 한편 이들을 국왕의 노예로 삼았다. 무슬림들의 성범죄에 대한 국왕의 개입은 무슬림 공동체의 명예를 훼손함은 물론 무슬림 여성의 섹슈얼리티에 대한 무슬림 공동체의 통제 능력을 약화시켰다.

국왕의 노예 신분으로 전락한 이들 여성은 총신들에게 하사되거나 매매되어 매춘을 강요당했다. 중세 스페인에서 섹스 산업이 구조적으로 활성화될 수밖에 없는 이유에 대해, 마크 D. 메이어슨(Mark D. Meyerson)은 "무엇 때문에 크리스트교 국왕이 이슬람 신앙으로 인해 구원받을 수 없는 무슬림 여성에 관심을 가지겠는가? 당대의 가톨릭교회에 따르면 무슬림은 모두 저주받았기 때문에 당국은 무슬림 여성을 본질적으로 영혼 없는, 수탈 가능한 대상으로 다루는 데 아무 거리낌이 없었다"고 지적한다. 무슬림 여성에 대한 크리스트교 남성의 성적 착취는 크리스트교 당국의 무슬림 매춘 장려에 두드러지게 나타났다. 매춘에 대한 국왕의 입장은 허가와 과세였다. 국왕은 면허를 발급하고 상당한 세수를 거두었다. 이로써 중세 스페인에서 무슬림 여성들의 매춘은 하나의 제도로 자리 잡았다.

종교 간 성행위에 내재한 권력 관계는 강간에 관한 법조항에 잘 나타나는데, 쿠엥카 법에서 크리스트교 남성이 크리스트교 처녀를 범할 시 300솔리두스(solidus)라는 엄청난 액수의 벌금을 물고 무법자로 추방되었고, 기혼 여성을 범할 시 화형에 처해졌다. 그러나 무슬림 여성을 범하는 자는 그녀가 자유민이든 다른 시민의 소유인 노예든 상관없이 지참금이라고 불린 소액만을 물어주면 되었다. 무슬림 여성들에 대한 성적 지배가 사실상 용인된 셈이다.

이 여성들이 크리스트교 남성의 손쉬운 성적 약탈과 유혹의 대상이 되었다는 것은 문학 작품을 통해서도 짐작할 수 있다. 알폰소 10세(재위 1252~1284)가 쓴 세속 시에는 에로틱 문학의 열렬한 수집가로 풍자된 카디스의 주임 사제가 등장한다. 그에 대해 "마음이 내킬 때마다 무슬림 여성과 성교한다"고 평한다. 하지만 책망 조는 아니다. 또 다른 시에서 그 사제는 방중술 전문가로서 무슬림 여성들에게 비전의 기술을 전수하기도 한다. 이타(Hita)의 수석 사제를 지낸 후안 루이스(Juan Ruiz)는 자신의 시에서 아랍어를 하는 무슬림 여성의 사랑을 얻기 위해 중매인을 내세워

추파를 던진다. 시 속에서는 '결혼(casar)'하고 싶어 안달하여 무슬림 여성을 찾는다고 표현되어 있으나, 결혼 이전에 개종이 전제되어야 혼인이 성립된다는 점을 감안한다면, 여기서 말하는 결혼이란 정식 혼인이라기보다는 오히려 첩으로 들인다거나 단순히 성관계를 지칭하는 것으로 보인다.

또 다른 작품을 살펴보자. 알폰소 10세가 펴낸 《성모 마리아 찬가》에는 이교도 여성의 섹슈얼리티가 잘 드러난다. 제107편에 등장하는 마리 살토스라는 유대인 여성은 크리스트교 남성과 간통을 저지른다. 그녀는 유대인 공동체의 가혹한 처벌의 대상이 되지만, 상대방인 크리스트교 남성은 벌을 받지 않는다. 유대인 여성은 에로틱한 욕망의 대상으로 묘사되는데, 시의 내용을 회화적으로 묘사한 삽화에서 이 유대인 여성은 추악한 이미지의 유대인 남성들과 달리 용모가 아름다운 매력적인 여성으로 그려져 있다. 그녀는 내밀한 사적 공간을 침범당한 듯 거의 반라의 모습으로 등장한다. 그녀의 관능적인 이미지는 슬립만 걸치고 있는 모습과 여체에 대한 묘사에서 분명해진다. 시에는 "사람들은 그녀에게 슬립을 걸치게 했다"(37행)고 표현되어 있다. 삽화에서 크리스트교 남성들이 감질날 정도로 적나라하게 노출된 관능적인 몸매가 하얀 슬립 속에서 뚜렷이 드러나 보인다. 매혹적인 그녀가 알몸으로 세례 받는 모습도 그려져 있다.

제167편에서 무슬림 여성은 죽은 아들을 살리기 위해 크리스트교 의식을 받는다. 그녀는 직접 구입한 성모 마리아 밀랍상과 함께 아들의 시신을 교회로 가져가서 마리아에게 밤새워 간구한다. 마리아가 죽은 지 사흘 된 아이를 살려내자 어머니는 즉시 크리스트교로 개종한다. 제167편에 딸린 삽화를 보면 무슬림 여성은 크리스트교 여성보다 작게 그려져 있으며 단아한 용모다. 벌거벗은 채 세례를 받는 모습은 유대인 여성의

세례 모습과 마찬가지로 에로틱한 시각적 효과를 제공한다.

《성모 마리아 찬가》에서 성적 함의는 적잖게 등장한다. 삽화에서 알몸의 여성이 등장하는 시는 총 네 편인데, 모두 유대인 여성과 무슬림 여성이다. 이 중 세 편이 유대인 여성, 한 편(제167편)이 무슬림 여성을 다룬다. 이들 소수 집단 여성이 성모 마리아의 기적으로 목숨을 구하고 개종하는 장면에서 관음증이라 할 만한 특징들이 나타난다. 성적 특성이 문자 텍스트보다 더 확연히 드러나는 삽화에서 알몸인 유대인 여성과 무슬림 여성의 세례식이 치러진다. 세례를 주관하는 두 남성의 머리 각도는 아래로 기울어져 있고 시선은 아름다운 여체를 향한다. 반면에 왼쪽에 서서 세례식을 지켜보는 여성들의 시선은 성수가 부어지는 쪽을 향한다. 이러한 묘사는 《성모 마리아 찬가》에서 유대 여성과 무슬림 여성이 개종하는 삽화에서 반복되는 현상이다. 삽화에서 알몸 여성들에 대한 묘사가 남성의 눈요기로 고안되었다고 단정할 수는 없다. 하지만 여성의 몸은 남성 시선의 타자로 그려질 때 성적인 것을 의미하기 쉽다. 여체의 노출이 《성모 마리아 찬가》에서 성적인 시각의 즐거움을 위한 기회를 제공하는 것은 사실이다.

《성모 마리아 찬가》에서 이교도 성인 남성이 개종하는 사례가 없지는 않지만, 역시 여성과 아이들이 핵심적인 역할을 한다. 개종을 다루는 시에서 유대인과 무슬림 자녀는 분별력 있는 나이가 못 된 아동들이 그렇듯이 대개 어머니를 따라 개종한다. 따라서 대부분의 개종 이야기 중심에 있는 것은 어머니와 여성 일반이다. 크리스트교 사회는 개종한 여성이 새로운 가정을 꾸릴 수 있도록 법적·제도적 장치를 마련해놓았다. 마리 살토스의 개종 이야기에서 보듯, 여성의 개종은 공동체의 유지와 존속에 핵심적 역할을 하는 존재를 상실함과 동시에 미래 세대의 개종을 수반한다. 육체적 간통은 영적 간통인 배교의 전제인 셈이다. 젊은 가임 여성이자 잠재적인 어머니인 그 여성은 확장 일로에 있는 카스티야에 새로운 신민으로서 필요한 인력과 영적 통일성을 제공한다. 이를 위한 필수 불가결한 요소가 육체적 관계이며, 이로써 정복과 성적 욕망의 대상으로서의 이교도 여성의 이미지가 구성되었을 것이다. 이 점에서 이교도 여성은 종교와 권력, 섹슈얼리티가 만나는 접점이다. 이교도 여성에 대한 성적 욕망은 크리스트교 세력이 팽창할 수 있는 기제가 되었다.

이상에서 중세 스페인 사회에서 무슬림과 유대인 여성들은 성적 욕망의 대상으로 표상되었는데, 이는 이후 스페인 문학 작품 《아벤세라헤와 아름다운 하리파의 이야기(Historia de Abencerraje y la hermosa Jarifa)》에서도 그 흔적을 남기고 있다. 이 작품은 그라나다에서 일어난 사건들에 바탕한 소설로서 네 종류의 판본이 작자 미상으로 전한다. 15세기까지 거슬러 올라가는 이 이야기에는 아빈다라에스(Abindarráez)와 하리파라는 사랑에 빠진 한 쌍의 무슬림 남녀가 등장하는데, 두 명의 주인공 모두 그라나다의 귀족 가문 출신이다. 여기서 주목되는 점은 하리파의 연인이 크리스트교 기사가 아니라 무슬림 기사로 설정되어 있다는 점이다. '아름다운' 무슬림 여성의 상대가 크리스트교도가 아니라는 것은 중세의 변경 발라드의 일반적인 설정에서 벗어나 있다. 하지만 이들 작품의 이본에 의하면 성적 욕망의 대상으로서의 무슬림 여성의 반향이 남아 있다. 아나 I. 베니토(Ana I. Benito)는 아빈다라에스와 관련 인물들을 소재로 한 새로운 작품군에서 하리파의 연인이 아빈다라에스가 아니라 크리스트교도 나르바에스(Narváez)로 설정된 작품이 한 편 있다고 지적한다. 이는 무슬림 여성과 크리스트교도 연인 사이의 연관성이 이후의 문학적 전통 속에 어느 정도 유지되었음을 방증한다. 즉 재정복의 종결 이후, 특히 기사 소설

분야에서 이런 유의 작품은 여전히 생산되었지만 크리스트교도와 성적 관계에 있는 무슬림 여성의 표상은 현저히 쇠퇴하였다.

참고문헌

Alfonso X el Sabio, *Songs of Holy Mary of Alfonso X, The Wise: A Translation of the Cantigas de Santa Maria*, trans. Kathleen Kulp-Hill (Tempe: Arizona Center for Medieval and Renaissance Studies, 2000).

Ana I. Benito, "De madres, sabias y amantes: La construcción cultural de la mujer judía y musulmana en la literatura castellana medieval", Ph. D. dissertation (Indiana University, 2004).

José Guerrero Lovillo, *Las Cántigas: Estudio arqueológico de sus miniaturas* (Madrid: Consejo Superior de Investigaciones Científicas, 1949).

Mark D. Meyerson, "Prostitution of Muslim Women in the Kingdom of Valencia: Religious and Sexual Discrimination in a Medieval Plural Society", in *The Medieval Mediterranean: Cross-Cultural Contacts*, eds. Marilyn J. Chiat and Kathryn L. Reyerson (St. Cloud: North Star, 1988).

Ruth Mazo Karras, *Sexuality in Medieval Europe: Doing unto Others* (New York: Routledge, 2012).

Simon Barton, *Conquerors, Brides, and Concubines: Interfaith Relations and Social Power in Medieval Iberia* (Philadelphia: University of Pennsylvania Press, 2015).

The Code of Cuenca: Municipal Law on the Twelfth-Century Castilian Frontier, trans. James F. Powers (Philadelphia: University of Pennsylvania Press, 2000).

제2차 빈 포위 실패, 신성동맹과의 전쟁, 그리고 오스만 사회에서의 후폭풍

06

이은정 서울대학교

머리말

오스만 제국의 제2차 빈 포위 실패(1683)는 흔히 오스만 제국의 군사적 성공의 끝이자 내리막길의 시작, 또한 유럽의 이슬람권에 대한 승리의 상징으로 간주되어왔다. 이 사건이 유명한 동시대 유럽의 저작물에 매우 자주 언급된 사실, 사건이 있은 지 두 달 후 1683년 11월 교황 인노켄티우스 11세가 내놓은 발칸반도 전역을 가톨릭 국가들 사이에 분할 점령을 희망하는 낙관적 구상, 이 사건의 300주년을 기념하여 빈에서 열린 당시 오스만군으로부터 빼앗은 전리품의 전시회 등등은 오스만 제국의 제2차 빈 포위 실패가 유럽인의 관념 세계 속에서 유럽과 '동양'의 관계 역전에 대한 상징으로 자리 잡았음을 보여준다. 그러나 모든 역사적 사실이 그렇듯이 이 사건은 여러 복잡한 맥락 속에서 일어났고, 오스만 제국과 유럽 국가들 사이의 관계에 큰 충격을 주었지만 실질적인 변화는 상당히

긴 시간에 걸친 적응 과정을 거치면서 나타났다. 오히려 이 사건으로부터 나온 가장 직접적이고 중요한 결과는 오스만 제국의 발칸 지배의 불안정화와 제국 내 무슬림-크리스트교인 관계의 문제에서 나타났다. 이 글은 좀더 오스만 제국의 관점에 주목하되 빈 포위 실패 이후 긴 갈등의 과정에서 나타난 장기적 결과에 초점을 맞추었다.

사건의 배경

오스만 제국은 16세기 말에서 17세기 말까지 대단한 위기의 연속을 지나왔다고 할 정도로 많은 정치적·경제적 재난을 겪었다. 이 기간 동안 오스만 제국은 수도 이스탄불에서 예닐곱 번의 거대 군사 반란과 두 번의 술탄 시해를 겪었고, 17세기 중반 혼란이 소강상태에 들어간 것은 1656년 메흐메드 쾨프륄뤼가 술탄 모후와의 협상을 통해 강력한 전권을 휘두를 수 있는 조건을 갖추고 대재상으로 취임하여 모든 반발을 강력하게 통제하고 나서였다. 사치스러운 사냥을 좋아해서 국정을 거의 대재상에게 맡긴 메흐메드 4세의 재위 기간(1648~1687)은 쾨프륄뤼 가문의 집권이 수십 년간 이어지면서 승전과 내치의 안정이 거듭되어 오스만 국가가 자신감을 회복한 시기였다.

또한 메흐메드 4세 당시 오스만 국내 정세의 중요한 흐름 중 하나로, 이슬람의 원칙을 내세우는 경건주의 사회정화 운동이던 카드자델리(Kadızadeli) 운동이 오스만 궁정과 고위 관료들 사이에 크게 유행하여(1660년대~1680년대 초) 정책 결정에도 영향을 줄 정도에 이르렀음을 들 수 있다. 당시 고위 성직자였던 와니 에펜디(Vani Efendi)는 이 카드자델리 운동의 세 번째 물결을 주도한 종교인으로, 국내적으로도 이교도에게 엄격하고 대외적으로 크리스트교국에 치열한 지하드를 전개할 것을 주장했다〔그는 실제로 1683년 빈 포위 당시 병사들을 독려하는 와이즈(vaiz, 설교자)로 종군했다〕. 당시 궁정에서의 카드자델리 운동의 유행과 국내적으로 간혹 일어난 무슬림으로의 개종 압력들은 마크 베어(Mark Baer)와 티야나 크르스티치(Tijana Krstic) 등에 의해 2000년대 이후 연구되어 오스만사학계에 일대 센세이션을 일으켰다. 이는 종래 오스만 제국의 종교 간 관계를 주로 유화적인 것으로 보아왔던 학계의 정설이 큰 타격을 입게 되었음을 의미한다.

1683년 빈 원정을 감행하기 전 오스만 정부는 합스부르크의 전력이나 국제 정세를 상당히 낙관적으로 판단했다. 오스만 제국은 당시 대외적으로 영토 팽창의 기조를 이어가고 있었고 힘이 절정에 도달한 느낌이었다. 이때 오스만 측은 쾨프륄뤼 가문의 장남 파즐 아흐메드(1635~1676)가 대재상직에 봉직하다가 사망한 후 역시 같은 가문의, 그의 매제 카라 무스타파 파샤가 뒤를 이어 대재상이 되어 있었다. 오스만 제국은 비록 유럽 국가들과의 전쟁 과정이 이전과 달리 매우 어려워졌다는 것을 감지하긴 했으나, 1669년 베네치아령 크레타섬을 정복했고, 1676년 폴란드와, 1681년 러시아와 맺은 조약으로 포돌리아 및 서우크라이나에 오스만 행정을 시작하려 준비하고 있었다. 한편 헝가리 전선은 술탄 술레이만 당시 만들어진 질서가 이후 거의 비슷하게 그대로 이어지고 있었다. 즉 합스부르크와 오스만 제국이 헝가리를 놓고 경쟁함으로써 만들어진 상황은, 헝가리의 부다페스트를 중심으로 하는 큰 부분을 오스만 제국이 직할령(Buda Vilayeti)으로 영유하고 있었고 트란실바니아가 오스만 제국에 대한 조공국이 되어 있었으며, 합스부르크와 오스만 두 제국 사이에 끼어 있는 크로아티아 북동부에서 트란실바니아에 이르는 띠 모양의 땅〔이를 오스만 측에서는 중부 헝가리(Orta Macaristan)라고 불렀다] 에서는 합스부르크가 종주권을 행사했다. 그러나 헝가리의 칼뱅주의 신교도 가운데서 쌓이고 있던 합스부르크 통치에 대한 불만이 폭발하여 퇴쾰리 임레 백작이 이끄는 반란이 일어나(1678) 헝가리 북서부의 상당한 지역에서 세력을 성공적으로 구축하였고, 그들은 다른 크리스트교 세력인 폴란드나 프랑스로부터도 도움을 바랐지만 특히 오스만 제국이 합스부르크에 대항해 싸우기를 원해 도움을 요청했다. 이는 오스만 측에서 볼 때 전반적으로 유리한 상황으로 인식되었다.

한편 합스부르크 제국은 유럽에서 프랑스와의 간헐적 전쟁 상황에 있었기 때문에 오스만 제국과의 전쟁을 원치 않아서 1664년에 1682년까지 유효기간을 두고 맺은 바쉬바르 평화조약을 연장하려는 의도로 교섭을 시작했으나, 오스만 측은 이를 거부했다. 카라 무스타파 파샤는 만약 평화조약을 연장하려면 오스트리아 내지에 위치한 야늑칼레(Yanıkkale; Raab)시를 양도하라는 무리한 요구를 했고 합스부르크가 이에 응하지 않자 이듬해인 1683년 전쟁으로 치닫는 것은 기정사실이 되었다. 그뿐만 아니라 이미 1682년 가을 오스만 측은 퇴쾰리를 '중부 헝가리의 왕'으로 책봉했다. 전쟁 준비 끝에 1683년 4월 에디르네(=아드리아노플)에서 약 10만의 전투 병력과 그에 거의 맞먹는 수의 보조 인력이 출정해서 행군을 시작했을 때, 아직 최종 목표는 정해져 있지 않았고, 카라 무스타파는 야늑칼레(Raab)를 노리자는 경험 많은 변방 장수들의 제안을 무시하고 빈으로의 진격을 결정했다. 합스부르크의 수도 빈을 노린 것은 신성로마 제국의 수도를 함락하는 영광을 목표로 하는, 실리적이기보다는 다분히 종교-정치적 의미를 띠는 기획이었다.

전쟁의 경과

17세기 초 이후 오스만 제국과의 전선에서 큰 전쟁이 없었던 합스부르크 조정은 이스탄불 주재 외교관들이 계속 전쟁의 위험을 경고했음에도 상당히 느리게 움직였다. 오히려 오스만 측으로부터 공세를 당했던 기억이 새로운 폴란드의 얀 소비에스키가 주도적으로 동맹을 제안했고, 교황 주도의 모금 운동의 결과 폴란드에 50만, 합스부르크에 100만 굴덴이 전해졌다. 합스부르크 측에서는 오스만군 지도자들도 대개 최종 목적지를 모르던 상황에서 수도 빈을 노리리라고는 짐작하지 못하는 게 당연했다. 오스만군의 진격이 시작되자 합스부르크군은 국경을 넘어와 그 전번의 전쟁에서 오스만 측에 빼앗긴 우이바르(Uyvar; Neuhausel)를 선제공격하여 점령했는데, 오스만 주력 부대는 그사이에 별다른 장애 없이 전혀 다른 진군 경로를 거쳐 빈을 향해 진격했고 크로아티아의 오시에크(Osijek; Essek)에서 퇴퀼리의 군대와 합류했다. 7월 초에 오스만군의 전위대가 빈 근교에 도달했다. 이는 합스부르크 측이 전혀 예상하지 못한 것이었다. 곧 7월 중순 오스만군의 본대가 도착하여 약 9만 병력으로 포위전을 시작했는데, 혼란과 공포 속에서 황제 레오폴트 1세가 체면 불구하고 왕실을 데리고 피신했을 뿐 아니라 약 8만 명의 시민이 성채를 떠났지만 성 밖에 거주하던 주민들이 성안으로 들어갔으므로 방어에 투입할 인력이 크게 줄지는 않았다.

성채 내에 대포는 오스만 측보다 더 많았으나 탄약과 식량이 부족했고 설사와 이질이 확산되었고 2개월 가까운 농성 과정에서 전력이 절반으로 줄어드는 공포 분위기 속에서 빈의 수비대는 필사적인 저항을 계속했다. 9월초 얀 소비에스키의 원군과 합스부르크군이 빈에 접근했다. 대포보다는 성벽 밑에 굴을 파고 폭파하는 방식을 주로 써서 빈의 성벽을 여기저기 파괴하는 데 성공하고 있었던 오스만 측에서는 조금만 더 전투를 진행하면 빈을 함락할 것으로 보고 성채 공략에 집중했고, 항복을 유도하기 위해 무력시위를 하면서 진입을 앞두고 있는 상황이었다. 성채 안에서는 이제는 더 버티기 어렵다는 비관론이 팽배하고 있었다. 당시 상황을 연구한 학자들은 실제로 빈이 함락될 가능성도 상당히 높았다고 평가한다. 카라 무스타파 파샤는 접근해오는 적에 대한 첩보를 받았을 때 성채 함락이 우선이라 결정했는데, 이것은 그의 큰 실책이었다. 오스만군으로부터 빈을 해방시킨다는 대의명분이 유럽 전역에서 크게 인기를 끌었으므로 이때의 원군에는 훗날 영국의 조지 1세와 훗날 합스부르크의 명장 프린츠 오이겐(당시 19세)을 포함해 수백 명의 귀족이 참여했고 병력도 7만에서 8만 4000 사이로 평가되는 대단한 규모였다. 그렇게 빨리 다가오리라고 예상하지 못한 사이 크리스트교국 연합군은 빈 주변의 언덕들을 기동성 있게 주파하여 오스만군을 기습했으니, 갑자기 협공당하는 형세에 놓이자 오스만군은 아무것도 챙기지 못하고, 그래서 오늘날까지 빈의 박물관에 남아 있는 여러 가지 물품을 버리고 황급히 도주해야 했다. 먼저 부다(Buda)로 퇴각한 카라 무스타파 파샤는 패전의 책임을 물어 일부 지휘관을 처단하고 흩어진 군대를 모아 오스만 국경을 지키려고 했으나, 변경 지역의 에스테르곰과 기타 주요 요새를 상실하게 되자 술탄은 총사령관으로서의 책임을 물어 베오그라드에서 카라 무스타파 파샤를 처형했다. 그러나 카라 무스타파를 대신할 유능한 재상 내지 지휘관은 존재하지 않았으므로 상황은 악화될 수밖에 없었다.

여기에서 끝났더라도 오스만 제국으로서는 큰 재난이었을 것이나, 그것은 시작에 불과했다. 사실 당시 역사의 전체 상을 정확하게 인식하려면 빈 포위 자체에 지나치게 집중하는 것보다 빈 포위 이후 16년에 걸친 긴 전쟁 과정과 그것의 장기적 효과에 주목하는 것이 중요하다. 1683년에서 1699년에 이르는 기간 동안의 혼란은 그 이전까지 나름대로 안정적이던 발칸 지방의 오스만 지배 체제를 깊숙이 흔들어놓았다. 발칸 지역은 오스만 국가의 초기 영토 팽창이 집중된 곳이고 아나톨리아보다도 중요시되어왔으므로 이것은 미증유의 충격이었다. 일단 사건의 전개를 연대순으로 살펴보자.

이미 1683년 이전에 크레타 전쟁(1648~1669)이 진행 중이던 시기에 베네치아의 주도로 유럽에서의 반오스만 선전이 가동 중이었고 금발의 북방인들이 오스만 치하의 크리스트교인을 해방시킨다는 예언(!)이 언급되고 있었으나, 크리스트교권의 크게 단결된 대응은 1684년 합스부르크, 폴란드, 베네치아의 신성동맹으로 나타났다. 이는 오스만 제국으로서는 다전선 전쟁을 동시에 치러내야 함을 의미했다. 1684년 폴란드는 카마니체(Kamaniçe; Kamianets)를, 베네치아는 보스니아에서 모레아에 이르는 아드리아해 안의 오스만 요새들을 공략했고, 합스부르크는 헝가리의 중심지 부다와 기타 요새들을 공격했다. 오스만 측은 부다를 4개월의 포위전 끝에 겨우 지켰지만 다른 변방 요새들은 잃었고, 베네치아 선단은 프레베자(Preveza)와 아야마브라(Ayamavra; Lefkada)섬을 점령했다. 이듬해 폴란드와 베네치아에 대한 방어는 성공적이었으나 오스트리아에 패하여 우이바르가 넘어갔다. 1686년 상황은 더욱 나빠져 부다와 기타 중요한 요새의 함락이 이어졌다. 또한 러시아도 신성동맹에 가담하여 오스만 제국은 또 하나의 적국과 동시에 대치하게 되었다. 1687년에는 심지어 모하치(1526년 술탄 술레이만 시대에 헝가리에 크게 이겼던 곳) 근처에서의 전투에 지고 헝가리 영토 전체를 내어준 형국이 되었으며, 이는 포돌리아에서의 승리로 상쇄할 수 있는 상실이 아니었다.

군사적 요충지였던 베오그라드 부근에서 패닉에 빠진 오스만 군대는 1687년 가을 고질적인 보급 부족을 문제 삼아 군 지도부뿐만 아니라 술탄에까지 책임을 물어 변방에서 반란을 일으킨 후 무서운 기세로 수도 이스탄불로(!) 진군하여 전란 와중에도 사냥 취미를 버리지 못한 술탄 메흐메드 4세를 폐위하고 그의 동생을 술레이만 2세로 즉위시켰다. 군 반란자들은 이후에도 이스탄불에서 폭력을 휘두르며 1688년 봄까지 수 개월간 고위 관료의 저택과 시장을 약탈하는 무정부 상태를 야기하다가 겨우 척결되었다. 비록 베네치아와 폴란드 전선에서는 선방이 계속되었으나 오스트리아 전선에서의 방어 체제는 무너진 것이나 다름없었고, 기강이 무너진 오스만군은 세르비아의 베오그라드와 니시, 마케도니아의 스코페 등의 요충지를 버리고 퇴각하는 등 상황은 심각해졌다.

그 후 1689년 합스부르크와 프랑스 사이에 전쟁이 시작되어 합스부르크 정예 병단이 헝가리와 세르비아로부터 라인강 지역으로 이동하면서 상황이 크게 변했다. 이때 평화 교섭이 영국과 네덜란드의 중재로 시작되었으나 1690~1691년 사이 오스만 측의 승전으로 중단되었다. 오스만 측에서는 쾨프륄뤼 가문의 아들이자 파즐 아흐메드의 동생 파즐 무스타파 파샤(1637~1691)가 대재상이 되어 그의 주도로 내부 개혁과 군사 원정이 재개되었다. 1690년 베오그라드를 수복했고, 세르비아 영토를 되찾는 데 성공했다. 이는 오스만 제국의 놀라운 회복 능력을 보여준 것이며, 베오그라드 탈환을 위해 민간으로부터 많은 세금을 거두고 자원병을 모집하는 상황에서도 무슬림 신민들의 지지가 상당히 있었음을 시사한다. 1691년 파즐 무스타파 파샤는 역시 군을 이끌고 북진해서 헝가리로 진입하고자 시도했으나 그가 세르비아의 보이보디나에 있는 슬란카멘에서 벌어진 전투에서 전사하면서 오스만군은 다시 무너졌다. 아무튼 1688~1689년 사이에 세르비아와 마케도니아에까지 남하했던 합스부르크군은 이 당시 대거 격퇴된 것이었는데, 이후 합스부르크와 오스만 양국 사이에서는 오스만군은 헝가리 진입에 성공하지 못하고 오스트리아는 세르비아에 못 들어가는 형태로 일종의 균형이 이루어졌다.

1695년경 오스만-합스부르크 전쟁은 테메쉬바르에 집중되었다. 이때 메흐메드 4세의 아들로, 나이 들어 즉위한 두 삼촌의 재위 이후에 등극한 젊은 무스타파 2세는 직접 전투를 이끌어 성공적인 전과를 올리면서 테메쉬바르를 안정적으로 확보했다. 그러나 1696년 아조프 성채가 러시아에 함락되고, 오스만군이 세게딘(Segedin)으로 진격하던 중 프린츠 오이겐의 합스부르크 군대를 만나 3만의 사망자를 내며 젠타(Zenta)에서 크게 패하자 전쟁은 사실상 끝난 것이나 다름없었다. 오스만 제국의 여러 전선에서 치른 전쟁과 상실은 이제 만회하기 어려운 상태로 고착되었고, 1698~1999년의 점령지를 각각 차지하는 조건(uti possidetis)으로 당사국 간 평화 협상이 진행되어 카를로비츠 조약이 맺어졌다. 여기에서 오스만 측은 헝가리·트란실바니아·크로아티아·슬라보니아를 합스부르크에, 달마티아(일부)와 모레아를 베네치아에, 포돌리아를 폴란드에 빼앗겼지만, 가신국 왈라키아와 몰다비아를 유지했으며 전쟁 중 한때 점령당했던 영토의 규모를 생각하면 이만하길 다행이라고 할 수도 있다.

이 16년간의 전쟁이 오스만 제국에게 특별히 어려운 전쟁이었던 것은 사실이지만 일방적으로 밀리기만 한 것은 아니었으니 파즐 무스타파의 대재상 재임 기간(1689~1691) 동안의 반격, 그리고 무스타파 2세 시대의 반격(1695~1697)은 대단한 기세였고, 격렬한 공방전이 있었다. 1690년대 상당 기간 동안에는 오스트리아 측이 수세에 몰리는 것으로 보이기도 했음을 생각할 때 오스트리아의 지속적인 우세를 점치기는 어려웠을 것이다. 크게 보면 17세기 말에 가서는 유럽의 군사적 우위가 형성되어 있었으나, 아직은 절대적인 것이라 할 수 없었고, 18세기 초에 가서도 오스만 제국은 패배를 견디기 어려워했으며 기강이 무너졌다는 예니체리 군단도 대단한 기백으로 전투에 임하곤 했다. 또한 전선이 단순히 크리스트교 유럽과 무슬림 오스만 제국 사이에 형성되었다기보다는 합스부르크와 프랑스의 갈등과 같이 크리스트교국의 사이에 어느 정도 불협화음이 있었기 때문에 오스만 제국이 상황을 자기에게 유리하게 이용할 수 있는 여지가 있었다.

오랜 전쟁과 영토 상실의 결과

정치적 혼란과 탈집중화

이제 오스만 제국은 아조프, 우크라이나, 포돌리아, 트란실바니아, 헝가리, 달마티아 해안과 모레아반도 등 많은 영토를 상실한 상태였고, 이는 국내외적으로 많은 변화의 연쇄 반응을 일으켰다. 4개 유럽 국가와 동시에 싸우는 것은 무리였고, 당시 집권 측의 술탄 무스타파 2세, 쾨프륄뤼 가문 출신의 대재상 암자자데 휘세인 파샤, 서기장(레이쉴퀴탑, reisülküttab) 라미 메흐메드 에펜디, 종교 관료의 수장(셰이휠이슬람, şeyhülislam) 페이줄라(Feyzullah) 에펜디는 모두 당연히 평화 노선을 취해야 한다고 생각했다. 그러나 또 상당히 많은 사람들은 상실된 영토를 되찾기 전에는 평화를 거부하고 전쟁을 계속해야 한다는 의견이었고, 전쟁 초기 5~6년간의 상실이 컸지만 1690년 이후 상황이 달라져 승산이 있다고 믿었다. 평화시에 흔히 봉급이 체불되거나 대규모로 파직당하던 중앙의 군인들은 대개 주전파가 되었고, 카를로비츠 조약에서 폴란드와 러시아가 오스만 측에 크림 칸국 유목민들의 약탈을 제어해달라고 하는 요구가 받아들여지자, 크림 기병들 역시 전쟁을 지지했다. 그러나 전쟁을 쉽게 재개할 수는 없었고 (실제로 1715년 오스만 측이 다시 일으킨 전쟁 끝에 맺어진 파사로비츠 조약에서 합스부르크에게 바나트를 포함해 더 많은 영토를 상실했다) 주전파의 불만은 정치적 불씨로 남았다.

메흐메드 4세의 재위 기간까지는 중앙집권과 행정 개혁이 가능하다고 생각했으나 그 이후 그런 시도는 대부분 오래가지 못하고 실패했다. 1683년 이래의 전쟁 가운데 오스만 제국 내에서의 위기감은 점점 고조되었고, 카를로비츠 조약은 오스만 신민들에게 너무나도 인기가 없는 조약이었다. 이 조약을 체결한 무스타파 2세의 조정은 그런 점을 의식하여 잠재적 반란 세력이 많고 정치적으로 휘발성이 강한 이스탄불을 기피하고 에디르네에서 장기간 체류했고, 셰이휠이슬람이었던 페이줄라 에펜디에게 크게 의존하여 일종의 중앙집권을 추진했다. 당시에 페이줄라는 모든 종교 관료계의 임명을 족벌적으로 장악했다. 1703년 이스탄불에서는 봉급 체불에 항의하는 무기 제조/수리병(제베지, cebeci)들의 반란이 일어나 중앙군 전체와 각계각층을 아우르는 대규모 반란이 발생했다. 아주 작은 계기로 촉발된 것 같은 이 반란이 그렇게 커진 것은 주전파인 군이 평화 시에 세금 경감 조치에 따라 고용과 대우가 나빠진 것을 크게 혐오했기 때문이기도 했다. 비록 성사되지는 못했지만 이스탄불 각계각층의 대표자 300명이 연명한 청원서를 지닌 대표단이 술탄을 만나러 에디르네로 떠나기도 했고, 이스탄불의 반란군이 에디르네로 진격하여 술탄이 에디르네로부터 보낸 군대와 맞닥뜨리는 드라마틱한 상황도 벌어졌다. 결국 무스타파 2세가 폐위된 후 그의 동생 아흐메드 3세가 등극했으며, 이후 오스만 술탄은 중앙과 지방의 각종 유력자들을 포섭하며 좋은 관계를 유지하는 데 많은 노력을 기울였다.

또한 17세기 마지막 10여 년 동안의 전쟁은 너무나도 큰 재정 적자 가운데 어렵게 이루어졌으며, 이후 중앙 정부는 전쟁에 필요한 재원을 마련하는 데 대단한 중요성을 둘 수밖에 없었다. 긴 전쟁의 와중에 재정 조달을 위해 새로 도입한 종신 세금청부계약(malikane)은 지방의 유력자들이 각 지역에서 거대한 경제 기반을 갖게 하는 결과를 초래했고, 이는 오스만 제국 권력 구조의 전반적 탈집중화라는 장기적 결과로 이어질 수밖에 없었으며, 아얀(ayan)이라는 명칭으로 불린 일련의 지방 군벌 세력의 본격적인 성장에 크게 기여했다.

가신국 및 외교 시스템의 변화

카를로비츠 조약은 오스만 제국의 주변 가신국들과의 관계를 크게 바꿔 놓았다. 크림 칸국 병사들의 약탈을 오스만 제국이 제어하라는 폴란드와 러시아의 요구에 따를 수밖에 없었지만 크림 기병들은 러시아가 평화를 지속할 의지가 없는 행동을 하고 있다며 약탈에 계속 나서고자 했다. 오스만 조정은 크림 칸과 고위 인사들에게 봉급을 주면서까지 이들의 약탈을 저지하려고 애썼다. 이처럼 크림 칸국과의 관계는 1774년 퀴췩 카이나르자 조약에서 크림 칸국의 독립을 선언하기 전까지 오스만 제국은 크림 칸국을 제어해야 했으며 관계가 매우 긴밀하게 유지되었다.

한편 오스만 제국이 카를로비츠 조약에 의해 헝가리와 트란실바니아를 상실한 후, 오스트리아와 접경한 (지금의 루마니아 지역의) 왈라키아와 몰다비아(몰다비아는 폴란드와도 접경하게 되었다) 두 가신국은 전에 없이 중요한 위치를 차지하게 되었다. 비록 1683~1699년 사이에 이 지역에서 이반의 움직임은 없었지만 카를로비츠 조약으로 국경이 확정된 후 이 두 공국(principalities)을 좀더 이스탄불에 강하게 묶어놓기 위해 현지인 귀족들에게 행정을 맡기지 않고 이스탄불의 그리스인 엘리트(파나리오트) 중에서 행정가를 발탁해 왈라키아와 몰다비아의 보이보다(voyvoda, 총독)로 임명하는 관행이 시작되었다. 이 공국들의 사람은 대부분 정교회 신도들이었고, 이들은 이스탄불의 페네르 구역에 있는 정교회 총대주교와 긴밀한 관계에 있었을 뿐 아니라 파나리오트는 왈라키아와 몰다비아 무역에서 중요한 역할을 하고 있어 일부는 다뉴브강 이북에 거주하기도 했다. 이런 지위 높은 그리스인 관료들은 왈라키아와 몰다비아에서 현지인 귀족들과 교유하며 통혼하여 혼합적인 지배층을 만들어냈고, 이 두 공국은 이스탄불에 의해 보다 강력하게 통제되었다. 17세기 후반 이후 오스만 제국의 실무 외교는 파나리오트 통역관(드라고만)이 담당했으니, 크레타 전쟁 후의 외교 협상에서 활약한 파나요티스 니쿠시오스와 1699년 카를로비츠 조약의 협상 테이블에서 결정적인 역할을 한 알렉산드로스 마브로코르다토스는 모두 그러한 예였다. 파나리오트 외교관들이 유럽의 동향을 살피고 정보를 수집하는 데 두 공국은 중요한 창구 역할을 했다. 이들은 단지 통역의 역할뿐만 아니라 지속적으로 유럽 관련 정보 수집과 보고의 역할을 했다.

국내 종교 집단 간 관계에 끼친 영향

조약으로 상실한 영토는 적국에 넘어가 이제 신경 쓸 여지가 없었지만 긴 전쟁 가운데 전쟁터로 황폐화되고 때로는 합스부르크군에 점령되었으나 오스만 제국 영토로 남은 여러 지역에서는 대단한 혼란이 발생했다.

흔히 오스만 제국을 그저 다민족 무슬림 제국으로 상상하지만 이 부분에서 핵심적으로 중요한 것은 오스만 제국 내의 무슬림-비무슬림 관계다. 오스만 제국이 초기에 형성된 지역이자 제국 내에서 가장 중심 지역이라고 할 수 있는 발칸반도는, 이슬람으로 개종하는 인구가 끊이지 않았음에도 1830년대 초에 그리스 독립국가가 만들어져 최남단의 모레아 지역이 분리되어 나간 후 제국 최초로 실시한 근대적 인구조사에서도 약 8:5의 비율로 크리스트교인이 많았던 지역이다. 그런 만큼 크리스트교인과의 관계 설정이 중요했고 이제 합스부르크와 러시아가 눈독을 들이는 지역이 되었으니, 크리스트교 국가와의 전선에서라면 더더욱 크리스트교인 신민의 위무가 중요해졌다. 이런 정도의 크리스트교인 비율은 그저 억압하기에는 너무나 많은 수였으며, 오스만 정부는 오히려 이들의 지지를 얻으려 노력해야 했다. 유능한 대재상이었던 쾨프륄뤼 가문의 파즐 무스타파 파샤는 개혁정책 가운데 주세 부과(즉, 주류 양조의 허용), 교회 신축 허용 등 친크리스트교인 정책을 포함시켰으니, 이는 바로 그러한 고려에서 나온 것이다. 16년간의 긴 전쟁 중 적국에 점령되었을 때 베네치아나 오스트리아 모두 오스만 크리스트교인 신민들에게 지지를 호소하여 어느 정도 성공을 거두었다. 베네치아는 모레아에서 그리스인으로부터, 달마티아 해안에서 크로아티아인으로부터, 그리고 몬테네그로와 알바니아의 크리스트교인으로부터 지지를 얻었고, 합스부르크군의 선전과 현지인의 호응은 1688~1690년도 사이에 정점에 달해 세르비아인이나 불가리아인 무장 집단이 봉기하기도 했으며, 이는 근대적 의미에서 발칸 문제의 시작이었다고 할 수 있다. 이런 비무슬림들은 오스만 제국이 해당 지역을 다시 점령하면 매우 곤란한 처지에 있게 되었고 일부는 집단 망명하게 되었으니, 대표적인 예가 세르비아의 1690년 세르비아정교회의 총대주교 아르세니예 3세가 3만~4만 명을 이끌고 합스부르크 치하로 넘어간 것이다. 따라서 크리스트교인의 체제 내로의 포섭과 단속은 오스만 제국이 발칸에 존재하는 동안 지속적으로 매우 중요한 일이 되었고, 그것은 강압만이 아니라 크리스트교인 신민의 상황을 개선하는 작업 및 전쟁 도중 증가한 세금을 감면하는 조치들을 포함했다.

제국 안에서 크리스트교인을 위무하고 안정시키는 데 특히 요긴했던 것은 내국인 크리스트교 엘리트와의 동맹이었다. 앞서 언급한 파나리오트가 가장 대표적인 예이고, 분권화의 흐름 가운데서 무장한 크리스트교인 군사 실력자(코자바시으, kocabaşı)의 존재는 발칸반도의 농민과 중앙 사이의 매개체로 매우 중요했다. 중앙 정부가 아닌 지방 군벌에 해당한다고 할 수 있는 발칸반도의 유력한 명사(아얀)들에게도 크리스트교인 무장 집단 및 민간인과의 공존은 중요한 이슈로 남았다. 예컨대 그들의 세력 기반 구축에는 크리스트교인을 포섭하고 위무하는 것이 대단히 중요한 부분이었다.

위와 같이 한편으로 크리스트교인을 포섭하면서도 오스만 정부는 무슬림들을 이용하여 크리스트교인들을 견제하고자 했고, 특히 17세기 말 전쟁 중 종종 무슬림 총동원령이 선포된 가운데 전선에 가까이 있던 보스니아인과 알바니아인 무슬림 가운데는 전에 없이 무장한 민간인들이 많이 나타나게 되었다. 무슬림 민간인의 군사화는 18세기 내내 계속되었고 특히 알바니아인 군사 집단의 역할이 계속 커졌다. 그러는 사이에 새로 나타난 두드러진 현상은 17세기까지 무슬림을 포함하는 피지배민 납세자 계층을 일컫던 '레아야(reaya)' 혹은 '라야(raya)'라는 말이 무슬림 농민을 제외하고 주로 크리스트교인 농민에게 적용되게 된 것이다. 이는 보스니아 등 변경 지역을 다루는 최근 연구에서 자세히 밝혀진 것으로, 변경 군사 조직의 재편성 가운데서 원래의 무슬림 지주들과 변경 수비 직책을 맡아 새로 들어온 군인들이 모두 지역 내의 농토에 대해 권리 주장을 하게 되었고, 이에 따라 이중 과세도 빈번히 일어나는 등 농민 생활이 어려워지자 상대적으로 법적 우대를 받고 군에 네트워크가 있거나 군사화되는 것이 용인되던 무슬림들의 경우 예니체리 부대에 들어가거나 길드 소속이라 하여 세금을 면제받는 경향이 증가했다는 것이다. 결국 이는 종전에는 덜 확연했던 무슬림은 지배층이고 비무슬림은 피지배민이라고 하는 구별을 새로 만들어냈고 온존시켰다.

맺음말

1683년의 제2차 빈 포위 실패는 유럽에의 영토 확장을 지향하던 오스만 제국의 공세에 종지부를 찍는 사건이었고, 그에 이은 장기간의 전쟁과 카를로비츠 조약은 오스만 제국이 이전과는 달리 보다 분권화되고, 평화와 외교를 중시하고 내부 여러 집단의 이해관계를 복잡하게 조정하고 타협하는 국가로 변모하는 데 중요한 계기가 되었다. 비록 당시의 변화가 크기는 했지만 20세기 중반까지 학계를 지배했던 '오스만 제국의 길고 긴 쇠퇴'라는 관점은 더 이상 적용하기 어렵다. 오스만 제국은 군사적으로도 약체이기만 한 것은 아니었다. 예컨대 1711년 프루트강 전투에서는 러시아의 표트르 대제의 군대에 승리했고, 오래도록 군사적 자긍심을 유지했다. 발칸 크리스트교인의 존재 또한 크리스트교국과의 갈등의 맥락 속에서 처리하기 곤란한 문제가 되었다는 것이 확연하지만 종교 간 관계와 그에 대한 정책은 한 방향으로 정리되지 않는 복잡 미묘한 전개를 보였다. 오스만 제국이 17세기 말 제2차 빈 포위에서부터 240년가량을 더 지속해나갔다는 것은 오스만 제국이 패전과 군사적 열세에도 불구하고 유연한 협상력을 통해 살아남는 데 성공했음을 보여준다.

참고문헌

Edin Hajdarpasic, "Frontier Anxieties: Toward a Social History of Muslim-Christian Relations on the Ottoman-Habsburg Border," *Austrian History Yearbook* 51 (2020), pp. 25~38.

Halil İnalcık, *Devlet-i Aliyye Osmanlı İmparatorluğu Üzerine Araştırmalar,* III. *Köprülü Devri* (Istanbul: Türkiye İş Bankası Kültür Yayınları, 2015).

Ivan Parvev, *Habsburgs and Ottomans between Vienna and Belgrade, 1683-1739* (Boulder, CO: East European Monographs, 1995).

Maros Melicharek, "Great Migration of the Serbs (1690) and Its Reflections in Modern Historiography," *Serbian Studies Research,* Vol. 8, No. 1 (2017), pp. 87~102.

Mesut Uyar and Edward J. Erickson, *A Military History of the Ottomans: From Osman to Atatürk* (Santa Barbara, California: ABC-CLIO, LLC, 2009).

Metin Kunt et al., *Türkiye Tarihi*, Vol. 3, *Osmanlı Devleti, 1600-1908* (Istanbul: Cem, 1995), pp. 40~53.

Virginia H. Aksan, *Ottoman Wars, 1700-1870: An Empire Besieged* (Harlow, England: Pearson, 2007).

2부

근대 이후 유럽 국가와 메나

나폴레옹의 이집트 원정
오리엔트의 정복자•

07

이용재 전북대학교

머리말

1798년 5월 19일(혁명력 6년, 플로레알 30일), 오리엔트 원정군 총사령관 나폴레옹 보나파르트(Napoléon Bonaparte) 장군은 함대를 이끌고 지중해의 파고를 넘어 멀리 이집트로 향했다. 대다수 병사가 행선지도 모른 채 막연한 열기에 들떠 출항한 '이집트 원정'은 무려 5만 4000명을 동원한 대규모 '군사 원정'이었다. 나폴레옹의 이집트 원정은 점령군의 성패나 정복지의 실상과는 별도로 애초부터 멀리 오리엔트 이슬람 문명의 땅에서 펼쳐지는 장대한 영웅 서사시로 묘사되곤 했다. 훗날 세인트헬레나섬에 유배된 황제가 구술한 이집트 원정 회고록은 개선 영웅의 귀환을 알리면서

• 이 글은 〈나폴레옹의 이집트 원정: 신화와 현실〉, 《통합유럽연구》 제11권 제1집(2020)을 수정·재편집한 것이다.

원정의 성과를 짤막하게 정리했다.

> 그〔나폴레옹〕는 1798년 5월 19일 툴롱 항에서 출항했는데, 따라서 16개월 20일 동안 유럽을 떠나 있었다. 이 짧은 기간 동안 그는 말타섬을 점령하고, 상(上)이집트와 하(下)이집트를 정복했으며, 튀르크 군대를 두 번 무찌르고 그 장군들을 사로잡고 군장비와 대포들을 빼앗고, 팔레스타인과 갈릴리 호수를 강탈했으며, 가장 웅장한 식민지의 건설을 위한 견고한 토대를 닦았다. 그는 과학과 학문을 그 발원지에 도로 가져다주었다.

이집트를 정복해서 오스만튀르크의 압제로부터 해방시켰으며, 원정에 의해서 인류 문명의 발생지 이집트에 프랑스의 발달한 과학과 기술이 전파되고 찬란한 파라오 문명의 신비가 밝혀졌다는 것이다. 이렇게 오리엔트 정복자의 휘장을 걸치고 마침내 권좌에 오른 황제는 제국의 영광을 향한 첫 문턱이기도 했던 이집트 원정을 '내 생애에서 가장 멋진 순간'이었다고 자랑스럽게 회고하곤 했다.

나폴레옹 제국이 몰락한 이후에도 이집트 원정은 19세기 내내 프랑스인의 기억 속에 오리엔트의 정복자 영웅 나폴레옹의 이미지로 각인되었다. 제3공화정이 성립한 이후 20세기에 들어서도 제국주의적 팽창의 열풍 속에서 공화국 공교육은 나폴레옹의 원정을 이집트에 문명을 전파하고 근대화의 초석을 다진 계기로 묘사하곤 했다. 프랑스에서든 이집트에서든 이집트 원정을 새로운 각도에서 보기 시작한 것은 아마도 제2차 세계대전 이후 탈식민화 시대로 접어든 1950년대부터일 것이다. 인도차이나와 알제리에서 식민지 해방 전쟁의 구렁에 빨려든 프랑스에서 역사가들은 제국주의 팽창의 시발점이 된 나폴레옹의 원정을 반성적으로 돌이

켜보고자 했으며, 나세르 대통령 시대의 민족주의의 세례를 받은 이집트에서는 프랑스군의 원정과 지배가 이집트인의 민족적 각성의 계기라고, 더 나아가 최초의 현대판 제국주의 침략이라고 해석하기에 이르렀다. 결국 '이집트 원정'은 한편에서는 나폴레옹 신화의 일부로, 다른 한편에서는 식민지 지배의 서막으로 남게 된 것이다.

그렇다면 나폴레옹의 이집트 원정은 어떻게 평가해야 하는가? 나폴레옹 신화의 장막을 벗겨낸 이집트 원정의 실상은 어떠한가? 여기서 원정에 참여한 프랑스군 장성들이 남긴 회고록과 프랑스의 지배를 지켜본 이집트인의 연대기를 분석함으로써 원정의 실상을 직접 들여다보도록 하자.

원정과 승전

'오리엔트의 꿈'

두 해 전 이탈리아 원정에서 혁혁한 전공을 쌓고 돌아온 개선장군이 돌연 이집트 원정에 나서게 된 것은 반불동맹의 선봉에 선 영국을 제압한다는 국제 정치적 요인과 정치 술수에 능한 총재정부(Directoire)의 권력자들이 상대하기 벅찬 국민 영웅을 중앙 정치에서 멀리 떼어놓는다는 정략적 요인이 작용한 까닭으로 흔히 설명되곤 한다. 총재정부는 좌파 자코뱅과 우파 왕당파 사이에서 갈피를 잡지 못하고 연이은 선거 때마다 폭동과 음모에 시달렸다. 정통성 시비에 시달리는 총재정부에게 민중의 인기를 한 몸에 안은 개선장군은 거북한 존재였다. 나폴레옹을 자기편으로 끌어들인 총재정부의 거목 폴 바라스(Paul Barras)는 그가 5인 총재 중 한 자리를 요구하자 신예 장군의 정치적 야욕을 간파했다. 보나파르트 장군을 정권에서 멀리 떨어뜨려놓고자 한 총재정부는 1798년 5월 초 이집트 원정을 결정했다.

이렇게 나폴레옹의 이집트 원정은 대외 전쟁과 국내 정치의 요인에 따른 것이지만 다른 한편으로 해외에 식민지를 건설하려는 프랑스의 오랜 팽창 정책의 연장선이기도 했다. 사실 프랑스는 적어도 17세기 루이 14세 당시부터 아메리카와 아시아로 나아가 영국과 식민지 쟁탈전을 벌였으며, 해외 식민지는 제국 프랑스의 위용이었다. 하지만 18세기에 들어 프랑스는 거의 모든 해외 영토를 영국에게 빼앗겼으며 프랑스의 해외 교역망은 완전히 와해되었다.

프랑스대혁명은 삼색기를 들고 유럽 전역에 자유와 해방의 사상을 전파했지만 다른 한편 바다 건너 식민지 건설과 영토 확장을 머뭇거리지 않는 팽창과 정복의 전주곡이기도 했다. 총재정부의 외무대신으로 앞으로 나폴레옹의 '전략적 동반자'로 나설 샤를 모리스 탈레랑(Charles Maurice Talleyrand)은 설탕 무역과 군수품 교역의 요충지, 오리엔트 무역의 교두보로 이집트를 식민지로 건설하자는 구체적인 계획을 내놓기도 했다. 이탈리아에서 외무대신의 식민지 계획을 전해 들은 나폴레옹은 그에게 서신을 보내, 만일 아프리카 남단 희망봉 루트를 영국에 양보해야 한다면, 오리엔트 교역로 확보를 위해 반드시 이집트를 차지해야 한다고 말하면서, 이탈리아에 주둔 중인 2만 5000 병력만으로도 손쉽게 이집트를 공략할 수 있다고 호언장담했다. 이렇게 나폴레옹의 이집트 원정은 프랑스의 오랜 해외 팽창 정책의 연장선에서 공화국 정부가 추진한 식민지 건설 청사진의 일환이기도 했던 것이다.

파라오 문명의 영화를 간직한 이집트는 프랑스군이 들어오기 직전인 18세기 말, 약 280만 인구에 지나지 않는 정체한 농경사회였다. 무슬림의 땅 이집트는 당시 오스만 제국의 지배를 받는 속령 중 하나로, 이스탄불의 술탄(sultan, 황제)이 임명하는 파샤(pasha, 태수)의 통치를 받았다. 하지만 파샤는 명목상의 군주였을 뿐, 실질적으로 이집트를 지배한 세력은 옛 '노예 전사' 출신의 맘루크들(Mamelukes)이었다. 무라드 베이(Murad Bey)와 이브라힘 베이(Ibrahim Bey)를 필두로 24명의 '베이(Bey, 지사)'가 이집트를 권역별로 통치했으며, 이들 베이가 거느리는 1만여 전사를 포함해서 5만여 맘루크들이 이집트의 부와 지위를 차지한 상류층을 형성했다. 그런가 하면 오스만튀르크의 후예 4만여 튀르크계 주민들, 그리고 이슬람 정복 이전의 크리스트교 전통을 고수하는 대략 10만에 달하는 콥트인들이 나일강 연변의 대도시에 자리를 잡고 살면서 주로 무역과 상업에 종사했다.

요컨대 프랑스 원정군이 침입할 무렵에 이집트에서는 튀르크어를 쓰는 맘루크인과 튀르크인은 외부에서 들어온 지배층을 형성한 반면, 피지배층 원주민 대다수는 아랍어를 쓰는 아랍인이었다. 원주민은 나일강 계곡 연변에서 농경에 종사하는 다수 정착민(펠라)과 사막을 떠도는 일부 유목민(베두인)으로 구성되었다. 일부 콥트인을 제외하면 맘루크든 튀르크인이든 아랍인이든 이집트에 사는 주민은 대부분 무슬림이었지만, 가난과 착취에 시달린 아랍인은 부와 권력을 차지한 지배 세력 맘루크를 증오했다. 여기서 나폴레옹은 오스만 술탄의 후원을 받아 이집트에서 맘루크 세력을 토벌한다는 원정의 명분을 내걸 수 있었다.

피라미드 전투

5월 19일 툴롱 항을 출발한 원정군은 영국 해군의 추적을 따돌리고 6월 초 몰타섬을 점령한 후 이집트로 향했다. 원정군 총사령관은 상륙을 얼마

앞두고 갑판 위에서 포고문을 발표하면서 공식적으로 원정 목적지를 알렸다. "병사들이여, 그대들은 문명과 세계의 교역에 엄청난 영향을 끼칠 정복을 앞두고 있다. ……우리가 첫 번째로 만나게 될 도시는 알렉산드로스 대왕이 세운 도시다." 7월 1일, 병사들은 피곤과 흥분을 달래며 마침내 고대문명의 신비를 간직한 이슬람의 땅, 알렉산드리아에 발을 내디뎠다. 프랑스군 선발대는 알렉산드리아 주둔 이집트-튀르크 병력의 저항을 간단히 제압하고 시를 완전히 장악했다. 정복군은 즉시 프랑스어, 아랍어, 튀르크어로 된 포고문을 거리 곳곳에 붙였으며, 아랍어 포고문은 나일강을 타고 올라가 멀리 카이로까지 배포되었다.

이집트인들이여, 내가 여러분의 종교를 파괴하기 위해 왔다고 거짓 선전하는 자들이 있다. 나는 여러분의 권리를 회복시키고 찬탈자들을 응징하기 위해 여기에 왔다고, 나는 맘루크들보다 훨씬 더 알라(Dieu)와 그 예언자와 《꾸란》을 존중한다고 대꾸하기 바란다. 모든 인간은 신 앞에 평등하다. ……맘루크가 생활의 안락과 여유를 모두 독점하지 않는가? 좋은 땅, 좋은 하인, 좋은 말, 좋은 집, 이 모든 것은 맘루크들이 차지하지 않았는가? ……우리야말로 진실한 무슬림들의 친구라고 주민들에게 말하라. 무슬림을 쳐부수어야 한다고 말했던 교황을 타도한 것은 바로 우리가 아니었던가? ……우리야말로 수백 년 동안 위대한 술탄(Grand Seigneur)의 친구가 아니었던가? 반면에 맘루크는 항상 술탄의 권위에 도전하고 지금도 무시하고 있지 않은가? ……셰이크, 카디, 이맘 등 종교 지도자들은 계속 자리를 유지할 것이다. 주민들은 자기 집에 머물고, 예배는 여느 때처럼 진행될 것이다. 맘루크를 타도하도록 신에게 기도하자. 술탄(Sultan)에게 영광을! 술탄의 친구인 프랑스군에 영광을! 맘루크에게 저주를! 이집트인들에게 축복을!(축약문)

포고문에 따르면, 프랑스 원정군은 이집트인들을 지배하기 위해서가 아니라 맘루크의 지배로부터 이집트인들을 해방시키기 위해 왔다는 것이다. 프랑스는 성삼위일체를 고수하는 교황에 맞서 진정한 크리스트교를 수호했고, 오스만튀르크 제국의 술탄과도 늘 화친 관계를 유지할 정도로 이슬람교에 개방적인 자세를 취해왔다. 이슬람의 종교와 문화, 아랍인의 전통과 관습은 그대로 유지될 것이다. 이렇게 프랑스 원정군은 이집트인들에게 맘루크의 폭정을 퇴치하고 프랑스의 새로운 통치를 선사하겠다고 원정 목적을 밝혔다.

알렉산드리아를 떠나 카이로로 향하는 프랑스군을 맨 먼저 습격한 것은 뜨거운 화염을 내뿜는 태양과 끝없이 이어지는 모래사막이었다. 서두른 원정 탓에 장비도 보급도 열악한 병사들은 일사병과 갈증으로 쓰러지고 베두인족의 기습에 시달리면서도 행군을 계속했다. 대략 25만 인구가 운집한 수도 카이로는 이교도 군대가 진격해온다는 소식을 듣고 술렁이기 시작했다.

7월 21일, 저 멀리 피라미드가 겨우 보이는 나일강 좌안의 마을 임바바 근처에서 마침내 프랑스군과 맘루크군이 격돌했다. 맘루크 기병대, 튀르크 군단, 베두인 기병, 아랍 민병대 등 5만여 연합 병력이 2만여 프랑스군에 맞섰다. 사막의 뜨거운 태양과 모래바람에 기진맥진하긴 했지만 그래도 프랑스군의 주축은 얼마 전 이탈리아 원정에서 잔뼈가 굵은 역전의 용사들이었다. 용맹을 자랑하는 맘루크 기병대의 돌격은 프랑스군의 견고한 사각방진을 뚫지 못했으며, 프랑스군의 잘 훈련된 총격과 포화 앞에 맘루크들은 속절없이 쓰러졌다. 훗날 황제의 회고에 따르면, 프랑스군 사상자가 300여 명에 지나지 않은 반면, 이집트 측 사상자는 무려 1만여 명에 달한 완벽한 승리였다. 개량된 총기와 새로운 전법, 풍부한 전투 경험을 지닌 현대식 군대가 거둔 어찌 보면 당연한 승리였다. 하지만 훗날 '피라미드 전투(Bataille des Pyramides)'로 명명된, 이집트에서 거둔 첫 승리를 통해 나폴레옹은 본국 프랑스에서 일약 '오리엔트의 정복자'로 명성을 떨쳤으며, 프랑스 국민들은 사막 한가운데 우뚝 솟은 피라미드 앞에서 대군을 호령하는 영웅의 위용을 마음속에 간직했다. 7월 1일 알렉산드리아에 첫발을 디딘 지 단 23일 만에 나폴레옹은 맘루크를 무찌르고 수도 카이로를 점령했다. 이렇게 '피라미드 전투'는 이탈리아 원정에서 이집트 정복을 거쳐 제국의 영광에 이르는 이른바 '나폴레옹 신화'의 명장면 중 하나로 화려하게 장식될 것이었다.

협력과 저항

무슬림 이집트와 공화국 프랑스 사이

카이로에 입성한 지 불과 5일 만에 보나파르트는 치안과 행정 및 새로운 통치 체제를 구성하는 포고문을 발표했다. 맘루크 지배 체제를 일소하고 이집트를 프랑스식 '공화국' 형태로 개조하려는 것이다. 카이로의 새 행정기구로 9명의 셰이크(cheikh, 종교 권위자, 촌장)가 주재하는 디완(diwan)이 조직되었다. 보나파르트가 도시의 유력자나 대상인들을 제쳐두고 이슬람교 지도자들을 디완의 대표단으로 임명한 것은 종교적 권위가 곧 정치적 권위이기도 한 무슬림 공동체를 통치하려면 종교 권위자들의 힘을 빌려야만 했기 때문으로 보인다. 일종의 국정 자문 기구로 출범한 디완은 시장 운영과 식량 조달, 도시 치안 등을 관장하고 주둔군과 주민 사이에 중개자 역할을 할 것이었다. 이집트를 완전히 정복할 날에 대비해 전국을

14개 주로 나누어, 주마다 장군을 총독으로 임명하고 징세 담당관을 두었으며, 주마다 지역 디완을 설치하여 총독을 보좌하고 지방 행정을 담당하게 했다.

프랑스가 점령지에 만든 새로운 통치 체제, 굳이 말하자면 '공화정 이집트'의 탄생을 알리려는 듯이, 보나파르트는 10월 초 전국 13개 지역 디완을 소집해 '전국 디완' 회의를 개최했다. 전국 디완 구성원 117명 중에서 특별 디완의 의원 27명을 선출했다. 이렇게 보나파르트는 '500인회(하원)'와 '원로회(상원)'라는 프랑스 총재정부의 양원제 의회 구조를 본떠서 이집트에 이식하려 한 것이다. 10월 5일부터 20일까지 계속된 전국 디완 회의에서는 치안과 형벌, 상속과 소유권, 과세와 교역 등 이집트의 행정 체제와 관련한 민형사상의 모든 문제를 토의했으며, 이렇게 검토한 안건들은 특별 디완에 넘어가 입법화되고 법령으로 포고될 것이었다.

"우리가 이 나라의 행복에 기여할 수 있는 모든 일을 하고자 한다는 것을 〔주민들에게〕 알려야 한다." 전국 디완 개최에 즈음해서 보나파르트가 내린 훈령을 보면 그가 프랑스식(또는 서구식) 제도를 도입하여 이집트인들에게 문명과 행복을 가져다주었다고 확신하고 있음을 알 수 있다. "이집트 민중은 정말 불행했다. 어떻게 이들이 우리가 가져다준 자유를 소중히 여기지 않겠는가? 어떻게 이들이 맘루크의 족쇄로부터 구해준 은인들을, 구세주들을 찬양하지 않겠는가?" 원정에 참여했던 장성들이 남긴 회고록들을 살펴보아도, 프랑스군은 자신들이 이집트를 맘루크의 압제로부터 해방시키고 자유를 가져다주었다고 여긴 것으로 보인다.

하지만 '피라미드 전투'의 승전고가 채 식지도 않은 8월 2일, 아부키르 항구에 정박 중이던 프랑스 함대는 허레이쇼 넬슨(Horatio Nelson) 제독이 이끄는 영국 함대의 침공을 받아 대패했다. '나일 해전'의 참패는 프랑스 본국으로부터 증원군은 말할 것도 없고 연락과 보급이 완전히 단절된다는 것을 의미했다. 이집트에 고립된 프랑스군은 다가오는 영국군과 오스만군의 공세에 대비하기 위해서라도 하루빨리 이집트인의 민심을 얻어야 했다.

8월 18일, 나일강 축제가 열렸다. 매년 8월 카이로강 운하의 둑을 터서 강물을 흘려보내며 풍년을 기원하는 행사였다. 보나파르트는 아부키르 해전 대패에 따른 불온한 분위기를 잠재우는 동시에 점령군이 현지의 전통과 관습을 존중한다는 것을 보여주는 방편으로 축제에 적극 참여했다. 무려 20만이 넘는 구경꾼이 강의 양안을 가득 메운 가운데 총사령관과 휘하 장성들, 디완의 셰이크들, 알아즈하르의 울레마들, 카이로의 명사들 앞에서 성대한 군사 퍼레이드가 펼쳐졌다. 나일강 둑이 터지고 운하가 넘쳐흐르자 늘어선 수많은 군중은 "무함마드에게 영광 있으라! 프랑스군 만세!"를 외쳤다. 8월 20일부터 며칠 동안은 예언자 무함마드의 탄신을 축하하는 행사를 개최했다. 거리를 수놓은 천연색 연등과 화려한 휘장 아래서 순례 행렬이 춤을 추며 지나가고 프랑스군의 퍼레이드가 뒤따랐다. 열광한 군중은 무함마드의 사위이자 정통 계승자인 알리의 이름을 붙여 보나파르트를 '알리 보나파르트(Ali Bonaparte)'라고 부르기도 했다.

하지만 공화국의 제도와 가치를 이집트에 이식하려는 성급한 시도는 무슬림의 관습과 때로는 심각한 마찰을 빚곤 했다. 나일강 축제와 무함마드 탄신 축제를 통해 민심을 얻었다고 자신했는지, 보나파르트는 돌연 무슬림 주민들에게 공화국의 가치와 규범을 강요하는 훈령을 반포했다.

총사령관은 명령한다.

첫째, 이집트의 모든 주민은 삼색휘장(cocarde)을 착용한다.

둘째, 나일강을 항해하는 모든 배는 삼색기를 게양한다.

셋째, 장군, 지방 사령관, 프랑스군 장교는 (9월 22일부터) 삼색휘장을 착용하지 않은 어떤 민간인과도 대화를 허락하지 않는다.

넷째, 디완의 의원들만 어깨에 삼색현장(écharpe ou châle tricolore)을 착용할 수 있다.

다섯째, (9월 22일부터) 카이로의 성곽과 지방 요충지의 가장 높은 미나레에는 삼색기를 게양한다.

보나파르트가 총사령관 관저를 방문한 디완 의장 알샤르카위(al-Sharkawi)에게 삼색현장을 건네주자, 그는 나올 때 그것을 바닥에 내던져버렸다. 디완 의원들은 이구동성으로 삼색현장이든 휘장이든 의무 착용에 대해 심각한 주저와 반대를 나타냈다. 대다수 무슬림은 삼색문양의 착용을 프랑스군에 대한 복종의 표지로, 일종의 노예 신분의 낙인처럼 받아들였으며, 적어도 무슬림 공동체의 정체성을 침해하는 표시로 여겼던 것이다. 결국 삼색휘장 의무 착용 법령은 슬그머니 폐지되었다.

원정군 사령관이 기획한 것은 이집트에 프랑스의 문물과 제도를 옮겨놓아 프랑스의 영향권 아래 두는 일종의 '자매공화국'을 세우는 것이었다. 보나파르트의 구상에 따르면, 프랑스의 식민 영토 이집트는 이슬람교의 전통과 터전 위에 프랑스의 제도를 이식한 '공화국'의 외양을 띠게 될 것이었다. 하지만 삼색휘장에 대한 거부 반응에서 알 수 있듯이, 프랑스의 가치에 동화된 '공화국' 이집트를 만드는 일은 애초부터 순탄하지 않았다.

9월 22일(혁명력 7년, 방데미에르 달 첫날)은 프랑스공화국 탄생 7주년째 되는 날이다. 보나파르트는 공화국 축제를 아주 성대하게 계획했다. 아즈바키야 광장에 105개 기둥으로 떠받친 거대한 천막 피라미드를 만들고 그 한복판에 20미터 높이의 오벨리스크를 세웠다. 장군들과 행정 관료들, 이집트 학사원의 예술가와 학자들, 이슬람 율법학자와 설교자들, 카이로와 지방의 디완 의원들, 요컨대 프랑스 측 요인과 이집트 측 명사를 좌우에 한꺼번에 거느리고 총사령관이 군악대의 예포 속에서 등장했다. 병사들의 퍼레이드와 경주마 경연, 무슬림의 노래와 춤이 어울리며 온종일 프랑스와 이집트의 화합을 위한 잔치가 펼쳐졌다. "프랑스의 색채와 튀르크의 색채가 하나로 합쳐졌다. 자유의 모자와 〔무슬림의〕 터번이 한자리에 모이고, 인권선언과 《꾸란》이 나란히 제단에 올랐다. 프랑스인의 쾌활함과 튀르크인의 진중함이 뒤섞였다." 이집트 원정군의 무훈과 성공담을 프랑스 본토에 자랑하기 바쁜 〈이집트 소식〉은 이렇게 서둘러 프랑스와 이집트의 화합을 노래했다.

하지만 성대한 공화국 축제는 정작 프랑스 병사들의 호응을 별로 얻지 못한 듯했다. 공화국 축제를 지켜본 장마리 무아레(Jean-Marie Moiret) 대위는 훗날 "〔총사령관의 연설에〕 '공화국 만세' 삼창은커녕 거의 완벽한 침묵이 뒤따랐는데, 이는 병사들의 커다란 불만의 표현이었다"고 술회했다. 아부키르 패전으로 언제 귀환할 수 있을지 막막해진 데다가 몇 달째 급료도 받지 못한 병사들은 튀르크군이 곧 쳐들어올지도 모른다는 소문에 웅성거릴 따름이었다.

상황은 반전되기 시작했다. 프랑스군이 나일 해전에서 영국군에 대패한 데 뒤이어서 설상가상으로 오스만 제국이 프랑스에 선전포고를 했다. 사실 프랑스의 이집트 정복 계획은 이집트의 종주국이자 프랑스의 오랜 우호국인 오스만튀르크와의 화친을 전제로 했다. 하지만 나일 해전에서 영국군이 승리하자 술탄은 영국군과 동맹을 맺고 반프랑스 진영에 합류한 것이다. 정복자 프랑스군은 정복지 이집트에 갇혀버린 형국이었다.

카이로 반란

10월 21일, 카이로 민중은 봉기했다. 점령군이 카이로에 입성한 지 단 3개월 만에 폭동이 일어난 것이다. 봉기 세력은 두 부류였다. 한편으로 알아자르 사원/대학에서 활동하는 이슬람 설교자들인 하급 울라마들이 주축이었으며, 다른 한편으로 서민 구역에 거주하는 하층민들이 가담했다. 무함마드의 후예로 상당한 정신적 권위를 누리는 셰이크들은 프랑스 병력을 이기기 힘들다는 사실을 잘 아는 만큼 프랑스 편에 남고자 하거나 아니면 적어도 봉기와 거리를 두었다. 셰이크 알파유미(al-Fayoumi)는 프랑스군 병영으로 몸을 피했으며, 셰이크 알바크리(al-Bakri)는 무슬림들이 봉기에 가담하지 말도록 촉구했다. 요컨대 카이로 '피트나(성전)'는 이슬람 학자와 종교 지도자 등 상류 명사층이 가담하기보다는 하급 설교자 등 일반 민중이 가담한 '봉기'였다.

1000여 명씩 무리를 지은 분노한 시위대가 "알라여, 무슬림에게 승리를! 이슬람에게 영광을!"이라고 외치며 거리를 휩쓸고 저택을 불사르고 재물을 약탈했다. 프랑스 병사들뿐만 아니라 콥트크리스트교도, 프랑스군 편에 선 튀르크 상인들이 공격의 대상이 되었다. 카이로 방위대 도미니크 뒤퓌이(Dominique Dupuy) 장군은 폭도들에게 살해당했으며, 막시밀리앙 카파렐리(Maximillan Caffarelli) 장군은 약탈과 방화로 폐허로 변한 관저를 빠져나와 겨우 목숨만 부지한 채 도주했다. 3일 동안 이어진 폭동은 보나파르트의 지휘 아래 프랑스군이 도심지로 폭탄 세례를 퍼붓고 나서야 겨우 진압되었다. 프랑스 측 희생자는 군인과 민간인을 포함해 약 250명에 이른 반면, 이집트 측은 이보다 열 배 많은 희생자를 낸 것으로 보인다. 폭도들의 체포와 처형, 잔인한 응징이 뒤따랐으며, 공포에 사로잡힌 주민들은 프랑스군에 대한 충성의 표시로 삼색휘장을 착용하고서야 거리로 나섰으며 관청마다 삼색기가 내걸렸다.

카이로 민중이 새로운 지배자, 프랑스 주둔군에 맞서 들고일어난 데에는 한편으로 생김새도 생활 방식도 전혀 다른 이방인 프랑스 병사들과의 일상적 접촉에서 오는 문화적 충격이, 다른 한편으로 '배교자' 크리스트교 문명의 지배에 대한 종교적·신앙적 거부감이 널리 작용했을 것이다. 하지만 점령군의 주둔과 통치로 인해 이집트 민중이 감당해야 하는 경제적·재정적 부담이 불만과 저항의 근원으로 작용했을 뿐만 아니라, 주둔군의 가혹한 세금 징수가 봉기의 직접적인 원인이 된 듯하다.

애당초 충분한 재정 지원도 없이 서둘러 원정길에 오른 프랑스군은 식민지 통치와 주둔군 유지에 드는 비용을 그날그날 마련해야 할 정도로 절박한 상황에 빠져 있었다. 더구나 나일 해전에서 영국군에 대패하고 본국과의 연락이 단절된 상태에서 병사들의 급료마저 지급하기 힘들었다. 점령군은 도망간 맘루크들의 재산을 몰수해서 매각 처분하고, 콥트교도들과 무역상들에게 '대부' 형식으로 납부금을 갹출하며, 심지어 반란을 꾀한 마을을 점령하고 가축과 재산을 강탈하는 등 갖은 방법을 동원해서 돈을 조달하기에 바빴다. 점령군 회계 장부를 들여다보면, 7월 1일 알렉산드리아 점령 후 3개월 동안 프랑스군은 이런 식으로 360만 프랑을 거두어들인 반면, 지출은 450만 프랑에 달했다. 한 달에 대략 30만 프랑씩 적자를 기록한 것이다.

맘루크의 통치 아래 이집트 농민들은 과중한 세금에 시달렸지만, 토지 재산의 소유와 매매 및 상속 따위는 무슬림 공동체의 관행 속에서 막연한 법적 절차로 유지되고 있었다. 카이로에 입성한 보나파르트는 조세 행정 정비를 위해 곧바로 부동산 등록청을 신설하고 과세 가능한 토지 재산의 조사와 등기 절차에 착수했다. 하지만 점령군의 유지에 드는 비용이 한 해에 2200만 프랑으로 추산된 반면, 맘루크 치하에서 기존의 징세 제도를 통해 거둔 세금은 1000만 프랑을 넘지 않았다. 결국 새로운 지배자는 새로운 세금을 만들어내야 했다. 10월 16일, 무슬림의 재산과 소득에 대한 중과세가 결정되고, 거리마다 징세 포고문이 나붙자 순식간에 불만이 터져 나왔다. 새로운 세금은 여태껏 이슬람 사회에서는 낯선, 재산과 소득에 비례하는 누진세에, 가가호호 부과되는 인두세 형식이었다. 요컨대 심각한 재정난에 시달린 보나파르트는 무슬림의 관습과 전통을 무시한 채 서구식 조세 행정을 성급하게 도입했던 것이다.

새로운 세금은 그동안 비무슬림 주민들이나 군역 대신 납부하던 지즈아(jizya)와 동일시되었으며, 따라서 인두세를 납부한다는 것은 무슬림에게 일종의 신분 하락이자 굴욕으로 받아들여졌다. 강경파 울레마들은 모스크에서 "무슬림이여, 지하드를 외치자. 어떻게 자유인인 우리가 배교자들에게 지즈아를 납부한다는 말인가?"라고 설교했다. 폭동을 지켜본 카이로 방위대 대위 오라스 세(Horace Say)는 훗날 "폭동은 오로지 세금으로 야기된 불평불만 때문이라고 무슬림들이 외치고 다녔다"라고 회고했다.

카이로 폭동은 나폴레옹의 이집트 원정이 결국 실패작으로 끝날 운명임을 여실하게 보여준다. 바다 멀리 이슬람 땅에 식민지를 건설하겠다는 공화국 혁명 정부의 구상, 더 나아가 오리엔트의 위대한 정복자가 되겠다는 나폴레옹의 꿈은 현지의 실정과는 너무도 거리가 멀었다. 폭동을 진압한 후, 디완의 행정조직은 다시 가동되었으며, 보나파르트가 야심 차게 추진한 이집트 학술원(Institut d'Egypte)은 잠시나마 고대 상형문자와 피라미드의 신비를 탐색하고 지리 측량과 풍속 연구 등에 매진할 수 있었다.

보나파르트는 몸소 학자들을 이끌고 옛 수에즈 운하를 조사하고 새로운 운하를 건설할 계획을 세우기도 했다.

하지만 이집트의 정복자는 숨 돌릴 틈도 없이 시리아와 팔레스타인으로 군사 원정에 나서야 했다. 오스만 제국의 봉신으로 시리아 일대를 통치한 제자르 파샤가 지중해 연안 알아리시를 거쳐 시나이반도 쪽으로 세력을 뻗고 있었기 때문이다. 오스만 술탄과의 전쟁이 임박했다고 생각한 나폴레옹은 시리아를 점령하고 '이스탄불을 거쳐 오스트리아를 통해서 유럽으로' 돌아갈 수도 있다고 호언장담하며 1만 3000 병력을 이끌고 원정에 나섰다.

1799년 2월 17일 알아리시를 점령하고 2월 25일 가자에 입성한 나폴레옹군은 3월 4일, 요르단강 북쪽 갈릴리호 너머에 있는 자파까지 치고 올라갔다. 튀르크군의 거친 공세에 수많은 프랑스 병사가 희생당했다. 함락된 자파는 페스트가 번져 아수라장으로 변했으며, 프랑스군은 항복한 튀르크군을 무참히 학살하는 복수극을 펼쳤다. 5월 20일, 나폴레옹은 먼 옛날 십자군이 축조한 거대한 성곽으로 둘러싸인 항구 도시 아크레(생장 다크르)를 포위 공격했다. 하지만 영국 해군의 지원을 받고 있는 튀르크군의 거점 아크레는 난공불락의 요새였다. 두 달 동안 무려 여덟 차례의 공격에도 성벽이 뚫리지 않자, 나폴레옹은 퇴각을 결정하지 않을 수 없었다. 그의 '오리엔트의 꿈'은 아크레에서 부서졌다. 화염에 휩싸인 전장을 뒤로하고 부상병과 페스트 환자들을 버려둔 채 베두인족에게 추격당하고 영국 전함의 포격을 받으면서 나폴레옹은 가까스로, 그럼에도 개선장군의 위용을 가장하면서 6월 17일 카이로로 돌아왔다.

이집트를 떠나기 위해서라도 승리의 월계관이 절실했던 나폴레옹에게 7월 중순 영국과 튀르크 연합함대가 아부키르 항에 상륙했다는 소식은 절호의 기회였다. 8월 1일, '아부키르 전투'에서 프랑스군은 튀르크군에 융단폭격을 가하면서 바로 한 해 전 바다에서의 치욕적인 패배를 설욕했다. 8월 23일, 나폴레옹은 이집트 통치에 대한 모든 권한을 장바티스트 클레베(Jean-Baptiste Kléber) 장군에게 일임하고 병사들을 뒤에 남긴 채, 측근들만 데리고 쾌속선 뮈롱호에 올라 지중해의 파도에 몸을 실었다. 10월 9일, 운명의 여신은 나폴레옹을 다시 프랑스로 데려왔다. 나폴레옹이 도망치듯 떠난 지 2년 후, 남은 원정군은 결국 영국군에 항복했다. 3년여에 걸친 대원정은 실패로 막을 내렸다.

맺음말

대개 프랑스인의 민족서사에서 보나파르트의 이집트 원정은 나폴레옹 '제국'의 영광으로 향한 길목에서 만나는 원대한 모험담이자 프랑스 '문명'의 계몽주의적 사명을 다하는 만남의 장면으로 묘사되곤 한다. 나폴레옹의 원정은 흔히 '군사적' 원정과 더불어 많은 과학자를 동반하여 문명의 기원을 탐색하고 과학과 기술의 발전을 이끌어냈다는 이른바 '학문적' 원정을 덧붙여 설명되곤 하는 것이다. 서두른 퇴각과 패배에도 불구하고 원정을 통해 고대 파라오 문명의 신비를 밝혀낸 동시에 발달된 기술과 문명을 전파하여 이집트 근대화의 발판을 마련했다는 점을 강조한다. 이집트 원정은 또한 나폴레옹 신화의 일부분으로 그려지기도 한다. '피라미드 전투'는 물론이고 이집트에서 시리아로 이어지는 오리엔트 원정을 통해 전투의 승패와 상관없이 원정 사령관의 정치 선전은 절정을 이루었다. 나폴레옹은 이집트 원정을 황금 전설로 장식해 '오리엔트의 정복자'로 프랑스 국민에게 되돌아왔으며 권좌에 오르는 발판을 마련했다.

하지만 이집트 원정은 군사적으로나 정치적으로나 실패한 원정이었다. 무슬림 이집트인들은 정복군의 줄기찬 선무공작에도 불구하고 줄곧 '배교자' 프랑스인들에게 냉담했고 또 저항했다. 프랑스는 애초의 계획과는 달리 오스만 제국과의 선린외교에 실패해서 오스만군은 프랑스에 선전포고하고 이집트를 되찾으려 침공했다. 보나파르트는 이집트 원정에서 맘루크와 싸우고 시리아 원정에서 오스만군과 싸웠으며, 이집트를 방어하기 위해 영국-오스만 연합군과 싸워야 했다. 카이로 봉기는 이집트인들이 프랑스군을 해방자가 아니라 침략자로 대했음을 보여줄 따름이다.

이집트 원정은 바다 너머에 식민 영토를 점령해 해외 팽창의 교두보를 마련하려는 프랑스의 오랜 식민지 건설 계획의 일환이었다. 보나파르트는 이슬람 땅에 프랑스식 자유와 공화정 원리를 이식해서 프랑스의 지배를 받는 자치 식민지를 만들고자 했다. 이탈리아 원정에서 승승장구하며 북알프스 지방에 세웠던 '자매 공화국들'과 유사한 공화국 형태로 이집트를 개조하고자 한 것이다. 결국 프랑스의 원정은 해외 영토의 지리와 자원을 차지하기 위해 자유주의의 수사학과 제도들을 담뿍 활용한 제국주의적 침략의 선구적 형태라고 할 수 있을 것이다.

프랑스군은 1798년 7월부터 1801년 9월까지 대략 38개월 동안 이집트를 정복하고 통치했다. 하지만 짧은 기간 동안 프랑스군은 상당한 반발과 저항을 감수하면서도 서구식 제도와 규범을 이식해서 이집트의 정치제도를 바꾸어놓고 토지와 재산을 비롯해 사회 구조를 뒤흔들어놓았다. 정복자가 팽개치고 떠난 어설픈 식민화 사업은 1805년 이집트의 새 통치자로 등장한 무함마드 알리가 보나파르트의 후계자를 자처하며 유럽식 근대화를 추진하는 발판이 되기도 했다. 프랑스군의 원정에서 어림잡아 1만

3000여 프랑스 병사가 죽고 5만여 이집트인이 희생당한 것으로 보인다. 나폴레옹과 프랑스 원정군이 남긴 유산이 훗날 이집트가 근대화의 길로 나아가는 계기를 마련해주었는지도 모른다. 하지만 그것은 너무도 많은 희생을 치르고 얻은 초라한 보상일 따름이다.

참고문헌

사료

Al-Jabarti, Abd al-Rahman, *Napoleon in Egypt, Al-Jabarti's Chronicle of the French Occupation 1789* (Markus Wiener Publishers, 2006).

Correspondance de Napoléon Ier, publiée par ordre de l'empereur Napoléon III, Tome III, IV, V (Imprimerie Impériale, 1849, 1850).

Moiret, Joseph-Marie, *Mémoires sur l'Expédition d'Egypte* (Belfond, 1984, 초판 1818).

Napoléon Ier, *Mémoires de Napoléon, La campagne d'Egypte 1798-1799*, Edition présentée par Thierry Lentz (Tallandier, 2011).

Say, Jean-Honoré Horace, *Bonaparte au Caire* (Prault, 1799).

연구문헌

Henri Laurens, *L'Expédition d'Egypte 1798-1801* (Armand Colin, 1989).

Jacque-Olivier Boudon, *La campagne d'Egypte* (Belin, 2018).

Juan Cole, *Napoleon's Egypt, invading the Middle East* (Palgrave Macmillan, 2007).

Pierre Branda, *Le prix de la gloire, Napoléon et l'argent* (Fayard, 2007).

Robert Solé, *Bonaparte à la conquête de l'Egypte* (Seuil, 2006).

유럽과 이집트
무함마드 알리의 이집트 개혁•

08

송경근 명지대학교

무함마드 알리의 등장

강력한 해군력을 바탕으로 세계를 제패해가는 영국에 도전하기 위하여 1798년 나폴레옹의 지휘하에 이집트를 침입한 프랑스는 이집트에 많은 충격과 변화를 유발하였다. 그러나 영국의 넬슨 제독에게 그들의 함대를 격파당한 후 영국이 주도하는 반격 속에 점점 고립되어갔으며, 결국에는 1801년 9월 조건부 항복을 하고 나서 이집트에서 철수하였다. 프랑스군이 물러간 후 혼란 속에서 프랑스에 의해 정치의식을 갖게 된 이슬람 신학자인 울라마('ulama)들을 중심으로 한 민중 세력의 지지를 받으면서 오스만 제국의 알바니아 여단 사령관 무함마드 알리(Muhammad 'Ali, 재위

• 이 글은 〈무함마드 알리(1805~1848)의 이집트 개혁에 관한 연구〉, 《인문사회21》 제7권 제4호(2016)를 수정·재편집한 것이다.

1805~1848)가 1805년 이집트의 지배자로 등장한다. 우마르 마크람('Umar Makram)이 이끄는 울라마를 중심으로 한 민중 세력에 의하여 총독이 된 무함마드 알리는 오스만 제국의 술탄(sultan)에게 자신의 지위를 승인할 것을 요청하였다. 세르비아의 반란에 시달리던 술탄은 마지못해 그의 총독 지위를 승인할 수밖에 없었다.

무함마드 알리는 민중의 지지에 의하여 총독의 자리에 올랐지만, 변덕이 심하고 조직적이지 못한 민중에 의지해서 계속 권력을 유지할 수 없다고 생각하였다. 그는 안정적 권력 유지를 위해서는 강한 무력을 소유해야 하며, 이것은 강력하고 충성스러운 군을 통해서만 이룰 수 있다고 보았다. 그리고 그 모델은 중동의 군대보다 압도적 우세를 보이는 프랑스나 영국군이었으며, 그들의 우수한 능력과 제도를 받아들여서, 무능하고 불손한 자신 휘하의 군대를 바꾸고자 하였다. 그러나 이것은 군의 개혁만 가지고 이룰 수 있는 것이 아니었으며, 군의 개혁에 맞추어 국가를 개혁해야만 가능한 것이었다. 이에 따라 이집트는 그에 의하여 대대적인 변화를 겪게 되며, 현대 이집트가 되어간다.

맘루크의 제거

무함마드 알리가 총독이 되었을 당시에 그의 정권 유지 및 개혁에 방해가 되는 세력은 수 세기 동안 이집트를 지배해왔던 백인 노예병 집단인 맘루크(Mamluk)였다. 맘루크는 시대에 뒤떨어진 군벌 세력이었지만 분명히 그에게 도전할 수 있는 최대 무장 세력이었다. 무함마드 알리는 안정된 집권과 정책 시행을 위해서 반드시 맘루크의 핵심부를 제거하고 나서

이 세력을 해체해야 한다고 생각하였다.

1811년 3월에 무함마드 알리는 자신의 둘째 아들 투순 파샤가 아라비아반도의 와하비 종파의 반란을 진압하기 위하여 출정식을 갖는다는 핑계로 카이로의 살라딘 성곽으로 맘루크의 지도부를 초대하였다. 낮 동안 그들을 잘 대접한 무함마드 알리는 저녁 무렵 그들이 성곽을 떠나려 하자, 성곽의 좁은 통로로 유도한 후, 출입구를 모두 막은 상태에서 성곽 위로부터 그의 알바니아 여단이 총탄 세례를 퍼부어 그들을 몰살시키도록 하였다. 맘루크들은 어디로도 탈출할 수 없었으며, 살라딘 성곽의 좁은 통로는 거대한 도살장으로 변하였다. 대부분의 맘루크 지도자들이 살해된 후 무함마드 알리는 카이로 시내와 근교에 남아 있던 나머지 맘루크 1000명가량을 제거하였으며, 일부가 남쪽으로 도주하여 그곳의 맘루크와 연합하여 저항하자, 자신의 큰아들 이브라힘을 보내어 토벌하게 하여 또 다른 맘루크 1000여 명을 제거하였다. 이로써 수백 년간 이집트를 장악하고 지배해왔던 맘루크는 이집트 정치판에서 사라지게 되었다.

전광석화 같은 맘루크 제거로 그는 원하는 대로 이집트를 지배할 수 있게 되었다. 그의 맘루크 제거는 놀라운 일이기는 하나, 그런 식의 맘루크 제거 시도가 처음은 아니었다. 무장 수구 세력의 제거는 전격적인 무력 기습으로만 가능한 일이었으며, 이집트의 종주 역할을 한 오스만 제국도 무장 수구 세력인 예니체리(Janissary, 오스만 제국 술탄의 친위대)를 그런 식으로 제거하였다. 그럼에도 그의 방식에 많은 사람이 놀라는 것은 빈틈없이 완벽하고도 허를 찌르는 기습적인 일 처리 방식과, 제거되는 맘루크들을 성곽 위에서 지켜보면서 여유롭게 물담배를 피우는 담대함과 냉정함 때문일 것이다. 이것은 혼란기에 출현하여 성공하는 마키아벨리적 권력자들의 단면으로 보아야 할 것이다.

개혁의 수행

조세와 토지 개혁

무함마드 알리가 국가 개혁을 위해서 가장 먼저 시작한 것은 개혁을 위한 자금을 모으는 일이었다. 그는 이를 위해서 조세와 토지 소유제를 개혁하였다. 무함마드 알리가 이집트의 지배자 자리에 오르기 전에도 이집트의 모든 토지는 국가 소유였다. 그러나 세금 징수 도급제 또는 일티잠(iltizam)을 근거로 국가의 토지 소유권은 경작자들에게 대여된 형태였다. 17세기 동안 세금 징수 도급인은 세금을 지불하는 대신 국가 토지를 소유한 오카크리스(ocaklis)가 주를 이루었다. 이들은 농부들로부터 국가에 낼 세금 이상의 것을 거둬 소유할 수 있었다. 이 외에도 이들은 농부들에게 노동을 강요할 수 있었고, 농부들 사이의 분쟁을 조정할 권한이 있었다. 그들은 실질적으로 일티잠하의 토지 소유자였다. 18세기에는 터키의 군사 집단 오카크리스가 주를 이루는 세금 도급인들이 맘루크, 울라마, 공공관리, 베드윈 족장, 부족장, 그 이외 귀족층으로 대체되었다. 일티잠은 초기에는 짧은 기간 동안 관리가 허락되는 형태였는데 1800년쯤에는 평생 소유하고, 양도하고, 상속할 수 있는 상태가 되었다. 이런 것을 위하여 더욱 선호하는 방식으로는 종교 재단 농지 와크프(waqf) 제도가 있었다.

이집트의 새 주인 무함마드 알리 파샤는 이런 세금 징수 도급인과 그 제도를 개혁하고자 했다. 이런 제도는 국가의 농지 수입을 빼가며, 세금 징수 도급인이 필요 이상으로 경작 농부들 위에 군림하게 되고, 자신의 국가 통제에 대한 잠재적 반대 세력을 양성하는 근원이 될 가능성이 있었기 때문이다. 와크프 제도는 또한 울라마들에게 대중과 행정을 통제할 수 있는 영향력을 주며, 국고 수입을 현저히 줄어들게 하였다. 무함마드 알리는 일티잠 제도하에 토지에 대한 세금을 세금 징수 도급인이 감당할 수 없을 정도로 증가시켰으며, 이를 세금 징수 도급인이 감당하지 못하면, 국가에서 몰수해갔다. 세월의 흐름과 함께 국가 소유의 토지는 계속 늘어났으며, 1811년 3월 살라딘 성곽에서 맘루크의 핵심 세력이 대량 학살된 이후에는 토지 대부분이 국가 소유로 전환되었다. 이런 조치는 와크프 토지에 대해서도 취해졌으며, 이 과정에서 맘루크와 세금 징수 도급인의 영향력은 제거되었으며, 종교 지도자나 종교 기관의 영향력도 와크프 토지가 국가 소유가 되면서 사라지게 되었다. 이런 조치는 1809년부터 1814년 사이에 이루어졌다. 1814~1816년에 지적 측량을 시행했으며, 마을 명을 중심으로 토지를 등록한 후 새로운 세금 제도를 시행했다. 국가 세금 지불에 대한 모든 책임은 마을이 지게 되었으며, 경작 농부는 토지에 대한 어떤 소유권이나 상속권도 보유할 수 없게 되었다. 경작자에게는 토지에 대한 경작 권한만 부여할 뿐이며, 이 권한은 자식에게 상속할 수 있었다. 경작자는 자신에게 할당된 토지에서 생산 활동을 자유롭게 할 수 있었으나, 토지에 대한 법적 권한은 없었다. 그 후 10년 안에 무함마드 알리는 이집트 전 국토를 실제로 국유화하는 데 성공하였으며, 세금 징수 도급인이라는 특권 계급은 사라졌다.

토지의 국유화를 통해서 국고로 들어온 돈은 국가 운영을 위해서 쓰기도 했지만, 국가의 개혁을 위해서 투자되었다. 토지 개간과 생산 증가를 위해서 관개시설을 만들거나, 개수하였으며, 환금작물을 심는 데 들어갔다. 그러나 대부분의 돈은 군의 개혁과 강화에 쓰였으며, 국가의 부를 늘리고, 군에 필요한 무기와 물품을 제공하기 위한 산업 투자에 쓰였다. 또한 이런 것을 뒷받침하기 위해 세운 교육 시설에 투입되기도 했다.

군의 개혁

그가 총독 자리에 오를 때 무력을 제공한 세력은 그의 휘하에 있던 알바니아 여단으로, 이들은 그의 권력 유지의 핵심 세력이었다. 이 외에 이집트 총독으로서 그의 지휘를 받던 군은 모로코인, 시리아인, 예니체리, 맘루크, 베드윈 보조병 등으로 구성되어 있었다. 그들은 자신들의 급료를 챙겨주고, 그들의 이해관계를 지켜주는 지휘관의 능력에 따라 움직이는 무력한 용병 수준의 군대였다. 전투 중에도 전투 결과보다는 전리품이나 약탈물에 더 관심이 많은 집단이었다. 그들은 자신들에 대한 대우가 만족스럽지 못하면 국가 재정 상태가 어떻든 간에 무력시위를 벌이면서 무례한 행동으로 민가를 약탈하였다. 각 부대는 지휘관에 따라 별도로 움직였으며, 무기는 통일되어 있지 않았다. 군기가 이완되어 상황에 따라서 언제고 전장을 이탈할 수 있는 존재였다. 과거에는 이런 수준의 기구와 조직으로도 비능률적이기는 하나 전장에서 승리를 거둘 수가 있었다. 그러나 무함마드 알리의 눈에 그들은 더욱 무능해지며, 부패해가고 있었고, 그가 목격한 프랑스군이나 영국군의 수준에는 한참 미치지 못하였다.

무함마드 알리는 새로운 제도하에 새로운 군대를 양성할 필요성을 인식하면서도 즉각 군의 개혁에 착수할 수는 없었다. 낡은 제도의 군대가 비록 불손하고, 위험하며, 무능하기까지 하지만, 그들이 없으면 자신의 권력을 지킬 필수 수단이 사라지는 결과가 일어나기 때문이었다. 그렇다고 신식 군사 교육을 시킨다고 그들이 받아들일 리 없었으며, 설사 그들이 신식 군사 교육을 받았다고 해도, 구제도의 나쁜 버릇인 무능, 부패, 불손한 행위가 재발하지 않는다는 보장도 없었다. 그래서 그는 구제도의 군대를 유지하면서, 새로운 인력 자원을 뽑아서 서서히 신식 군대를 양성하여가는 방식을 취할 수밖에 없었다. 그동안 그는 구제도의 군대를 달래가면서 권력을 유지하는 데 이용하고, 조금씩 그들을 살아 돌아올 가망성이 희박한 아라비아나 수단과 같은 전선으로 내보내 하나둘씩 사라져가게 만들었다.

과거 맘루크의 인적 자원을 공급하던 북방에서 모집하여온 백인 노예 소년들은 오스만 제국의 금지로 인하여 더 이상은 새로운 군대의 인적 자원 공급원이 될 수 없었다. 무함마드 알리가 이런 환경에서 제일 먼저 관심을 가졌던 인적 자원은 수단에서 공급되는 노예들이었다. 그러나 수단 노예를 이집트 병사로 만드는 계획을 포기하게 됐는데, 그것은 모집한 수단 노예들이 너무나도 쉽게 죽어갔기 때문이다. 수송 도중에, 훈련소에서, 전선에서 파리와 같이 죽어갔다. 그들은 징집당한 후에 자신의 의사대로 살 수 없는 노예의 상태여서인지 살고자 하는 의지가 별로 없었으며, 고국보다 추운 북쪽 지방의 기후에 쉽게 병들어 쓰러졌다. 또한 이들 노예를 얻기 위하여 너무 많은 이집트 병사들이 희생되는 것도 문제였다. 밑 빠진 독에 물 붓기처럼 징집 수단 노예들은 쓰러졌으며, 무함마드 알리에게 이런 손실을 감수하면서까지 수단 노예를 이집트 병사로 만드는 것은 너무 무모한 짓이 되어버렸다.

고심 끝에 무함마드 알리는 가장 쉽게 구할 수 있는 인적 자원인 이집트 농부를 현대식 이집트 군대의 징집원으로 결정했다. 그러나 이방인이었던 무함마드 알리는 이집트 토착인이 이집트 군대의 다수가 된다는 것을 꺼림칙하게 생각했다. 만일 그들이 군대의 다수가 된 후 정부에 저항할 경우, 감당할 수 없는 사태가 발생할 수 있기 때문이었다. 게다가 이집트 정부의 주 세입원인 이집트 농부들이 병력 자원으로 동원되면 그만큼 세입원이 불안정해지고, 자신들에게 가해지는 부담의 증가에 반발할 가능성도 있었다. 또한 알렉산더 대왕이 기원전 332년 이집트를 정복한 후 이집트인들은 병력에 동원되지 않고, 지배자의 세원 역할만 하였다. 이로 인하여 이집트 농부는 우수한 군인이 될 수 없다는 생각이 일반적이었다. 이집트 농부에 대한 무함마드 알리의 생각도 그 수준에 머물러 있었다. 그러나 모든 상황이 이런 것을 극복하고, 이집트 농부를 병력 자원으로 사용할 것을 요구하였다. 강요되는 환경에 마지못해서이지만 무함마드 알리는 이집트 농부를 징집하여 현대적 이집트 군대로 양성하였으며, 그들은 예상과는 달리 당시 중동 최강의 군대로 커갔다. 여기서 당시 1815년 나폴레옹 제국이 쓰러진 후에 실직 상태에 있던 많은 프랑스 군인들이 무함마드 알리가 지배하는 이집트로 왔으며, 현대 이집트군을 양성하는 데 커다란 역할을 하였다. 1822년 시작된 징집 제도에 의해서 군에 들어온 병사들은 서서히 이집트군의 모습을 바꾸었으며, 1832년에 완전히 징집으로 이루어진 신식 이집트군의 모습은 병영 속에서 외부와 차단된 채 엄격한 군율 아래 전투에 대비하는 훈련을 받고 나서 군사령관의 명령하에 일사불란하게 전투를 수행하는 장면을 보여준다. 이때부터 이집트군은 전문적인 현대식 군대의 모습을 갖추게 되었다. 이집트군은 개인의 전투 능력과 용기가 중요시되던 맘루크와 같은 과거 군대의 특징을 버리고, 통일되고도 단결된 집단의 힘에 의존하는 프랑스나 영국군과 같은 유럽식 군대로 탈바꿈하였다.

국가의 산업화와 사회 개혁

토지 제도와 조세 제도 개혁으로 어느 정도 국가 개혁에 필요한 자금을 마련할 길은 열렸으나, 무함마드 알리가 원하는 대규모의 개혁을 수행하기에는 아직 자금이 턱없이 모자랐다. 이에 따라 그는 국가 관리에 들어온 토지를 대대적으로 개간하고, 소규모 저수지에 의존하던 관개시설을 홍수기의 나일강 물을 가두어두었다가 물을 끌어 배분하는 운하식의 대규모 수로식 관개시설로 바꾸어 1년에 한 번 겨울철에만 농사짓던 방식을 벗어나, 1년 내내 농사를 지으면서 3모작을 할 수 있게 만들었다. 농산물의 원활한 이동을 위해 새로운 댐과 운하, 둑, 도로, 항만, 창고 등을 건설하였다. 그 덕에 토지 생산력이 증가했으며, 더 많은 노동력이 필요해졌다. 그 결과 인구가 급격하게 늘어, 1798년 나폴레옹 침입 시 380만 명이던 인구가 1880년에는 750만 명에 이르렀다. 그러나 생산 증가가 농민의 소득 증가로 연결되지는 못했다. 생산이 는 만큼 이집트 정부는 더 많은 세금을 거둬갔으며, 농산물 판매까지 독점하여 농부들은 농산물을 싼값에 정부에 팔아야 했다. 한편 이렇게 싼값에 사들인 농산물을 정부는 몇 배의 이익을 붙여 주로 해외 시장에 팔아 엄청난 차익을 실현하였다. 정부는 수익을 올리기 위해 식량이 되는 밀보다 돈으로 쉽게 바꿀 수 있는 환금작물인 인도 쑥, 담배, 면화, 사탕수수 등의 재배를 강요하였다.

일사불란하게 움직이는 충성스럽고 강한 유럽식 군대에 필요한 물품을 공급하기 위해서는 많은 산업시설을 갖추어야 했다. 이를 위하여 무함마드 알리는 비서구 국가로는 처음으로 산업 혁명을 시도하였다. 그는 국고에 쌓인 자금으로 비누, 제지, 면직, 제당, 조선, 무기 산업을 국가 주도하에 일으켰다. 무함마드 알리에 의한 이집트 산업화는 처음에는 외부에서 수입하는 무기를 자체 조달할 목적으로 시작하였다. 수입 무기들은 새 공장에서 복사해 생산하였다. 생산 물품은 애초 무기에서 시작하였으나, 점차 섬유 산업으로 옮아갔으며, 대량의 면화를 재료로 사용하면서, 1821년 대규모 면화 경작이 시작되었다. 제사(製絲) 산업을 위해서 시리아와 레바논에서 누에와 뽕나무를 수입하였으며, 모직 생산을 위해서 산양인 캐시미어도 수입하였다.

산업 전문가와 기계를 외국에서 들여왔다. 이 산업시설을 세우고 운영하기 위하여 대규모 인원을 징집하였으며, 특히 많은 인원을 농부로 충당하였다. 그 수는 1830년대에 4만 명을 넘어섰다. 그러나 임금은 박하였으며, 그나마 지급도 비정기적이었다. 산업시설을 관리하는 관료들마저 비능률적이고 부패하였다. 그런데도 이집트 정부의 보호무역 정책 덕에 산업시설은 그럭저럭 돌아갔다. 이집트 제품은 이집트뿐만 아니라 무함마드 알리가 정복 활동을 벌이던 아라비아반도, 수단, 시리아 등에서도 이집트 정부의 보호무역 정책 내지는 자국 위주의 중상주의 정책에 따라 팔려나갔다. 무함마드 알리의 산업화 정책은 서구 열강의 부국강병을 위한 제국주의적 정책을 그대로 답습하고 있었다.

위와 같은 개혁을 수행하기 위해서는 전문 지식을 갖춘 기술자, 개혁을 이끌어갈 지식인이 필요했으며, 이를 위해서 무함마드 알리는 새로운 제도의 교육 시설을 세우고자 했다. 무함마드 알리가 집권하기 전 이집트의 교육시설은 종교대학인 알아즈하르(al-Azhar)와 그 계열의 학교, 초급 종교 학당인 쿱탑(kuttab)만 존재하였다. 무함마드 알리는 이 교육 시설과 제도를 필요에 따라 현대식 학교나 제도로 개혁하는 것은 커다란 종교적 반발에 직면할 수 있음을 고려하여 현대적 요구에 맞추어 새로운 학교를 세웠다. 그는 프랑스 교육 시스템을 바탕으로 초·중등학교를 세웠으며, 애초에 유일했던 교육 기관인 알아즈하르와 쿱탑에서 우수한 학생들을 뽑아 신식 학교에서 교육했다. 무함마드 알리의 교육 개혁은 항상 체제의 위험 요소는 최대한 줄이면서도, 효과적으로 인적 자원을 뽑아, 능률적으로 교육을 하되, 지배자에게 충성스러운 인물이 되도록 하는 것이었다.

무함마드 알리의 서구식 현대 교육의 목적은 군사적 필요에 따른 것이었으며, 학생들은 이로 인하여 사관생도와 같이 제복을 입고, 규율에 맞춘 생활을 하였다. 여기다가 학교의 군 막사와 같은 건물, 군인과 같은 엄격함, 기숙 생활 등 때문에 민간인들은 학생과 군인을 혼동하였으며, 당시 이집트 청소년들은 학교에 가는 것을 징집되어 군대에 가는 것으로 여겼다. 이 때문에 정부는 이들에게 기숙사, 의복, 용돈까지 제공하며 입학을 유도하였다.

군사적 목적 때문에 시작한 현대 교육은 토지, 조세, 군대 개혁, 그리고 산업화 정책보다는 중요도가 다소 떨어졌으나 그 영향은 다른 분야보다 훨씬 강하고 성공적이었으며 지속적이어서 오늘날까지 계속되고 있다. 무함마드 알리 당시에 시작된 교육제도, 기본 규칙 등은 오늘날까지 유지되고 있으며, 당시 시작한 교육 개혁에 의해 양성된 인재들은 그 후에 국가의 주요 엘리트로 성장하여, 국가의 발전과 변화에 큰 역할을 하였다. 이것은 교육이 현대 이집트의 싹을 틔운 씨앗의 역할을 하였기 때문이다.

무함마드 알리의 산업화 정책과 사회 개혁은 비록 강한 군을 만들기 위한 것이었으나 이집트를 현대 이집트로 바꾸는 데 근본적인 역할을 한다. 그가 이룩한 산업화는 그때까지 이슬람 중세 사회 속에서 제자리걸음을 하던 이집트에 새로운 물질과 기술을 쏟아부으면서 유럽과 같이 새로운 세계로 들어가게 만든다. 그리고 그가 강력하게 밀어붙인 사회 변화는 그가 배우고자 했던 앞서가는 유럽을 따라 이집트 사회가 좀더 효율적이며 빠르게 현대로 움직여서, 다른 어떤 국가보다 중동 국가들을 선도하는 위치에 서게 만든다.

개혁의 결과와 그 영향

무함마드 알리의 국가 개혁 결과 이집트는 국가 총생산이 늘고, 인구가 불어났으며, 많은 현대적 시설을 중동 최초로 세웠고, 제도와 환경 개선으로 국가가 능률적으로 운영되었다. 특히 무함마드 알리의 국가 개혁의 주목표인 강한 군대 양성과 그로 인한 안정적 권력 유지는 큰 성공을 거두었다. 어떤 중동 국가의 군대도 맞설 수 없을 정도로 강해졌으며, 심지어 이집트의 종주국인 오스만 제국의 군대도 이집트 군대에 밀렸다. 이집트 국내에서 그에게 도전할 세력은 없었으며, 그의 권력은 그의 자손에게 계승될 수 있는 왕조적 총독 가문을 형성하였다. 만일 서구 열강이 개입하지 않았다면, 그는 오스만 제국의 실질적 제1인자나 술탄 자체가 될 수도 있었을 것이다. 그러나 무함마드 알리의 위대한 성공에는 이집트 국민의 대다수를 차지하는 이집트 농부들의 커다란 희생이 따랐다. 생산은 늘었으나, 그것을 유지하기 위하여 그들은 과거보다 두 배의 노동을 해야 했다. 여기다가 댐, 저수지, 수로, 도로, 항만 등을 개설하고 유지하기 위하여 수시로 강제 노역에 동원되었다. 정부가 국고 수입을 충당하기 위하여 농민들에게 강요한 환금작물 재배는 정부의 헐값 수매로 농민들의 소득 증가에는 아무런 도움이 되지 않았다. 결국 농부들은 약간 불어난 생산과 재화를 늘어난 가족을 먹여 살리는 데 사용해야만 했다. 생산은 늘었으나 농부 개인의 커다란 경제적 이익은 없이, 안정적 식량 확보를 예측할 수 없게 만들었다. 그런데도 농부에게 가장 파괴적이고 두려웠던 것은 징집을 당하여 군대에 가는 것이었다. 한 가구의 경제적 수단의 대부분을 남성에게 의존하던 당시에 성인 남성의 징집은 그 가구의 경제적 근간을 흔들었으며, 더 나아가 징집 대상자가 해당 가구의 유일한 생산자일 경우에는 그 가구의 경제는 비상 상태 내지는 파탄으로 내몰리는 것을 의미하였다. 또한 군대에 가는 경우 처음에는 몇 년 정도 군 복무를 하면 집으로 돌아오는 경우가 많았으나, 외정이 잦아지고, 병력 수요가 늘면서, 징집 기간은 한없이 늘어나 10년 정도는 채워야 했고, 그 기간을 다 채우고 살아 돌아오는 경우가 거의 없게 되었다.

1821년 그리스 독립전쟁이 일어나자, 오스만 제국의 술탄 마흐무드 2세는 무함마드 알리에게 참전을 요구했다. 서구 열강의 개입과 참전으로 오스만 제국과 이집트 연합군은 이 전쟁에서 졌다. 이후에 무함마드 알리는 참전의 약속대로 시리아의 지배권을 술탄 마흐무드 2세에게 요구했으나 술탄이 이를 거부하자, 술탄 마흐무드 2세에게 도전하여 자신의 아들 이브라힘에게 시리아를 점령하도록 하였고, 네집(Nezib)에서 오스만 제국의 군대를 격파하도록 하였다. 오스만 제국은 붕괴 직전까지 갔다. 이에 서구 열강이 개입하여 상황을 역전시키면서 무함마드 알리에게 이집트와 수단을 제외한 지역에서 이집트군을 철수하게 했고, 이집트군의 수를 1만 8000명으로 제한하였다. 이집트의 무함마드 알리와 그의 후손들이 이집트를 지배하는 것을 허락하기는 했으나, 오스만 제국 술탄의 종주권을 인정하도록 하였다. 그런데 여기서 중요한 것은 1838년 오스만 제국과 영국 사이에 수입품 관세에 엄격한 제한을 가하는 발타 리만(Balta Liman) 협정을 맺었으며, 1840년 이후에 이집트도 명목상 오스만 제국의 영토이기에 이 협정을 준수해야 했다는 사실이다. 이 결과 이집트의 모든 제품은 영국 제품과 이집트 시장에서 똑같은 조건으로 경쟁하게 되었다. 결국 무함마드 알리가 만들어놓은 모든 산업시설은 부실화되었으며, 대부분 문을 닫아야 했다. 그의 찬란한 개혁 업적은 유럽 강대국들의 개입으로 모든 분야에서 그 흔적만 남기고, 외면적으로는 다 무로 돌아가게 된 것이다.

무함마드 알리의 개혁은 이집트의 부강을 위한 것이라기보다는 무함마드 알리 개인의 권력 추구와 유지를 위해서 강한 군대를 만드는 과정에서 이룩한 것이다. 사실 그는 이집트 민중의 안위에 크게 개의치 않았다. 그런데도 그의 개혁은 이집트가 현대적 국가로 탈바꿈하는 데 결정적 역할을 하였다. 그는 마지못해 이집트인을 군의 인력 자원으로 활용했으나, 결국 이것은 2000년 이상 정치와는 거리를 두고, 지배자를 위한 세금원 역할이나 하던 이집트인들을 세월의 흐름과 함께 군에서의 역할 증대로 그 위치가 올라가게 하였고, 결국 이집트를 이집트인의 국가로 만드는 출발점을 만들었다. 또한 말년에 서구 열강의 개입으로 무함마드 알리의 업적은 모두 물거품이 되는 것처럼 보였으나, 그가 이룩한 군사, 산업, 행정과 양성된 인력 자원은 후에 이집트가 중동에서 오스만 제국과 유럽 사이에서 하나의 세력으로 남는 힘이 되었다. 또 중동에서 이집트가 선도적 역할을 하는 원천이 되었다.

집권 말기에 서구 열강의 개입으로 대부분 무용지물이 된 것처럼 보임에도, 무함마드 알리의 개혁에 대한 열정과 능력은 여느 국가 지도자보다 높았다. 또한 그는 외세를 이용하였지, 외세에 이용당하지는 않았다. 그래서 개혁 과정에서 외채 때문에 국가를 어려운 상태로 빠뜨린 그의 자손들과 달리 그는 외채를 쓰지 않았으며, 수에즈 운하의 전략적·경제적 가치를 잘 알면서도, 영국과 프랑스의 이집트 지배의 위험성을 파악하고, 결코 운하를 뚫도록 허락하지 않았다.

참고문헌

Afaf Lutfi Al-Sayyid Marsot, *Egypt in the reign of Muhammad 'Ali* (Cambridge: Cambridge University Press, 1984).

Ahamad Zakariya al-Shilaq, *Tatawur Misr al-Hadithah* (al-Qahirah: Misr al-'Arabiyah Linashar wa al-Tawzii', 2003).

Ahmad Husein, *Mawsu'ah Tarikh Misr*, 3rd Ed., V.3 (al-Qahirah: Matbu'ah al-Sha'b, 1978).

Arthur Goldschmidt Jr., *Modern Egypt* (Cairo: The American University in Cairo Press, 1990).

Khaled Fahmy, *All the Pasha's men* (Cairo: Cambridge University Press, 1997).

P. J. Vatikiotis, *The History of Egypt*, 3rdEd. (London: Weidenfeld and Nicolson, 1985).

무함마드 알리의 주요 연대

1805년 현대 이집트의 아버지, 무함마드 알리의 등장.

1807년 맘루크를 위한 영국군의 침입을 격퇴.

1808년 첫 번째 교육사절단을 유럽에 파견.

1811년 개혁의 장애물, 맘루크를 제거.

1813~1814년 지적 측량과 세제 개혁.

1816년 이집트 최초의 기술학교 개교.

1818년 와하비즘을 추종하는 사우디가를 격파하고, 그들의 수도 알디리야(al-Diriyya)를 접수.

1822년 이집트 관영 출판부 설립. 크레타와 키프로스 원정. 이집트인을 정규군으로 징집.

1825년 클로 베이(Clot Bey)가 이집트에 최초 서구 의학 학교 설립.

1827년 오스만-이집트 해군이 나바리노(Navarino) 해전에서 유럽연합 해군에게 대패.

1828년 이집트 공식 정간물 발간. 이집트군 그리스에서 철수.

1831년　시리아 원정.

1835년　페스트가 이집트에서 대유행. 공공 사무국 건립. 알렉산드리아에 시정개선위원회 설립. 마르세유와 알렉산드리아 정기 증기 기선 운행 시작.

1839년　오스만 제국군이 무함마드 알리군에 의해 아나톨리아의 네집 전투에서 대패. 오스만 제국은 멸망의 위기에 처함. 서구 열강의 개입.

1841년　오스만 술탄이 이집트와 수단을 무함마드 알리 가문의 영토로 인정함. 무함마드 알리 가문은 이집트와 수단의 세습 지배자가 됨.

1849년　무함마드 알리, 병으로 사망.

이집트 사회주의 지식인 살라마 무사의 서구에 대한 인식

09

성일광 서강대학교

20세기 초 이집트 자유주의 사상과 지식인

"자유는 인류 최고의 미덕. 민주주의는 현대인과 현대 사회의 유일한 정치 시스템이다. 따라서 이집트는 자유와 민주주의에 전념해야 한다." 압바스 마흐무드 알아카드(Abbas Mahmoud al-Aqqad, 1889~1964)의 저서 《히틀러 피 알미잔(Hitlar fi al-Mizan: 히틀러는 불안정한 상태)》에 등장하는 문장이다. 이 책이 1940년 초에 발간되자 이집트와 아랍 세계 대중은 큰 관심을 보였다. 이 책은 히틀러가 군사적 승리로 최정점에 있을 때 쓰였다. 히틀러의 진격을 누구도 막을 수 없다는 생각이 폭넓게 인정되는 시점이었다. 알아카드의 책은 히틀러와 독일 국가사회주의(Nazism)를 강하게 비판했다. 그는 히틀러의 복잡하고 비정상적인 성격을 날카롭게 분석해 나치의 인종 차별주의, 독재와 제국주의를 해체했다. 그는 히틀러와 독일 국가사회주의를 자유와 민주주의에 대한 최악의 위험일 뿐만 아니라 현대 인간과 계몽된 문화적 존재 자체, 즉 현대성에 대한 위협이라고 주장했다.

알아카드는 자유 민주주의의 장점은 다음과 같은 개념에서 유래한다고 보았다. 개인의 자유와 시민 자유, 입헌주의, 의회와 다당제 시스템, 권력분립, 시민 평등, 문화 다원주의와 야당의 정통성, 알아카드는 제2차 세계대전 초기에 이런 시각을 표현하고 그의 자유 민주주의 세계관을 완성했다. 50대 초반 이미 그는 30년 동안 지식인으로 명성을 떨치고 있었다. 이집트 언론에 기고한 수백 편의 기고문과 특히 1929년에 출간한 《20세기 절대적 통치》에서 그는 민주주의에 대한 신념을 강조하고 모든 형태의 절대주의, 과두정치, 귀족정치와 독재 군주통치와 파시즘, 국가사회주의와 공산주의를 거부한다고 밝혔다.

이집트 와프드(Wafd) 정당의 대표로서 이후 사아디스트(Sa'adist) 정당의 정신적 지도자와 하원 대표로서 알아카드는 이집트 정치와 문화의 가장 일관된 민주주의 활동가 중의 한 명이었다.

알아카드는 결코 예외적인 지식인이 아니었다. 그의 생각과 활동은 당대 주류 지식인 공동체를 반영하는 것이었다. 1923~1952년 의회 정부는 이집트의 정치, 사회와 문화가 그 안에서 발전하는 기본 틀 역할을 했다. 제1차 세계대전 이후 1919년 폭발한 반식민지 혁명은 1922년 영국 정부가 이집트의 공식적인 독립을 승인하도록 했다. 이집트 독립은 1923년 자유주의 헌법 선언을 가능하게 했다. 헌법은 상하 양원제, 의회, 국회, 푸아드 국왕을 최상위로 하는 입헌 군주제 출범을 촉구했다.

1923~1952년 성숙한 시민 사회에 뿌리를 둔 의회 정부는 자유로운 공적 영역을 발전시켰다. 이런 분위기는 19세기 말에 형성돼 제1차 세계대전 후에 성숙기에 접어들고 양차 세계대전 사이에 무르익었다. 시민 사회는 자유주의 공적 영역을 만들었고 이것을 에펜디가 주도한 자유주의 공

적 영역이라고 부를 수 있다. 물론 이 시민 사회는 에펜디 사회 환경에서 기원한 것이다. 에펜디야(effendiyya, 에펜디의 복수형)는 도시의 교육받은 중산층 계급 집단으로 20세기 초중반에 형성돼 확장되었고, 자유롭고 다양한 계층의 여러 공적 영역 조성에 필요한 사회적 환경을 제공했다.

첫째, 에펜디야는 언론의 자유로운 환경을 만들고 유지해 수백 개의 다채로운 일간지, 주간지와 월간지와 다른 인쇄 미디어 생산을 가능하게 했다. 둘째, 이런 인쇄 문화의 폭발은 이집트와 아랍 세계의 공적 담론을 장려하고 확장했다. 셋째, 에펜디야는 커피숍과 찻집, 시민 조직, 기업 프로젝트, 정치 조직, 사회 클럽, 문화 사교 모임과 연극과 영화 산업을 번창시킨 일상생활의 다원적인 문화 창조자였다.

연장자와 청년, 남성과 여성, 크리스트교인과 유대인과 무슬림, 엘리트와 비엘리트 계층이 공적 영역에서 포괄적인 시민 활동에 참여했다. 그러나 지식인들이 자유주의 공적 영역의 핵심을 구성하고 있었다. 이들이 바로 아이디어와 문화 생산자이며 작가이며 예술가들이었다. 역사적으로 이집트 삶의 자유화와 민주화를 위한 지식인의 노력은 일찍이 20세기 초반 10년 동안 지속했다. 특히 아흐마드 루트피 앗사이드(Ahmad Lutfi Al-Sayyid, 1872~1963)의 사상, 그가 활동한 잡지 〈알가리다〉(히급 알움마 정당을 대변하는 기관지 역할을 했다)와 히급 알움마(민족주의당) 정당은 1907~1915년 자유 민주 세계관을 형성하는 체계를 제공했다.

사실 이집트 에펜디야가 부르짖은 민주주의는 거만한 엘리트주의 개념으로 지식인들이 민주주의 과정을 인도하고 통제하는 임무를 띤 플라톤의 철인왕 역할을 한다는 가정에 기반한 것이다.

반면 무지와 비이성과 비합리성 때문에 일반 대중은 자유 민주주의 환경에서 아무런 역할을 할 수 없다고 가정하고 있다. 자유주의 지식인 대표주자 중에 아흐마드 루트피 앗사이드의 제자와 알가리다 학파(〈알가리다〉에 원고를 기고한 지식인 집단)로서 경력을 시작한 인물이 많다. 시간이 지나면서 이 지식인들은 엘리트주의에 기반한 민주주의 개념에 도전하고 좀 더 포괄적인 자유 민주주의를 옹호한다. 지식인의 활동은 양차 세계대전 기간에 최고점에 달했고 사회·정치·문화적 영향력도 확연히 드러났다.

이집트 지식인은 자유 민주주의를 어떻게 인식했을까? 그들에게 자유 민주주의는 자유롭고 공정한 질서가 모든 시민의 바람을 보장해주고 시민의 자유와 권리를 보호해주는 체제를 세우는 것을 목표로 하는 사회와 정치체의 유기적인 형태였다.

자유 민주주의 정부는 개인의 의지와 사회의 집단 이익을 선거, 대의와 소수를 보호해주는 다수 기반 정책 결정을 통해 조정할 수 있어야 했다. 주목적은 법원과 기관의 제도화를 통해 이익 충돌을 중재하는 것이었다. 이 민주주의는 개인의 자유에 제한을 두지 않는데 개인의 필요가 타자, 집단 혹은 체제 자체의 이익을 침해할 경우는 예외다.

이집트 지식인의 자유 민주주의 개념은 세 가지 주요 근거에서 기원한다. 첫째는 지중해 그리스-로마의 유산으로, 특히 플라톤과 아리스토텔레스와 폴리비오스와 키케로가 표방했던 로마 공화국 헌법 정신이다.

두 번째 근거는 17세기에서 19세기로 이어지는 영국 정치 전통과 18세기 프랑스 계몽시대 사상이다. 이집트 지식인들은 중세 초기 일부가 아랍어로 번역되고 나머지는 근대에 번역된 그리스-로마 지식 전통에 능통했다. 그들은 홉스, 로크, 몽테스키외, 볼테르, 루소와 19세기 벤담, 밀과 토크빌의 저작을 탐독했다. 그들이 자유주의 주제, 원칙과 실제를 선택한 것은 당시 이집트 사회의 필요와 조건을 위해 가장 쉽게 번역할 수 있었기 때문이다. 이집트 지식인은 확고한 이집트-아랍 자유 민주주의 전통을 세우기 위해 자유주의 사상을 이해하고 지역 정치 문화에 적용하고 자유 민주주의 원칙과 관행을 사회 부문 전반에 전파하기 위해 헌신했다.

세 번째 근거는 역내 지식 전통에서 얻은 간접 근거다. 알파라비(Al-Fārābī), 이븐 시나(Ibn Sīnā), 이븐 루시드(Ibn Rushd)와 이븐 칼둔(Ibn Khaldūn)과 같은 이슬람 정치 철학자의 고전에서 얻은 통찰력과 이론이다.

고전 텍스트에 기초하고 있음에도 불구하고 이집트 지식인들은 이집트 자유 민주주의는 원칙적으로 현대 개념임을 강조했다. 지식인 입장에서 자유 민주주의는 현대 세속 세계관과 생활 방식 형성 과정의 한 부분이었다. 따라서 자유 민주주의 세계관은 제도화된 종교, 케디브 전제정치, 권위주의 오스만 정치 규범과 이집트-오스만 귀족정치와 과두정치에 대항하는 대체제로 형성된 것이다.

이 민주적 자유주의는 인간 이성의 최고봉인 합리주의, 과학, 진보, 모더니즘, 세속주의, 인본주의, 종교와 민족국가의 분리 요구 압박과 불가분하게 연결돼 있다.

현대 아랍 사상 연구의 최고의 개론서를 저술한 앨버트 호라니(Albert Hourani)는 이런 세계관을 자신의 저서 《자유주의 시대의 아랍 사상, 1789-1939(Arabic Thought in the Liberal Age, 1798-1939)》에서 "이 사상가들에 따르면 인간 사회는 이성의 지배, 개인 자유의 확장, 관습과 신분에 기반한 관계를 자유 계약과 개인의 이익으로 대체하는 특징이 통치하는 …… 이상국가를 향한 되돌릴 수 없고 저항할 수 없는 진전의 자연법에 의해 지탱되는 것이다"라고 묘사했다.

담론의 지식인 공동체에서 뛰어난 인물은 약 30명이다. 그중 가장 뛰어난 지식인은 압바스 마흐무드 알아카드, 아흐마드 아민(Ahmad Amin), 살라마 무사(Salama Musa), 타우피크 알하킴(Tawfīq al-Ḥakīm), 알리 압둘라지크('Ali 'Abd al-Raziq)와 압둘라자크 앗산후리('Abd al-Razzaq al-Sanhuri)다. 여류 지식인의 목소리도 매우 중요한데 후다 샤으라위(Huda Sha'arawi), 나바위야 무사(Huda Sha'arawi)와 라비바 아흐마드(Labiba Ahmad)가 있다. 이 지식인들은 모두 같은 세대로 19세기 말에 태어나 양차 세계대전 사이 기간에 활동했다. 이 중에 가장 뛰어난 지식인은 타하 후세인(Taha Husayn, 1889~1973)과 무함마드 후세인 하이칼(Muhammad Husayn Haykal, 1888~1956)이다.

사회주의 지식인 살라마 무사

이집트 언론인, 사상가, 작가이자 정치인인 살라마 무사는 1887년 1월 4일 이집트 나일강 하부 삼각주 동쪽에 위치한 작은 마을 자카지크의 콥트 지주 가정에서 태어났다. 소년 무사는 두 살 때 아버지를 여의고 홀어머니 슬하에서 자랐다. 어린 무사는 또래 아이들과 좀처럼 어울리지 못했다. 이런 경험 때문에 그는 사교적이지 못하고 다른 사람들과 어울리는 데 어려움을 겪었다. 그는 자카지크(Zaqaziq)의 콥트 자선단체가 세운 현대식 학교 아스리야(Asriyyah)와 알아미리야(al-Amiriyyah)를 다녔다. 1903년에서 1907년까지 카이로의 케디브 대학을 다녔으며 이 시기는 체벌의 연속이었다고 기억하고 있다. 그는 케디브 대학에서 배운 것이 실제로 그의 지적 발전에 미미한 도움을 주었다고 느꼈다.

1907년 무사는 현대문화에 대한 지식을 얻기 위해 유럽에 가기로 결심한다. 그는 프랑스에서 약 1년을 보내고 휴식을 위해 잠시 이집트로 돌아왔다. 당시 이집트는 치열해진 민족주의 운동이 반제국주의 운동을 이끄는 현상을 목도하고 있었다. 무사에게 가장 큰 영향을 끼친 인물은 당대 자유주의 지식인 아흐마드 루트피 앗사이드로, 이집트는 터키인과 영국인이 아닌 이집트인에게 속한다는 사상을 무사에게 주입시킨 인물도 그였다. 무사는 자신의 지적 발전에 영향을 준 지식인이 여러 명 있다고 했다. 야쿱 사루프(Ya'qub Sarruf)는 지식으로 향하도록 했고 파라 안툰(Farah Antun)은 유럽 교육으로 시야를 넓혀주었고 루트피 앗사이드는 무슬림이 아니어도 이집트 민족주의자가 될 수 있음을 깨닫게 했다고 밝힌 바 있다.

1908년 무사는 파리에 정착했고 지적 깨우침을 경험했다. 그는 당대의 정치 시류에 빠르게 끌려들었고 특히 사회주의 사상에 심취했다. 그는 프랑스 여성이 누리는 자유에 매우 놀랐고 이런 분위기는 그의 사회의식에 중요한 영향을 미쳤다. 이집트로 돌아온 무사는 유럽에서의 경험이 자신을 반전통주의 시각으로 이끌었다고 선언했다. 약 2년간의 프랑스 생활을 마친 무사의 다음 여정은 런던이었다. 깊이 뿌리박힌 "전통주의자들의 씨앗"이 이집트가 현대 과학의 혁신과 급속히 성장한 현대 가치를 수용하지 못하도록 가로막고 있다고 경멸했다. 동시에 그는 영국의 제국주의와 그것이 재현하는 모든 것을 일축하고 혐오했다. 무사는 페이비언 사상(페이비언주의는 토지와 산업자본을 개인이나 계급적 소유에서 해방해 공유화함으로써 사회를 재조직할 것을 목표로 개량주의적 입장에 서서 의회제 민주주의, 민주국가에 의한 산업관리, 운영에 근거한 점진적인 사회주의로의 이행을 주장했다)에 심취하고 조지 버나드 쇼가 창설한 페이비언 사회 연합에 가입했다. 페이비언주의자들은 급진적인 혁명을 주장하는 마르크스주의 사상을 거부하고 교육의 장려를 동반하고 의회 민주주의 사회 제도 내에서 이뤄지는 온건하고 점진적인 사회 개혁을 지지했다.

1911년 이집트로 돌아온 무사는 페이비언 사상의 이론가와 지지자가 되었다. 그는 제1차 세계대전 이전 이집트 내 사회주의 사상의 발전에 첫걸음을 내디뎠다. 그는 민족주의자당(Nationalist Party)의 기관지인 〈앗리와〉에 논평을 발표하고 단명한 잡지 〈알무스타끄발(미래)〉을 창간했다. 무사는 아마도 이집트에서 사회주의를 최초로 지지한 인물일 것이다.

1920년 무사는 자신의 민족주의와 사회주의 사상을 정치에 적용시켰다. 그는 후스니 알우라비(Husni al-'Urabi), 알리 알아나니('Ali al-'Anani)와 무함마드 압달라 이난(Muhammad 'Abdallah 'Inan)과 함께 카이로 사회주의 연합의 창립 멤버다. 이 조직은 조셉 로젠탈(Joseph Rosenthal)이 이끄는 공산주의자 세력과 연합하고 1921년 8월 공동으로 이집트 사회주의 정당(ESP)을 창당했다. 무사는 이집트 사회주의는 고유한 특징을 가지고 있고 "이집트 기질"의 심대한 영향을 받았다고 주장했다. 이집트 사회주의 정당은 사유 재산권 개념에 반대 의사를 밝혔지만 계급 투쟁이나 유사한 표현을 사용하지는 않았다. 그러나 이런 입장은 얼마 가지 않아 바뀌었다.

1922년 중반 이집트 사회주의 정당은 제3인터내셔널 가입 의사를 밝혔다. 무사가 이 결정에 반대한 이유는 사회주의 정당이 추구하는 개혁 목표에 반하고 이집트 민족주의 운동을 해친다고 믿었기 때문이다. 무사는 다른 창당 위원과 함께 당을 떠났고 이 당은 1923년 이집트 공산주의당이 되었다. 무사와 그의 추종자들과 자생 이집트 마르크스주의자들은 1960년대 나세르가 추진한 아랍 사회주의의 사상적 기틀을 닦았다.

무사는 1930년 "이집트인을 위한 이집트인"이란 협회를 창립하고 영국 제품에 대한 보이콧을 촉구하면서 젊은이들 사이에서 지지를 얻었다. 이스마일 시디키(Ismail Sidiqi) 이집트 총리는 이 협회의 활동을 중단시켰지만 무사의 부관인 아흐마드 후세인(Ahmad Husayn)은 이 협회의 사상을 끝까지 고수하고 새로운 운동 '미스르 알파타(젊은 이집트)'에 접목시켰다.

주목할 대목은 무사는 1930년대 말까지 독일 나치의 산업과 과학 업적에 깊은 인상을 받았고 히틀러의 인종 정책 일면을 칭찬하기까지 했다는 점이다. 그러나 히틀러가 팽창 정책을 펴고 제2차 세계대전을 일으키자 무사는 나치즘과 파시즘의 제국주의적 욕망을 강력히 규탄했다.

무사는 장구한 역사를 가지고 파라오 시대부터 현대 이집트 시대까지 존속해온 이집트 고유의 파라오니즘의 인종적 근원을 지지하는 선두주자였다. 무사는 또 이집트인은 유럽인의 후손이며 지중해 민족을 유럽인과 같은 하나의 인종으로 인식한 만큼 이집트와 유럽 사이의 경쟁은 존재하지 않는다고 여겼다. 그는 저서 《알야움 와 알가드(al-Yawm wa al-Ghad: 오늘과 내일)》에서 이집트 지식인 타하 후세인(Taha Husayn)이 언젠가 이집트 민족은 동양과 서양 어디에 속하는지 물을 것이라고 전망했다. 무사에게 정답은 명확했다. "우리는 아시아를 떠나 유럽에 합류해야 한다." 그는 "유럽을 더 알면 알수록 더 열정적이게 됐다"고 밝힌 바 있다.

무사는 이집트 페미니스트 지식인 카심 아민(Qasim Amin)이 추진하고 1919년 반영국 봉기 이후 전기를 맞이한 여성 인권운동을 지지했다. 1923~1929년 그는 당대 가장 영향력 있고 중요한 잡지인 〈알힐랄(al-Hilal)〉의 편집장으로 임명되고 〈알발라가(al-Balagha)〉라는 잡지에서 정치 토론에 참여했다. 무사는 문학잡지에 가장 흥미를 느낀다고 밝혔다. 1929년 그가 창간한 새로운 잡지 〈알마갈라 알가디다(새 잡지)〉는 고급문화의 생산과 확산을 위한 가장 중요한 포럼이 됐다. 1936년 군주제 폐지를 지지한 무사와 무함마드 만두르(Muhammad Mandur)는 공화국과 공산주의 협회를 조직하려는 혐의로 검거된 바 있다. 무사는 1952년 나세르의 혁명을 지지하고 이집트 역사에서 가장 위대한 역사적 사건으로 인식했다. 그는 혁명이 봉건주의와 군주를 폐지하고 토지 개혁을 도입하고 영국의 잔재를 없앴다고 선언했다. 무사는 1958년 8월 숨을 거두었다.

무사는 유럽의 문화와 문명이 아랍보다 뛰어난 이유를, 이집트는 경제, 사회와 지적 생명의 근간을 유럽 모델에 기초하고 있을 뿐만 아니라 고전 아랍 문명의 위대함 역시 로마, 그리스와 이집트 문화에 빚을 지고 있다고 설명한다. 무사는 그래프턴 엘리엇 스미스(Grafton Elliot Smith)의 주장처럼 시리아인과 이라크인과 마찬가지로 이집트인은 혈통적으로 아프리카인과 아시아인과 다른 아리아인이라는 주장을 수용했다. 이런 자신의 주장을 증명하기 위해 무사는 시리아인의 두개골 모양을 파라오 시대의 것과 비교한다.

> 시리아인들은 로마 시대의 유럽인과 혼합했다.
> 더 중요한 것은 십자군 시대 시리아인의 혈통은 유럽인과 섞였다는 사실이다. 그러나 시리아인의 두개골 형식은 파라오 시대 형식을 보존하고 있다. 셈어는 아랍어와 같이 아리아(Arya) 언어와 관련이 없지만 몽골어와 유사성을 보인다.

그는 고대 이집트어는 고대 아리아어와 밀접한 관련이 있으며 유럽과 이집트의 유일한 차이는 유럽은 산업 문화에 기반을 두지만 이집트는 농업에 기반을 둔다는 것이며 이 차이 때문에 이집트는 유럽을 따라잡지 못했다고 보았다.

무사에게 이집트는 동양이 아니라 서양의 일부다. "동양을 알면 알수록 혐오감이 생기고 이질적인 느낌이 든다. 유럽의 경우는 더 유럽을 사랑하게 되고 나의 일부로 느낀다." 그는 또 "나는 동양에 대한 불신자(kafir)이며 서양에 대한 신자(mu'min)다"라고 피력했다. 이런 믿음에 기초해 그는 동료 이집트인들에게 현재의 관습을 아시아에서 얻었다는 주장과 유럽 관습을 채택해야 할 필요성을 재고하는 역사적 의무를 행하라고 촉구했다. 그는 또 이집트인은 완전한 유럽인이 되어야 한다고 주장했다. "몽골인의 기원은 터키인이다. 그러나 이집트는 마케도니아 터키인과 관련이 있고 그들은 비록 터키어를 쓰지만 혈통적으로 유럽인이었다."

무사는 이집트의 발전을 위해서는 유럽의 산업화는 반드시 추구해야 할 발전 모델이고, 유럽의 여성 인권 존중 문화와 민주주의는 산업 문화에서 기인한 것으로 보았다.

살라마 무사에 대한 평가

무사의 급진적 시각, 특히 유럽주의, 이집트 문화의 동양적인 것에 대한 반대, 고전 아랍어를 향한 공격과 문학적 사회 활동에 대한 열망은 자연스럽게 많은 적을 만들었다. 무사의 비판을 받은 이집트 신고전(neo classical) 시인 무스파타 사디크 앗라피(Mustafa Sadiq al-Rafi'i)는 무사를 "아랍과 이슬람의 적"으로 불렀다. 무함마드 무함마드 후세인(Muhammad Muhammad Husayn)은 현대 아랍 문학을 통해 민족주의를 다룬 저서에서 무사를 아랍주의와 이슬람, 일반적인 종교성은 물론 종교와 아랍주의와 관련된 모든 것을 말살하려 했다며 비판했다.

반면 현대 사회주의 작가 루이스 아와드는 무사의 재능을 인정하고 1936년 이후부터 같은 말을 반복하는 경향이 있었지만 그의 문학잡지 〈알마갈라 알가디다〉의 공헌을 칭찬했다. 사회주의자 마흐무드 알알림(Mahmud al-'Alim)은 무사를 "과학적 사고의 개척자"이며 "과학, 문화와 비평의 사회적 중요성을 실천했다"고 치켜세웠다. 당대 최고의 소설가이자 훗날 노벨 문학상을 수상한 나기브 마푸즈(Naguib Mahfouz)는 무사에게 많은 영향을 받았다고 인정한 바 있다.

살라마 무사는 이러한 격변기 이집트 사회의 대표적인 지식인의 한 명이었다. 아랍과 이슬람 전통문화와 새로운 서구 문화 사이에서 이집트 지식인은 두 부류로 나뉘었다. 서구 문화를 받아들여 이를 아랍 사회에 적용해 자신의 세계관을 구축하고 새로운 이집트의 정체성을 찾으려는 경향의 그룹과, 전통적 아랍·이슬람 문화를 존중하고 보수주의적 경향을 보이며 아랍·이슬람 사상에 기반한 이집트 정체성을 재구성하려는 그룹이다. 무사는 전자에 속하는 지식인의 대표적인 인물로 사회주의가 이집트 사회를 개혁하고 발전시키는 원동력이 된다고 믿었다.

참고문헌

Israel Gershoni, "Liberal Democratic Legacies in Modern Egypt: The Role of the Intellectuals, 1900-1950." 2012, https://www.ias.edu/ideas/2012/gershoni-democratic-legacies-egypt.

Rami Ginat, "Salama Musa"; and Mustafa Amin", in: Henry Louis Gates and Emmanuel K. Akyeampong (eds.), *Dictionary of African Biography* (Oxford and New York: Oxford University Press, 2012).

Salāma Mūsa, "Al Thaqāfa wa al-Haḍara," *al-Hilāl* 36 (December 1927).

Salāma Mūsa, "Qati'at al-Māḍi," *al-Ḥadīth 2* (January 1928).

Salāma Mūsa, "Aṣr al-'Arab wa Sāmīin," *al-Hilāl* (March 1921).

Vernon Egge, *A Fabian in Egypt: Salamah Musa and the Rise of the Professional Classes in Egypt. 1909-1939* (Lanham: University Press of America, 1986).

'프랑스령 알제리'는 프랑스인가?•

10

박단 서강대학교

머리말

1954년 11월 알제리에서 만성절 봉기가 일어난 다음 날 프랑스의 피에르 맹데스 프랑스(Pierre Mendès France) 내각에서 내무부를 맡고 있던 프랑수아 미테랑(François Mitterrand) 장관은 "알제리는 프랑스다(L'Algérie, c'est la France)"라고 선언했다. 이 선언은 미테랑 개인의 생각에서 나온 것이 아니었다. 대다수 프랑스인은 오랫동안 알제리를 프랑스 자체라고 간주해 왔다. 이것이 명시적으로 표명된 때가 알제리가 전쟁을 통해 프랑스에서 분리되고자 한 시점이었을 뿐이다. 탈식민화 시기 다른 식민지들과 달

• 이 글은 〈프랑스 내 무슬림 차별 기원으로서의 식민주의 유산—프랑스의 알제리 식민지 통합정책과 시민권문제를 중심으로〉, 《통합유럽연구》 제11권 제3집(2020)을 수정·재편집한 것이다.

리 프랑스가 알제리를 끝까지 독립시키려 하지 않았던 이유도 '알제리는 프랑스 자체(Algérie française)'라는 생각이 확고하였기 때문이다. 하지만 이러한 주장에 몇 가지 문제를 제기해볼 수 있다. 프랑스는 식민지 시기 동안 알제리를 프랑스로 동화시키려 노력했지만, 여기에서 '동화'의 대상은 오랫동안 유럽계 정착민에게만 해당되었다. 프랑스가 흔히 '원주민(indigène)'이라 부르는 무슬림을 동화의 대상으로 여기지 않은 것은 아니지만 이들은 끝내 프랑스인으로 동화되지 않았고, 그에 걸맞은 대우도 받지 못했다. 그 결과가 오늘날 프랑스 내 알제리 이주민에게까지 지속되고 있다.

이 가운데 가장 눈여겨보아야 할 것이 시민권 문제다. 알제리 무슬림의 시민권 보유 여부는 동화가 성공했는지 여부를 명확히 보여준다. 알제리 무슬림 '프랑스인'이 오랫동안 시민권을 갖지 못한 이유를 아는 것은 곧 이들이 동화의 대상이 되지 못한 이유 그리고 이들을 프랑스가 동화시키지 못한 이유를 아는 것이기도 하다. 알제리 무슬림이 자신들이 식민모국의 동화정책에 부응했다고 생각함에도 불구하고 시민권을 부여받지 못한 것은 탈식민화 운동의 주요 동인 가운데 하나가 될 수 있었을 것으로 보인다.

15세기 말 16세기 초에 고대 로마의 동화 정신은 새로이 발견된 비크리스트교 지역의 탐험으로 다시 불붙었다. 교황 알렉산더 6세(재위 1492~1503)의 신앙 전파 욕망이 스페인, 포르투갈, 프랑스 선교사를 통해 신대륙으로 확대되었다. 고대 로마의 동화 사상이 법적 평등 차원이었다면, 이제 영적(종교적) 차원의 평등이 포함되었다. 이처럼 점령지를 자국화하려는 동화 개념 자체는 순전히 프랑스적인 것이 아니었다. 프랑스가 17세기 북아메리카 식민지에서 시도한 동화정책 훨씬 이전에 그것의 실천은 다양한 형태, 때로는 법적 동화, 때로는 종교·문화적 동화의 형태로 이미 나타났다고 할 수 있다. 프랑스의 동화정책은 알제리 점령 후 비로소 구체화되었다고 할 수 있다.

1830년 프랑스는 오스만 제국의 영토였으며, 아직 '알제리'라는 이름도 갖지 못했던 '알제리 영토'를 처음 만났다. 프랑스는 알제리를 법적 차원에서 '또 하나의 프랑스'로 만들려 했으며, 이를 실현하기 위해 우선 법적 동화정책을 취했다. 하지만 법적 동화정책으로는 한계가 있었다. 무엇보다 무슬림의 시민권 문제가 그러하였다. 무슬림 시민권 부여 문제와 관련된 프랑스 내의 다양한 검토는 프랑스가 이슬람이라는 종교에 대해 어떻게 생각하는지, 그리고 이 종교·문화 문제가 얼마나 커다란 장애가 되는지를 우리에게 잘 보여준다.

여기서는 우선, 프랑스의 알제리 정복과 알제리를 '프랑스화'하는 법적 동화정책의 내용을 알아보는 데 있어 무엇보다 무슬림 시민권 문제를 살펴볼 것이다. 알제리 무슬림 시민권 문제는 사회과학, 법학 분야에서 우선 다루었지만, 이 가운데 알제리 동화 문제와 시민권 문제를 연계해서는 주로 역사학 분야에서 다루고 있다. 그 가운데 우리는 알제리 식민사를 관통하며 동화와 동화의 결과물로서 시민권 문제를 다루려 한다. 이 글에서는 특히 시민권 문제가 종교 문제와 결코 분리될 수 없음을 강조한다. 즉 법적 동화와 달리 종교를 포함하는 문화적 동화는 결코 간단한 문제가 아니었음을 보여주려는 것이다. 이는 오늘날 무슬림 이민자를 통합하는 데 어려움을 겪는 프랑스 정부의 이민자 정책에도 적지 않은 참고가 될 수 있을 것이다.

프랑스의 알제리 정복과 법적 동화

알제리를 정복한 후 프랑스가 행한 '단일한 프랑스' 정책은 우선 법적 동화를 위한 시도였다. 프랑스는 이슬람이 오랫동안 자리 잡은 알제리를 만나기 전 프랑스의 '우월한 문명을 열등한 원주민에게 전수·동화시키는 것'이 이처럼 커다란 어려움으로 다가올지 예상하지 못했다. 이 글에서는 프랑스의 알제리 정복 이후, 프랑스가 알제리에 행한 법적 동화정책을 분석한다.

알제리 정복과 '단일한 프랑스' 시도

프랑스는 알제리를 점령할 당시 특별한 통치 방식을 염두에 두고 있지 않았다. 프랑스는 알제리를 점령한 이후에야 비로소 이 점령지를 어떻게 통치할 것인가 고민하였다. 당시 점령지 통치 방식 중 하나가 동화 방식이었는데, 프랑스는 이미 많은 식민지를 보유하고 있었으므로 자신이 사용해온 점령지 통치 방식 가운데 하나인 동화 방식에 익숙해 있었다.

필자는 많은 역사가가 프랑스의 알제리 정복을 우연의 산물로 보는 데 의견을 같이한다. 그러한 근거로 프랑스는 알제리 정복 당시 알제리 통치에 대한 계획안이 존재하지 않았고, 수년이 지날 때까지 알제리를 어떠한 방식으로 통치할 것인가를 두고 계속 논의만 하였다는 점을 들 수 있다. 이처럼 최초 프랑스의 식민지 계획이 부재했다는 것과 알제리 식민화 도달 과정이 우연의 산물이었음에 관해서는 대다수 연구가 동의하고 있다. 이는 또한 프랑스가 알제리에 대해 많은 정보를 갖고 있지 않았다는 사실을 보여준다고도 하겠다.

당시 유럽인들은 알제(Alger)의 이미지를 해적의 본거지로 간주했다. 또한 알제를 공격하는 것은 점령자 오스만을 퇴거시키는 동시에 막강한 하나의 제국을 흔드는 것이기도 했다. 1830년 7월 혁명으로 샤를 10세가 몰락한 후 루이 필립의 7월 왕정은 전임 정권으로부터 이러한 사업을 물려받았지만, 그 또한 알제리 문제에 대해 뚜렷한 정치적 복안을 갖고 있지는 않았다.

점령지를 통치하는 방식은 점령지의 식민화, 더 구체적으로는 그 점령지를 어떠한 형태로 식민화할 것인가에 달려 있었다. 일단, 이 '북아프리카 점령지'는 앙시앵 레짐 시기 식민지(마르티니크, 과들루프, 레위니옹, 기아나)와는 달랐다. 앙시앵 레짐 시기 식민지는 노예제의 성격을 띠고 있었기 때문이다. 19세기는 노예제를 비판하던 시기였기에 알제리 식민화의 동조자들에게 알제리는 적어도 앙시앵 레짐의 시대적 유산, 즉 노예제에 바탕을 둔 식민지가 아니라는 것을 명확히 하는 것이 중요했다.

알제리의 위상에 대해서도 논의가 진행되었다. 1834년 7월의 왕령(ordonnances)에 따라 '프랑스의 점령지(les possessions françaises)'에는 총독이 임명되었고, 같은 해 11월 전쟁부가 관장하게 되면서 알제리는 군대의 지휘와 고위행정을 책임지는 총독이 통치하는 지역(une colonie militaire)이 되었다. 하지만 이 지역을 군부 통치가 아닌 민간 정착민들이 운영해야 한다는 주장도 거세었다. 이들 정착 식민주의자들은 정착민들에게 진정한 권력이 부여되는 식민화를 상정했기 때문이다. 이들은 원주민에게 진보와 교육을 제공하기 위해 알제리를 정착 식민지화하는 것이 바람직하다고 주장했으며, 생시몽주의적 진보 논리로 무장하여 아랍의 상황 개선을 식민지 계획을 정당화하기 위한 조치라고 주장하였다. 이는 결국 원주민을 향후 동화시켜야 한다는 의미로 나아갔으며, 시간이 흐름에 따라 알제리는 점차 새로운 개념의 프랑스 식민지, 즉 '단일한 프랑스의 영토'가 당연시되었다. 결국 1848년에 알제리는 법적으로 프랑스가 되었다. 이제 알제리를 어떻게 진정한 '하나의 단일한 프랑스'로 만들 것인가가 중요한 의제로 남았다.

프랑스의 알제리에 대한 법적 동화 시도

프랑스는 대혁명 이래 동화정책에 많은 진전이 있었으나, 나폴레옹 시대에 상대적으로 주춤하였다. 하지만 1830년 프랑스가 알제리를 점령한 샤를 10세 시대에는 프랑스 혁명 당시 제시되었던 동화의 정신이 여전히 상기되었다. 당시 해양부 장관(Naval Minister) 하이드 드 뇌빌(Hyde de Neuville)은 "식민지들이 프랑스 가족의 일원이 아니라고? 식민지는 곧 프랑스다"고 주장했다. 7월 왕정 시기인 1833년 4월 24일 식민지 자유인에게 모든 시민권 및 정치적 권리가 주어지는 법이 통과될 만큼 식민지에 대한 동화정책이 적극적으로 시행되었다.

하지만 알제리에서는 달랐다. 알제리의 식민 관료들은 1834년 8월 10일 무슬림 원주민들에게 시민권을 부여하지 않은 채 우선 사법적 차원의 동화를 추진하였다. 식민 관료들은 《꾸란》에 기반하여 생활하고 있는 무슬림 원주민들에게 무엇보다 사법적 동화가 중요하다고 판단했다. 법적 동화정책은 나폴레옹 법전(Code civil)의 점진적 도입을 통해 시작되었다. 《꾸란》에 기반을 둔 사법권을 제한하기 위해서 프랑스 당국은 무슬림 판사, 즉 카디(qadi)를 직접 임명하여, 무슬림 원주민들 사이 분쟁에 대해서는 이들이 판결을 내릴 수 있게 하였다. 그 결정에 이의가 있을 경우에만 식민 법정(colonial tribunals)에 상고할 수 있었다. 1841년 2월 28일과 1842년 9월 26일 왕령은 한 발 더 나아가 무슬림 법을 훼손하고 프랑스 법을 대부분의 범죄 행위에 적용하였다. 이러한 사법적 동화정책은 계속되어, 나폴레옹 3세 때인 1859년 12월에 새로운 황제령을 통하여, 모든 민간 지역에서는 무슬림 형법이 프랑스의 법으로 대체되었다. 《꾸란》과 관습법이 원주민의 동화에 주요 장애로 보이지 않는 군사 지역에서는 여전히 대부분의 위법 행위 및 범죄가 카디의 재판권 아래에 있었다. 반면 일부 범죄는 군사 법정에서 다루었다. 이처럼 프랑스는 《꾸란》과 전통에 기반한 원주민 사법 체계를 나폴레옹 법전에 기반한 프랑스의 민법으로 대체하고자 하였다.

한편 나폴레옹 3세는 법적 동화 차원을 넘어 문화적 동화를 이행하고자 시도하였다. 황제는 우선 프랑스의 법적 동화정책 자체에 반대하지 않았다. 그는 심지어 프랑스의 알제리 침공과 점령을 통해 무슬림이 새롭게 거듭날 수 있는 기회가 되고, 그럼으로써 그들이 갱생할 수 있다고 생각했다. 황제에 따르면, 무슬림과 프랑스인이 전장에 뿌린 피가 두 민족 사이의 불가분한 관계를 새로이 창조했으며, 프랑스 정치체에 알제리 원주민을 포함함으로써 무슬림 세계에 프랑스 제국의 창조를 위한 씨앗을 뿌린 것이었다. 이 제국이 아랍인들의 진보를 촉진하고, 프랑스의 위대함을 재축할 것이라 생각했다.

이와 같은 경향은 나폴레옹 3세의 '알제리에서의 대식민지 개혁 프로젝트'를 통해 더 명백해졌다. 1863년에 황제는 총독 펠리시에(Governor-General Pélissier)에게 아랍 왕국(le royaume arabe) 사상에 관심을 표현한 편지를 썼다. 황제는 편지에 이 왕국은 프랑스인과 아랍인을 연결하는 것으로 "우리는 알제리인들을 억압하고 착취하기 위해 이곳에 오지 않았다. 그들에게 문명의 이익을 전달하러 온 것이다"라고 아랍 사람들을 설득시키는 방법을 적어 보냈다. 1865년의 편지에서 나폴레옹 3세는 알제리의 위상을 더 구체적으로 표현하였다. 그는 "식민지라는 것이 한 국가의 해외 영토라는 의미라면 알제리는 단순히 하나의 식민지가 아니다. 이 영토는 한 국가가 자신의 시민을 그곳에 거주하게 하려는 의도가 있는 영토다"라고 규정하였다. 그는 또한 알제리가 민족 정체성이 끈끈한 아랍 국가이기 때문에 알제리는 '아랍 왕국'이어야 한다고 주장했고, 이를 식민지로 부르는 것은 알제리를 호도하는 것으로 생각했다. 나폴레옹 3세는 알제리를 아랍민족이라고 묘사하면서, "내가 프랑스의 황제인 만큼이나 나는 아랍의 황제다"라고까지 하였다. 이렇게 보면, 나폴레옹 3세는 알제리를 분명 아랍민족으로 그 종교적 특수성을 존중하는 동시에 프랑스의 일부로 생각했다고 할 수 있다.

이처럼 황제는 알제리 무슬림의 종교적·문화적 특수성을 존중했던 것으로 보인다. 하지만 이러한 정책은 황제의 생각대로 이루어지지는 않았다. 식민지에 대한 정책은 황제를 위시한 본국 정부의 생각도 중요했지만, 무엇보다 현지 정착민의 생각이 중요하였다. 정착민들은 알제리를 '프랑스 영토의 연장선'에 있다고 표현하였다. 이는 알제리 영토가 프랑스의 영토일 뿐만 아니라, 알제리 거주민 또한 프랑스인과 동일한 국민이라고 생각한 것이다. 즉, 알제리는 프랑스와 법적·행정적으로 동화되어 프랑스와 같은 방식으로 통치될 수 있기를 희망하였다고 볼 수 있다.

제3공화국 시기 동안 동화는 다양한 측면에서 진전이 있었지만, 이 모든 것이 정착민에게만 해당하는 것이었다. 예를 들어, 1848년에 이미 존재했던 식민지에 본국 의회에 대표자를 파견할 권리가 부여되었는데, 알제리 또한 1871년 하원의원을 선출할 권리를 부여받았고, 1875년에는 상원의원도 마찬가지로 선출할 권리를 갖게 되었다. 하지만 이는 당연히 정착민들에게만 해당하는 내용이었다. 1881년에는 프랑스의 다양한 부처에 알제리의 업무가 부속되었다. 알제리의 주요 업무는 본국 정부의 해당 부처에 직속되어 알제리 현지는 일종의 이중 통치 구조를 형성하였다. 즉 총독은 존재하나 권한이 대폭 축소되어 별로 중요하지 않은 업무만 감독하였다.

하지만 이러한 방식은 제대로 작동되지 않아 폐기되었고, 식민지는 프랑스로부터 독립된 특수 상황임을 인정받게 되었다. 이뿐만 아니라 1900년도에는 또 다른 변화가 있었다. 비록 프랑스 본토의 것과는 차이가 있지만, 1900년 12월 19일의 법에 따라 알제리는 법인격(la personnalité civile)과 예산의 자율권(un budget autonome)을 부여받았다. 이렇게 본다면 알제리는 여타 식민지와 달리 프랑스 본토와 거의 유사한 지위를 누리고 있었다고도 볼 수 있다. 법적·행정적 측면에서 알제리는 곧 프랑스였다. 식민지 문제 전문가인 데이비드 케네스 필드하우스(David Kenneth Fieldhouse)는 위와 같은 동화정책을 요약하여, 프랑스의 동화정책은 "동일한 관세 체계뿐만 아니라 프랑스 중앙의 지방 행정 체계와 법률의 적용, 정착민들의 프랑스 의회 파견, 그리고 더 나아가 완전한 문화적 동화"까지를 의미한다고 주장하였다.

하지만 앞에서 말한 바와 같이 이 모든 것이 제한된 동화였을 뿐이다. 분명 알제리는 여러 측면에서 프랑스에 동화됨으로써 '프랑스의 일부'라는 지위를 누릴 수 있었지만 이러한 지위는 알제리 내 무슬림과는 크게 관련이 없었다. 동화정책 대부분은 유럽계 정착민들에게 해당하는 내용일 뿐이었다. 결국 '원주민'이라고 일컫는 알제리 영토의 무슬림이 진정으로 동화되었다고 하려면 그들에게 시민권이 주어졌어야 할 것인데, 이는 바로 종교적 동화, '개종' 없이는 이루어질 수 없는 사안이었다. 이는 오히려 프랑스 혁명 이전의 동화정책으로 퇴행한 것이라고도 볼 수 있다. 이어서 논의할 사안은 바로 법적 동화와 문화적 동화 사이에 서 있는 시민권 문제다.

알제리 무슬림의 시민권과 종교 문화적 동화

알제리를 '프랑스의 일부'로 만들기 위해 프랑스가 추구한 법적 동화정책, 유럽계 정착민에게 해당하는 동화정책으로 '알제리인들'이 동화되었다고 할 수 있는가? 이 정책으로 인하여 진정한 동화가 실현되지 않았다는 것은 우선 원주민 무슬림들에게 시민권이 부여되지 않았다는 데서 확인할 수 있으며, 시민권 차원에서 볼 때 알제리에서 구현된 동화, 즉 법적 동화는 사실상 알제리 거주 유럽계 정착민들에게나 적용될 수 있는 문제였다. 이제 우리는 알제리 무슬림의 시민권 문제를 들여다봄으로써 이 시기 프랑스 동화정책의 한계를 고찰해볼 것이다. 결국 프랑스의 완전한 동화 실현은 이슬람이라는 종교 전통과 떼려야 뗄 수 없는 문제임이 지적될 것이다.

'프랑스 시민'이 아닌 무슬림

1946년 제4공화국 헌법이 제정되기 이전까지 알제리의 무슬림은 시민(citizen)이 아닌 신민(subject)이었다. 프랑스는 인구 증가를 위해 유럽계 이주민과 알제리 유대인에게 우선 시민권을 부여하였다. 하지만 알제리 내 이들 '새로운 프랑스 시민(Néos-Francais)'에 대한 편견이 하룻밤 만에 사라지지는 않았다. 알제리 독립 때까지 이 사회의 내적 불평등이 상당히 존재했다는 것은 주지의 사실이다. 최상위 계층에는 프랑스 출신의 이민자(주로 알자스 출신)가 있었고, 다음이 이탈리아, 유대인, 스페인 출신 그리고 몰타인(이들은 무슬림을 닮은 데다가 아랍어를 사용해서 경멸의 대상이 되었다)이 있었다.

하지만 더 주목해야 할 사실이 있다. 위에 언급한 편견도 문제이지만, 무슬림 원주민이 오랫동안 법적으로 시민권을 갖지 못한 것은 무엇과도 비교할 수 없는 커다란 차별이었다. 크리스트교도인 경우, '비프랑스인 정착민'까지 일찍부터 프랑스 시민이 될 수 있었지만, 무슬림과 유대인은 이슬람 율법이나 모세 율법을 따른다고 간주하여 이런 율법 말고 프랑스 민법을 따른다는 데 동의해야만 프랑스 시민권을 신청할 수 있었다. 즉, 무슬림 알제리인은 프랑스 국민이지만, 그들이 개인으로서 이슬람 율법에 속하는 신분을 포기하지 않는 한, 그리고 그들이 '프랑스식' 생활 방식을 따르고 있다는 것을 프랑스 정부가 인정하지 않는 한 프랑스 시민은 아니었다. 결국 식민지 정착민들은 다수 집단인 무슬림을 희생시켜가면서 본국과 알제리에서 정치적 권리를 행사했다. 제4공화국 헌법이 제정되고서야 비로소 모든 프랑스 해외 영토 출신 사람에게 프랑스 시민의 자격이 인정되었고, 알제리 무슬림도 이에 해당되었다.

알제리 내 다양한 그룹의 시민권 취득 문제를 조금 더 구체적으로 살펴보자. 사실 알제리 유대인에게 시민권을 허용한 법도 익히 알려진 1870년 크레미유 법(Decree of 24 October 1870)이 처음은 아니었다. 앞서 1865년 7월 14일 상원 결의(sénatus-consulte)가 유대인에게 프랑스 시민권을 신청할 권리를 이미 부여했다. 하지만 유대인들은 자신들의 '개인 신분(statut personnel)', 즉 결혼과 상속과 관련된 문제에 있어 모세 율법을 따르는 것을 포기해야 했기에 그렇게 한 사람은 거의 없었다. 모세 율법을 포기하는 것은 '신의 법'을 위반하는 것이고 공동체로부터 자신을 배제하는 것이었기 때문이다. 그 길을 택하는 것은 유대인에게 어려운 일이었다. 3만

7000명 가운데 단지 144명만이 프랑스 시민권에 지원했다는 사실이 그것을 증명하였다. 하지만 1870년 10월 24일의 법령은 유대인 집단 귀화를 선언함으로써, 3만 7000명의 유대인이 모두 프랑스 시민권을 갖게 되었다. 유대인 원주민에 대한 법적 동화는 식민지 내에서 긴장을 불러일으켰다. 유럽계 정착민 다수는 유대인 유권자가 선거 게임에 들어오는 것에 반대했다. 정착민들이 알제리 무슬림이 유대인들의 귀화에 분개할 것이라고 주장한 것이 일면 타당하다고 생각하지만, 무슬림들은 당시에 프랑스 시민권에 그렇게 높은 가치를 두고 있지 않았기 때문에 이들의 주장이 적절하지 않다는 견해도 있다.

무슬림 원주민의 시민권 문제와 동화

이러한 정황하에서 프랑스의 알제리인에 대한 동화 문제를 시민권 문제와 연계시켜 조금 더 구체적으로 살펴보자. 상기하였듯이 법적·행정적 측면에서 알제리는 곧 프랑스였다. 그렇다 하더라도 알제리 무슬림은 앙티유(Antilles)의 식민지인들과 비교할 때 시민권 문제에서 차별받았는데, 그 이유가 종교적 문제라고 한다면 결국 시민권은 종교와 떼려야 뗄 수 없는 문제라는 것을 알 수 있다. 앙티유에서는 19세기 중엽 이미 해방된 노예에 이르기까지 보통선거제에 따른 시민권 논의가 진행되었지만, 알제리에서는 그렇지 못하였다. 즉 법적 동화가 진행되었다고 하지만, 실제 반쪽짜리 동화였음이 명백했다. 이는 앙티유 식민지에 시민권 부여를 강력하게 요구했던 빅토르 쇨세르(Victor Schoelcher)의 주장에서도 잘 나타난다. 1848년 혁명 기간에 보통선거제의 전도사였던 쇨세르조차 '새로 획득된 식민지', 즉 알제리의 원주민들에게는 시민권을 부여할 생각을 하지 않았다. 투표권은 "알제리 주민"이 아니라 "알제리의 프랑스 시민"에게만 부여하도록 한 것이다. 이로써 앙티유 주민들과는 달리 알제리의 무슬림 원주민들은 프랑스 국적은 지녔지만, 시민권은 부여받지 못했다. 이처럼 알제리 사회는 제2공화국과 제3공화국 시절 '프랑스의 일부'로 선언되었음에도 4분의 3세기 동안 권리 면에서 프랑스인과 무슬림 원주민의 불평등을 토대로 삼았는데, 그 불평등은 일종의 인종 분리(apartheid)에 비유될 수 있었다.

무슬림 원주민에 대한 시민권 미부여가 순전히 본국의 정책 때문만이었을까? 무슬림 주민에 대한 프랑스 당국의 태도는 양면적이었다고 할 수 있다. 본국 정부가 동화를 지지했다고 하더라도, 앞에서 보았듯이 다수의 정착민이 그것에 반대했다. 본국 정부와 정착민들 사이의 긴장, 그리고 주둔 군대의 지도부가 개혁 시도를 어느 정도 방해했기에, 시민권 문제는 거의 성취될 수 없었다. 즉, 프랑스의 동화정책은 프랑스 본국 정부, 정착민 대표, 군사 정부, 민간 정부 등의 생각이 서로 달랐다고 할 수 있다.

여기서 각 이해 그룹의 입장을 모두 살펴 비교하는 것은 지면과 필자 능력의 한계도 있지만 이 글의 목적도 아니다. 여기서는 본국 정부의 사례와 정착민 대표 간의 입장을 대비시킴으로써 프랑스의 알제리 원주민에 대한 동화 문제를 조금 더 파악해보는 것으로 만족하고자 한다. 사실, 나폴레옹 3세는 원주민의 시민적 동화(civic assimilation)를 원했지만, 정착민들의 강력한 반대에 부딪혔다. 1836년 이래 원주민들은 프랑스 신민(French subjects or régnicoles)의 신분을 가졌는데, 이는 그들이 법적으로 외국인이 아니라는 것이었다. 프랑스 국적을 이들에게 부여한 것은 그들을 프랑스의 정치조직 내로 받아들였음을 의미했다. 하지만 정착민은 원주민 통치에 《꾸란》(베르베르인에게는 전통적 관습)이 그대로 유지되는 데 분개했다. 그들이 생각하기에 프랑스인이 된다는 것은 이들이 완전히 프랑스 법, 즉 나폴레옹 법전에 복종해야 한다는 것을 의미했기 때문이다.

주지하다시피 개인의 정치적 권리는 시민권에 달려 있지, 국적 소지 여부에 달려 있지는 않았다. 나폴레옹 3세 입장에서는 원주민의 '시민적 동화'를 허락하는 법적 구도를 만드는 것이 자신의 해외 제국을 공고히 하는 것이었다. 앞에서도 언급했듯이 '프랑스의 황제로서뿐만 아니라 아랍인들의 황제로서' 그는 알제리의 원주민들에게 프랑스 시민권을 부여함으로써 그의 모든 신민에게 그가 법을 통해 동일한 보호를 책임지고 있다는 것을 보여주고자 했다. 그럼에도 불구하고, 개종 없이는 무슬림 원주민이 정착민들과 완전한 평등을 향유할 수 없었다. 이는 프랑스 교육을 받은 엘리트 무슬림 원주민에게조차 완전한 시민권과 정치적 권리가 부여되지 않았기 때문에 명확해졌다.

프랑스에 있는 몇몇 친원주민 그룹은 알제리 무슬림들이 유대인이 그렇게 했던 것처럼 집단적으로 귀화해야 한다고 주장했다. 원주민의 집단적 귀화에 반대하는 사람들은 프랑스 법과 원주민 법 사이의 어떠한 순응(accomodation)도 가능하지 않다고 주장했다. 즉, 결혼과 관련된 이슬람법(특히 일부다처제와 이혼) 그리고 남성에게 유리하게 되어 있는 상속은 나폴레옹 민법전과 함께 갈 수 없다고 보았다. 소위 이슬람법의 불변성은 어떠한 타협도 가능하게 하지 않기 때문이었다. 다수의 정착민과 정치인에게 무슬림의 '개인 신분'보다 더 중요한 것이 있었다. 집단 귀화는 유럽 시민보다 당시 수백만에 달하는 알제리 무슬림 시민이 더 많아진다는 것을 의미했다. 알제리에 '아랍 왕국'을 만들려는 '나폴레옹 3세의 꿈'에 저항하려던 정착민들은 자신들이 '아랍공화국(Arabic republic)'의 신민이 될 것을 두려워했다고 볼 수 있다.

제3공화국 들어, 알제리 무슬림들에게 시민권을 부여하자는 주장이 연쇄적으로 제기되었다. 1881년에 경제학자 폴 르루아-보리외(Paul Leroy-Beaulieu)와 노예 폐지론자 상원의원인 쇨셰르는 '원주민 보호 프랑스협회(Société française pour la protection des Indigènes des colonies)'를 설립하고 알제리의 무슬림에게도 투표권을 부여하자고 주장했다. 1887년에는 좌파 의원 두 명이 어떠한 원주민도 '개인 신분'을 포기하지 않고, '현 신분 내에서' 집단 귀화(naturalisation collective)가 가능하도록 하는 법률을 제안했다. 1890년에는 이전에 식민부에서 근무했던 또 다른 의원이 모든 무슬림을 위한 진보적 귀화법을 제안했다.

하지만 여러 이유로 성공하지 못했는데, 그 가운데 가장 큰 걸림돌은 의회 내 정착민들의 로비였다. 이슬람법에 대한 제한적 지식에 의존하고 있는 정치인들, 특히 후일 제3공화정의 대통령직에 오르는 맥마흔 총독(Governor General Patrice de Mac-Mahon)은 무슬림 원주민들이 '자신들의 신성한 법', 즉 《꾸란》에 기반을 두고 있기에 '개인 신분'을 포기할 수 없을 것이고, 그렇기 때문에 시민권으로부터 배제될 수밖에 없다고 주장했다.

결국 프랑스 시민이 되기 위해서 원주민들은 자신들의 종교 문화에 기반한 '개인 신분'을 공식적으로 포기하고 시민권에 지원해야만 했는데, 소수만이 그렇게 했고, 그보다 훨씬 적은 수만이 시민권을 받을 수 있었다. 6000명의 지원자가 전체 식민지 시기 동안 '귀화'를 통해 시민권을 받았을 뿐이다. 법이 지원자의 배경, 특히 부인이 여럿인 남성이 시민권을 받지 못하게끔 결혼 상태를 검토하도록 규정한 반면, 귀화 승인 여부를 책임지고 있는 식민지 당국은 법의 정신을 수정했다. 귀화 과정을 개방한다기보다 행정부는 귀화가 정부의 이해에 따라 가치 있는 원주민들에게만 부여되는 하나의 특권이어야 한다고 생각했다. 이는 많은 무슬림 사이에 불만을 초래했고, 궁극적으로 탈식민화 운동에 강한 동력을 제공했다고도 볼 수 있다. 1946년 법(la loi du 7 mai 1946)으로 알제리 '신민'은 '시민'이 되었지만, 알제리 전쟁 중이던 1958년(la loi du 5 février 1958)이 되어서야 이들은 본국의 '프랑스인'과 동등한 참정권을 갖게 되었다.

맺음말

이 글은 프랑스의 식민정책 가운데 알제리를 대상으로 한 동화정책의 내용과 그 한계, 그리고 오늘날 프랑스 사회 무슬림 이민자 통합정책에 대한 시사점을 살펴보는 데 그 목적이 있다. 우리는 먼저 프랑스의 알제리 정복과 식민정책에 따른 법적 동화정책을 살펴보았다. 프랑스는 알제리인들에게 국적은 부여했으나 유럽계 식민 정착민들이 향유한 시민권을 부여하는 데까지는 이르지 못하였다. 이에 대한 가장 큰 걸림돌이 알제리인 대다수가 무슬림이라는 데 있었다. 나폴레옹 3세와 같이 알제리를 '아랍 왕국'으로 간주함으로써 기존의 프랑스 동화정책과 궤를 달리하는 정책도 일시적으로 추진되어 후일 '연합(association)' 정책의 모범이 되기도 하였으나, 프랑스는 공화국 원칙에 근거한 동화정책을 크게 벗어날 수는 없었다. 이러한 현실 앞에서 프랑스 엘리트들은 그 현실을 받아들이고 어떻게 알제리 무슬림을 통합해나갈 것인지에 대해 다양한 입장을 표출하였다. 과연 개종 없는 동화가 가능할 것인지, 동화 없이 알제리를 프랑스화하는 것이 가능할지, 제3의 방법으로는 무엇이 있을지에 대해 다양한 견해가 제기되었다.

프랑스가 식민지 알제리에서 취한 무슬림 원주민에 대한 동화정책 연구가 중요한 이유는 이처럼 그 자체의 중요성도 있겠지만 이 문제가 오늘날에도 여전히 현재 진행형이기 때문이다. 즉, 이러한 고민은 오늘날 프랑스에서 무슬림 이민자를 통합시키려는 고민의 선행 경험이기도 하다. 프랑스는 이제 주류 프랑스인만이 사는 곳이 아니다. 탈식민화가 이루어진 이후 본토 프랑스에는 그들과 종교 문화가 다른 '옛 프랑스인들'이 쇄도하였다. 오늘날 프랑스가 시행하고 있는 무슬림 이민자 통합정책은 옛 '무슬림 프랑스인' 동화정책과 크게 달라 보이지 않는다. 프랑스는 옛 프랑스 영토 알제리에서 시행했던 다양한 동화정책, 즉 성공하지 못했던 정책들을 오늘날 반복하고 있지는 않은가? 오늘날 프랑스 거주 무슬림들이 비록 식민지 시절 누리지 못했던 시민권의 주요 요소인 참정권을 갖고 있다고 할지라도, 이들이 진정 차별받지 않는 프랑스 시민으로 대우받고 있는가? 우리는 옛 알제리에서 펼쳐진 다양한 정책을 통해 미래 프랑스가 취할 수 있는 무슬림 이민자 정책을 충분히 진단해볼 수 있을 것이다.

이러한 문제의식하에서 우리는 과거 프랑스가 알제리를 프랑스화하는 과정에서 겪은 어려움에 대해 논의하되, 현대 프랑스가 겪고 있는 문제도 함께 고려하고자 했다. 프랑스의 알제리 정복, 식민정책을 살펴보며, 우리는 19세기 프랑스인들의 아랍인에 대한 생각, 크리스트교도의 무슬림에 대한 생각, 더 나아가 서로 다른 인종, 문화, 종교에 대한 프랑스인들과 식민지 원주민들의 사고도 함께 추적해볼 수 있었다. 이를 위해 이 글에서는 우선, 프랑스의 알제리 정복과 알제리를 '프랑스화'하는 동화정책의 내용을 살펴보았고, 무슬림 시민권 문제를 통하여 프랑스의 동화정책이 실패한 이유와 그에 따른 프랑스인들의 다양한 대안을 살펴볼 수 있었다. 이를 통해 우리는 법적 동화와 달리 종교를 포함하는 문화적 동화는 결코 쉬운 일이 아니라는 점을 확인할 수 있었다. 이는 오늘날 프랑스 내 무슬림을 통합하는 데 어려움을 겪는 프랑스의 이민자 정책에도 적지 않은 참고가 될 수 있을 것으로 보인다.

종교 문제는 오늘날 프랑스에 거주하는 400만~600만 명의 무슬림이 비록 프랑스 국적과 시민권을 보유하고 있다고 할지라도, 끊임없이 사회적 차별을 받고 있음을 유추할 수 있는 근거로 볼 수 있다. 히잡과 같은 단순한 옷차림의 문제가 공화국의 근간을 흔드는 문제로 비화되고, 궁극적으로는 테러리스트의 동조자로 간주되기도 한다. 무슬림 이민자가 프랑스 사회에 통합되는 데 가장 중요한 요소로 이슬람이라는 종교와 함께 동화정책의 기반이 되는 프랑스공화국의 근본주의 원칙이 가장 큰 문제로 떠오른다. 게다가 알제리 출신 무슬림의 경우에는 식민주의의 경험이 또 하나의 커다란 변수가 될 것이다.

참고문헌

박단, 《프랑스공화국과 이방인들》(서강대학교 출판부, 2013).

양재혁, 〈제3공화국 이전 프랑스의 알제리 '연합' 식민정책에 대한 소고〉, 《서양사론》 제131호(2016).

이용재, 〈나폴레옹의 이집트 원정: 신화와 현실〉, 《통합유럽연구》 제11권 제1집(2020.3).

이재원, 《제국의 시선, 문화의 기억》(서강대학교 출판부, 2017).

Gilles Manceron, *Marianne et les Colonies: une Introduction à l'Histoire Coloniale de la France*, 우무상 옮김, 《프랑스공화국 식민사입문》(경북대학교 출판부, 2013).

Jane Burbank and Frederick Cooper, *Empires in World History: Power and the Politics of Difference*, 이재만 옮김, 《세계제국사—고대 로마에서 G2 시대까지 제국은 어떻게 세계를 상상해왔는가》(책과함께, 2016).

생시몽주의의 동·서양 문명 화해 담론에 관하여
바르텔르미 프로스페르 앙팡탱의 보편적 연합 서사를 중심으로

11

양재혁 한성대학교

문명과 생시몽주의

뤼시앵 페브르(Lucien Febvre)에 따르면, 프랑스에서 처음 등장한 '문명(civilisation)'이란 용어의 역사를 연구하는 것은 단순한 단어 용례를 넘어 18세기 후반 소위 '프랑스 정신'이 경험한 혁명의 가장 깊은 의미를 탐구하는 작업과 다름없다. 문명 개념은 그 탄생에서부터 '예의', '예의범절' 또는 '사회 질서 유지'를 의미하는 단어들(la politesse, la civilité, la police 등)과 경합을 벌였으며 18세기 들어서는 폭력적인 전쟁이나 정복이 사라지는 단계인 '이상', 대체적으로 윤리적 이상을 의미하게 된다. '문명'이란 용어는 프랑스 혁명을 비롯한 미래를 향한 낙관적 정치 운동들 그리고 그것들을 지지하고 정당화하는 이른바 '진보의 철학'과 관련되며, 1780년대부터 1830년대에 이르는 시기 동안 문명에 대한 상대적 이해와 가치 부여를 통해 다소 이질적이고 자율적인 복수의 문명 개념으로 변모하였으며, 이어서 인류 역사의 이상 또는 목표를 의미하는 하나의 일관된 관념으로 변모하였다.

페브르의 문명 개념에 대한 역사 연구는 프랑수와 기조(François Pierre Guillaume Guizot)가 문명의 현대적 의미를 확립하는 데 결정적 역할을 하였음을 보여준다. 기조에 따르면 인류는 공통의 운명, 곧 문명이 남긴 유산을 지니고 있기에 문명에 대해 보편적 역사 쓰기가 가능하다. 기조는 인류가 경험하였고 지향해야 할 정관사 문명(La civilisation)을 상정함으로써, 소위 '진보' 또는 '발전'으로 이해되는 변화를 문명이 담고 있는 가장 근본적인 특성으로 이해한다. 기조는 문명의 발전 또는 진보는 본질적으로 개인의 활동과 사회의 활동에서 이루어진다고 본다. 따라서 군소의 귀족 공화정 국가, 인도와 아시아 국가, 전제 국가, 원시 부족 등에는 문명이라는 용어를 적용할 수 없다고 분명하게 밝힌다. 기조에게 문명은 철저하게 서구 유럽의 역사적 현상으로 남는다.

기조는 외부적이고 일반적인 사회 조건의 발전과 내적이며 개인적인 인간 본성의 발전이 각각 사회와 인간의 완벽을 추구하며 상호작용함으로써 문명의 발전을 이룰 수 있었다고 설명한다. 문명이라는 개념은 그 기원에서부터 집단적 사회 질서와 인간의 지적 질서를 의미하는 두 가지 관념의 구분에 기초하였으며 이후 두 관념의 종합을 거쳐 현재의 의미를 획득하였다. 첫 번째 사회적 질서의 문명 관념에 따르면 문명이라는 용어가 출현한 1760년대 이래 문명은 '사회적 실재'와 마찬가지로 개인적 감각이나 이성 외부에 존재하는 것으로 이해되어 학문적으로 연구될 수 있으며 각 민족은 저마다 고유한 문명을 지닌다는 인식을 가능하게 하였다. 이러한 과학적 문명 관념을 통해 복수의 문명 관념이 가능할 수 있었다. 두 번째 인간의 지적 질서 문명 관념은 프랑스 혁명이 대표하는 인간의 개인적 기대 또는 이상을 표현하는 것으로서 인간 역사 전체, 실제로는 서구 인간 역사 전체가 지향하는 '정관사 문명'을 가정할 수 있도록 허용한다. 이러한 문명 개념은 이상을 통해 사회적 사실들을 설명하고 문명을 연구 대상이라기보다는 인류 역사에서 지향해야 할 목표로 설정하고 결국에는 서유럽과 북아메리카 백인의 우월한 문명이라는 낡은 관념을 유지하는 데 기여했으며, 서구의 정관사 문명의 진로에서 벗어난 문명들은 자연스럽게 복수의 문명으로 구성된 위계 구조의 상부에서 배제될 수밖에 없었다.

문명 용어의 기원에서부터 확인할 수 있는 두 가지 대립적 관념은 서로 밀접하게 연관되어 상호작용함으로써 문명에 대한 위계적 이해를 강화하였다. 근대 이래 노골화된 서구의 동양 진출은 바로 이 위계적 문명 이해를 토대로 정당화될 수 있었다. 문명 개념은 그 탄생에서 현재에 이르기까지 지속되어온 서구 문명의 우월 의식에 역사적 지반을 제공한다는 점에서, 서구 근대 이성의 자기중심적이고, '발전(développement)'으로서의 역사 운동을 가정하는 역사주의적 인식을 내포한다고 말할 수 있다. 발터 베냐민(Walter Benjamin)에 따르면, 역사주의 사유 방식의 중요한 핵심은 어떤 대상을 개별적인 통일체나 총체로 파악하고, 그것이 역사적으로 '발전(development)'하는 것으로 인식한다는 것이다. 따라서 서구 역사주의적 보편사 구상에서 역사의 시간을 관통하는 발전은 인류의 '역사적 진보(historical progress)'라는 관념과 분리될 수 없으며, 시간은 늘 역사적 진보로 채워지게 되기를 기다리고 있는 '동질적인, 비어 있는 시간(homogeneous, empty time)'이다.

생시몽주의 운동에서 나타나는 동·서양 문명 연합 담론은 문명 개념이 그 짧은 역사에도 불구하고 19세기 프랑스의 시대정신을 대표하는 용어로 발전하였음을 보여주는 역사적 증거다. 특히 생시몽주의 운동 지도자 바르텔르미 프로스페르 앙팡탱(Barthélemy Prosper Enfantin)은 생시몽주의 종교의 근본 원리는 물론 생시몽주의 운동의 시대적 과업을 설명하기 위해 문명 개념에 크게 의지한다.

동·서양 문명의 문화적·종교적·산업적 화해

생시몽주의 담론에서 문명 개념이 등장하고 강조된 때는 생시몽주의 집단이 여성 문제와 동양 문제를 둘러싸고 첨예한 내부 분열을 겪은 시기였다. 앙팡탱은 분열의 과정에서 경쟁자들을 물리치고 생시몽주의 운동의 최고 지도자 위치에 올라 본격적으로 스승 생시몽의 독트린을 재해석하며 생시몽주의 운동을 새로운 단계로 진입시킨다. 앙팡탱은 철학적·정치적 질서뿐만 아니라 윤리적 질서에서도 생시몽주의 교리를 재정비할 필요성을 역설하며 생시몽 고유의 사상과 구분되는 '앙팡탱주의(Entantinisme)'를 완성한다. 앙팡탱주의에서 나타나는 가장 주목할 변화 중 하나는 생시몽주의 운동에서 중심적 주제로 논의되지 못했던 동양과 여성 문제가 프랑스 경계를 넘어 유럽의 '종교적 재탄생'을 위한 동·서 문명 화합이라는 앙팡탱의 거대 서사에서는 생시몽주의 종교의 중심 문제로 떠올랐다는 사실이다.

앙팡탱이 제시하는 '동·서양 문명 연합'의 서사는 육체와 영혼처럼 동양과 서양은 독립하여 스스로 존재할 수 없다는 신념에 기초하여 '십자가와 초승달의 결합(l'union de la croix et du croissant)'을 호소하는 에밀 바로(Émile Barrault)의 설교를 통해 가장 먼저 그리고 가장 전형적으로 그 신비적이고 종교적인 성격을 드러낸다. 에밀 바로는 동양 문제를 생시몽주의 운동의 중심 주제로 편입시키고 생시몽주의자들과 일반 대중을 위한 설교를 통해 앙팡탱주의를 적극적으로 선전한 인물로서, 이원주의(dualisme)라는 영원의 법칙을 통해 우주의 창조와 운동을 설명하면서, 정신/물질, 지성/육체, 사유/행동, 이론/실천, 과학/산업과 같은 이원적 요소들의 '조화'를 강조한다. 바로는 설교를 통해 동·서양 문명 대립의 역사를 인간 역사에서 가장 오래된 재앙으로 간주하였으며, 폭력적으로 대립하는 역사를 종결시키고 동양과 서양을 '형제'로 이끌 수 있는 신념이 필요하다고 주장한다.

동양과 서양의 화해를 강조하는 바로의 설교에서 묘사된 동양 문명은 먼저 물질적·육체적 본성을 지닌다. 동양은 정신적 또는 문화적 특성 대신 자연적 특징으로 묘사된다. 동양은 서구 시인들의 영감의 원천으로서 이국적이며 신비로운 자연(산, 평원, 강, 동·식물, 하늘 등)으로 구성되며, 서양의 정신에 자양분을 공급하는 물질세계로 이해된다. '문명의 요람'인 동양이 인류 문명을 대표하던 시대로부터 유럽인들의 문학적·정치적·경제적 관심을 끄는 당대에 이르기까지 동양은 바로의 설교에서 관능적 장소로서 서구 크리스트교의 엄격함과 대비되는 감각적 쾌락이 지배하는 풍습과 자연을 지닌 세계다. 전통적인 서양 오리엔탈리즘에서 수없이 환기되었던 하렘과 그곳에 갇혀 두려움과 금욕을 강요받는 '포로 상태'의 여성이라는 이미지는 바로의 동양 묘사에서도 반복적으로 등장한다. 바로의 설교에서 확인되는 동양의 '여성성'은 반사적으로 동양 사회의 '전제적인 착취자' 이미지와 연결된다. 억압, 탄압, 착취 아래의 여성이라는 이미지가 부과된 동양이 자연스럽게 욕망, 오만 그리고 변덕을 표상하는 '돈 후안'으로 변신함으로써 동양은 탄압과 착취를 당하는 존재이자 동시에 억압과 착취를 가하는 존재이며, 그럼에도 계속해서 육체적 본성이 지배하는 쾌락의 사회로 남게 된다.

바로의 설교에서 나타나는 이런 동양은 사실 서구 사회의 부정적 특성으로 구성된 것에 다름없다. 크리스트교의 낡은 윤리에 억압받는 '육체'와 '여성' 그리고 '폭압'과 '착취'라는 표현들은 생시몽주의 운동에서 자주 거론되었던 종식시켜야 할 프랑스 내의 사회 문제들을 의미하기 때문이다. 다시 말해 바로가 묘사하는 동양은 서양이 자신으로부터 투영한 부정적 이미지로 구성된 것이다. 생시몽주의 운동을 지탱하는 인간 정신 진보에 대한 신념과 관련하여, 당시 가부장적 프랑스 사회의 상황, 무엇보다도 남성의 소유물로서 불평등과 예속 상태에 빠져 있는 프랑스 여성의 상황은 생시몽주의가 제시한 종교 또는 윤리를 통해 극복 또는 지양해야 할 문명 단계를 의미한다. 바로의 설교에서 프랑스의 부정적 사회 조건들은 큰 어려움 없이 야만적 전제주의에 고통받는 동양 민중이 처한 조건들로 변모한다.

바로의 문명 화해 서사에서 전통적 오리엔탈리즘에서 확인할 수 있는 본질주의적 시각과 불균형에 기초하는 낡은 대립들(남성/여성, 정신/육체 등)이 확인되는 것은 분명하지만, 생시몽주의의 동·서양 문명 연합 서사는 알제리의 군사적 정복을 정당화하는 당대의 지배적 정치 담론으로 환원할 수 없다. 생시몽주의 연합 서사는 서양의 동양에 대한 폭력적 지배 대신, 적어도 명목적으로는 산업적 시스템의 소통(communication)에 기초한 동·서양 문명 화해를 목표로 하기 때문이다. 바로와 함께 앙팡탱주의를 선전하였던 미셸 슈발리에(Michel Chevalier)가 제시한 '지중해 시스템(Système de la Méditerranée)' 기획은 군사적 지배와 제국을 지향하는 '영웅주의'와 정복 의지를 비판하며, 지중해를 중심으로 세계 경제 질서를 재편성하려는 '지중해 꿈'이라는 기획을 제시한다. '지중해 시스템' 기획은 정치적으로 모든 민족이 참여하는 보편적 연합을 의미하는 일반적 사업과 각 민족에게 부여되는 이차적인 특수 사업으로 구성된다. 슈발리에는 세계 평화와 진보를 위해 십자가에 매달린 모든 민족의 '예수' 프랑스를 중심으로 유럽 민족들이 결집할 것을 호소한다. 특히 세 강대국, 영국·독일·프랑스는 다른 민족들을 점진적으로 통합하는 지렛대 역할을 맡음으로써, 인간 능력을 대표하는 그들 고유의 정체성과 천재성으로 당대에 지배적 경향이던 군사적 정복 대신 산업 발전에 기초하는 새로운 질서를 수립하는 데 중심적 역할을 맡게 된다. '지중해 시스템'은 유럽 열강이 주도하는 세계 경제 구조 재편 기획인 것이다.

슈발리에는 '지중해 시스템' 기획에서 유럽 민족들의 역할에 대한 설명 이후 계속해서 동양에 대해 언급한다. 그는 동·서양 문명의 보편적 연합 기획에서 동양이 맡게 될 역할에 대해 설명하는 대신 전통적인 오리엔탈리즘의 전형적인 비유들을 통해 동양을 단지 묘사할 뿐이다. 과거 위대한 제국들이 거쳐갔던 동양은 지금은 제국의 파편만이 남겨진 곳이며, 지나간 영광의 몰락을 상징하는 먼지로 뒤덮인 대지로 그려진다. 세계 경제 질서의 평화적 재편을 주장하는 '지중해 시스템' 기획은 바로의 설교와 마찬가지로 '파편', '쾌락', '관능', '먼지', '폐허', '잔해' 등과 같은 오리엔탈리즘의 전통적 이미지들로 동양을 묘사하는 데 만족한다. '지중해 기획'에서 서구 민족들은 그들에게 부여된 특수 사업의 주체 또는 행위자로 제시되지만, 동양은 내적 다양성을 지니지 않은 한 덩어리의 집단으로 이해되며, 서양 사업을 이룰 장소, 곧 철도망과 수로망으로 구성된 산업적 설계도가 실현될 무대일 뿐이다. 위대한 동·서 문명 화합 사업의 주체는 기획과 실행 모두에서 오직 그리고 자연스럽게 서구 민족이다.

앙팡탱주의의 '보편적 연합'

동·서 문명 화해를 주장하는 바로의 설교와 슈발리에의 기획은 생시몽주의 운동의 유일 지도자로 변신한 앙팡탱이 내세운 '보편적 연합' 교리에 대한 신화적·종교적·산업적 변호에 다름이 없다. '보편적 연합' 교리는 생시몽주의 운동이 위기에 처한 시기에 구체적인 모습을 드러낸다. 앙팡탱은 재정적 어려움, 집단 성원들의 연속적 탈퇴 그리고 생시몽주의 조직의 재정과 윤리 문제를 구실 삼아 이뤄진 경찰 탄압 등의 위기를 맞아 자신의 추종자들과 함께 파리 근교 메닐몽탕(Ménilmontant)에 위치한 저택에서 칩거에 들어간다. 앙팡탱은 그곳에서 추종자들과 함께 생시몽주의 교리를 정교화하기 위하여 '새로운 언어'를 모색하고, 예술과 과학은 물론 종교적 영감과 산업적 효율성의 시적 종합을 시도한다. 앙팡탱은 메닐몽탕 시기에 기존 생시몽주의 운동에서 강조해왔던 산업적 사회 법칙보다는 언어와 시학 부문에서의 진리와 새로운 언어를 통한 인간에 대한 새로운 정의를 수립하기 위해 노력한다. 그 당시 생시몽주의 교단에서 앙팡탱과 함께 최고 '커플-사제'를 구성할 여성이 출현하기를 기대하는 생시몽주의자들 사이에서 여성 구세주(Femme Messie)에 대한 관심이 확산된 것은 생시몽주의 종교가 앙팡탱식으로 재구성되었음을 의미한다. 여성 구세주에 대한 생시몽주의자들의 기다림은 정신과 물질, 인간과 세상 그리고 과학, 예술, 산업 모두를 화해시키고자 하는 앙팡탱의 '혼합주의(syncrétisme)'가 생시몽주의자의 집단 의지로 변모했음을 증언한다.

앙팡탱의 '혼합주의'는 프랑스 민족과 유럽의 경계를 넘어 동양과 서양의 '종교적' 동맹을 수립하여 동양과 서양의 오래된 분열의 역사를 극복한다는 목표를 분명하게 밝힌다. 산업을 통한 사회 전환 사상으로부터 종교적·철학적 신념과 역사적 또는 신비적 비유들이 혼합된 생시몽주의 종교로의 이러한 변신은 산업 발전을 추구하는 구체적 사업 기획들과 결합하여 동·서양 문명의 보편적 연합이라는 거대 서사를 탄생시킨다. 앙팡탱의 새로운 교리는 사회를 정신적 차원에서의 새로운 위계적 질서로 편성하려는 시도로서, 모든 사회적 측면을 종교적 권력에 복종시키면서 사회를 산업적으로 재조직하는 것을 목표로 한다. 인간을 '다시 연결한다(re-lier)'는 종교의 어원적 의미는 앙팡탱의 입장에서는 창조주가 인간 각자의 능력에 따라 배정한 객관적 위치에서 인간을 연합하는 것을 의미한다. 따라서 앙팡탱의 보편적 연합 독트린은 창조주가 세운 질서에 기초하여 윤리적·물리적 영역 모두에서 서양과 동양에게 동일하게 부여되는 대립과 차이를 인정하는 계서제의 수립을 의미한다.

메닐몽탕 칩거 생활 동안 앙팡탱이 성원들에게 직접 실행한 교육을 비롯하여 생시몽주의자들의 토론, 명상, 가사노동, 회의, 시적·과학적 글쓰기 등을 통하여 형성된 보편적 세계 연합이라는 거대 서사는 인류 역사 전체를 재해석하고 이를 근거로 인류의 미래에 대한 분명한 전망을 제시한다. 생시몽주의자들에게 1830년대 초반은 유럽적 지평에서 볼 때, 두 유럽 세력, 곧 영국과 프랑스를 중심으로 하는 근대적 유럽과 클레멘스 벤첼 로타르 폰 메테르니히(Klemens Wenzel Lothar von Metternich)를 중심으로 결집된 반동적 유럽이 대립하는 위기의 시대로 이해된다. 한편 이 시기는 생시몽주의 집단 운명과 관련해서도 내부적 분열과 일반 사회로부터의 격리 그리고 지도자들에 대한 계속되는 재판 등으로 생시몽주의 운동이 위기에 처한 때다. 더욱이 이 시기에 사회 전환을 주장하는 생시몽주의 운동은 프랑스의 정치적 지형과 관련하여, 리옹과 파리를 비롯한 프랑스 사회에서의 사회적 전투에서 출현한 급진화한 사회적 운동의 의미를 제대로 파악하지 못하고 프랑스 사회 위기 상황에 대한 적절한 해법을 제시하지 못하는 한계를 드러내기도 하였다. 이와 같이 내·외적 불안 또는 위기로 인하여 생시몽주의 집단의 미래가 불투명한 시기에, 앙팡탱은 아이러니하게도 보편적 연합이라는 거대 서사를 통해 프랑스 사회를 포함한 유럽 전체의 미래에 관한 선명한 전망을 제시한다. 앙팡탱의 보편적 연합 서사는 출구를 찾지 못하는 유럽 민족들뿐만 아니라, 운동이 위기에 처해 불안을 겪는 생시몽주의자들에게 '동양'을 새로운 지리적·정치적·종교적·산업적 출구로서 제시한다. 동양은 프랑스를 비롯한 유럽 사회 전체가 겪고 있는 위기의 탈출구로 떠오른다.

인간 정신 진보의 역사 인식

앙팡탱의 보편적 연합 관념은 인간 정신 진보에 대한 신념에 기초한 산업 시스템의 발전이라는 윤리적 목표를 창시한 생시몽의 역사 철학에 기반을 둠으로써 근본적으로 스승의 '낙관적인' 역사 철학을 공유한다. 앙팡탱 역시 스승과 마찬가지로 인간 사회에 대한 역사적 관찰을 통해 미래 사회를 전망할 수 있다고 확신한다. 생시몽주의자들은 진보의 인간임을 자처하면서 성서가 아닌 인간 역사 속에서 인간이 경험한 '완벽가능성'의 발전을 확인할 수 있다고 주장한다. 비록 '완벽함'은 무한, 다시 말해 신의 영역에 속하지만, 인간은 '완벽가능성', 다시 말해 '도달할 수 없는 절대적인 선'에 끊임없이 접근할 수 있는 능력을 가진다. 신의 계시는 완벽을 향하여 발전하는 인간의 감성과 사상에 단지 영감만을 제공할 뿐이기 때문에, 완벽을 의미하는 절대자의 계시에 대한 무조건적 또는 미신적인 존경과 추종 대신 인간이 발전할 수 있는 조건에 주의 또는 관심을 가지는 것이 무엇보다 중요하다. 생시몽주의자들은 인간의 '완벽가능성'이라는 관념을 기초로 역사 안에서 영속적이면서 진보적인 진리를 모색한다. 그들은 프랑스 혁명 이후 그 의미가 확립된 '문명' 개념의 역사에서 확인할 수 있는 자연과 인간에 대한 새로운 '진보의 철학', 곧 인간 존재 그리고 그것이 창조한 것들의 무한한 완벽가능성의 철학을 통해 다양한 인간 활동 양식을 종합하여 전체 인류 역사 속으로 결집하려는 포스트 혁명 시대정신을 공유한다. 문명의 역사와 관련하여 생시몽주의자들의 시선은 그의 스승과 마찬가지로 신의 계시가 실현될 미래로 향한다. 보편적 연합 서사는 인간 정신 진보라는 생시몽의 서사와 마찬가지로 인간의 완벽가능성 개념에 의지하여 점진적으로 영속적이고 진보적인 계시의 실현으로서의 미래를 전망한다. 따라서 생시몽주의자들은 그의 스승과 마찬가지로 인간 역사에서의 '황금시대'는 과거가 아닌 미래에 속한다고 확신한다.

앙팡탱의 보편적 연합 서사는 인류 역사에 대한 '세계적' 관점을 유지하며 각 민족의 개별 문화에 특수한 기능 또는 역할을 부여함으로써, 유럽 중심적 역사 서술을 단호하게 거부한다. 더욱이 앙팡탱이 제시한 역사적 모델은 인류의 단선적 진화를 가정하는 생시몽의 역사 철학을 그대로 계승하는 대신 문명의 복수성을 인정하고 이전까지 당연시되던 역사에서의 진보의 선형적인 연대기적 묘사를 비판하기도 한다. 그러나 육체와 정신의 조화라는 우주 영원의 법칙에 기초하는 앙팡탱의 새로운 역사적 모델은 동·서 문명을 여성/남성이라는 기존 대립 관계와 함께 상위자/하위자 또는 우월자/열등자(supérieur/inférieur)라는 위계적 관계로 파악한다는 사실을 지적할 필요가 있다. 앙팡탱은 결과적으로 '야만의 단계'로부터 고도의 사회적 윤리가 지배하는 단계에 이르는 다양한 문명들의 계서제를 수립하고자 한다. 앙팡탱에 따르면, 모든 사물은 신의 의지에 따라 우주 속에서 서로 연결되고 조화되고, 따라서 위계적으로 배치되기 때문에 모든 문명은 우주의 위계적 질서를 피할 수 없다.

한편 앙팡탱의 계서제는 '사랑'에 기반을 두는 계서제로서 제시된다. '사랑의 계서제'는 군사적 지배와 달리 하위자들의 자발적 복종으로 구성된 평화적 권위에 기초하는 사회적 계서제를 의미한다. 사랑에 따른 계서제는 일반적 이해관계를 추구함으로써, 사회적 질서를 해치고 그 효율성을 저하시키는 대립, 칸트를 차용하자면 '반목(antagonisme)'을 종결시킬 수 있다. 앙팡탱에 따르면, 당대의 자유주의적 교리는 특수한 이해관계에 기초하는 반면, 자신이 제시한 '진정한' 연합은 개인의 욕망과 야망을 일반적 이해관계에 헌신하도록 이끌기 때문이다. 사회의 다양한 특수적 이해관계들을 평화적 권위를 통해 일반적 이해관계로 조정할 수 있다는 앙팡탱의 확신은 정치적·경제적 논리보다는 종교적 감성에 기반을 둔 것으로서 생시몽주의 종교 교리 아래 이질적인 사회 세력들이 결집 가능하리라는 순박한 믿음을 잘 보여준다. 앙팡탱이 구상하는 동양에서 이뤄질 보편적 연합 사업은 대립하는 개별 민족의 이해관계들을 보편적 이해관계로 통합하는 데에 어떤 어려움도 가정하지 않는다는 점에서 유토피아적 성격을 분명하게 드러낸다.

위계적 문명 인식과 팽창주의

동·서양 문명 화해라는 평화적인 수사에도 불구하고 앙팡탱의 보편적 연합 서사는 서구의 동양 진출과 점령을 인정한다는 점에서 그것이 비판하는 지배의 폭력적인 성격을 내재한다고 말할 수 있다. 동양과 서양의 화해는 기술적·과학적·산업적으로 뒤처진 동양에 대한 서구 지식의 유입 또는 강점을 전제한다. 앙팡탱에게 서양의 동양 진출은 피할 수 없는 역사적 사실이다. 서양의 동양 점령은 열등한 민족들을 상위의 문명 단계로 이끌기 위한 불가피한 수단이기에 그 합법성에 대한 성찰은 앙팡탱의 서사에서 요구받지 않는다. 따라서 영국과 프랑스 중심의 새로운 십자군 원정이 필요하다고 주장하는 한 편지에서 앙팡탱은 동양에 대한 서양의 군사적 '산책'을 촉구하기까지 한다. 서양의 동양 점령을 피할 수 없는 역사적 사실로 간주하는 생시몽주의자들에게 서양의 동양 점령 또는 진출은 '시스템' 또는 '방법'의 문제이지 점령 자체는 문제가 되지 않는다. 앙팡탱은 무역과 무정부라는 이중의 재앙으로부터 서양을 해방시키기 위해서 동양으로의 서양 팽창은 불가피하며, 이러한 팽창은 동양에도 필요한 것이라고 주장한다. 앙팡탱에 따르면, 동양은 이슬람교의 아편으로 수세기 동안 무거워진 삶을 새롭게 하기 위해 유럽의 과학과 산업을 필요로 하고, 더욱이 그것을 기다리고 있다.

보편적 이해관계라는 추상적 대의에 따라 민족들을 통합하는 앙팡탱의 서사는 보나파르트의 이집트 원정과 같은 '영광'을 기대한다. 앙팡탱의 서사에서 동양은 생시몽주의자의 야망 또는 영광을 위한 무대이며, 자신의 운명을 스스로 결정할 수 없는 서양의 '리비도'가 쏟아지는 '저수지'다.

앙팡탱의 보편적 연합 서사는 동·서 문명의 '화합'·'화해'라는 수사에도 불구하고 문명에 대한 위계적인 이해를 기초로 하며 동양 사회를 서구 유럽 문명 안으로 병합하는 것을 전제한다. 문명을 위계적으로 분류하는 앙팡탱주의는 진보를 대변하는 서양 문명에 비해 열등한 타자로서 동양 문명을 제시한다는 점에서 기조의 문명 이해와 공통적인 지반, 곧 진보 또는 발전의 관념에 기초한 문명 인식을 공유한다고 말할 수 있다. 더욱이 앙팡탱주의의 문명 연합 서사는 '화해' 또는 '평화'의 수사에도 불구하고 동양 문명에 '침묵'을 강요한다. 동양은 생시몽주의 문명 통합 기획에서 참여자라기보다는 통합의 대상일 뿐이다. 문명 화합이라는 표현이 말해주듯이 앙팡탱주의의 문명 연합 서사에서 동양은 분명 통합의 당사자이지만 통합의 작동, 곧 정치적·산업적·윤리적 통합 과정에서 고유한 역할을 부여받지 못하고 배제되며, 참여하더라도 제한된 역할, 곧 '무대'의 역할만을 맡게 된다. 내적으로 다양한 특성을 지니면서도 유럽이라는 공동의 정체성을 간직하며 발전하는 서양 민족과 대조적으로 동양은 그 내부적 다양성을 인정받지 못하는 한 무더기의 집단으로 간주될 뿐이다.

동·서양 문명에 대한 유럽의 이성 중심적이고 본질주의적 이해에 기초한 생시몽주의자들은 복수의 문명을 위계적으로 이해하며 서구 유럽 문명을 문명 모델 또는 정관사 문명으로 확신한다. 이런 확신은 그들 고유의 정치·종교적 지향과 결합하여 그들만의 독특한 문명 관련 담론을 생산한다. 따라서 앙팡탱주의의 보편적 연합으로 대표되는 생시몽주의들의 동·서양 문명 화해 담론은 당대의 오리엔탈리즘 전통에 기반을 둔 동양 문명에 대한 본질주의적 이해와 문명에 대한 계서적인 이해를 드러낼 뿐만 아니라 서양의 동양 진출을 정당화하고 장려하는 팽창주의적 성격을 드러낸다는 점에서, 유럽의 이성 중심적 사유의 산물인 역사주의적 사유에 기초하여 통합의 명목 아래 피식민자에 대한 배제와 착취를 정당화하는 미래 서구의 노골적인 식민 이데올로기를 예고한다.

참고문헌

Jean-Loup Amselle, *Le Sauvage à la mode* (Paris: Le Sycomore, 1978).

Michel Levallois et Sarga Moussa (dir.), *L'orientalisme des saint-simoniens* (Paris : Maisonneuve & Larose, 2006).

Nathalie Coilly and Philippe Régnier (dir.), *Le siècle des saint-simoniens: du Nouveau christianisme au canal de Suez* (Paris: BNF, 2006).

Philippe Régnier, *Le livre nouveau des saint-simoniens* (Tusson: éd. Du Lérot, 1991).

Pierre Musso (dir.), *L'actualité du saint-simonisme* (Paris: PUF, 2004).

유럽 식민 정착민의 알제리주의
식민주의에서 극우 담론으로

12

김용우 한국교원대학교

알제리 식민 문학과 '알제리주의'

19세기 말, 20세 초 식민지 알제리에 정착한 프랑스인을 비롯한 유럽인 사이에 새로운 문화가 형성되었다. 이 문화를 주도한 인물은 루이 베르트랑(Louis Bertrand, 1866~1941)이며 식민지에 정착한 유럽인의 강인하고도 열정적인 삶을 묘사한 그의 소설들은 이후 로베르 랑도(Robert Randau, 1873~1950), 오귀스트 로비네(Auguste Robinet, 1862~1930) 등, 이른바 '알제리주의자(algérianiste)'로 알려진 식민 문인들의 작품에 이정표와 같은 역할을 했다. 베르트랑은 명문 파리고등사범 출신으로 1891년 알제 고등학교(Lycée d'Alger)에 파견되면서 식민지 알제리와 인연을 맺고 유럽 식민 정착민들을 소재로 한 소설들을 집필했다. 1925년 그는 저명한 극우파 민족주의 문인 모리스 바레스(Maurice Barrès, 1862~1923)를 계승해 프랑스 학술원(Académie Française)에 선출되었으며 1930년대에는 이탈리아 파시즘과 독일 나치즘에 우호적인 입장을 드러냈고 1941년 사망할 무렵에는 비시(Vichy) 정권의 대독협력에 적극 가담했다. 저명한 문인으로서 베르트랑의 이러한 경력은 식민주의와 파시즘이 어떻게 연결될 수 있는지를 보여주는 흥미로운 예 가운데 하나일 것이다.

베르트랑과 알제리주의자들의 식민 소설은 유럽계 식민 정착민을 원주민과 대비되는 새로운 알제리인으로 자리매김하는 데 필수적인 알제리인의 정체성(algérianité)을 주제로 삼았다. 식민 지배의 핵심 이데올로기라 할 수 있는 '알제리주의(algérianisme)'는 프랑스 식민주의를 이해하는 데 필수적임에도 불구하고 프랑스의 문명화 사명의 관점에서 접근했던 주류 공화주의적 역사학의 영향 때문에 상대적으로 주목받지 못했다. 이 글은 베르트랑과 알제리주의자들이 만들고자 한 새로운 정체성의 핵심이 무엇이며 왜 이러한 시도가 이루어졌는지를 최근 대두하고 있는 정착 식민지 연구(settler colonial studies)의 관점에서 살펴볼 것이다. 대부분의 정체성 수립 과정은 특정 집단의 배제를 전제한다. 알제리주의 역시 마찬가지로 한편으로는 유럽 정착민들의 식민 지배자로서의 정당성을, 다른 한편으로는 아랍인, 베르베르인, 그리고 유대인들을 배제하는 양날의 칼 역할을 했다. 나아가 이 글은 식민 지배가 종식된 다음에도 알제리주의는 현대 프랑스 극우파의 인종주의 이데올로기의 중요한 원천이었음을 보여주고자 한다.

알제리주의자들에게 유럽 정착민의 정체성은 무엇보다도 북아프리카라는 환경과 삶의 조건에서 나온다. 알제리가 프랑스의 식민지임에도 불구하고 정착민의 구성은 프랑스인뿐만 아니라 이탈리아, 스페인, 몰타, 스위스, 독일 등 다양했다. 1906년 한 조사에 의하면 유럽 정착민 가운데 프랑스인이 45퍼센트, 그 외 유럽 각국 출신이 55퍼센트를 차지하고 있었다. 이들 사이에 존재한 서열과 차별에도 불구하고 알제리주의자들은 두 가지 측면에서 새로운 유럽 '인종'의 출현과 이들로 구성된 상상의 공동체를 그려내려 했다. 먼저 유럽 정착민 사이에서 점차 인종적 혼합이 일어나 새로운 유형의 인간이 탄생했다는 주장이다. 그러나 여기에만 머물지 않는다. 알제리주의자들은 생물학적 혼종뿐만 아니라 한편으로는 북아프리카라는 혹독하고 척박한 환경에 맞서고, 다른 한편으로는 야만적인 '원주민'과의 투쟁 속에서 문명화의 사명을 성공적으로 이끄는 개척자로서 그리고 무엇보다도 탁월한 식민 지배자로서 유럽 정착민은 독특한 자질을 획득한다는 논리를 펼친다. 육체적인 힘과 기량, 건강함과 아름다움, 짙은 피부색 등 생물학적인 측면뿐만 아니라 노동, 용기, 끈기, 갈망, 역동성, 건설자 정신, 젊음의 에너지 등은 알제리주의자들의 글에 자주 등장하는 새로운 인종의 특질이다.

일부 알제리주의자들이 알제리 식민지와 미국 사이의 유사성을 거론했던 것은 젊음의 역동성을 공유하고 있다는 전제 아래였다. 알제리 식민지를 "프랑스식 미국", "또 다른 캘리포니아", 유럽 정착민들을 "아프리카의 미국인"이라 부른 이유도 마찬가지였다. 미국처럼 알제리 식민지는 풍요로울 뿐만 아니라 미국인들처럼 유럽 정착민 역시 전쟁으로 하나가 된 대담하고 활력적이자 젊고 근면한 인종이다. 마찬가지로 알제리 식민지의 유럽 정착민은 황량한 땅을 정착지로 만들고 경제적 번영을 이룩했다는 점에서도 미국인과 유사하다는 주장이다.

알제리주의자들이 이러한 새로운 유형의 식민 지배자에게 부여한 명칭은 '알제리인'이다. 사실상 식민지 알제리에 정착한 유럽인을 지칭하는 '검은 발(Pied-Noir)'이란 표현은 제2차 세계대전 무렵 일반화된 표현이다. 원래 이 지역에 살고 있던 아랍인, 베르베르인, 유대인은 '원주민

(indigène)'이라 불렸다. 1920년대와 1930년대 알제리 민족주의가 대두하고 나서야 알제리인이라는 표현이 원주민들에게 적용되기 시작했고 '검은 발'이라는 용어는 유럽 정착민을 일컫는 말로 사용되기 시작했다.

이들 '알제리인'의 정체성은 서로 간의 원활한 소통을 위해 만들어진 그들만의 언어, 즉 "파타우에트(pataouète)"에서도 확인된다. 알제(Alger)로 이주한 스페인인을 일컫던 '감자 먹는 사람'이라는 뜻을 지닌 파타우에트는 프랑스어에다 스페인어, 이탈리아어, 몰타어, 아랍어 등의 어휘와 구문이 뒤섞인 일종의 변칙 프랑스어다. 지역마다 차이가 있던 파타우에트는 원래는 구어로 사용되다가 점차 문어에 적용되기 시작했다. 이 혼종적 언어는 로비네 같은 알제리주의자들이 소설에 사용하기 시작했고 신문을 비롯한 다른 매체에도 채택되었다.

이렇게 인종, 문화, 언어의 측면에서 '알제리인'의 정체성을 확립하려는 알제리주의의 영향력이 확산하면서 일부에서는 식민지 알제리의 자치를 내세우는 분리주의적 경향도 나타났다. 1936년 식민지에서 발간하는 한 신문의 기사는 이렇게 경고하고 있다. "일부 분노한 알제리인들의 입에서 자치라는 말이 나온다는 사실은 무시할 수 없는 조짐이다. 내일, 만약 이들이 무장한 채 가족과 노동의 산물을 지킬 수밖에 없게 된다면 이들은 모국 프랑스가 책임을 져야 한다고 여길 것이다. 프랑스는 더 이상 이들을 믿지 못하게 될 것이다."

한 걸음 더 나아가 알제리주의자들의 식민 문학이 유럽 식민 정착민의 정체성을 알제리 식민화의 역사뿐만 아니라 고대 로마 제국과 연결하려 했다는 점에서 흥미롭다. 이들의 논리에 의하면 포에니 전쟁의 승리로 고대 로마인들은 북아프리카를 통치했고 로마의 역사가 그곳에 뿌리내리게 했다. 따라서 알제리주의자들에게 북아프리카는 로마인들의 아프리카란 의미에서 '라틴 아프리카(l'Afrique latine)'다. 그러나 이슬람의 침략으로 '라틴성(latinité)', 즉 로마 제국이 이곳에 수립한 문화, 종교, 언어가 압살되고 말았다. 따라서 1830년 알제리 침공은 라틴성의 유산을 이어받은 프랑스가 로마 제국의 라틴성을 회복하려는 시도이며, 따라서 남의 땅을 빼앗은 것이 아니라 옛 영토로의 복귀다. 이렇게 북아프리카에서 식민지 건설은 정복이라기보다 일종의 귀향으로 합리화된다. 이러한 유럽 정착민의 '원주민화'는 수 세기에 걸친 아랍인, 베르베르인, 유대인의 삶을 역사적 막간기로 격하시키고 오히려 이들을 이방인으로 만든다.

이러한 알제리주의자들의 담론 전략은 '라틴성'을 통해 유럽 식민 정착민의 정체성을 확보하려는 시도와도 직결된다. 알제리로 이주해온 프랑스인을 비롯한 스페인인, 이탈리아인 등은 모두 고대 로마인의 후손이다. 알제리주의자들이 이들 유럽 정착민을 '새로운 라틴인'이라 부르는 이유이기도 하다. 또한 이들은 원주민에 맞서 고대 로마 문명을 부흥시킬 적임자다. 한 걸음 더 나아가 이들이야말로 모국의 나약하고 타락한 프랑스인을 대신할 새로운 문명의 담지자, 새로운 인간형이다.

다른 한편으로 '라틴성'을 강조하는 알제리주의 담론의 또 다른 전략은 로마 제국과 그 유산을 매개로 삼아 유럽, 특히 모국 프랑스와의 제국적 유대의 끈을 놓지 않음으로써 원주민의 봉기에 맞설 모국의 지원을 확보하려는 시도다. 아래에서 좀더 논의하겠지만, 한편으로는 스스로를 새로운 인종으로 자리매김하면서 다른 한편으로는 모국 프랑스와의 연결을 확보하려는, 일견 모순처럼 여겨지는 알제리주의는 알제리 식민지의 특수성의 반영으로 볼 수 있다.

그러나 알제리주의 담론이 유럽 정착민의 식민 지배자로서의 위상을 확고히 하면서 아랍인, 베르베르인, 유대인 등 원주민 피식민자를 폄하하고 배제하는 인종주의 이데올로기라는 점에는 변함이 없다. 이들에게 원주민은 악취 나고 병들었으며 강요된 혼인에 딸을 파는 존재이자 그 아들은 강도나 범죄자로 만드는 부류였다. 알제리주의의 대부 격인 베르트랑에게 원주민은 사람이 아니었다. "더러운 헝겊을 걸치고 있는 이 원숭이들은 인간 모습을 한 쥐와 같다. 이들이 풍기는 악취는 역겹다." 또 다른 한 알제리주의 소설가는 원주민과는 차원을 달리하는 유럽 정착민들의 특성을 요약하면서 원주민에 대한 증오와 절멸의 조짐을 암시한다. "〔유럽 정착민들은〕 도발적이다. 애정과 열정과 증오에 오로지 충실한 그는 몹시 사랑하는 사람에게는 운명을 맡기지만 증오하는 사람은 가차 없이 학살한다."

정착 식민주의와 알제리주의

프랑스의 문명화 사명을 선두에서 지휘하는 대신 스스로 새로운 인간형임을 자임하면서 한편으로는 원주민을 배제하고 다른 한편으로는 모국 프랑스에 대해서는 단절과 연속 사이를 오가는 양가성을 보여주는 알제리주의를 어떻게 해석할 수 있을까? 최근 대두하고 있는 정착 식민지 연구는 답변의 실마리를 제공한다. 1850년경 알제리에 정착한 프랑스인을 비롯한 유럽인의 수는 48만 3500명에 이르렀고(같은 시기 오스트레일리아 정착민들의 수보다 많았다), 20세기 초 그 수가 약 100만에 달했다는 사실만으로 알제리는 흔히 정착 식민지로 분류되어왔다. 그러나 정착민들의 다양한 출신지, 복잡한 식민 정부 체제, 그리고 무엇보다도 독립 후 정착민들이 대거 프랑스로 이주했다는 사실 때문에 알제리 식민지는 정착 식민지

연구에서 크게 주목받지 못했다. 그뿐만 아니라 오랫동안 정착 식민주의 자체가 독자적인 분석 범주로 인정받지 못했고 식민주의의 하위 유형 정도로 인식되었다.

정착 식민지 연구는 식민주의와 정착 식민주의가 공통점을 지니고 있다는 사실을 인정하면서도 서로 다른 분석 범주로 구분한다. 식민주의가 외부인에 의한 지배라 한다면 정착 식민주의 역시 마찬가지로 정의될 수 있다. 그러나 공통점은 여기에서 끝난다. 기본적으로 식민자들은 원주민을 피식민자로 만들어 이들이 자신을 위해 일할 수 있는 관계를 영속적으로 만들고자 한다. 반면 정착 식민자들의 궁극적인 목적은, 육체적으로 절멸하든, 문화적 특징을 삭제하든, 정착민들에 흡수되든, 원주민을 제거하는 것이고 독립 국가를 건설하는 데 있다. 이 점에서 둘은 서로 반대되는 성향을 보이는데 왜냐하면 식민주의는 스스로를 계속 재생산하지만 정착 식민주의는 스스로를 없애려 하기 때문이다.

식민주의는 그 핵심 행위자가 식민자와 피식민자인 쌍방 관계라면 정착 식민주의는 핵심 행위자의 측면에서 최소한 정착민과 원주민, 그리고 모국 사이의 복잡한 삼각관계로 이루어진다. 정착 식민지의 변천 과정에서 이들 세 행위자의 관계 역시 변화한다. 알제리주의는 유럽 정착민의 역사에서 자율성과 권위가 강화되는 시기에 출현했다. 그러므로 알제리주의는 무엇보다도 식민 지배자로서의 정착민의 정체성을 확립하는 데 그 목적이 있었다. 동시에 알제리주의는 로마 제국의 과거를 불러들여 스스로를 원주민화함으로써 식민주의를 합리화하는 동시에 기존의 원주민을 이방인으로 만드는, 정착 식민주의에서 공통적으로 나타나는 이른바 건설 신화 역할을 자임했다.

그러나 북아프리카가 로마의 영역이었다는 사실을 환기하는 것은 느순하긴 하지만 모국 프랑스와 연결점을 유지하려는 시도로도 볼 수 있다. 이는 원주민에 비해 유럽 정착민들이 압도적인 수적 열세에 처해 있던 상황에서, 예컨대 1871년 카빌리아 지역에서 약 15만에 달하는 원주민의 봉기를 경험하면서 모국의 보호가 스스로의 생존에 필수적이라는 인식을 반영하고 있다. 그러나 이러한 정착민과 모국과의 관계는 상황에 따라 변화했다. 특히 모국이 원주민의 지위를 강화하려는 시도를 할 때 정착민은 모국에 격렬하게 맞섰다. 예컨대 1870년 유대인에게 프랑스 시민권을 부여했을 때, 혹은 1908년부터 시작된 원주민의 징집, 그리고 1936년 인민전선 정부가 무슬림들에게 제한적으로나마 시민권을 주려 했을 때 알제리주의는 강력한 분리주의의 이데올로기로 급진화했다.

모국의 극우파와 파시스트 세력이 식민지의 유럽 정착민 사이에서 영향력을 확보하는 과정 역시 유사한 맥락에서였다. 1919년 이후 식민지로 진출한 악시옹 프랑세즈(Action française), 애국청년단(Jeunesses patriotes), 불의 십자가(Croix de Feu)/프랑스사회당(Parti social français), 프랑스인민당(Parti populaire français) 같은 조직이 약진하게 되는 계기는 모국이 원주민에게 시민권을 얻을 기회를 주는 등, 원주민의 지위 향상을 시도하고 민족주의를 비롯한 알제리 민족주의를 비롯한 원주민의 정치화가 진전되는 상황과 일치했다. 이 과정에서 모국의 극우파 세력의 반공화주의, 인종주의는 알제리주의와 결합하면서 서로를 강화했고 자유, 평등, 형제애를 노동, 가족, 조국으로 대체했던 비시 정권의 민족혁명의 이데올로기 아래에서 둘 사이의 연합은 그 절정을 이루었다.

제2차 세계대전의 종전과 함께 이탈리아와 독일 파시즘의 패배, 그리고 이들이 저지른 범죄가 드러나면서 모국의 극우파, 파시즘 세력은 영향력이 급격히 약화되었고, 한때 이들과 알제리주의 사이에 만들어졌던 연합 역시 무너졌다. 그러나 알제리 독립전쟁은 알제리주의를 다시 급진화하게 했고, 드골이 이끄는 모국 프랑스가 알제리의 독립을 인정하자 알제리주의의 분리주의적 경향은 노골화되었다. 어떤 의미에서 '비밀무장조직(Organisation armée secrète)'은 알제리주의가 가장 폭력적인 방식으로 모습을 드러낸 것이라 하겠다. 알제리의 독립과 함께 스스로 알제리인을 자처했던 유럽 정착민들은 이제 '검은 발'이란 이름으로 프랑스로 이주해야 했다.

알제리주의와 남부주의

오늘날 프랑스에서 확고한 정치적 입지를 다진 '민족전선/민족연합(Front national/Rassemblement national)'의 약진은 여러 각도에서 해석되고 있다. 예컨대 만성적 실업, 사회 양극화, 전통적 정치가 집단에 대한 환멸, 유럽연합의 구성으로 인한 민족적·국가적 정체성의 혼란, 프랑스 공화주의의 근본적 가치의 약화 등이 민족전선의 성공 배경으로 제시되었다. 그러나 유럽의 다른 여러 나라에서도 유사한 정치·사회·경제적 상황이 벌어졌음에도 프랑스의 민족전선처럼 인종주의적이며 폭력적으로 무슬림을 증오하는 정당이 뿌리내리지 못한 이유는 무엇일까? 민족전선이 보여주는 반아랍 인종주의는 어떻게 형성된 것이며 또 그것의 호소력은 어디에서 찾을 수 있을까?

이와 관련해 프랑스 작가 알렉시 제니(Alexis Jenni)의 질문은 예리하다. "민족전선의 이데올로기가 여전히 효력을 발휘하는 까닭은 무엇일까? 전체적으로 전혀 일관성이 없고 정체성·문화·인종(ethnie)·권력·힘에 대한 매우 비합리적인 생각을 뒤섞은 그 이데올로기가, 전체적으로 전혀 질서 없이 …… 현실을 제대로 설명하지 못하는 그 이데올로기가 어떻게 사람들의 마음을 사로잡았을까? 왜 그 이데올로기가 우리나라에서 그토록 심대하고도 지속적인 반향을 불러일으켰을까?" 알제리 전쟁을 다룬 소설을 쓰면서 제니는 민족전선이 식민주의에 뿌리내리고 있다는 결론에 도달했다. "민족전선의 상상세계의 중심에는 식민의 상상세계가 있다. 그 식민의 상상세계는 이곳 프랑스에서 우리 모두가 공유하고 있는 것이기도 하다. 민족전선의 이념과, 세 개의 도(道)로 이루어진 '프랑스인의 알제리(Algérie française)'의 복잡한 사회를 관통하던 이념은 놀랍도록 닮아 있다. 민족전선의 뿌리는 파시즘이 아니다. ……그것은 식민주의다."

마찬가지로 프랑스의 역사가 뱅자맹 스토라(Benjamin Stora)는 자신이 "남부주의"라 부른, 식민지 알제리 유럽 정착민의 기억에서 민족전선의 약진을 이해할 단서를 찾는다. "남부의 기억", 혹은 "남부주의"라는 표현은 식민지 알제리가 모국 프랑스에서 볼 때 지중해의 남부에 있다는 데서 착안한 용어이지만 동시에 노예제 폐지에 반대하면서 분리주의를 내걸었던 미국의 남부를 빗대어 만든 표현이기도 하다. 그에게 남부주의는 일종의 "정신상태", 혹은 "심성"으로 "식민지 알제리를 지키기 위해 필사적으로 싸운 전사들 사이에서" 공유된 것이다. 스토라는 알제리 전쟁 직후 이른바 '비밀무장조직'에 가담한 사람들이 간행한 책들을 통해 프랑스식의 남부주의가 이들 사이에서 널리 공유되고 있었음을 보여준다. 예컨대 다음과 같은 주장이 대표적이다. "검은 발들, 아메리카인이라고도 말할 수 있겠지만, 이들은 진정한 용광로 안에서 탄생했다. 그 용광로 속에서 점차 자체의 생활 방식, 언어, 심지어 자체의 조리법을 지닌 독창적인 문화가 만들어졌던 것이다!"

스토라는 장마리 르펜(Jean-Marie Le Pen)을 비롯해 알제리 전쟁에서 알제리 독립에 맞서 싸운 사람들, 특히 '비밀무장조직' 출신 인물들이 민족전선의 결성과 선거에서의 약진에 기여했다는 점을 밝힌다. 동시에 그는 남부주의가 민족전선의 이념 속에 명백히 반영되어 있다는 사실을 강조한다. "장마리 르펜의 정당은 그리 멀지 않은 시점에 전개된" 식민지 알제리를 지키려는 사람들이 내건 "모든 주제를 답습한다. 그 기본적인 수사법은 놀라울 정도로 동일하다. 즉, 이슬람 종교, 혹은 이슬람 문화를 지닌 사람들이 프랑스에 동화되는 것은 불가능하다는 점, 이주민의 법적 차별의 제도화가 필수적이라는 점, '민족 구성원'과 아닌 사람들 사이의 분리와 격리를 주장하고 '민족선호(préférence national)'를 실현하려는 강력한 의지의 표현 등이 그것이다".

민족전선의 이념이 식민주의와 연결되어 있다는 통찰에도 불구하고 스토라는 알제리 식민 지배의 역사를 좀더 거슬러 올라가 남부주의의 근원에 알제리주의가 있다는 사실을 포착하지 못했다. 필자가 보기에 19세기 말을 기점으로 유럽 식민 정착민들 사이에서 널리 공유되기 시작한 알제리주의는 알제리 해방 전쟁을 계기로 프랑스와 분리하려는 남부주의로 표출되었기 때문이다. 그리고 알제리가 독립하자 유럽 식민 정착민들, 즉 '검은 발'의 귀환과 함께 알제리주의 역시 남부주의라는 극단화된 모습으로 모국 프랑스로 돌아왔던 것이다.

또한 기억이 되어 돌아온 알제리주의는 민족전선의 약진이라는 수수께끼를 풀 실마리에 국한되지 않는다. 그것은 알랭 드 브누아(Alain de Benoist)와 같은 극우파 지식인들이 결성했던 '유럽문명조사연구그룹(Groupement de Recherche de l'Etudes pour la Civilisation Européenne)', 혹은 '뉴 라이트(Nouvelle Droite)'의 세련된 인종주의가 어떻게 나타났으며 큰 영향력을 발휘했는지 그 이유를 파악하는 데도 도움을 준다. 이들이 내세우는 "다를 권리(droit à la différence)"는 각 인간 집단이 지닌 문화의 독특성을 인정하는 듯한 수사에도 불구하고 사실상 프랑스인과 이슬람계 이주민들이 함께 사는 것이 불가능하다는 인종주의를 함축한다. 사실상 뉴 라이트의 "다를 권리"는 "육체와 문화의 뒤섞임을 …… 최고의 악으로 …… 낙인찍고 배제의 체제(분리된 발전 혹은 차별)와 절멸의 체제(아파르트헤이트 혹은 제노사이드)" 사이를 배회한다. 정착 식민주의의 이데올로기였던 알제리주의의 배제와 절멸의 논리가 다양한 모습으로 부활하고 있는 것이다.

참고문헌

Benjamin Stora, Alexis Jenni, *Les mémoires dangereuses. De l'Algérie coloniale à la France d'aujourd'hui* (Paris: Albin Michel, 2016).

Jonathan K. Gosnell, *The Politics of Frenchness in Colonial Algeria, 1930-1953* (Rochester: University of Rochester Press, 2002).

Lorenzo Veracini, *Settler Colonialism. A Theoretical Overview* (Basingstoke: Palgrave Macmillan, 2010).

Louis Bertrand, *Le Sang des Races* (Paris: Ollendorff, 1899).

Robert Randau, *Les Algérianistes* (Paris: Sansot, 1911).

Samuel Kalman, *French Colonial Fascism. The Extreme Right in Algeria, 1919-1939* (New York: Palgrave Macmillan, 2013).

영국의 유대국가 건설 기획 팔레스타인 문제•

13

홍미정 단국대학교

팔레스타인 문제의 기본 구조

팔레스타인 문제란 무엇인가? 현재 진행 중인 이스라엘 점령지, 팔레스타인에 이스라엘 정착촌 건설, 이스라엘 정착민 이주를 통한 팔레스타인 땅 탈취와 팔레스타인 주민 축출은 20세기 초 영국의 팔레스타인 통치하에서 시작된 문제들이다.

유대 기구 발표에 따르면, 2010년 이후 지난 10년간 150여 개국 출신의 25만 명 이상이 이스라엘로 이주했다. 이 중 약 13만 명이 구소련 출신이며, 이들 중 다수가 유대교 법에 따른 유대인 조건을 충족시키지 못한다. 5만 5000명은 프랑스(3만 8000명) 및 유럽 출신, 3만 2000명은 미

• 이 글은 〈영국의 유대국가 건설 기획과 트럼프의 이스라엘 강화 기획: 팔레스타인 문제〉, 《통합유럽연구》 제11권 제1집(2020)을 수정·재편집한 것이다.

국, 약 1만 명은 에티오피아 출신이다. 에티오피아 출신 이주민의 다수가 19~20세기에 크리스트교로 개종한 사람들이다. 이들은 이스라엘로 이주하면서 유대교로 다시 개종해야 한다.

이스라엘은 점령을 현실화하기 위하여 서안과 동예루살렘에 정착촌 주택을 건설하고, 이주민을 정착시킨다. 2016년 12월 유엔 안보리가 점령지에 이스라엘 정착촌 건설을 비난하는 결의를 채택했음에도 불구하고, 이스라엘은 지난 3년 동안 2019년 12월까지 2만 2000채 이상의 정착촌 주택 건설을 승인하였다. 최근 2019년 8월 6일 이스라엘은 점령지인 서안 깊숙한 곳에 2304채의 이스라엘 정착촌 주택을 건설하도록 승인하였다.

이스라엘 정착민은 팔레스타인인들과 끊임없는 분쟁을 촉발한다. 예를 들면, 2019년 12월 30일, 이스라엘 정착민 184명이 이스라엘 경찰의 보호를 받으면서, 성지 동예루살렘 소재 알아크사 모스크에 침입하였다. 정착민들의 알아크사 모스크 침입에 따른 팔레스타인인들과의 충돌은 일상적인 일이다. 게다가 이스라엘 극단주의자들은 이 알아크사 모스크를 파괴하고, 유대교 사원으로 대체할 계획을 갖고 있다.

한편 2019년 8월 10일(토), 이스라엘군에 의해 포위된, 가자와 이스라엘 경계에서 이스라엘 군대가 가자 쪽에 있던 팔레스타인인 4명을 사살하고, 사체를 가져갔다. 2018년 3월 말부터 2019년 11월 초까지 가자에서 매주 금요일 개최된 귀환을 위한 이스라엘/가자 국경 시위 동안 이스라엘 군인에 의해 가자 팔레스타인인 222명이 살해되었다.

1948년 5월 이스라엘 국가 건설과 함께 발발한 전쟁으로 이스라엘은 팔레스타인 마을 50퍼센트 이상을 파괴했으며, 팔레스타인인의 약 75퍼센트(72만 6000명)를 축출하면서, 역사적 팔레스타인 땅의 78퍼센트를 차지하였다. 현재 이 78퍼센트 영역은 국제법상 합법적인 이스라엘 국가 영역이다. 그런데 이스라엘은 이 78퍼센트 영역을 넘어서 이스라엘 정착촌을 확장함으로써 나머지 22퍼센트, 즉 동예루살렘과 서안 및 가자에 대한 주권과 지배권 확장을 획책하고 있다. 현재 이 22퍼센트 영역은 국제법상으로 불법적인 이스라엘 점령지다.

이와 같이 제1차 세계대전 이후 현재까지 계속되는 역사적 팔레스타인 땅에서 발생하는 문제의 핵심은 이주민-유대인이 원주민-팔레스타인인을 축출하고 땅을 빼앗는 것이다. 이 문제의 기본 구조는 영국이 팔레스타인을 통치한 1917~1948년에 창출되어, 미국이 주도적인 역할을 하는 현재까지 유지·강화되고 있다.

이 문제는 '팔레스타인에 유대민족 고향 건설'이라는 영국의 기획으로 시작되었으며, 팔레스타인 원주민을 배제하고, 외부인들로 구성된 3자, 영국 정부, 유대민족주의를 대변하는 시온주의자, 아랍민족주의를 대변하는 하심가가 벌인 타협의 산물이다. 제1차 세계대전 과정에서 영국은 오스만 제국을 해체하기 위하여 유대민족주의자(시온주의자)와 아랍민족주의자(하심가)를 조직하여 활용하였다. 영국-시온주의자-아랍민족주의자 동맹은 오스만 제국이 통치하던 아라비아반도 영역을 시온주의자 국가와 아랍 국가들로 분할 해체를 시도하였다.

영국, 특히 로이드조지 정부 기획으로, 하심가 아랍민족주의자들은 오스만 제국에 대항하는 아랍 반란(1916. 6.~1918. 10.)을 일으킨 결과 1921년 4월 영국의 보호령으로 트란스요르단 하심 왕국을 건설하고, 1921년 8월 영국의 통치를 받는 이라크 하심 왕국을 건설하였다.

반면 영국은 1917년 12월부터 1948년 5월 14일까지 팔레스타인을 직접 통치(군부통치: 1917. 12.~1920. 7., 위임통치: 1920. 7.~1948. 5.)하였다. 영국이 팔레스타인 통치를 끝내던 날, 시온주의자들은 팔레스타인에 시온주의 국가 이스라엘 창설을 선언하였다. 시온주의는 현재 팔레스타인 땅에 대한 소유권을 놓고 벌어지는 유혈 분쟁을 촉발한 핵심 주제다. 시온은 알아크사 모스크 복합단지를 중심으로 한 예루살렘 지역이다. 시온주의 운동은 19세기 후반에 유대민족주의 운동, 즉 예루살렘을 포함한 팔레스타인 땅에 유대국가 건설을 목표로 하는 국제 정치운동으로 구체화되었다. 이 운동의 결과 1948년 5월 14일 이스라엘 국가가 탄생했다. 오스만 제국의 영토에 대하여 유대민족주의와 아랍민족주의를 활용한 영국의 분할 통치 전략이 성공한 셈이다. 영국이 하심 왕국을 세워 간접 통치한 요르단·이라크 지역과는 달리, 팔레스타인을 직접 통치한 이유는 영국에게 있어 팔레스타인의 전략적 위치의 중요성 때문이었다.

기본적으로 100년 전에 영국이 기획한 분쟁 구도를 답습한 미국의 이스라엘-팔레스타인 정책은 역사적인 팔레스타인 땅 전역에 대한 이스라엘의 지배권 강화를 획책하고 있다. 21세기 트럼프 정부는 이스라엘이 1967년 전쟁으로 새로 점령한 동예루살렘, 골란고원, 서안과 가자에 대하여 이스라엘의 주권과 지배권 강화를 승인하였다.

이 글은 먼저 제1차 세계대전 직후 나온 '영국의 유대국가 건설 기획: 영국-시온주의자-아랍민족주의자 동맹', 다음으로 '유대국가 건설 기획에 맞선 유대인과 팔레스타인인들의 반대 운동'을 분석한다. 이것은 현재 진행되는 이스라엘-팔레스타인 분쟁의 기본 구조를 밝히고, 미래를 전망하기 위한 것이다.

영국의 유대국가 건설 기획: 영국-시온주의자-하심가 동맹

팔레스타인 통치를 위한 밸푸어 선언

1917년 11월 밸푸어 선언은 1916년 체결된 사이크스-피코 협정을 무력화시켰다. 사이크스-피코 협정은 팔레스타인에 대한 국제통치를 결정한 것이었으나, 영국은 밸푸어 선언을 통해서 시온주의자들과의 동맹으로 영국 단독 통치를 결정하였다. 밸푸어 선언을 이끌어낸 영국의 주요 시온주의자는 시온주의자 연맹 의장 하임 바이츠만(영국 시온주의자 연맹의장: 1917. 10.~1920, 세계 시온주의자 기구 의장: 1921~1931, 1935~1946, 이스라엘 초대 대통령: 1949~1952), 허버트 새뮤얼(체신부 총재: 1910. 2. 14.~1914. 2. 11., 1915. 5. 26.~1916. 1. 18., 팔레스타인 고등 판무관: 1920. 7. 1.~1925. 6. 30.), 총리 데이비드 로이드조지(재임: 1916. 12. 6.~1922. 10. 19.), 외무장관 아더 밸푸어(재임: 1916. 12. 10.~1919. 10. 23.)였다. 이들은 모두 팔레스타인에서의 유대국가 설립이 영국에 커다란 전략적 이익을 가져올 것으로 생각했다. 이들은 상호 매우 긴밀한 관계를 유지하였다. 특히 새뮤얼은 영국이 팔레스타인 위임통치를 시작하면서, 팔레스타인 초대 고등 판무관을 지냈고, 바이츠만은 이스라엘 국가가 건설되면서 초대 대통령을 역임하였다.

바이츠만은 1914년 개인 메모에서 "팔레스타인이 영국의 영향권 안에 있고, 영국이 유대인 정착을 장려한다면, 우리는 20~30년 안에 100만 명 이상의 유대인을 정착시킬 수 있고, 이 정착촌은 영국에게 의존적이기 때문에, 이들은 매우 효과적인 수에즈 운하 수비대를 구성할 것이다"라고 주장하였다. 여기서 그는 영국에 의존적인 팔레스타인 유대 정착민이 영국의 전략적 이익을 제공할 것임을 강조하였다. 이러한 유대 정착민에 대한 20세기 영국의 전략은 유대 정착촌 건설과 확장을 계속 지지하는 21세기 미국의 전략과 같다.

1915년 3월, 바이츠만은 영향력 있는 언론 〈맨체스터 가디언〉의 편집자 겸 소유주 찰스 스콧에게 다음과 같은 편지를 썼다. "영국은 유대인들의 팔레스타인 열망에 대해 동정적일 뿐만 아니라 이러한 열망이 실현되기를 바란다. 영국은 유대인들 중에서 가장 좋은 친구를 갖게 될 것이며, 이 유대인들은 동방의 민족주의 사상의 전달자로서 두 문명 사이의 가교 역할을 하게 될 것이다. 이것은 논쟁의 문제가 아니라, 확실히 50년 앞을 내다보려는 정치인들에게 매우 중요하다." 스콧이 바이츠만을 로이드조지에게 소개해준 것으로 알려졌다.

이러한 바이츠만의 의견을 영국 정부에 공식적으로 제안한 인물은 1910년 이후 체신부 총재로 영국 내각의 일원이던 허버트 새뮤얼이다. 그는 1915년 1월과 3월 두 번에 걸쳐 총리 허버트 애스퀴스(재임: 1908. 4. 8.~1916. 12. 5.)에게 '팔레스타인의 미래'라는 제안서를 보냈다. 이 제안서에서 그는 팔레스타인의 전략적 가치를 강조하면서 전쟁으로 오스만 제국이 해체될 경우, 팔레스타인에 대한 미래의 해결책을 제시하였다. 이 제안서는 프랑스로의 합병, 국제화, 이집트로의 합병, 터키의 계속된 통치 등은 가능한 대안이 될 수 없다고 밝힌 반면, 영국에 의한 팔레스타인 합병, 즉 영국의 보호 통치를 받는 유대 자치국가 창설에 관하여 "우리는 영국이 합병한 팔레스타인에 300만~400만 명의 유대인을 이주시킬 수 있을 것이다. 팔레스타인을 유대인 중심지로 만들자"라고 강력하게 주장하였다. 이 제안서는 전쟁을 위하여 영국 정부에 시온주의자들을 지지해줄 것을 요청하는 최초의 공식 기록이다. 새뮤얼은 유대인으로서는 처음으로 애스퀴스 정부에서 장기간 장관급 직책인 체신부 총재 등 각료를 역임하였다.

그러나 당시 애스퀴스 총리는 전쟁 이후 오스만 제국의 해체보다는 개혁을 선호한 반면, 유대 자치국가 창설이라는 인종주의적인 특성을 띤 '팔레스타인의 미래' 제안서에 별로 매력을 느끼지 못했다. 당시 애스퀴스 총리는 프랑스와 연합군을 구성해서 오스만 제국과 전투를 치른 갈리폴리 작전(1915. 2.~1916. 1.)에서 영·프 연합군이 30만 명 이상의 사망자를 내고 오스만 제국에 패배하면서 비판자들로부터 맹렬한 공격을 받았다. 따라서 애스퀴스 총리는 새뮤얼의 제안서를 추진할 여력이 없었다.

결국 1916년 12월 애스퀴스 총리가 사임하고, 로이드조지가 그를 대체하는 총리가 되었다. 이후 로이드조지 총리는 밸푸어 선언, 파리평화회의, 국제 연맹 창립, 팔레스타인에 대한 영국의 팔레스타인 위임통치 체제 설립의 모든 과정에서 친시온주의 정책을 추진하는 데 핵심 역할을 하였다. 1917년 4월, 로이드조지는 팔레스타인에 관해, '영국에게 전략적으로 중요한 팔레스타인은 영국이 되어야 한다. 팔레스타인은 영국의 지배하에 있어야만 하고, 아랍인들에게 팔레스타인에 관한 어떤 약속도 해서는 안 되며, 팔레스타인에서 시온주의 목표를 훼손하는 어떠한 조치도 해서는 안 된다'는 정책을 발표하였다.

당시 새뮤얼, 바이츠만, 로스차일드, 로이드조지 총리, 밸푸어 외상은 상호 매우 긴밀한 관계를 유지하였다. 1917년 6월 19일 밸푸어 외무장관은 활동적인 시온주의자 로스차일드와 바이츠만에게 공개 선언서 초안 제출을 요구하였다. 1917년 7월 17일 가까운 친구였던 로스차일드와 바이츠만은 밸푸어 선언의 초안을 밸푸어 외무장관에게 보냈다. 1917년 10월 31일 바이츠만은 영국 시온주의자 연맹 의장이 되었고, '영국 왕권하의 유대인의 팔레스타인'이라는 바이츠만이 제시한 정책 제안서는 1917년 11월 2일 로스차일드에게 보낸 편지 형식으로 된 밸푸어 선언,

"영국 정부는 팔레스타인에 '유대민족 고향 건설'을 승인한다. 영국 정부는 '유대민족 고향 건설'을 위해서 최선의 노력을 경주한다"의 토대가 되었다. 결국 1915년 새뮤얼의 제안은 바이츠만을 통해서 밸푸어 선언으로 성취되었다.

밸푸어 선언 한 달 전인 1917년 10월 4일, 이미 로이드조지는 바이츠만에게 "나는 밸푸어 선언이 시온주의자들을 기쁘게 하는 반면, 동화주의자 유대인들을 불쾌하게 만들 것을 알고 있다. 나는 시온주의자들의 멋진 생각 때문에 시온주의자들을 기쁘게 만들기로 결정했다. 팔레스타인은 유대인의 영연방이 될 것이다"고 밝혔다.

이는 1916년 5월 애스퀴스 총리 통치하에서 체결된 팔레스타인에 대한 영국-프랑스 공동 통치를 규정한 비밀 협정, 사이크스-피코 협정을 폐기한다는 것을 의미한다. 로이드조지는 사이크스-피코 협정이 제시한 팔레스타인에 대한 영국-프랑스 공동 통치보다는 영국 단독 통치가 훨씬 더 매력적이라고 판단하였다. 사이크스-피코 협정 이후, 30만 명의 병사가 주둔한 수에즈 운하와의 근접성과 더불어 이집트로부터 오스만 통치하의 시리아에 대한 공격을 준비하고 있었기 때문에 팔레스타인의 전략적 중요성이 증대하였다.

밸푸어 선언 보름 후인 1917년 11월 17일부터 예루살렘을 공격한 결과 에드먼드 알렌비 장군이 1917년 12월 11일 세 종교의 성지 예루살렘에 당당하게 입성하였다. 로이드조지 총리는 예루살렘 장악을 "영국인들을 위한 크리스마스 선물"이라고 환호했다. 결국 밸푸어 선언은 영국의 팔레스타인 정복 전쟁 개시를 알리는 신호탄이었다.

로이드조지와 시온주의자들은 밸푸어 선언이 제시한 '유대민족 고향'이라는 표현이 '유대국가'를 의미한다는 것을 매우 잘 알고 있었다. 또 하나 중요한 사실은 하심가의 샤리프 후세인과 그의 아들 파이살이 영국과 협력하여 오스만 제국을 배반하고, 팔레스타인에서 오스만 제국의 패배를 이끌어냈다는 점이다. 하심가 또한 '유대민족 고향'이 의미하는 바가 '유대국가'라는 것을 매우 잘 이해하고 있었다. 하심가는 아라비아반도에서 독립 하심 왕국 건설이라는 목표 때문에 시온주의 계획에 찬성하였다.

1920년 4월 산레모회의에서 로이드조지 총리는 밸푸어 선언에 대한 국제적 승인을 이끌어내면서, 바이츠만에게 "이제 당신이 시작해라, 모든 것은 당신에게 달려 있다"고 격려했다. 또 로이드조지 총리는 팔레스타인 위임통치를 시작하면서, 영국을 대표하는 초대 팔레스타인 고등 판무관으로 시온주의 지도자이며 유대인인 새뮤얼을 임명하였다. 그는 팔레스타인 통치에서 영국을 대표하는 인물이 되었다. 이러한 로이드조지 총리의 기획은 시온주의를 비현실적인 꿈에서 성취 가능한 사업으로 변형시켰다.

시온주의자들의 핵심 주장은 "현대 유대인들은 1세기에 로마에 의해서 팔레스타인 땅으로부터 추방된 사람들의 후손이며, 독점적 상속인이다. 오늘날 조상의 땅으로 귀환하는 것은 유대인의 천부적 권리다. 시간과 공간을 관통하여 '하나의 민족으로 유대민족'은 항상 존재했다"는 것이다. 이를 바탕으로 시온주의자들의 목표는 예루살렘(시온)을 포함한 팔레스타인 땅에 유대국가를 건설하는 것이다. 영국의 팔레스타인 위임통치는 1948년 5월 14일 역사적인 팔레스타인 땅에 유대인들의 이스라엘 국가를 건설하면서 종지부를 찍었다.

T. E. 로런스-바이츠만-파이살의 협력

이스라엘-팔레스타인 분쟁의 기본 구조를 이해하기 위해서는 제1차 세계대전 이후 영국의 기획과 세 행위 주체, 즉 영국제국주의, 시온주의자, 하심가가 유대국가 건설을 위하여 어떻게 상호작용하며 협력해왔는지를 구체적으로 파악할 필요가 있다. 다음 '영국의 시온주의 기획, 유대국가 건설하기'는 1917년 밸푸어 선언을 시작으로 영국의 팔레스타인 위임통치를 결정한 1920년 4월 국제 연맹 산레모회의까지, 일련의 역사적 사건이 팔레스타인 땅에서 유대국가 건설을 위한 영국의 기획이었음을 밝혀준다.

영국의 시온주의 기획, 유대국가 건설하기

- 1917. 11. 2. 영국 외무장관 밸푸어 선언: 팔레스타인에 유대민족 고향 건설을 목표로 내세운다.
- 1918. 1. 카이로 소재 영국 정보부 국장 호가스가 헤자즈 왕국(1916~1925, 영국의 후원으로 1916년 메카와 메디나 지역에 건설, 1925년 사우드 가문이 합병) 통치자, 샤리프 후세인에게 전달한 영국 정부 메시지: 전 세계 유대인의 여론은 유대인들의 팔레스타인 귀환을 찬성한다.
- 1918. 6. 3. 영국 정부 기획으로 바이츠만이 파이살(샤리프 후세인의 셋째 아들, 이라크 왕 재위 1921~1933) 방문(아카바, T. E. 로런스 통역): 바이츠만은 '유대인들이 영국 보호하에 팔레스타인을 식민지화하고 개발하기를 희망하며, 유대인이 통치하는 팔레스타인이 아랍 왕국의 발전을 돕고, 유대인은 아랍 왕국을 지원할 것'이라고 주장한다. 파이살은 '서로의 이익을 위해 유대인과 아랍인의 협력 필요성'을 강조한다.

- 1918. 12. 11.~13. 바이츠만과 파이살 회동(런던, T. E. 로런스 통역): 1919년 1월 개최하는 파리평화회의를 준비한다.
- 1919. 1. 3. 파이살-바이츠만 협정(T. E. 로런스 통역): 아랍인과 유대인의 고대부터의 인종적 유대를 강조한다. 파이살은 팔레스타인에서 '유대민족 고향을 건설'한다는 1917년 밸푸어 선언을 지지하고 팔레스타인으로의 대규모 유대 이민과 유대 정착촌 건설을 협력하기로 약속한다. 이에 답하여 시온주의자 기구는 파이살이 열망하는 아랍 국가 건설을 후원하기로 약속한다. 양측에서 분쟁이 발발할 경우, 영국 정부에 중재를 회부하기로 결정한다.
- 1919. 2. 3. 시온주의자 기구의 파리평화회의 제안: 유대인이 팔레스타인에 대한 역사적 소유권이 있다. 팔레스타인에 유대민족 고향을 설립하고, 유대민족 고향은 자율적인 영연방으로 발전해야 한다.
- 1919. 3. 3. 파이살이 미국 시온주의자 기구 의장 프랭크퍼터에게 보낸 서신: 파이살이 이끄는 아랍 대표단은 시온주의자 기구가 파리평화회의에 제출한 제안서를 온건하고 적절한 것으로 간주한다. 이 제안서가 파리평화회의에서 통과되도록 최선을 다해서 도울 것이다. 바이츠만과 파이살은 근동을 개혁하고 부활하기 위해 공동 노력한다. 시온주의 운동과 아랍민족주의 운동은 공조가 필수불가결하다.
- 1920. 4. 24. 국제연맹회의(산레모 개최): 영국에게 팔레스타인 위임통치를 할당한다. 밸푸어 선언을 재확인하면서, 영국에게 '유대민족 고향 건설'을 보증하도록 요구한다. 영국과 협력을 위한 특별 기관으로 시온주의자 기구를 인정한다.

1918년 6월 첫 번째 만남에서, 시온주의자 대표 바이츠만은 아랍민족주의자 대표 파이살에게 "유대인은 자신들의 정부 수립을 제안하지 않았지만, 영국 보호하에서 일하고, 어떤 합법적 이익을 침해하지 않고 팔레스타인을 식민지화하고 개발하기를 희망한다"고 밝혔다. 런던에서 바이츠만과 파이살은 함께 다가오는 파리평화회의(1919. 1. 18.~1920. 1. 21.)를 준비하면서, 1919년 1월 3일, 파이살-바이츠만 협정을 체결하였다. 사실, 바이츠만과 파이살의 처음 회동부터, 파이살-바이츠만 협정 체결, 파리평화회의에서 파이살 연설 등 파이살이 내놓은 모든 내용은 영국 정부가 하심가에 파견한 파이살의 고문인 T. E. 로런스가 개입하여 작성한 것이었다. 따라서 필자가 수집한 자료를 분석하고 종합해볼 때, 영국, 로이드조지 정부가 처음부터 팔레스타인에 유대국가 건설을 기획하고 실행시켰다.

이후 1920년 4월 24일, 산레모에서 개최한 국제연맹회의는 영국에게 이라크, 요르단 및 팔레스타인 위임통치를 할당하였다. 이때 만들어진 팔레스타인 위임통치 협약은 밸푸어 선언을 재확인하였다. 이후 영국은 위임통치 지역을 분할하여 팔레스타인 옆에 위치한 트란스요르단에 압둘라(샤리프 후세인의 둘째 아들)가 이끄는 하심 왕국을, 석유가 매우 풍부하게 매장된 이라크에 파이살이 이끄는 하심 왕국을 창설하도록 경제적·군사적으로 지원하였고, 팔레스타인에 바이츠만을 초대 대통령으로 하는 시온주의 국가, 이스라엘을 창설하도록 후원하였다.

영국은 1932~1934년 하심 왕국이 건설된 이라크 키르쿠크에서 트란스요르단을 거쳐 영국 위임통치 지역인 팔레스타인 해안 도시 하이파(미래 이스라엘 국가 영역)로 연결되는 키르쿠크-하이파 석유 파이프라인을 건설하였다. 이 파이프라인을 건설하면서 팔레스타인으로의 유대 이민이 급격히 증가하였다. 또 하이파 석유 정제소는 제2차 세계대전 동안 지중해에서 영국군과 미군이 사용하는 대부분의 연료를 공급함으로써 제2차

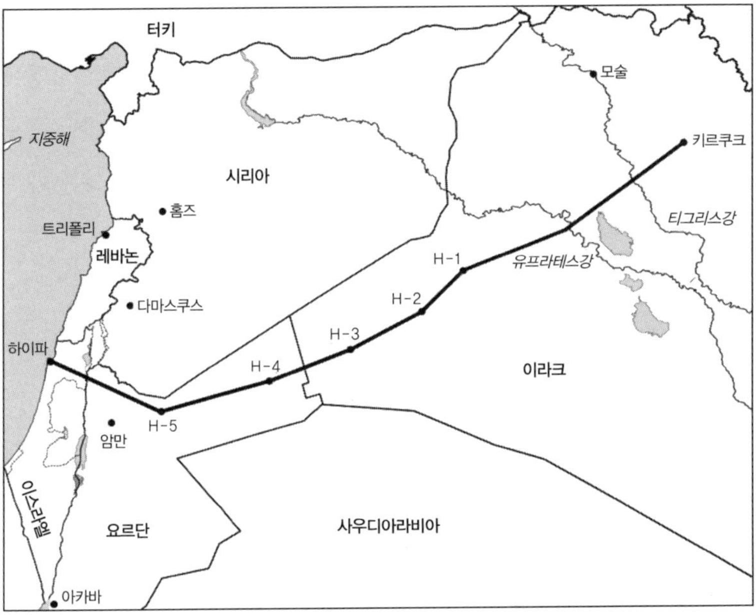

그림 13.1 키르쿠크-하이파 파이프라인(1932~1934년 건설, 1935~1948년 가동)

세계대전에서 연합군이 승리하는 데 중요한 역할을 하였다.

이와 같이 궁극적으로 이라크·요르단 하심 왕국들과 시온주의 국가, 이스라엘은 중동에서 영국의 이익을 위해서 창출되었다.

유대국가 건설 기획에 맞선 유대인과 팔레스타인인들의 운동

반시온주의자 유대인 성명

1919년 3월 4일, 미국 내 반시온주의자 유대인들은 시온주의자 기구가 파리평화회의에 낸 제안(1919. 2. 3.)에 반대하는 성명을 내놓았다. 저명한 미국 유대인 300명은 '반시온주의자 유대인들이 파리평화회의에 내는 성명서'를 윌슨 대통령에게 보내면서, 파리평화회의에 제출할 것을 요청했다. 이 성명은 '시온주의 국가에 맞서 윌슨에게 이의 제기: 유대인 대표들이 윌슨에게 이 성명서를 파리평화회의에 제출하라고 요구'라는 제목으로 1919년 3월 5일 자 〈뉴욕타임스〉에 실렸다.

반시온주의자 유대인들이 파리평화회의에 내는 성명, 1919년 3월 4일

- 미국 시민인 우리는 미국과 유럽에 있는 시온주의자 단체들이 제안한 팔레스타인에 유대국가 건설 계획에 반대하며, 어떤 나라에서든지 민족 단위로서 유대인을 분리하여 규정하는 것에 반대한다.
- 가장 최근 통계에 따르면, 미국 시온주의자들은 미국에 살고 있는 유대인 중 소수, 즉 전체 350만 명의 유대인 중 단지 15만 명을 대표한다.
- 우리는 유대인을 민족 단위로 재조직하려는 시온주의자들의 요구에 맞서 소리 높여 경고하고, 항의한다. 시온주의자들은 현재나 미래에 민족 단위 유대인에게 팔레스타인에서 영토 주권 수립을 약속한다. 우리는 '팔레스타인에 유대민족 고향 건설'이라는 시온주의 프로젝트를 거부한다.
- 시온주의는 러시아와 루마니아에 거주하는 유대인들에게 강요된 견딜 수 없는 환경의 결과로 발생했다. 그러나 팔레스타인이 600만 명에서 1000만 명으로 추산되는 이 국가 유대인들의 고향이 될 수 없다는 것은 명백하다. 러시아와 루마니아에서의 유대인 문제는 이 국가들이 유대인에게 완전한 시민권을 부여함으로써 각 국가 내에서만 해결할 수 있다.
- 우리는 유대인을 정치 단위(민족 혹은 국민)로 구분하는 것에 반대한다.
- 팔레스타인은 종교, 인종, 혈통의 구별을 인정하지 않는 민주적인 정부 형태

> 로 통치되어야 하며, 그 정부는 어떠한 종류의 억압으로부터도 나라를 보호할 수 있는 적절한 힘을 가지고 있어야 한다. 우리는 지금이나 미래의 어느 때라도 팔레스타인이 유대인 국가로서 조직되는 것을 보고 싶지 않다.

이 반시온주의자들의 성명에 따르면, 시온주의자들이 다수 유대인의 대표가 아니며, 대다수 유대인은 팔레스타인 영토 주권을 가진 민족 단위로 재편하려는 기획에 찬성하지 않았다. 이로 미루어보아, 팔레스타인 땅에서 유대국가 건설 운동은 유럽에서 탄압받던 유대인들의 간절한 열망에서 비롯되었다기보다는 전략적인 전초 기지로서 팔레스타인 땅을 확보하고자 하는 영국의 기획이었다는 것을 알 수 있다.

이러한 시온주의 기획을 비판하는 G. 뉴버거는 시온주의자와 유대인을 구분해야 한다며 다음과 같이 주장한다. "시온주의 창설자도 시온주의 국가의 총리도 토라(유대교 경전, 모세오경)의 신성함이나 신의 존재를 믿지 않는다. 유대인은 시온주의자와 전혀 다르고, 양립할 수 없다. 충실한 시온주의자는 충실한 유대인일 수 없고, 충실한 유대인은 시온주의자일 수 없다." 그는 유대인은 유대교로 개종함으로써 역사적으로 형성된 것이라고 밝힘으로써 '혈통으로 유전된다'는 시온주의의 전제에 반대한다.

그러나 윌슨 대통령은 반시온주의자 유대인들의 제안서를 파리평화회의에 제출하지 않았다. 따라서 파리평화회의에서 영국과 시온주의자들의 기획이 실행되었다.

반시온주의 아랍 반란과 아랍 고등위원회

1920년 4월 국제연맹이 영국에 팔레스타인 위임통치를 할당한 후, 제2차 세계대전 발발 직전까지, 예루살렘과 팔레스타인 도시 곳곳에서 반시온주의 아랍 봉기가 지속적으로 발발하였다. 특히 팔레스타인으로 유대 이민이 급격히 증가함으로써, 아랍인들과 유대인들 사이에 긴장이 강화되었다.

놀랍게도 1933년 이후 시온주의자 기구와 나치의 하바라 협정(양도 협정, 1933. 8. 25.~1939. 9.) 체결로 유대 이민이 급증하였다. 1933년 8월 시온주의자 기구는 히틀러가 총통인 나치 독일과 하바라 협정을 체결했다. 이 협정은 팔레스타인으로 유대 이민을 장려하기 위하여 독일 시온주의자 연맹 및 영국-팔레스타인 은행(유대 기구가 통제)과 나치 독일의 경제부가 3개월 동안 협상한 결과물이었다.

이와 함께 유대 이민이 급증하는 상황에서 1936년 4월 15일, 팔레스타인 아랍 대반란이 시작되었다. 1936년 4월 25일 예루살렘 그랜드 무프티 하지 아민 알후세이니가 주도하여 팔레스타인 아랍인들의 대표 기구로 아랍 고등위원회(1936. 4.~1937. 9. 활동)를 조직하였다. 이후 아랍 고등위원회가 아랍민족 정부 수립을 목표로, 총파업, 유대 이민 금지, 유대인에게 땅 판매 금지, 납세 거부 운동 등 팔레스타인 아랍민족운동을 통합하고 주도했다. 이에 따라 4월 16~18일에는 아랍-유대인 충돌이 팔레스타인 전역으로 확산하였다. 4월 25일, 하지 아민 알후세이니가 아랍 고등위원회 위원장으로 선출되었다. 아랍 고등위원회 10명은 다음과 같은 인물로 구성되었다. 의장 하지 아민 알후세이니(예루살렘 그랜드 무프티), 사무총장 아와니 압둘 하디(독립당), 재정 담당 아흐마드 힐미 파샤(아랍은행), 라겝 나샤시비(민족 방위당), 자말 알후세이니(팔레스타인 아랍당), 압둘 라티프 살라흐(민족 블록), 후세인 알칼리지(예루살렘 시장, 개혁당), 야콥 구세인(청년회의당), 야콥 파라지(그리스정교), 알프레드 록(로마가톨릭). 이와 같이 아랍 고등위원회는 각 정당 지도자들뿐만 아니라 종교의 경계를 넘어 이슬람,

그리스정교, 로마가톨릭 지도자들과 아랍은행 경영인을 포함하는 대단위 팔레스타인 아랍인 통합 기구였다.

이러한 아랍인들의 대통합 움직임에 반대하여, 영국 위임통치 정부는 1937년 9월 아랍 고등위원회를 불법 단체로 규정하고, 하지 아민 알후세이니를 비롯한 지도자들을 체포하고 추방했다. 영국 정부는 정부 스스로 1921년 1922년에 각각 임명한 예루살렘 그랜드 무프티이며, 무슬림 최고 위원회 의장 하지 아민 알후세이니를 해임하고 체포 명령을 내렸다. 1936~1939년 아랍 대반란으로 3074명의 팔레스타인인이 사망하고, 112명이 교수형에 처해졌다. 1940년 영국 총리 처칠은 예루살렘 그랜드 무프티 하지 아민 알후세이니의 암살을 승인하였다. 이 사건으로 팔레스타인 민족운동은 회복하기 힘든 타격을 입었고, 팔레스타인에서 시온주의자 운동을 대적할 상대는 없어졌다.

참고문헌

홍미정, 《팔레스타인 현대사: 무엇이 문제인가》(서경문화사, 2018).

Charles D. Smith, *Palestine and the Arab-Israeli Conflict*, 4th ed. (Macmillan learning, 2001).

Jeremy R. Hammond, *The Rejection of Palestinian Self-Determination* (Jeremy R. Hammond, 2009).

Mahdi Abdul Hadi, "Statement by Anti-zionist Jews to the Peace Conference, 4 March 1919," *Documents on Palestine*, Volume I (PASSIA, 2007).

Palestine Royal Commission, "Report presented by the Secretary of State for the Colonies to Parliament by Command of His Majesty July 1937" (London: His

Majesty's Stationery Office, 1937).
Sahar Huneidi, and Sarah Huneidi, *A Broken Trust: Sir Herbert Samuel, Zionism and the Palestinians* (Bloomsbury Academic, 2001).

나치 독일-아랍의 반유대주의 동맹을 둘러싼 논쟁•

14

윤용선 한성대학교

"아랍과 독일은 유대인이라는 공동의 적으로 친구가 될 수밖에 없었습니다."

-하지 아민 알후세이니

나치-아랍 동맹에 관한 논쟁의 의미

나치 독일과 아랍민족주의의 동맹은 1930년대로 거슬러 올라간다. 양측을 동맹으로 이끈 것은 공동의 적이던 영불 제국주의와 유대인이었다. 메나 지역을 지배하던 영불 제국주의는 제1차 세계대전 이후 베르사유 조약과 바이마르 공화정을 통해 독일 역시 억압하고 약탈했으며, 정치

• 이 글은 〈나치 독일과 아랍의 반유대주의 동맹—지속과 단절을 둘러싼 논쟁〉, 《역사문화연구》 제73집(2020)을 수정·재편집한 것이다.

활동을 시작할 때부터 히틀러와 나치가 공개적으로 적대시했던 유대인은 팔레스타인에 국가 건설을 꾀해 아랍민족주의 진영에서도 타도의 대상이었다. 이러한 상황에서 1930년대와 제2차 세계대전 시기에 나치 독일과 아랍민족주의는 자연스럽게 가까워졌다.

나치-아랍 동맹이 형성되는 과정에서는 한 인물이 결정적 역할을 했다. 1921년 영국에 의해 예루살렘의 그랜드 무프티와 팔레스타인 위임통치령 이슬람 최고 위원회 의장으로 임명된 아민 알후세이니(Amin al-Husayni)는 팔레스타인 아랍인의 지도자로 민족국가 건설을 추진했다. 그는 팔레스타인에 유대 국가를 건설하려 한 시오니즘 운동과 이에 우호적이던 영국 위임통치에 저항해 1936년 봉기를 주도하기도 했다. 봉기에서는 이슬람주의, 반제국주의, 반시오니즘, 반유대주의 등이 동원 이데올로기로 등장했으며, 훗날 아랍 세계에 확산해 오늘날에도 영향을 끼치는 아랍 반유대주의는 이때 시작되었다.

반유대주의와 반시오니즘은 히틀러와 나치가 아우슈비츠를 남긴 채 사라진 1945년 이후에도 여전히 아랍 세계와 팔레스타인에서 생명력을 잃지 않고 있다. 동맹 파트너는 사라졌지만, 동맹을 낳게 해준 유대인은 더욱 강해졌기 때문이다. 1948년 이스라엘 건국과 뒤이은 나크바(Nakba, 1948년 이스라엘 건국으로 당시 팔레스타인 인구의 절반에 가까운 70만 명 이상의 팔레스타인 아랍인이 추방당하거나 피란을 떠난 비극적인 사건)는 반유대주의 역사에서 의미 있는 전환점이 되었다. 길고 길었던 사회적 소수자로서 유대인의 역사는 1948년 팔레스타인에서 마침내 끝났고, 유럽에서 차별과 박해의 이데올로기였던 반유대주의가 팔레스타인에서는 저항의 이데올로기로 탈바꿈했다.

오늘날 팔레스타인의 갈등을 바라보는 세계의 따가운 시선은 주로 가해자 이스라엘로 향한다. 따라서 아랍 반유대주의는 인종주의의 부정적 이미지를 연상시키기보다 팔레스타인 아랍인의 절망과 분노의 표현으로 인식된다. 그러나 '반유대주의의 뿌리 깊은 역사와 질긴 생명력'을 연구하는 학자들은 아랍의 반유대주의에서도 우려할 만한 유대인 혐오가 존재하며, 팔레스타인 문제도 이와 무관하지 않다고 본다. 게다가 일부 학자들은 9·11 이후 글로벌 이슈가 된 이슬람 지하디즘의 기원을 1930년대 나치 독일에서 찾으며 '이슬람 파시즘(Islamofascism)'이란 신조어를 만들어내기도 했다. 이와 반대로 적지 않은 학자가 오늘날 아랍의 반유대주의가 팔레스타인 갈등을 포함한 중동 분쟁의 일부일 뿐이라는 입장을 견지한다. 바꿔 말해, 아랍 반유대주의는 중동 갈등의 결과이지 원인이 아니며, 따라서 갈등이 해결되면 반유대주의 역시 함께 소멸할 것이라고 본다.

이러한 논쟁이 갖는 의미는 상당하다. 나치 독일과 아랍민족주의의 관계는 유대 국가 이스라엘의 정당성을 논할 때 중요한 요소이기 때문이다. 양자의 관계를 역사적 차원에서 바라보면 팔레스타인 문제를 보다 입체적으로 이해할 수 있게 된다. 9·11로 인해 글로벌 이슈로 떠오른 이슬람 테러리즘 역시 이러한 논쟁을 통해 심도 있게 고찰할 수 있다. 이슬람 테러리즘을 제국주의에 대한 급진적 저항으로 보는 관점과 그것의 기원을 나치즘에서 찾으려는 관점 사이에는 상당한 괴리가 있다. 양극단에 서 있는 두 입장은 오늘날 중동/팔레스타인 문제에 내재한 여러 측면을 보여준다.

이 글에서는 아랍의 반유대주의가 중동/팔레스타인 갈등의 원인인지 아니면 결과인지를 둘러싼 대립적인 두 견해와 논거를 살펴보고자 한다. 먼저 여러 논자의 입장을 살피고, 이어서 이러한 입장에 내재한 의미를 해석해보고자 한다. 이와 함께, 이러한 논의에 내재한 역사정치적 측면을 들여다보고자 한다. 즉, 아랍의 반유대주의가 팔레스타인 문제의 핵심인 이스라엘 국가의 정당성과 관련해 어떠한 정치적 함의를 갖는지도 아울러 평가해보고자 한다.

반유대주의를 중동 분쟁의 원인으로 보는 견해

반유대주의 연구는 아랍 반유대주의가 알후세이니로부터 오사마 빈라덴(Osama bin Laden)에 이르기까지 역사적 계보를 형성하며 발전해왔다고 본다. 1946년 이집트로 망명한 알후세이니는 무슬림형제단 창설자인 하산 알바나(Hassan al-Banna)와 1920년대부터 막역한 사이였고, 덕분에 그의 반유대주의는 무슬림형제단에 의해 계승되었으며, 이어서 무슬림형제단 팔레스타인 지부 격인 하마스로 건너갔다고 본다. 따라서 오늘날 팔레스타인 문제의 핵심에는 아랍 반유대주의가 자리한다는 것이다. 이렇게 보면, 1920~1930년대 독일에서 정치 현상으로 등장한 반유대주의는 오늘날까지도 아랍 세계에서 지속하고 있으며, 이스라엘은 반(反)반유대주의의 보루가 된다.

알후세이니는 히틀러가 집권한 1933년부터 독일과 협력을 꾀했다. 1933년 1월 30일 수상으로 임명된 히틀러에게 첫 번째로 당도한 축전은 아랍에서 온 것이었다. 이어서 1935년 9월 15일 유대인 박해를 위한 뉘른베르크 법이 통과되고, 유대인 재산의 강제 몰수가 시작되었을 때도 아랍 전역으로부터 이를 환영하는 전보가 쇄도했다. 나치 독일은 팔레스타인에서 반유대인 및 반영국 봉기가 일어나자 마침내 1937년부터 알후세이니가 이끄는 아랍민족주의 운동을 동맹 파트너로 보기 시작했다. 독일은 재정 지원과 무기 공급을 통해 무장봉기를 도왔다. 인재 양성에 대한 지원도 이루어졌다. 아랍 학생들은 장학금을 받으며 독일에서 공부했고, 독일 회사들은 아랍 연수생을 교육했으며, 아랍 정치가들은 뉘른베르크에서 개최한 나치 전당대회에 초청받았고, 군 지도자들은 독일군의 훈련을 참관했다.

베를린에는 아랍 클럽이 생겨 팔레스타인 민족주의 운동과 나치즘을 선전하는 아랍어 방송의 센터 역할을 했다. 나치의 아랍어 선전 방송은 1939년 4월 25일 베를린에서 멀지 않은 브란덴부르크의 작은 마을 체젠(Zeesen)에서 시작했으며, 6개월 후인 10월부터는 하루에 15시간, 일주일에 7일로 방송 시간이 늘어났다. 1941년 10월부터는 알후세이니가 직접 방송을 진행하기도 했다. 그는 친위대에 입대한 후 발칸반도의 무슬림을 전투 부대인 무장 친위대에 입대시키는 데 앞장서기도 했다.

히틀러와 나치는 모든 국가와 민족을 인종주의적으로 바라보았다. 그러나 반유대주의는 모든 인종주의를 빨아들이는 블랙홀이었다. 모든 인종주의는 반유대주의 앞에서 실체가 불분명해지고 단순한 수사(修辭)에 그치고 만다. 아랍인에 대한 인종주의는 유대인의 경우와 달리 현실적 이해관계를 초월할 만큼 절대적이지 않았다. 나치는 아랍인을 열등한 인종으로 규정했음에도 독일을 도운 아랍인은 정중하게 대했다. 나치 독일과 긴밀하게 협력한 알후세이니는 '명예 아리아인'이 되었다. 그는 외모 덕분에 인종적으로도 아리아인으로 인정받았다. 금발 머리, 붉은 수염, 푸른 눈을 가진 그는 나치가 이상화했던 북유럽인의 외모였다. 히틀러는 그의 외모를 두고 다음과 같이 말했다. "그는 조상 중에 아리아인이 있거나 로마 혈통을 물려받은 것 같은 인상을 준다." 외모를 중시하는 히틀러의 경박함에 실소를 금할 수 없다.

나치 인종주의에서 반유대주의를 능가하는 것은 없었다. 1939년 이루어진 히틀러와 알가르가니 간의 대화에 관한 기록에는 다음과 같은 내용이 담겨 있다. "……총통은 우리가 아랍인에 대해 호감을 느끼는 두 가지 이유를 언급했다. 1) 우리는 아라비아에서 영토를 차지하려는 욕심이 없었고, 2) 우리는 같은 적을 가졌기 때문이며, 여기에 덧붙이기를 3) 우리는 유대인에 맞서 함께 싸웠기 때문이라고 말했다." 그러나 히틀러는 아랍인 방문객에게 두 가지 사실을 감추었다. 즉, 나치 독일은 유대인을 팔레스타인으로 이주하라고 부추겼으며, 영국이 지정한 유대인 이주민 거주지 이외의 주변 지역을 확보하도록 시오니즘 단체를 도왔다.

나치 독일의 경제부와 독일 시오니즘 연맹은 독일 유대인의 팔레스타인 이주를 위해 3개월에 걸쳐 협상한 끝에 1933년 8월 25일 '하바라 협정'을 체결했다. 이 협정으로 1933~1939년에 5만~6만 명의 독일 유대인이 팔레스타인으로 이주했다. 팔레스타인 이주를 원하는 유대인이 독일의 송금 사무소에 돈을 예치하면, 송금 사무소는 이 돈으로 독일제 상품을 구매해 팔레스타인에 있는 수입업자에게 수출한다. 팔레스타인의 수입업자가 물품 대금을 독일 시오니즘 연맹이 직접 관리하는 앵글로-팔레스타인 은행(Anglo-Palestine Bank)에 지급하면, 유대인 이민자는 이 은행에서 송금 사무소에 예치했던 돈을 찾는 방식으로 송금이 이루어졌다. 나중에는 기계도 수출했는데, 이 경우 이민자는 돈을 찾는 대신 기계를 수입한 회사의 지분을 갖기도 했다. 팔레스타인의 영국 당국 역시 경제력이 있는 유대인 이주민을 받을 수 있다는 이유에서 이 협정을 마다하지 않았지만, 유대인 이주에 항의하는 봉기가 일어나자 1937년 공식적으로 유대인의 유입을 막았다. 그러나 하바라 협정에 따른 이주는 1939년 제2차 세계대전 발발 전까지 계속되었다. 독일은 협정으로 약 1억 4000만 제국 마르크 상당의 상품을 수출했다.

그러나 협정은 경제적 이유 외에 당시 나치가 팔레스타인 이주를 '유대인 문제의 해결책' 중 하나로 보았음을 보여준다. 나치 내부에서 '유대인 문제'를 합리적인 방식으로 해결하려 했던 인물은 레오폴트 폰 밀덴슈타인(Leopold von Mildenstein)이었다. 언론인 출신으로 친위대 소령이던 그는 나치 집권 초기인 1933년 4월 베를린 출신 시온주의자 쿠르트 투흘러(Kurt Tuchler)와 부부 동반으로 팔레스타인을 여행했는데, 여행 목적은 '유대인 문제'를 팔레스타인 이주를 통해 해결할 수 있는지를 타진하는 것이었다. 그는 여행에서 유대인에 대한 긍정적인 인상을 받았지만, 팔레스타인 아랍인에 대해서는 부정적인 인상을 받았다. 그는 귀국 후 1934년 9월 26일~10월 9일에 나치가 발행한 잡지 〈공격(Der Angriff)〉에 12회에 걸쳐 여행기를 연재하며 유대인의 팔레스타인 이주를 옹호했다. 그러나 밀덴슈타인이 10개월에 걸친 친위대 근무를 마치고 제국선전부로 자리를 옮기면서 그 방안은 점차 힘을 잃고 말았다. 물론 훗날 아우슈비츠로 귀결된 나치의 반유대주의를 고려하면, '하바라 협정' 같은 나치와 시오니즘의 협력은 한낱 에피소드에 불과했다.

이미 과거가 되어버린 나치와 아랍의 반유대주의 동맹이 오늘날 학계에서 논란이 되는 이유는 그 문제가 오늘날 중동 및 팔레스타인 문제에서도 여전히 엄청난 파장을 불러일으키기 때문이다. 이와 관련해, 독일 정치학자 마티아스 퀸첼(Matthias Küntzel)은 독일 좌파를 비난하고 나섰다. 즉, 하마스의 선배가 나치와 협력했다는 사실은 하마스를 지지하는 독일 좌파에게 매우 불편한 진실이며, 독일 좌파가 팔레스타인 해방 운동에 내재하는 나치즘의 흔적에 침묵하는 이유는 바로 그 때문이라고 비판한다. 그는 나치와 아랍의 동맹이 오늘날에도 여전히 존재한다고 보는데, 하마스는 9·11 이후 독일에서 반미와 반이스라엘을 내세우며 자금을 모으고 자유롭게 선전 활동을 하며, 네오나치와 동맹한다는 것이다. 그의 주장대로라면, 철천지원수인 독일 좌파와 네오나치는 하마스의 반미/반이스라엘 투쟁, 즉 '반제국주의 투쟁'을 매개로 하나가 된다.

나치-아랍 동맹의 지속을 주장하는 학자들은 1945년 이후에도 계속된 나치와 아랍민족주의의 인적 교류를 지적한다. 적지 않은 나치 전범들이 전후 이집트로 향한 것은 단순히 은신처를 찾기 위해서가 아니라 그곳에서는 반유대주의 투쟁을 계속할 수 있었기 때문이라고 본다. 나치 전범들의 활동 영역은 아랍민족주의 진영에 국한되지 않고 이집트 정부와 군에 자문할 정도로 광범위했다고 본다. 이집트로 도주한 나치 전범을 보호한 것은 무슬림형제단으로, 알후세이니는 무장 친위대 중령 출신 오토 스코르체니(Otto Skorzeny)를 나세르 정부에서 일하도록 주선했다. 이집트에서 활동한 나치 고위층은 괴벨스의 부관이었던 요한 폰 레어스(Johann von Leers), 프란츠 뷘셰(Franz Bünsche), 루이 하이덴(Louis Heiden) 등으로, 하이덴은 이슬람으로 개종하고 《나의 투쟁》을 아랍어로 번역하기도 했다. 공군 엘리트였던 한스울리히 루델(Hans-Ulrich Rudel)과 하인리히 힘러(Heinrich Himmler)의 참모였던 친위대 대령 오이겐 돌만(Eugen Dollmann)은 많은 나치 전범들을 이집트로 피신시키고 정부 고위직에 앉히는 역할을 했다는 것이 퀸첼의 주장이다.

퀸첼은 알후세이니와 하마스의 관련성을 통치 스타일이나 노선에서도 찾는다. 먼저, 쿠란을 이슬람주의적으로 해석하는 데 반대하는 세력을 무자비하게 제거하는 하마스의 폭력은 1920~1930년대 알후세이니와 매우 흡사하다고 본다. 그에 따르면, 1차 인티파다(1987~1993) 시기에만 무려

940명 이상의 '부역자'가 살해되었다. 둘째, 팔레스타인 문제를 평화적으로 해결하려는 노력을 철저하게 막는 하마스의 정책 역시 알후세이니와 유사하다고 본다. 이스라엘의 온건파인 노동당의 암람 미츠나(Amram Mitzna) 후보가 선거에서 승리하는 것을 막기 위해 하마스가 2003년 1월 24명의 이스라엘인을 학살한 만행은 이를 보여주는 명백한 증거라는 것이다. 셋째, 하마스는 유대인의 세계 지배 음모를 주장한다는 면에서 나치의 반유대주의를 그대로 계승했다고 본다. 1988년 발표한 '하마스 헌장'은 유대인을 '세계의 악'으로 규정하고, 프랑스 혁명, 양차 세계대전, 제3세계 착취, 약물의 확산 등이 모두 유대인의 세계 지배 음모에서 비롯되었다고 주장한다는 것이다.

퀸첼은 '하마스 헌장'과 알카에다의 강령이 모두 반유대주의적이라고 본다. 그는 이에 대한 근거로 빈라덴이 2002년 10월 미국 국민에게 보낸 편지를 제시한다. "미국과 서구를 볼모로 잡은 …… 유대인은 그대들의 모든 삶을 지배하고, 그대들의 희생으로 자신의 목적을 추구한다." 빈라덴은 모든 악의 근원으로 유대인을 지목한다는 면에서 전형적인 반유대주의자라는 것이 퀸첼의 주장이다. 이처럼 퀸첼은 지하드의 이념적 토대가 독일의 좌파가 주장하듯이 반제국주의가 아니라 반유대주의이며, 그 기원은 알후세이니와 나치 독일의 동맹으로 거슬러 올라간다고 본다.

지하드의 기원을 나치 독일로 보는 것 못지않게 커다란 파장을 일으키는 또 다른 주장은 나치가 아랍과 협력해 홀로코스트를 메나 지역으로 확대하려 했다는 것이다. 나치가 메나 지역에서 반유대주의 아랍어 방송을 한 이유는 홀로코스트를 확대하기 위한 정지(整地) 작업이었다고 본다. 심지어 텍사스 대학 데이비드 패터슨(David Patterson) 교수는 앞서 언급한 하바라 협정조차 홀로코스트 확대론의 관점에서 바라본다. 즉, 나치가 유대인의 팔레스타인 이주를 도운 것은 아랍민족주의가 유대인을 확실하게 절멸할 것으로 확신했기 때문이라는 것이다.

독일의 아랍 전문가인 클라우스 마이클 말만(Klaus Michael Mallmann)과 마르틴 퀴퍼스(Martin Cüppers)는 나치가 유대인 팔레스타인 이주 정책을 중단하게 된 결정적 이유를 1936년 알후세이니 주도하에 발발한 팔레스타인 봉기에서 찾는다. 그들의 주장에 따르면, 이 봉기를 통해 반유대주의 동맹 파트너를 발견한 나치는 팔레스타인에 무기와 자금을 보냈다. 반유대주의 투쟁에 영국을 상대로 한 반제국주의 투쟁이 더해지며 더욱 긴밀해진 양자의 관계는 유대인 학살이 본격적으로 시작된 1942년에 새로운 전기를 맞았다. 동유럽에서 유대인 학살을 시작한 나치는 아랍 반유대주의 세력과 협력해 학살을 팔레스타인 유대인 이슈브(Yishuv)에게로 확대하려 했다는 것이다. 그러나 나치의 이슈브 학살 계획은 엘알라메인에서 에르빈 로멜(Erwin Rommel) 전차군단의 패배로 메나 지역의 전황이 악화하면서 난관에 봉착했다는 것이 말만과 퀴퍼스의 주장이다. 나치의 유대인 범주는 유럽 유대인과 아랍 유대인을 모두 포함한다는 점을 고려하면, 홀로코스트 확대론은 검토해볼 가치는 있다.

한편 홀로코스트 확대론은 사실 여부와 상관없이 엄청난 정치적 함의를 내포한다. 확대론의 관점에서 보면, 이스라엘의 건국은 정복이 아니라 자기방어이기 때문이다. 유럽 유대인이 무기력하게 아우슈비츠로 끌려갔다면, 팔레스타인 유대인은 적극적으로 저항해 유대 국가를 실현한 셈이 된다. 말하자면, 이스라엘은 아랍 반유대주의에 대한 저항으로 탄생했으며, 그렇다면 오늘날의 팔레스타인 문제는 완전히 다른 모습으로 변하는데, 나치-아랍 동맹으로부터 비롯된 팔레스타인 해방 운동은 유대인 학살 의혹으로 정당성을 송두리째 상실하고 만다. 확대론의 관점에서 보면,

이스라엘 건국으로 귀결된 시오니즘은 유럽 반유대주의가 낳은 결과일 뿐만 아니라 아랍 반유대주의에 대한 대응이기도 한 셈이다.

이러한 관점에서 보면, 1948년 이스라엘 건국의 원인에서 팔레스타인 아랍민족주의가 절반의 비중을 차지한다. 그러나 이에 대한 반론도 만만치 않다. 생전에 홀로코스트의 신화화와 정치화를 경계하고 비판했던 유대계 미국 역사학자 피터 노빅(Peter Novick)이 지적한 것처럼, 보기에 따라서 이스라엘의 건국은 유럽 크리스트교의 오랜 반유대주의가 저지른 홀로코스트의 책임을 팔레스타인 무슬림이 떠안은 결과였다. 바꿔 말해, 지극히 유럽적인 문제가 유럽 제국주의에 의해 무고한 팔레스타인에 떠넘겨진 셈이다.

나치-아랍 동맹을 둘러싼 논쟁은 팔레스타인 문제를 포함한 중동 문제와 밀접하게 관련이 있다. 중동 문제는 20세기 현대사의 주요 주제인데, 현대사의 특징 중 하나는 역사가 현실정치와 불가분의 관계에 있어 역사를 정치적으로 이용하는 역사정치의 위험성을 안고 있다는 점이다. 아랍 반유대주의에 관한 논의는 이스라엘의 정통성과 대팔레스타인 정책 같은 현실정치적 문제와 결부되어 있다는 면에서 역사정치의 전형적인 사례에 속한다.

정복에 가까운 이스라엘 건국을 주도한 시오니즘은 네 차례 전쟁만으로 팔레스타인 지배의 정당성 문제를 해결할 수 없었으며, 명분을 공격이 아닌 방어에서 찾아야 했다. 이와 관련해 레바논 출신의 프랑스 정치학자 길버트 아쉬카(Gilbert Achcar)는 이스라엘은 정통성 문제를 항상 홀로코스트의 정치화를 통해 해결하려 한다고 비판한다. 그는 이에 대한 사례로 1982년 이스라엘의 레바논 침공을 지적한다. 이 사건으로 국제 사회에서 이스라엘에 대한 여론이 악화하자, 홀로코스트에 대한 기억이 대대적으로 부활했다. 이처럼 홀로코스트가 이스라엘을 가해자에서 피해자로 둔갑시키는 도구로 활용되자, 아랍 세계의 대응은 홀로코스트의 부정이었다는 것이다. 이러한 상황에서 일종의 적대적 공생관계가 형성된다. 즉, 이스라엘 타도를 외치는 아랍 세계의 급진 세력인 하마스, 헤즈볼라, 무슬림형제단, 이란 등은 아이러니하게도 이스라엘 강경파의 입지를 강화해준다. 반대로 이들 아랍 급진세력은 이스라엘 덕분에 국내 정치적으로 영향력을 유지할 수 있다.

반유대주의를 중동 분쟁의 결과로 보는 견해

아랍 반유대주의와 중동 분쟁 사이에 모종의 연관이 있다는 견해는 아랍 세계의 친나치 세력에 초점을 맞춰 파시즘이 아랍 전역에 확산해 있다는 가설에서 출발한다. 이러한 견해는 '적의 적은 친구'라는 국제 정치의 고전적 정의에 근거한다. 앞서 언급한 바대로, 영불 제국주의와 팔레스타인 유대인이라는 두 개의 적이 아랍 세계가 파시즘으로 기울게 만든 원인이라고 본다. 그러나 베를린 자유대 울리케 프라이탁(Ulrike Freitag) 교수와 텔아비브대 이스라엘 게르쇼니(Israel Gershoni) 교수는 이러한 시각이 지나치게 정치적이라고 비판한다. 그들은 아랍과 나치즘의 관계를 역사적으로 바라보는 시각에 팔레스타인 해방 운동, 이슬람 근본주의, 지하디즘 등의 부정적 이미지가 투영되어 있다고 본다. 퀸첼을 비롯해 9·11 이후 이슬람 테러를 다룬 연구들이 대부분 이러한 경우에 속한다는 것이 두 사람의 생각이다.

프라이탁과 게르쇼니는 나치즘이 알후세이니를 매개로 알바나와 무슬림형제단에 영향을 끼쳤다는 퀸첼의 주장에 대해, 알바나는 나치즘 역시 제국주의로 간주했다고 반박한다. 게다가 그는 인종주의와 전체주의를 표방한 나치즘을 영불의 제국주의보다 더 나쁜 것으로 보았다는 것이다. 그의 연설이나 글, 활동 등에서 나치즘을 옹호한 흔적은 전혀 찾을 수 없다고 본다. 그렇다면 프라이탁과 게르쇼니는 알후세이니와 알바나의 관계에 대해서는 어떠한 입장일까? 퀸첼은 두 아랍민족주의자의 친밀한 관계를 근거로 무슬림형제단과 나치가 일정한 관계에 있었다고 주장하는 반면, 두 사람은 알바나의 무슬림형제단이 알후세이니의 팔레스타인 해방 운동을 지원한 것과 알후세이니가 나치와 협력한 것은 별개의 문제라고 본다. 즉, 나치와 무슬림형제단 모두 팔레스타인 해방 운동을 지원했지만, 그렇다고 그것이 양자의 동맹이나 협력을 의미하지는 않는다는 것이다.

물론 두 사람의 주장은 차분한 검토가 필요하다. 앞서 패터슨이 지적한 바대로, 1945년 이후 나치 전범들이 이집트에서 활동한 것이 사실이라면, 이는 무슬림형제단과 관련이 있을 가능성이 있다. 나치 전범들이 이집트에서 활동한 시기는 알바나의 사망(1949년 초) 이후인 1950년대이지만, 프라이탁/게르쇼니의 주장대로 알바나가 나치에 적대적이었다면 무슬림형제단이 나치 전범들과 협력하기는 쉽지 않았을 것이다. 따라서 알바나와 나치의 관계는 좀더 자세한 연구가 필요하다. 반대의 추론도 가능하다. 즉, 패터슨의 주장과 달리 나치 전범들의 이집트 활동이 무슬림형제단과 무관했을 수 있다. 예를 들어, 스코르체니는 여러 나라를 돌아다녔고 이집트의 로켓 개발에 관여하기도 했으며, 심지어 이스라엘 모사드와도 관련이 있었던 것으로 알려져 있다. 즉, 나치 전범들의 활동 영역은 생각보다 더 넓었을 수 있다.

프라이탁/게르쇼니는 알후세이니에 관해서도 반유대주의 연구와 다른 입장을 개진한다. 즉, 아랍민족주의 운동 내에서 알후세이니의 위상이 나치-아랍 동맹론이 주장하는 만큼 절대적이지 않다고 본다. 알후세이니의 친나치 행적은 논란의 여지가 없지만, 아랍민족주의 운동 내에서 그의 역할과 위상을 둘러싸고는 전혀 다른 주장이 제기된다. 팔레스타인 민족주의 운동이 친나치적이었다는 견해는 알후세이니의 영향력이 작지 않았음을 전제로 한다. 그러나 알후세이니가 주도한 운동은 그의 지지 세력과 반대 세력이 대립해 일인 지배 체제를 구축하지 못했다고 본다. 물론 알후세이니는 1946년 이집트로 망명할 당시 무슬림형제단의 환영을 받았지만, 이는 전후 이집트의 영국에 대한 투쟁이 강화된 당시 분위기를 반영한 것이었다. 과거 영국을 상대로 반제국주의 운동을 주도한 알후세이니가 그러한 분위기 속에서 환영받은 것은 특별한 것이 아니었다.

이스라엘 정치가 즈비 엘펠렉(Zvi Elpeleg) 역시 알후세이니의 영향력이 크지 않았다고 증언한다. 가자 지구, 요르단강 서안 지역, 남부 레바논 등에서 이스라엘 군정장관을 역임한 그는 1974년 알후세이니가 베이루트에서 사망한 이후 팔레스타인 민족주의 진영의 사정에 정통했다. 그는 알후세이니의 일대기에서 그에 관해 다음과 같이 쓰고 있다. "하지 아민(알후세이니)의 사망으로 팔레스타인 난민촌에서 권력의 공백이 생기지는 않았다. PLO(팔레스타인 해방기구) 지도부가 민족주의 진영을 한동안 이끌었고, 그들은 1960년대 말부터 과거의 주도 세력보다 더 성공적으로 팔레스타인 아랍인을 단결시켰다. ……하지 아민에 대한 기억은 팔레스타인 대중의 뇌리에서 거의 사라지다시피 했다. 그의 죽음에 대한 애도는 찾아볼 수 없었다. 난민촌은 그의 이름을 기념하지 않았고, 그의 이름을 딴 거리 역시 없었다. ……하지 아민은 누구보다 지도자로서 책임감이 투철

했으며 평생을 자기 국민을 위해 헌신했으나, 세상을 떠난 후에는 패배의 상징이 되고 말았다."

게르쇼니는 최근 연구에서 전간기와 제2차 세계대전 시기에 아랍민족주의 진영과 정치권 내에 독일 및 이탈리아 파시즘과 동맹을 추구한 세력만 존재한 것이 아니었음을 밝히고 있다. 자유주의자와 사회주의자도 존재했으며, 이들은 유럽과 마찬가지로 파시즘에 적대적이었다고 본다. 말하자면, 아랍 세계 역시 전간기 유럽의 정치권과 지성계에 휘몰아친 이념적 내전을 경험했다는 것이다. 새로운 연구는 기존의 연구가 중동 분쟁이라는 현실정치에 매몰되어 다양한 역사를 외면한 채 나치-아랍의 반유대주의적 커넥션을 취사선택했음을 보여준다.

아랍어 자료를 중시하는 학자들은 아랍 세계의 다양성을 강조하고 일반화에 거리를 둔다. 독일의 르네 빌트앙엘(René Wildangel)과 괴츠 노르트브루흐(Götz Nordbruch) 역시 아랍어 자료를 통해 아랍 세계를 내부로부터 관찰하는 학자들로, 이들 역시 아랍민족주의의 다양성을 주장한다. 두 사람은 당시 아랍 언론의 기사를 근거로 1945년 이전 아랍 세계에 반유대주의는 분명 존재했지만 이에 반대하는 목소리도 존재했음을 보여준다. 게다가 빌트앙엘의 연구에 따르면, 당시 팔레스타인 언론은 독일보다 영국에 우호적인 기사를 더 많이 게재했으며, 나치 독일의 유대인 박해가 유대인의 팔레스타인 이주를 유발한다고 보아 나치의 반유대주의를 비난했다. 두 사람은 1945년 이후 이스라엘 건국, 중동전쟁, 일부 아랍 국가의 군부독재 등으로 독설로 가득한 반유대주의가 나타났지만, 이러한 현상은 특정한 맥락을 갖는다는 점을 강조한다.

아랍어 자료에 주목하는 학자들은 아랍 반유대주의를 비판하지만 이해할 만한 현상으로 본다. 그들은 독일의 유대인 혐오가 비이성적이었다면, 아랍의 유대인 혐오는 현실적인 갈등에서 비롯되었다고 본다. 따라서 그들은 현상으로서 반유대주의가 아니라 그것을 유발한 원인과 맥락에 초점을 맞춘다. 아랍의 반유대주의는 이미 1930년대부터 유럽과는 다른 맥락을 갖고 있었는데, 유럽의 반유대주의가 인종주의에 근거한다면 아랍의 경우 반제국주의에 뿌리를 두고 있다는 것이다. 마찬가지로 오늘날 아랍 세계에서 목격되는 반유대주의 역시 팔레스타인 문제를 도외시한 채 논의해서는 안 된다고 본다. 아랍민족주의는 이스라엘 건국을 여전히 제국주의와 관련이 있다고 본다. 프라이탁/게르쇼니의 주장을 요약하자면, 아랍 반유대주의는 항상 반제국주의와 결합하는데(1930년대는 영국 제국주의, 오늘날에는 미국-이스라엘 동맹의 제국주의) 바로 이 점에서 독일 및 유럽의 인종주의적 반유대주의와 다르다는 것이다.

팔레스타인 아랍인이 일상에서 목격하는 이스라엘의 폭력은 반유대주의 형성에 지식인의 펜보다 훨씬 강력한 영향을 끼친다. 이러한 영향은 아랍인의 반유대주의를 없애려는 노력에도 같게 작용한다. 그래서 일부 논자들은 팔레스타인 및 중동 문제의 해결이 아랍 반유대주의의 소멸을 위한 전제 조건인 동시에 궁극적인 해결책이라고 입을 모은다. 유일한 해결 방안이라는 의미다. "아랍의 반유대주의는 갈등의 원인이 아니라 결과 중 하나다. ……아랍과 이스라엘의 갈등이 해결된다면, 반유대주의 현상은 사라질 것이다." 이스라엘군 장교이자 정치학자였던 예호사팟 하르카비(Yehoshafat Harkabi)가 1972년 자신의 저서에서 했던 말이다. 유대계 미국인으로 중동 전문가인 버나드 루이스(Bernard Lewis) 역시 1985년에 유럽과 아랍 사이에는 반유대주의에서 차이가 있다고 보았다. "팔레스타인 문제는 크리스트교도 반유대주의자한테는 좋은 구실이자 혐오의 배출구 역할을 하지만, 무슬림 반유대주의자한테는 원인이다."

아쉬카는 홀로코스트의 부정과 관련해서도 유럽과 아랍의 구분이 필요하다고 본다. 지배하는 백인의 인종주의와 억압받는 흑인의 인종주의가 같을 수 없듯이, 억압자가 유대인 학살을 부정하는 것과 피억압자가 부정하는 것은 엄연히 다르다는 것이다. 아쉬카가 말하는 방어적 반유대주의의 정당성은 일리가 있다. 유럽에 만연했던 반유대주의는 유대인 학살이라는 참혹한 폭력으로 발전했지만, 이스라엘에 대한 저항인 아랍 반유대주의가 유대인 학살로 발전할 가능성은 그리 크지 않기 때문이다. 물론 퀸첼은 그러한 견해를 단호히 거부한다. 반유대주의에서 강자와 약자를 구분하는 것은 후자에게 '도덕적 백지위임장(a moral carte blanche)'을 주는 것이나 진배없다고 비판한다. 약자에게는 도덕적으로 모든 것이 용납된다는 논리는 받아들일 수 없다는 것이다. 그러나 아쉬카의 지적대로, 약자에게 허락된 것은 오로지 분노의 표현뿐임을 상기할 필요가 있다.

이슬람 테러리즘에 관한 논의도 이와 다르지 않다. 서로 대립하는 두 입장 모두 현실정치와 불가분의 관계에 있다. 퀸첼을 위시한 반유대주의 연구가 미국이나 이스라엘을 겨냥한 지하디즘과 인티파다의 기원을 나치즘에서 찾음으로써 미국-이스라엘 동맹의 정당성을 역사에서 찾는다면, 원인과 맥락에 주목하는 연구는 이슬람 테러리즘을 미-이 동맹의 중동 정책에 내재하는 폭력을 고발하는 근거로 활용한다. 이슬람 테러는 제국주의에 저항하는 약자의 투쟁 방식이라는 것이 그들의 입장이다.

이슬람 테러리즘에서는 이를 유발하는 원인과 배경에 더 주목해야 한다는 것이다. 그들은 아랍의 관점을 접하기 때문에 그쪽 사정에 정통하다. 서구의 반유대주의 연구가 이질적인 시선으로 아랍 세계를 보는 한계가 있다면, 그들은 내재적 비판이 가능한 위치에 있다. 물론 내재적 비판과 주관주의 사이의 경계는 항상 모호하다. 그러나 다른 학문 분야와 비교해 미국 중심의 국제 정치적 역학관계의 영향에 상대적으로 많이 노출된 중동/이슬람 연구에서 내재적 접근은 친미/친이스라엘로 경도된 시각에 균형감을 부여한다.

글을 정리하며

홀로코스트 확대론의 관점에서 보면, 이스라엘 건국은 유럽에서 자행된 학살을 아랍에서는 피하려는 유대민족의 자기방어가 된다. 오늘날의 이스라엘 역시 이러한 행위의 지속이자 연장으로, 이스라엘의 팔레스타인 정책은 가해가 아닌 자위가 된다. 오늘날 메나 지역에서 목격할 수 있는 홀로코스트 부정론은 이러한 맥락을 염두에 두고 보아야 한다. 즉, 빌트앙엘의 지적처럼 홀로코스트가 이스라엘 건국과 국가를 정당화하는 수단으로 활용되면 될수록, 아랍민족주의는 사실 여부와 상관없이 홀로코스트를 인정하기가 더욱 힘들어진다. 1945년 9월 개최된 무슬림형제단 지도자 총회에서 행한 알바나의 연설은 홀로코스트를 바라보는 아랍의 솔직한 입장을 잘 보여준다. "우리가 유대인의 고통에 대해 동정한다는 것은 의심할 여지가 없습니다. 그러나 그렇다고 그들이 아랍인을 상대로 정의롭지 못한 짓을 하는 것이 정당화될 수는 없습니다."

나치-아랍 동맹은 객관적 역사가 될 수 없을지 모른다. 이스라엘 건국은 유럽 유대인의 비극이 낳은 산물이라는 점에서 아랍민족주의의 홀로코스트 부정은 역사적 사실 여부와 상관없이 적어도 정치적으로는 이해할 만하다. 아랍 반유대주의는 네오나치의 경우와 질적으로 다른 것으로 팔레스타인 문제와 결부된 현실정치적 현상으로 보는 것이 타당할지 모른다. 아랍 세계가 이스라엘의 존재를 정당화하는 홀로코스트를 인정하기 위해서는 팔레스타인 문제의 해결이 선행되어야 할 것이다.

두 번째 쟁점인 이슬람의 폭력성과 나치 독일의 상관관계 문제 역시 역사라기보다 현실정치에 가깝다. 중동/이슬람 연구자들은 나치 독일-알후세이니-21세기 지하디즘으로 이어지는 테러리즘의 지속을 주장하는 것은 과도한 단순화로 역사가 아니라 역사정치라고 비판한다. 그들은 반유대주의가 유대 사회를 싸잡아 동질적인 집단으로 보듯이 반유대주의 연구 역시 아랍 세계를 획일화한다고 비판한다. 아랍어 사료들은 아랍의 정치권에 수많은 세력이 난립했으며, 민족주의 운동 내에서도 다양한 스펙트럼이 존재했음을 보여준다는 것이다. 오늘날의 지하디즘 역시 단선적인 발전 과정이 아니라 서구 제국주의와 연관된 복잡한 배경과 맥락으로부터 비롯되었다는 것이 그들의 주장이다.

이슬람 테러리즘을 나치와 결부시키면, 크게 보아 두 가지 효과가 나타난다. 먼저, 지하디즘은 나치즘에 그 뿌리를 두고 있다는 전제만으로도 도덕적 정당성을 완전히 상실하고 만다. 그로 인해 테러리즘의 인과관계에서 미국과 유럽의 책임이 현저하게 줄어들거나 아예 간과된다. 두 번째 효과는 더욱 중요하다. 즉, 나치즘-지하디즘의 연계는 반유대주의로 인해 반이스라엘로 귀결된다. 그럴 경우, 이스라엘의 모습에는 팔레스타인 정책의 가해자 이미지에 이슬람 테러리즘에 대한 투쟁 이미지가 중첩된다.

나치-아랍 동맹의 지속과 단절이라는 상반된 주장은 모두 역사적 사실에 근거한다. 역사의 빛깔은 단색이 아니고 다채롭기 때문이다. 문제는 역사에서 무엇을 선택하고 강조할 것인가에 있다. 하마스의 초라한 선제공격과 이스라엘군의 무자비한 보복으로 이어지는 팔레스타인의 유혈 사태는 진정한 가해자는 온데간데없고 피해자들끼리 벌이는 혈투라는 점에서 비극적이다. 2000년을 유럽에서 살아온 유대인을 아랍인의 삶의 터전으로 내몬 유럽의 근본적인 책임에 분노하는 목소리는 듣기 힘들다. 자국의 이익을 위해 중동 분쟁을 더욱 악화시키는 미국에 책임을 묻는 것은 대부분 아랍인이다. 나치-아랍 동맹 담론은 아랍민족주의를 20세기 세계사에서 악(惡)의 절대적 기준이 되어버린 나치즘과 결부시켜 서구 제국주의의 책임을 감추려는 역사정치의 의혹을 불러일으킨다.

참고문헌

David Patterson, *A genealogy of evil: anti-semitism from Nazism to Islamic Jihad* (Cambridge University Press, 2010).

Gilbert Achcar, *The Arabs and the Holocaust: The Arab-Israeli War of Narratives* (New York, 2010).

Israel Gershoni, ed., *Arab Responses to Fascism and Nazism: Attraction and Repulsion* (Univ. of Texas Press, 2014).

Klaus-Michael Mallmann/Martin Cüppers, *Halbmond und Hakenkreuz: Das Dritte Reich, die Araber und Palästina* (Darmstadt, 2006).

Matthias Küntzel, *Djihad und Judenhass. Über den neuen antijüdischen Krieg*, Freiburg 2002; published in English as *Jihad and Jew-Hatred. Islamism, Nazism and the Roots of 9/11* (New York, 2007).

Ulrike Freitag and Israel Gershoni, "The Politics of Memory. The Necessity for Historical Investigation into Arab Responses to Fascism and Nazism," *Geschichte und Gesellschaft* 37 (2011), pp. 311~331.

3부

유럽연합과 메나

제국 상실의 시대, 제국의 대용으로서 유라프리카•

15

김유정 경상국립대학교

유럽통합과 식민주의

평화의 기획으로서 유럽통합은 일반적으로 성공의 역사로 기술되어왔다. 유럽의 오랜 역사적 갈등이 유럽통합을 통해 해결되었고, 유럽에서 이제는 전쟁을 상상할 수 없다는 점에서 본다면 유럽통합은 하나의 성공적인 역사로 평가되기 충분하다.•• 전대미문의 전쟁을 경험한 유럽인들이 '유럽인가 몰락인가?'를 묻는 절박한 심정으로 유럽통합을 제안했던

• 이 글은 〈'제국 부활의 꿈', 유라프리카: 범유럽(Paneurope)구상에서부터 EEC 협상까지〉, 《문화와 정치》 제6권 제4호(2019)를 수정·재편집한 것이다.

•• EU는 유럽뿐만 아니라 세계 평화에 이바지한 점을 인정받아 2012년 노벨 평화상을 받았다. 노르웨이 노벨위원회는 "유럽연합이 지난 60여 년 동안 유럽의 평화·화해·민주주의·인권을 위해 크게 이바지했으며, 전쟁으로 찢겼던 대륙을 평화의 대륙으로 바꾸기 위해 지속적인 노력을 기울여왔다"고 선정 이유를 밝혔다.

것도 사실이다. 유럽통합의 기원 및 발전에 관한 상당수 설명이 이 주제에 집중되어 있는 것도 우연이 아니다. 그러나 평화의 기획에 방점을 두고 있는 기존 유럽통합 연구 경향에 대하여 페오 한센(Peo Hansen)과 스테판 욘손(Stefan Jonsson)은 이의를 제기한다. 그들에 따르면 "제2차 세계대전의 파괴와 나치의 참상을 경험한 유럽인들이 유럽의 항구적 평화 정착 문제에만 집중하게 하는 결과를 낳음으로써" 유럽통합사 연구는 평화라는 편중된 초점만을 가지게 되었다. 그러나 한쪽으로만 치우친 기억은 다른 쪽 기억의 망각을 유도하기 마련이다. 유럽은 5월 9일 '쉬망 선언'이 이루어진 날을 '유럽의 날'로 기념하면서 그날이 프랑스가 인도차이나 독립을 반대하는 대전투를 벌인 사실에 대해서는 침묵하고 있다. 유럽을 기념하기 위한 노력이 다른 한편의 진실을 외면하는 결과를 가져온 셈이다. 유럽통합사 연구가 유럽 중심주의적 역사 서술에서 벗어나지 못하는 한 이러한 아이러니는 반복될 수밖에 없다.

유럽통합이 다양한 층위의 발전 동인을 가지고 있음에도 불구하고 유럽통합 역사 서술은 성공적인 역사 평가에 편중되어 있다. 그 결과 유럽통합의 여러 발전 동인 중 식민주의 문제를 제기하는 역사 연구는 오랫동안 주목받지 못했다. 최근 스웨덴 역사학자 한센과 욘손은 유라프리카(Eurafrica) 연구를 통해서 식민주의와 유럽통합 발전의 상관관계를 자세히 설명하고 있다.• 이들은 유라프리카 개념이 "제국주의 기획(project)의 하나이며 유럽통합의 주요한 발전 동인이 되어왔다고 설명한다. 이들에 따르면, 초기 유럽통합 과정에서 유라프리카 개념은 중요한 화두였고 프랑

• Peo Hansen & Stefan Jonsson, *Eurafrica: The Untold History of European Integration and Colonialism* (Bloomsbury, 2016).

스를 위시한 아프리카에 많은 식민지를 경영하고 있던 유럽의 일부 국가에 유라프리카는 오히려 유럽통합을 추진시켰던 중요한 정치적 사안이었다. 이들의 연구는 유럽인들의 식민주의 열망이 강조되고 있는 유럽통합 역사를 서술하고 있다는 점에서 유럽통합에 대한 새로운 시각과 설명의 틀을 제공한다고 평가할 수 있을 것이다. 이 글은 유럽통합사 발전 과정에 대한 설명 중 오랫동안 주목받지 못한 식민주의 문제를 다룬다. 이는 유럽통합사 연구에서 의식적이건 무의식적이건 배제되거나 망각되었던 유럽통합 동인의 어두운 이면을 부각하는 과정이 될 것이다.

간전기 유럽 지식인들의 유라프리카 개념

유럽인은 언제부터 유라프리카 개념을 만들었고 유라프리카 협력의 필요성을 주장하기 시작했을까? 유라프리카 개념의 출현은 유럽 문명에 대하여 유럽인이 가졌던 위기의식과 무관하지 않다. 1917년 오스발트 슈펭글러는 《서구의 몰락(The Decline of the West)》이라는 책을 발간하였다. 제1차 세계대전 종식 후 '유럽(문명)의 몰락'이라는 위기의식과 패배감이 팽배한 가운데 이 책은 '유럽은 과연 어디로 갈 것인가?', '유럽은 이대로 몰락하고 말 것인가?'와 같은 우려와 근심을 반영하고 있었다. 전대미문의 제1차 세계대전은 참혹했고, 세계 경제 위기로 인한 유럽의 대공황은 유럽의 민주주의마저 위협하였다. 당시 유럽의 지식인들은 위기로부터 유럽을 구할 새로운 대안과 방법을 찾지 않으면 안 될 시대적 과제에 직면해 있었다. 이와 같은 배경에서 등장한 것이 리하르트 폰 쿠덴호베칼레르기(Richard von Coudenhove-Kalergi)의 '범유럽(Paneurope) 구상'이었다. 쿠덴호베칼레르기는 유럽이 영광스러웠던 과거와 같이 세계 강대국으로 자립할 수 있으려면 무엇보다 유럽이 통합되어야 하고, 그럴 때 새롭게 부상하고 있는 미국과 러시아 사이에서 유럽이 독립성을 유지할 수 있다고 생각했다. 그는 또한 강한 유럽의 부활은 유럽이 아프리카와 함께할 때 실현될 수 있다고 믿었다. 유럽을 위해 아프리카를 유럽의 일부로 흡수 또는 통합하자는 유라프리카 개념은 쿠덴호베칼레르기의 유럽통합 논의 가운데 처음 나타났다. 유럽과 아프리카의 통합 논의는 그의 유럽통합 구상의 중요한 한 부분을 차지하고 있었다.

쿠덴호베칼레르기의 이와 같은 주장은 동시대 유럽의 지식인과 정치가들에게 큰 영향을 미쳤다. 그의 영향으로 다양한 계층의 작가, 학자, 사회와 정치계의 전문가들이 유럽을 위한 아프리카의 필요성과 아프리카 개발 계획을 지속해서 제안하였다. 유럽 지식인이 공유했던 '유럽을 위한 아프리카의 필요성'은 다음의 세 가지 관점에서 논의되었다. 1) 유럽 경제 및 산업 발전을 위한 원자재 공급지로서의 아프리카, 2) 유럽의 상품을 팔 수 있는 새로운 시장 및 노동력을 제공하는 아프리카, 3) 유럽의 인구 과잉 문제를 해결해줄 아프리카.• 그리고 이들은 예외 없이 유럽에 의한 아프리카 개발의 당위성을 서구에 의한 아프리카 지역의 '문명화' 또는 '근대화'에서 찾았다. 한 예로 1930년대에 활동했던 프랑스 작가 외젠 구르니에(Eugène Guernier)는 《아프리카: 유럽의 팽창을 위한 대지(L'Africa: Champ d'expansion de l'Europe)》라는 책에서 다음과 같이 말했다.

(오늘날) 식민화는 윤리적이면서도 고도의 높은 차원의 문명화 노력의 종합체

• Peo Hansen & Stefan Jonsson, *op. cit.*, pp. 17~69.

다. 이는 아직 발전되지 않은 미개한 인종의 삶을 단계적으로 개선하는 길이고, 이뿐만 아니라 유럽의 산업 조건을 발전시키는 방법이기도 하다.•

이 책에서 구르니에는 아프리카를 유럽의 산업 발전을 위한 원자재 공급지와 유럽의 실업자를 위한 일자리 및 유럽의 상품을 팔 수 있는 새로운 시장으로 설명했다. 그리고 그는 아프리카가 유럽에 원자재와 시장을 제공할 때 유럽이 미국과 러시아 사이에서 제3의 강력한 제국을 실현할 수 있다고 덧붙였다. 유럽을 하나의 지정학적 세력 단위로 보고 유럽이 아프리카와 긴밀한 협력을 유지할 때 유럽이 새롭게 부상할 수 있다는 구르니에의 설명은 쿠덴호베칼레르기가 범유럽 구상에서 설명했던 유럽과 아프리카의 협력 주장과 크게 다르지 않다. 요컨대 이 둘 모두는 아프리카를 유럽의 세력 기반을 위한 개발 및 착취의 대상으로 보았다는 점에서 공통성을 가지고 있다. 이는 19세기 유럽인들이 아프리카를 플렌테이션(plantation) 농장으로 보았던 식민주의 관점과 매우 유사하다. 차이가 있다면 19세기에는 유럽 개별 국가들이 담당했던 것을 이제는 유럽이 공동으로 아프리카를 개발하고 착취한다는 논리다.

한편 아프리카를 바라보는 이러한 인식은 동시대 프랑스 정치가의 주장에서도 발견된다. 프랑스 식민지 장관이자 범유럽운동의 회원이기도 한 알베르 사로(Albert Sarraut)는 1921년 프랑스 의회에서 아프리카 식민지 지역에 장기적인 투자 계획이 필요하다고 제안하였다. 그는 아프리카로의 장기적 투자가 확고한 인프라 구축에 도움을 줄 것이고, 이는 향후 프

• Eugène Guernier, *L'Afrique: Champ d'expansion de l'Europe* (Paris: Armand Colin, 1933).

랑스가 해외 영토의 탈식민화를 준비하는 데 꼭 필요한 계획이라고 강조하였다. 이러한 구상이 장기적 투자라는 미명하에서 경제적 종속을 영속시키기 위한 경제계획이라는 것을 쉽게 읽을 수 있다. 당시 프랑스 정부는 사로의 제안이 프랑스에 너무 큰 비용 부담을 줄 수 있다는 이유로 받아들이지는 않았다. 그렇지만 사로의 제안은 1950년대 후반 프랑스의 탈식민화가 한참 진행되어 해외 영토 문제가 거론될 때마다 다시 언급되기도 했다. 제국주의자, 인종주의자 그리고 범유럽주의자이기도 했던 사로는 1931년 《위대함과 식민지(Grandeur et sevitude coloniales)》라는 책을 출판하여 유라프리카 협력이 유색인종의 유입으로 고민하는 유럽을 구하는 데 꼭 필요한 것이라고 설명하여 그의 식민주의적 관점을 가감 없이 드러내었다.• 1930년대 프랑스에서 아프리카 식민주의와 관련하여 사로의 영향은 매우 컸다. 당시 공식적인 외교 정책의 독트린이 되었던 유라프리카 개념은 이후 파리에 거대한 식민지 박람회(Great Colonial Exposition in Paris, 1931)를 개최하자는 정치적 제안으로 발전하였다. 뱅센 숲(Vincennes forest) 가까이에서 열린 식민지 박람회는 만 명의 관람객이 방문하는 대성공을 거두었다. 이뿐만이 아니라 이 박람회는 미래 식민지 시스템을 주제로 삼은 다수의 컨퍼런스와 출판을 통해 논쟁을 불러일으켰다.

한편 독일의 철학가 막스 그뤼네발트(Max Grünewald)는 이주 문제와 그 해결 방책으로서 유라프리카의 중요성을 강조하였다. 그는 1935년 '아프리카와 이주 문제(Africa and the Problem of Emigration)'라는 제목의 글을 발표하였다. 이 글을 통하여 그는 당시 유럽의 가장 시급한 문제는 가까운 미래에 1200만 명이 넘는 인구가 실직하게 되는 것을 해결하는 일이라고

• Albert Sarraut, *Grandeur et servitudes colonials* (Paris: L'Harmattan, 1931).

언급했다. 그리고 유럽의 인구 과잉 문제를 해결하기 위해서 아프리카에 유럽인들을 이주시켜 잘 정착할 수 있도록 도와주는 것이 중요한 정책이 될 것이라고 주장하였다. 그는 쿠덴호베칼레르기의 테제를 인용하며 다음과 같이 리포트를 마무리하였다. "유럽을 위해 아프리카를 구하고 아프리카에 의해 유럽을 구하자."•

이주 문제는 동시대 이탈리아 작가 디 카메로타(Paolo Orsini di Camerota)에게서도 발견된다. 디 카메로타는 자신의 작품에서 유럽과 아프리카를 피를 나눈 '형제의 대륙'에 비유했다. 그는 유럽과 아프리카를 하나의 몸체로 설명하면서 "지리적으로 두 대륙의 배꼽이 그리스 신화에 나오는 헤라클레스의 기둥(Pillars of Hercules)"••이라고 묘사하였다. 디 카메로타는 유럽과 아프리카 대륙을 하나의 종합체 또는 심지어 피로 연결된 관계로 설명하기까지 하였다. 하지만 그는 유럽과 아프리카의 인종 간 혼혈에 대해서는 매우 부정적으로 생각하였고, 심지어 흑인 노동자와 병사들이 유럽에 유입되는 것을 막아야 한다고 주장하는 등 아프리카의 필요성과 아

• Peo Hansen & Stefan Jonsson, *op. cit.*, p. 57.

•• 헤라클레스의 기둥은 지브롤터 해협의 어귀 부분의 낭떠러지에 있는 바위다. 그리스 신화에 따르면, 헤라클레스는 헤스페리데스 동산을 넘어 아틀라스산맥을 건너가야 했다. 거대한 산을 오르는 대신 헤라클레스는 괴력을 이용해 산줄기를 없애버렸다. 때문에 당시 바다를 막고 있던 아틀라스산맥이 갈라지면서 대서양과 지중해가 생겨났고 그 사이에 조그만 지브롤터 해협이 생겨났다고 한다. 부서진 산의 한 부분이 지브롤터이고 나머지 한 부분이 북아프리카의 세우타나 모로코의 에벨 무사라는 것으로 연관될 수 있다. 이후로 이 두 산줄기가 헤라클레스의 기둥으로 불리기 시작했으며 그 이름과 관련한 전설이 나타나기 시작했다. 훗날 디오도로스 시켈로스는 헤라클레스가 산맥을 통째로 부순 것이 아니라 단순히 이미 있던 해협의 너비를 좁혀서 대서양을 통해 지중해로 넘어오려는 괴물들을 막은 것이라고 적었다.

프리카인을 바라보는 인종주의적 시각 사이에서 자가당착적 모순을 나타내고 있다.

지금까지 살펴보았듯이, 지정학적 관점에서 유라프리카를 통합하자는 주장은 다양한 내용을 가진 상이한 버전을 가지고 있었다. 유라프리카에 대한 주장은 특히 유럽이 위기에 직면했다고 판단될 때, 때로는 '하나의 가능성으로서', 때로는 '유럽의 마지막 기회로서', 때로는 '평화의 과제이자 백인이 마땅히 짊어져야 할 부담으로서', 그리고 '전략적 이해와 경제적 당위' 등의 겉옷을 입고 표현되었다. 이처럼 유라프리카는 다양한 정체성과 당위성이 중첩된 형태로 표현되고 주장되었다. 한마디로 표현한다면 간전기에 처음 등장한 유라프리카 개념은 위기에 직면한 유럽을 구해줄 마지막 기회였다. 이러한 성격의 유라프리카 개념은 가장 먼저 쿠덴호베칼레르기의 '범유럽' 구상이 제안되는 가운데 유럽통합 논의와 함께 등장하였다. 그리고 동시대 유럽의 정치가, 지식인, 또는 학자들의 논의는 쿠덴호베칼레르기가 설명했던 유라프리카 개념에서 크게 벗어나지 않았다. 즉, '아프리카는 유럽에 의해서만 또는 유럽을 위해서만 개발될 수 있고, 유럽은 아프리카의 잠재적 능력을 이용해서만 살아남을 수 있다'는 것이 이들의 공통된 주장이었다. 이 시기 유라프리카주의자들 대부분은 앞서 설명하였듯이 '유럽이 아프리카에 문명을 제공하고, 아프리카는 유럽에 원자재, 영토, 자원, 지정학적 팽창의 기회를 제공하는' 19세기 식민주의 패러다임에서 크게 벗어나지 않았다. 다만 그것이 국제화나 초국가주의(유럽+아프리카)와 같은 새로운 프레임, 즉 '유라프리카'라는 새로운 개념으로 표현되었지만, 그 내용은 여전히 19세기 유럽의 제국주의, 식민주의 및 인종주의를 담고 있었다. 따라서 유라프리카 개념이 1920년대 유럽통합이 주장되는 가운데 처음 출현하였지만, 그것은 19세기 이래 유럽에서 지속된 식민주의의 메아리에 지나지 않았다.

1920년대 "범유럽" 구상안의 유라프리카

앞서 살펴보았듯이, 간전기 유라프리카 개념은 태생적으로 유럽통합 논의와 연관되어 있었다. 1920년대 유럽통합을 주장하며 유라프리카 개념을 처음 소개한 인물은 쿠덴호베칼레르기다. 유라프리카에 대한 쿠덴호베칼레르기의 관심은 1923년 자신의 저서인 《범유럽(Paneuropa)》에서 처음 등장한다. 그는 전후 세계 정치가 아메리카, 러시아, 대영제국, 동아시아, 유럽 등 지정학적으로 구분되는 다섯 개의 거대한 지역 규모의 세력권을 축으로 전개될 것이라고 예상하였다. 그가 구분한 다섯 개의 세력권에서 그의 범유럽 범위에는 영국과 러시아가 제외되어 있고 포르투갈로부터 폴란드에 이르는 유럽 대륙의 26개 국가와 범유럽이 경제적으로 자립하는 것을 가능하게 해주는 원료와 식량의 공급지로서 유럽 국가들의 아프리카 식민지까지 포함되어 있다. 그에 따르면, 유럽의 해외 식민지, 특히 아프리카가 포함된 범유럽은 앞서 구분하여 설명한 5개의 세력권 중 가장 강력한 지역이 될 수 있었다. 말하자면, 그가 설명하는 범유럽의 경계는 대륙의 유럽과 지중해를 기준으로 아프리카를 소유하고 있는 유럽이다.• 그의 범유럽 구상에 포함된 유라프리카는 1929년 2월에 발간된 〈아프리카(AFRIKA)〉에서 더 자세히 설명된다. 이 논문에서 그는

• Richard Coudenhove-Kalergi, *Paneuropa* (vienna and Leipzig, 1923: Paneuropa-Verlag, 1926); Richard Coudenhove-Kalergi, 'Afrika', *Paneuropa*, Vol. 5, No. 2 (1929).

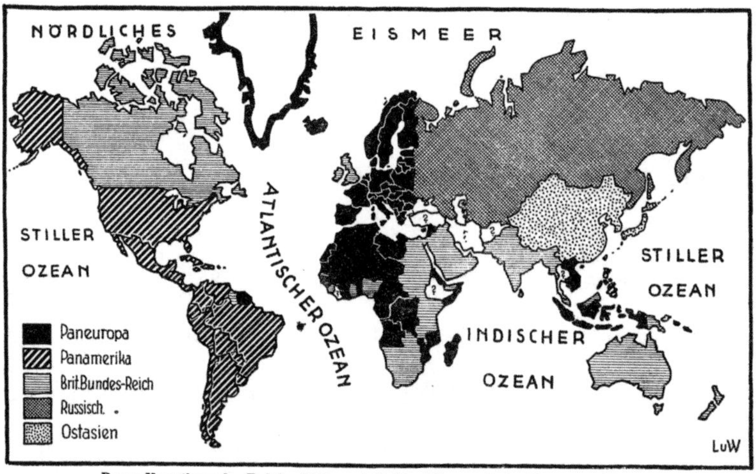

Raum-Verteilung der Erdoberfläche auf die Pan-Ideen nach der Paneuropa-Union von Coudenhove-Kalergi

그림 15.1 쿠덴호베칼레르기의 유라프리카 범위(짙은 검정색)

"유럽이 아시아의 딸이자 미국의 어머니고, 동시에 유럽이 아프리카의 주인"임을 설명하며 왜 유럽이 아프리카의 운명이나 아프리카의 책임과 긴밀히 연루되어 있고, 아프리카의 문제가 유럽의 문제의 한 부분이 되는지를 자세히 설명하였다.

쿠덴호베칼레르기에 따르면 유럽과 아프리카는 하나의 몸체를 이루고 있었다. "유럽은 유라프리카의 머리고, 아프리카는 유라프리카의 몸체다." 그의 이러한 사유는 유럽 문화의 우월성과 아프리카 인종의 열등성이라는 이분법적 인식을 통해 발전하였다. 그가 보기에, 지구의 상당 부분을 차지하는 아프리카인들은 자신의 영토를 발전시킬 수도 문명화시킬 수도 없는 인종이었다. 그래서 그는 백인이 아프리카를 문명화할 의무가 있다는 논리적 귀결과 함께 유라프리카 협력의 당위성을 설명하였다. 이와 같은 점에서 쿠덴호베칼레르기의 문명관 또는 인종관은 19세기 유럽 제국주의자들이 가졌던 근대화의 전형을 따르고 있었다. 다만 19세기 제국주의와의 차이점은 아프리카로의 유럽의 확대가 더는 정치 및 군사적 지배, 경제적 부의 획득, 또는 단순한 선교의 필요에 의해서가 아니라는 점이다. 그의 표현을 빌리면, 아프리카는 유럽에 다시금 새로운 에너지를 부여하는 어떤 기회, 위기에 처한 유럽의 현재와 미래를 구할 대안이었다.

그의 범유럽 구상은 유럽의 평화와 발전을 위한 제안이었지만, 이 구상은 이미 초기부터 아프리카의 자원을 유럽이 공동으로 개발 또는 착취한다는 제국주의의 성격을 내포하고 있었다. 쿠덴호베칼레르기가 볼 때, 아프리카는 유럽을 과거의 영광스러운 유럽으로 인도하는 대륙이었지만 만일 유럽이 통합되지 않는다면 아프리카는 유럽에 유용한 대상이 될 수 없었다. 이처럼 그가 주장한 유라프리카는 범지역적 규모의 지배와 힘의 균형에 기초를 둔 강한 유럽을 위한 세계 비전의 한 부분을 이루고 있었다. 유럽 문제에 있어 그는 평화주의자, 국제주의자, 반나치주의자, 반공주의자 그리고 범유럽주의자로서 간전기 유럽통합 운동을 대표하는 '유럽의 아버지' 중 한 사람으로 종종 소개되고 있다. 하지만 그가 유럽을 위해 아프리카를 통합된 유럽에 포함하고 착취하려 했던 사실은 잘 알려지지 않았다. 더군다나 그는 백인과 흑인의 차이에 대한 확고한 인종주의적 신념을 감추지 않았다. 동시대 유럽의 지식인들이 그랬듯이, 그는 유럽인들이 아프리카로 이주하고 정착하여 그곳의 자원과 문명을 개발할 것은 옹호했던 반면, 흑인 노동자들이 유럽으로 유입되는 것에 대해서는 막아야 한다고 주장했다. 이와 같은 측면에서 판단할 때, 그의 범유럽 구상에 포함된 아프리카는 강한 유럽을 위한 착취의 대상에 지나지 않았다. 정리하자면, 간전기 쿠덴호베칼레르기가 주장한 유라프리카는 문명화된 유럽에 의해 미개한 아프리카 지역이 개화되고 진보한다는 '문명화 사명'

의 신념으로 포장되고 있으나, 이는 어디까지나 '제국 부활'의 열망을 담은 아프리카의 유럽에 대한 경제 종속 협력 논의에 불과하였다.

전후 유럽통합 논의와 식민주의

제2차 세계대전 후에도 유라프리카는 여전히 유럽인들의 정치적 꿈으로 남아 있었다. 전후 냉전이 가시화되는 국제 정세 속에서 새롭게 부상한 두 세력에 뒤지지 않을 강한 유럽을 만들기 위해 유럽인들은 유럽통합뿐만 아니라 아프리카와의 협력에 대해서도 계속 강조하였다. 다시 말해, 유럽이 제국을 유지할 때만 미국과 러시아 사이에서 세계 강대국으로 행세할 수 있다는 논리다. 특히, 아프리카에 많은 식민지를 보유하고 있던 유럽 국가들은 국가 간 또는 초국가적인 유럽 기구 안에서 식민지 문제를 해결하고자 하였다. 이브 몬타솔로(Yves Montarsolo)에 따르면, "아프리카와의 협력 문제는 1950년대 유럽 기구가 만들어지는 매 순간 유럽인들의 중심적 현안"이 되었다.• 전후 유럽인들에게 유라프리카의 의미는 한편으로는 독립적이고 유럽의 경제력을 강화하는 해결 방안이었으며, 다른 한편으로는 새롭게 전개된 탈식민화의 위기를 극복할 수 있는 하나의 탈출구였다.

간전기 쿠덴호베칼레르기의 주장은 전후 유럽인에게도 강한 인상을

• Yves Montarsolo, *L'Eurafrique-contrepoint de l'idée d'Europe: Le cas français de la fin de la deuxième guerre mondiale aux négociation des Traité de Rome* (Aix-en-Provence: Publications de l'Université de Provence, 2010), p. 91.

남겼다. 전후 유럽통합주의자들은 '강한 유럽 만들기'와 '아프리카에 유럽의 세력권 확장'과 같은 쿠덴호베칼레르기의 주장을 발췌하기도 했다. 가장 먼저 연방주의자들은 유럽이 아프리카와 협력할 때만 미국과 러시아의 주도권 경쟁 속에서 그들과 힘의 균형을 맞출 수 있다는 범유럽 구상의 내용을 인용하며 유럽연방과 운명을 함께할 아프리카와의 협력을 주장하였다. 유럽연방주의자들이 해외 식민지 영토에 관심을 가졌던 가장 큰 이유는 무엇보다 유럽의 경제 문제 해결에 있었다. 1948년 5월 헤이그에서 유럽회의(Congress of Europe)를 개최했을 때 유럽연방주의자들은 유럽연방과 해외 영토와의 관계에 대한 문제를 제기하였다. 사실 헤이그회의는 유럽 대륙의 통합주의자들, 연방주의자들, 그리고 평화론자 800여 명이 한자리에 모여 유럽의 평화와 번영을 위한 통합 유럽의 밑그림을 그린 자리였다. 이 회의에서 유럽연방주의자들은 유럽의 평화, 독일 문제, 민족국가의 미래, 유럽의 민족주의, 첨예화하는 냉전의 기류와 유럽의 분할 문제 등, 유럽의 평화 정착과 유럽통합에 대한 논의를 다루면서 동시에 "유럽연합(European Union)이 아프리카에 미치는 유럽의 힘과 영향"에 대한 주제도 논의하였다.

경제 문제를 해결하기 위한 유럽과 아프리카의 협력 논의는 헤이그회의 1년 후 설립된 유럽평의회(Council of Europe)에서도 지속되었다. 이 모임에서 유럽통합주의자들은 유럽과 아프리카 경제를 연결하는 논의를 계속 진행하였다. 유럽평의회 프랑스 대표 살레(M. Saller)는 "유럽의 정치공동체는 유럽과 이미 연관된 해외 영토와의 협력 없이는 살아남을 수 없을 것이다"라고 언급하며 아프리카 없는 유럽공동체의 미래는 불투명하다고까지 주장하였다. 그리고 "유럽이 몰락하지 않기 위해서 유럽은 이와 같은 현실을 반드시 인식해야 한다"고 덧붙였다. 유럽이사회 서독 대표였던 요하네스 젬러(Johannes Semler) 또한 "유럽이 생명력을 지니기 위해서는 아프리카 대륙의 풍부한 자원을 공동으로 개발하여 그동안 달러로 냈던 원자재 문제를 아프리카에서 찾아야 하고" 그렇게 함으로써 "유럽은 공산주의자와 달러 지역 중간지대에 있는 제3의 경제 통일체를 만들 수 있을 것이다"라고 강조했다. 간단히 말하자면, 유럽 경제를 위해서 유럽은 공동으로 아프리카의 자원을 개발하고 아프리카의 원자재를 활용해서 유럽의 달러 부족 문제를 해결하자는 내용이었다.•

아프리카 천연자원 개발에 대한 논의는 쉬망 플랜 및 ECSC 협상에서도 빠질 수 없는 이슈였다. 특히 해외 영토에 많은 식민지를 보유하고 있던 프랑스는 유럽통합 기구 안에서 이와 같은 문제를 해결하고자 했다. 당시 프랑스 외무부 장관이던 쉬망은 탈식민화 시기 식민지를 계속 보유하려고 노력하기보다 유럽이 프랑스 식민지 개발에 동참하여 유럽과 아프리카를 공동의 경제권으로 발전시키는 것이 더 나을 수 있다고 판단했다. 이와 같이 쉬망은 프랑스와 유럽이 통제하는 지정학적 단일체 내에 아프리카 영토를 프랑스에 포함할 수 있는 하나의 전략으로서 유라프리카를 인식하고 지지하였다. 이는 쉬망이 1950년대 중반 더욱 열렬한 유라프리카주의자가 된 주된 이유였다.

유럽 또는 유라프리카와 같은 경제적 단일체를 통해 1950년대 아프리카 탈식민화 문제를 적극적으로 해결하고자 했던 나라는 프랑스였다. 전후 프랑스 제4공화국은 겉으로는 식민제국이라는 이미지를 청산하면서, 실질적으로는 정치·경제·문화적으로 과거 식민지 영토와 긴밀한 식민지 체제를 유지하기 위해 프랑스 연합(Union française)을 창설하였다. 그러

• Council of Europe, The Strasbourg Plan.

나 이는 어디까지나 프랑스 식민지 제국이 프랑스 연합으로 형태를 전환한 것에 불과했고 착취를 위한 식민지 정책의 본질은 변하지 않았다. 이후 프랑스는 인도차이나 전쟁(1946~1954), 모로코 독립전쟁(1947~1956), 튀니지 전쟁(1949~1956) 등으로 프랑스 연합이 와해하는 상황에 직면하게 되었다. 결국 프랑스 정부는 식민지 독립을 막는 데 실패했고, 프랑스와 아프리카의 연합체를 통해 탈식민화를 해결하려는 전략도 실패했다. 이러한 상황에 직면하여 프랑스 정부는 '자신의 과거 식민지 지역에 프랑스가 지속적으로 영향을 끼칠 수 있을 것인가'에 대한 심각한 의문을 제기하였다. 프랑스 정부에서 식민지 문제는 공산당을 제외한다면, 모든 당파를 초월해서 공감대를 형성한 중요한 정치적 이슈였다. 논의의 핵심에는 알제리 독립 문제가 늘 자리 잡고 있었다.

당시 알제리는 프랑스 도(道)를 세 개나 보유하고 있었고, 엄밀히 말해서 프랑스의 식민지는 아니었다. 하지만 알제리는 지정학 및 경제적으로 프랑스에 매우 중요했기 때문에 유라프리카 공동체 논의에서는 빠질 수 없는 국가였다. 이뿐만 아니라 알제리의 브라자빌(Brazzaville)은 전쟁 동안에는 프랑스 임시정부의 전진 기지로서 '자유 프랑스(free France)'의 상징적인 도시이기도 했다. 1943년 알제리 임시정부 사령부에서 드골은 줄곧 "제국이 공화국을 구했다"고 외쳤다. 하지만 전후 '제국이 공화국을 배신하는 현실', 즉 알제리 독립이 거의 현실화되는 상황에서 프랑스는 이를 막을 수 없다고 판단했다. 그 대안으로 프랑스는 알제리가 프랑스의 자본과 기술력에 계속 의존하는 방향을 고심했다. 그리고 그 해답을 유라프리카와 같은 공동체 전략에서 찾았다.

프랑스는 북아프리카 식민지 지역에 대한 영향을 전제로 한 유럽통합을 적극적으로 추진하였다. 유라프리카와 같은 공동체가 알제리를 지킬 수 있는 수단이 될 수 있다고 판단했던 프랑스 정부는 유라프리카를 재차 강조하며 유럽의 통합된 경제 공간에 자신의 식민지 지역을 편입시키려고 노력하였다. 프랑스 역사학자 르네 지로(René Girault)의 연구는 이러한 프랑스 정부의 태도를 잘 설명하고 있다. 그는 '프랑스가 자국의 식민지 경제 및 개발 비용을 유럽경제공동체 국가들에 분담시킬 목적으로 프랑스 연합에 소속된 식민지를 유럽경제공동체에 편입시키기를 원했다'고 설명하고 있다. 자신의 식민지 문제를 경제적 공동체에 의해 해결할 수 있다고 판단한 프랑스가 1957년 유럽경제공동체(EEC)와 유럽원자력공동정책(EURATOM) 조약에 관한 협상이 진행 중일 때 해외 영토를 유럽경제공동체에 포함할 것을 계속 주장한 것도 같은 맥락이다.

유럽통합과 식민지 문제 그리고 유라프리카에 대한 이러한 입장은 1956년에 등장한 사회주의 정당 정부 기 몰레(Guy Mollet)의 유럽통합 행보에서도 잘 나타났다. 몰레 정부하에서 두 테마, 즉 유럽통합과 식민지 문제는 상호 연결된 유라프리카로 정의되었다. 몰레는 유라프리카와 같은 보다 큰 공동체만이 이 두 가지 문제를 해결할 방법이라고 판단했다. 1957년 1월 9일, 몰레는 UN 총회에서 '알제리 상황에 대한 프랑스 입장'에 관하여 다음과 같이 언급했다.

"프랑스는 해외 영토를 연합할 수 있는 큰 공동시장의 조직을 위해서 유럽의 파트너들과 협상을 하고 있다. 모든 유럽은 아프리카의 개발을 위해 협력할 것이고, 그러므로 유라프리카 문제는 세계 정치의 중요한 주제의 하나가 될 것이다. 고립된 국가들은 더는 세계와의 약속을 유지할 수 없다. 알제리 혼자서 무엇을 할 수 있을까? 지금 막 형성되고 있는 유라프리카 공동체가 그들에게 미래를 제공하지 않겠는가? 알제리의 독립은 경제·사회적 퇴보일 뿐만 아니라 독재로의 혹은 독립한 아랍 국가들이 보여준 예와 같이 준봉건적 체제로의 회귀를 불가피하게 만든다. 이것을 진정한 의미의 진보로 볼 수 있는가? 국가들 간의 상호 의존이 새로운 통치 방식이 되고 있다."• 그리고 그는 '프랑스는 절대로 알제리를 포기하지 않는다'고 재차 강조했다.

몰레 정부의 노력 끝에 로마 조약(1958)은 '해외 국가 및 영토의 연합(Association of Oversea Countries and Territories, OCT)' 문제를 다루는 조항(제4조항)을 마련하였고, 그 결과 프랑스와 벨기에는 OCT에 대한 유럽의 공동(투자) 지원을 약속받았다. 그리고 그 대가로 다른 EEC 회원국들은 새로운 아프리카 시장에 대한 면세 혜택을 얻을 수 있었다. 형식적으로 반-식민주의를 나타내며 아프리카에 대한 유럽의 이해가 착취가 아닌 상호 관계로 발전하는 듯 보이지만, 그것은 주인으로서 아프리카에 대한 유럽의 역할을 전혀 포기하지 않은 상황에서의 새로운 접근 방식이자 통제 방식이었다고 주장하고 있다. 이러한 모순적인 태도는 "식민 지배는 아니지만, 독립에는 반대한다(anti-independence yet non-colonial)"는 유라프리카 의제가 잘 반영되어 있다. 유라프리카 연합은 EEC가 '유럽' 공동의 이해관계를 가지고 식민지 경영을 새로운 방식으로 체제화(rationalize, 혹은 합리화)한 것에 불과한 것이라는 비난을 면하기 어려울 것이다. 한마디로, 유럽공동체 창설 초창기에 유라프리카 개념에는 새로운 경제공동체를 통한 경제 종속 시스템 구축이라는 부정적 의미가 내재하여 있었다.

• Peo Hansen & Stefan Jonsson, *op. cit.*, p. 184.

제국 상실의 시대, 제국의 대용으로서 유라프리카 신화

유럽연합의 기구와 제도가 출범한 1950년대를 유럽통합의 태동기로 본다면 유럽연합은 어느덧 70주년을 앞두고 있다. 유럽통합의 역사에 대한 다양한 평가가 필요한 시점에 이르렀다. 앞서 유라프리카를 통해 1920년대부터 1950년대 유럽통합 발전사를 살펴보았듯이, 유라프리카 개념은 프랑스를 위시한 아프리카에 식민지를 경영하고 있던 일부 서유럽 국가가 유럽통합을 추진한 중요한 정치적 동인이었다. 유럽통합은 그 태동기 때부터 유럽통합 구상 속에 제국주의 기획을 포함하고 있었고, 상당수의 유럽통합주의자들이 유럽의 평화와 번영을 고민하면서 동시에 식민지 지역의 착취와 경제적 종속 관계의 영속을 함께 고려했다. 사실 유럽통합사에서 식민주의에 관한 조명이 유럽인들에게 불편함을 준다는 사실을 부정하기는 어려울 것이다. 유럽의 항구적 평화 정착이 유럽통합이 이룬 가장 큰 공로(功勞)라면 유라프리카에 대한 조명은 유럽이 유럽의 제국주의 및 식민주의와 만나는 과실(過失)에 속한다. 그 결과 식민주의 문제를 제기하는 유럽통합의 역사는 상당히 오랫동안 잊히고 간과되어왔던 것이 사실이다.

유럽인들에게 유라프리카 구상은 '제국 상실 시대에 제국을 대신한 새로운 대용'이었다. 그 내용과 표현은 매우 다양했다. 유럽의 범제국주의자(pan-impérialistes)에게 유라프리카는 '아프리카 식민지를 통합하고 아프리카 대륙을 범유럽에 병합하는 계획'이었고, 반면 프랑스 유럽통합주의자는 유라프리카를 근본적으로 1946년에 만들어진 프랑스 연합과의 통합 또는 병합으로 보았다. 이뿐만 아니라 프랑스 정치가들은 유라프리카를 프랑스와 마그레브 지역의 연합(une fédération franco-maghrébine)으로도 생각했다. 유라프리카 개념이 1950년대 도미노 현상처럼 연이어 발생한 식민지국들의 독립전쟁으로 탈식민화의 위기에 처한 프랑스가 더 적극적으로 자신의 과거 식민지 지역에 대한 영향을 전제로 한 유럽통합을 추진한 든든한 배경이 되었다는 사실을 부인할 수 없다.

간전기부터 시작되어 1950년대 유럽통합 기구와 제도가 논의되는 시점에 이르기까지 주장된 유라프리카는 '제국 부활의 꿈' 또는 '강한 유럽 신화'라는 식민주의의 또 다른 주장이었음을 알 수 있었다. 다시 말해, 유라프리카는 1950년대 위기와 유럽통합 논의 과정에서 등장한 새로운 개념이 아니라 19세기 이래 반복적으로 등장한 제국주의 부활에 대한 열망의 연속이며 아프리카 경제 종속을 영속하려고 했던 유럽 공동 노력의 하나로 보아야 한다는 것이 필자의 판단이다. 1957년 유럽경제공동체 안의 '해외 국가 및 영토의 연합'은 겉으로는 유럽과 해외 식민지 지역 간의 관계를 동등한 경제 협력으로 포장하고 있지만, 실질적으로는 유럽경제공동체를 통해 구식민지 지역에서 유럽이 지속적인 이익을 얻으려는 방편이었다는 비난을 면하기 쉽지 않을 것이다.

참고문헌

박지현, 〈유럽 통합과 프랑스 식민주의의 제문제〉, 《프랑스사연구》 제32호(2015).

신종훈, 〈쿠덴호베-칼레르기와 간전기 범유럽운동〉, 《통합유럽연구》 제9권 제2집 (2018).

Hansen Peo and Stefan Jonsson, *Eurafrica: The Untold History of European Integration and Colonialism* (Bloomsbury, 2016).

Karis Muller, "The Birth and Death of Eurafrica," *International Journal of Francophone Studies* (Exeter UK, 2000), Volume 3/1.

Papa Dramé and Samir Saul, "Le projet d'Eurafrique en France (1946-1960): quête de puissance ou atavisme colonial," *Guerres mondiales et conflits contemporains* (2004), n° 216, p. 63.

Yves Montarsolo, *L'Eurafrique-contrepoint de l'idée d'Europe: Le cas français de la fin de la deuxième guerre mondiale aux négociation des Traité de Rome* (Aix-en-Provence: Publications de l'Université de Provence, 2010), p. 91.

EU-MENA의 협력과 공존을 위한 제도화 지중해연합

16

윤석준 성공회대학교

지중해연합의 출발점 '바르셀로나 선언'

유럽과 MENA의 지역 간 협력 증진 및 관계 강화에서 핵심적 역할을 수행해온 지중해연합(Union for the Mediterranean, UfM)은 유럽 대륙 및 지중해 연안에 위치한 42개 회원국들로 구성된 정부 간 기구(intergovernmental organization)다. 2008년에 출범한 지중해연합의 맹아는 1995년 하반기 스페인의 EU 순회상임의장국(Presidency of the Council of the EU) 수행 기간 중 바르셀로나에서 개최한 유럽-지중해 외교장관 회의(Euro-Mediterranean Conference of the Ministers of Foreign Affairs)의 결과로서 나오게 된 '바르셀로나 선언(Barcelona declaration)'이다.

바르셀로나 선언은 당시 EU 15개 회원국과 MENA 12개국이 유로-지중해 파트너십(Euro-Mediterranean Partnership, EMP)이라는 이름으로 정치·안보, 경제·금융, 사회·문화의 세 축을 중심으로 양 지역 간 대화와 협

Union pour la Méditerranée
Union for the Mediterranean
الإتحاد من أجل المتوسط

그림 16.1 지중해연합 로고

력을 통해 달성하기 위해서 공동의 목표를 설정한 것이다. 그 목표는 구체적으로 정치·안보 대화를 강화하여 지역 내 평화와 안정을 구축하고, 경제·금융 협력부터 시작하여 점진적으로 자유무역 지대를 설립하고, 사회·문화·인적 교류 강화를 통해서 상호 문화에 대한 이해를 높이고 시민 사회 역량을 강화하는 것 등의 내용을 담고 있었다.

바르셀로나 선언의 숨은 산파였던 하비에 솔라나 EU 고위외교안보 대표가 당시 강조한 바와 같이 이는 역사적으로 과거 십자군 원정에서 시작되어 900여 년간 지속되어온 유럽과 MENA 지역 간 '문명의 충돌'을 종식하는 시발점을 만들자는 선언적 의미를 담고 있었다. 그리고 정치적으로는 1970년대부터 유럽공동체(European Communities)와 주요 회원국들이 수립해온 일련의 대(對)지중해 정책들에서 보여준 MENA 지역에 대한 일방향적 외교 정책 접근 방식을 지양하고, 양 지역 간 상호 대화와 협력에 기반한 양방향적 관계를 새롭게 열어가겠다는 취지에 기반해 있었다.

이러한 바르셀로나 선언에 기반해 전개한 일련의 제도적 발전 및 협력 프로젝트를 일컫는 이른바 '바르셀로나 프로세스(Barcelona process)'는 이후 12년 동안 정치·경제·문화 영역을 중심으로 활발히 진행되어왔다. 그 대표적인 사례가 1998년부터 2013년까지 15년 동안 문화 영역 차원에서 진행된 유로메드 문화유산 프로그램(Euromed Heritage Programme)이다. 이는 MENA 지역 문화유산의 발굴 및 보존을 중심으로 한 EU와 MENA 사이의 다양한 협력이었는데, 이 프로그램의 성과들은 이후 EU-MENA 지역 간 문화 교류 및 교육 프로그램들에 활용되어왔다.

2005년 11월 바르셀로나 선언 10주년을 기념하여 스페인 바르셀로나에 모인 EU 27개 회원국과 MENA 10개국 정상들은 21세기 새롭게 변화하고 있는 시대 상황에 맞춰 양 지역 간 대화와 협력을 강화하는 새로운 시행 계획들을 마련하기로 합의한다. 그러나 그동안 바르셀로나 프로세스에 대해서 회원국들 간에는 긍정적 평가와 부정적 평가가 다소 엇갈리고 있었고, 최소한 단순히 새로운 협력의 어젠다를 확충하는 것만으로는 부족하다는 문제의식이 있었다. 특히 상설사무국 구성을 포함한 '협력의 제도화'가 필요하다는 공감대가 형성되고 있었다.

바르셀로나 프로세스에서 '지중해연합'으로

이러한 바르셀로나 프로세스에 기반한 EU-MENA 협력의 제도화를 본격적으로 주도한 인물은 프랑스의 니콜라 사르코지(Nicolas Sarkozy) 대통령이다. 그는 2007년 프랑스 대선에서 터키의 EU 가입 문제를 우회할 해법으로 EU와는 별도로 지중해연합 구상을 밝히게 된다. 그리고 대통령에 당선된 이후 2008년 파리에서 EU와 MENA 지역의 43개국 정상이 모인 '지중해를 위한 파리 정상회의(Paris summit for the Mediterranean)'를 개최하여 바르셀로나 프로세스를 한 단계 더 발전시켜 지중해연합 창설을 골자로 한 파리 선언(Paris declaration)이라는 합의를 이끌어낸다.

파리 선언은 바르셀로나 프로세스의 연장선상에 있다는 의미를 명확히 하기 위해서 기존 바르셀로나 선언의 세 가지 축인 정치·안보, 경제·금융, 사회·문화 영역과 2005년 바르셀로나 선언 10주년 유럽-지중해 정상회의에서 추가한 사법·내무 영역을 중심으로 협력을 심화해나가는 것을 원칙으로 삼았다. 그와 동시에 환경·교육·재생에너지·중소기업 진흥 등 협력의 영역을 확대하고, 2년마다 EU와 MENA 지역 국가들이 번갈아가며 정상회담을 개최하기로 추가 합의했다. 그러나 중동 평화 문제 등의 민감한 정치 현안들은 논의의 영역에서 철저히 제외했다.

사르코지 대통령이 주도한 파리 선언이 최종 합의에 이르러 지중해연합이 탄생하기까지 EU와 MENA 양측에서는 모두 적지 않은 불협화음이 있었다. 독일은 지중해연합이 EU 예산에 사실상 의존할 것이라는 이유로 부정적 입장을 견지했으며, EU 집행위원회는 지중해연합의 탄생으로 EU의 영향력이 약화될 것을 우려하기도 했다. 그리고 터키는 EU 가입을 대체하려는 시도라며 지중해연합 참여를 거부하기도 했으며, 리비아는 지중해연합이 MENA 지역을 분열시킬 것이라 우려했다. 그러나 이러한 우려와 불만은 최종 논의 및 합의 과정에서 상당 부분 불식되었다.

이러한 역사적 전개 과정을 거쳐 탄생한 지중해연합은 일반적인 정부 간 기구 혹은 지역 기구로 분류하기에는 상당히 특별한 몇 가지 성격을 지니고 있다. 첫째로, 지중해연합은 지역 간 대화, 협력 및 통합(inter-regional dialogue, cooperation and integration)을 위한 정부 간 기구(intergovernmental orgnization)이지만 EU 회원국들로 구성된 지중해 북쪽 국가들과 비EU 협력국들로 구성된 지중해 남쪽 국가들 간의 이원적 질서가 병렬적으로 작동하고 있어서 다자적(multilateral) 관계와 양자적

표 16.1 지중해연합 회원국(2020년 11월 기준)

<table>
<tr><th>유럽연합(EU) 회원국(27)</th><th>지중해 협력국(15)</th></tr>
<tr><td>EU 회원국 중 지중해 연안국: 크로아티아, 키프로스, 프랑스, 그리스, 이탈리아, 몰타, 슬로베니아, 스페인</td><td rowspan="2">알바니아, 알제리, 보스니아 헤르체고비나, 이집트, 이스라엘, 요르단, 레바논, 모리타니, 모나코, 몬테네그로, 모로코, 팔레스타인, 시리아, 튀니지, 터키</td></tr>
<tr><td>EU 회원국 중 지중해 비연안국: 오스트리아, 벨기에, 불가리아, 체코공화국, 덴마크, 에스토니아, 핀란드, 독일, 헝가리, 아일랜드, 라트비아, 리투아니아, 룩셈부르크, 네덜란드, 폴란드, 포르투갈, 루마니아, 슬로바키아, 스웨덴</td></tr>
</table>

(bilateral) 관계 성격이 병존하고 있다는 점이다.

둘째로, 지중해연합은 대표적인 지역 간 기구(inter-regional organization)인 아시아-유럽 정상회의(Asia-Europe Meeting, ASEM)가 그렇듯이 대화(dialogue)와 협력(cooperation)에 목적을 두고 있다는 것에서는 공통점이 있다. 하지만 지중해연합은 ASEM과는 달리 양 지역 간 대화와 협력의 궁극적 목표가 지리적 인접성에 기반한 통합(integration)에 있다는 점이다. 지중해연합은 이처럼 다른 정부 간 기구 혹은 지역 기구와는 명백히 구별되는 이 두 가지 특징에 기인하여 기존의 일반적인 정부 간 기구들에서는 볼 수 없는 독특한 제도적 발전을 거듭해왔다.

지중해연합의 제도적 진화

지중해연합이 이전의 바르셀로나 프로세스와 근본적인 차이를 갖게 된 것은 무엇보다도 제도적 진화 때문이다. 기존의 바르셀로나 프로세스는 필요 시 정상회담과 장관급회담을 개최되는 방식으로 운영했는데, 이러한 제도화의 부재는 장기적으로 연속성 있는 대화와 다양한 분야에서의 협력 프로그램을 추진하기에는 적합하지 않다는 지적이 꾸준히 제기되어 왔다. 이러한 배경에서 지중해연합은 출범과 함께 공동 의장단 제도(Co-presidency system), 선임관료회의(Senior Officials' Meeting, SOM), 상설사무국(Secretariat) 및 사무총장(Secretary General)을 신설한다.

공동 의장단 제도는 EU 회원국 중 한 국가와 비EU 협력국 중에서 한 국가가 공동 의장단을 수임해서 지중해연합을 이끌어나가는 것으로, 이들 두 국가의 의장단을 각각 북측 의장(Northern Presidency)과 남측 의장(Southern Presidency)으로 부른다. 공동 의장단 제도에 따라서 2008년 7월 창설 당시에는 북측 의장을 프랑스가, 남측 의장을 이집트가 맡아 지중해연합의 첫 번째 공동 의장단직을 4년여 동안 수임해왔다. 그리고 2012년 3월에 새로운 공동 의장단이 구성되면서 북측 의장은 유럽연합(EU)이, 남측 의장은 요르단이 맡아서 현재 운영을 해가고 있다.

선임관료회의는 42개 회원국, EU 주요 기관, 그리고 아랍국가연맹(League of Arab States)의 고위급 외교관으로 구성된 기관으로서, 상설사무국이 위치한 지중해연합 본부(headquarters)에서 수시로 개최하여 주요 현안에 대한 정책 방향 설정을 포함한 실질적 논의를 주도한다. 이러한 과정을 통해 장관급 회의 의제가 조정 및 준비되고, 예산 및 주요 프로그램 운영에 대한 승인도 이루어진다. 이러한 선임관료회의에서의 의사 결정 제도는 EU 각료 이사회의 가중다수결제(qualified majority voting)를 사용하지는 않고 1국 1표제에 기반한 만장일치제(consensus)를 사용하고 있다.

상설사무국은 지중해연합 창설 2년 뒤인 2010년에 스페인 바르셀로나에 처음 설치되었는데, 사무총장(Secretary General) 1명과 사무 부총장(Deputy Secretaries General) 6명을 중심으로 약 60명의 인력이 운영하고 있다. 사무국 운영을 총괄하는 사무총장은 회원국의 합의로 선출하는데, 비

표 16.2 지중해연합의회 구성(2020년 11월 기준)

북측 회원국	EU 회원국 및 기관	EU 회원국 의회(27)	81	140
		유럽의회	49	
	비EU 회원국	알바니아, 보스니아헤르체고비나, 크로아티아, 모나코, 몬테네그로	10	
남측 회원국	창립 회원국	알제리, 이집트, 요르단, 이스라엘, 레바논, 모로코, 팔레스타인, 시리아, 튀니지, 터키	130	140
	신규 회원국	모리타니	10	

EU 회원국 출신 인사로만 자격을 제한하고 있으며 3년 임기로 1회 연임이 가능하다. 반면 사무 부총장은 EU 회원국 출신 3명과 MENA 국가 출신 3명으로 균등 배분하여 1회 연임이 가능한 3년 임기로, 지중해연합의 6개 주요 프로그램을 각자 하나씩 담당해 총괄 집행한다.

지중해연합은 이러한 세 가지 핵심적 제도 장치 마련 이외에도 양 지역 간 다양한 행위자들 층위에서의 협력을 제도화하려는 시도를 통해서 EU와 MENA 사이의 협력적 거버넌스 구축 확대에 기여해왔다. 그중 대표적인 것이 유럽지중해의회(Euro-Mediterranean Parliamentary Assembly, EMPA)다. 2003년에 설립한 유럽지중해의회는 지중해연합 회원국들의 국민의회 의원들이 연례 총회와 네 개의 상임위원회(정치·안보·인권, 경제·재정·사회 정책, 인간의 삶의 질·인적 교류·문화, 여성의 권리)에 참여하도록 제도화했다.

유럽지중해의회는 이후 2010년에 지중해연합의회(Parliamentary Assembly of the Union of the Mediterranean, PA-UfM)로 확대 개편되는데, 이는 표 16.2와 같이 각국 의회와 유럽의회에서 지명한 총 280명의 의원으로 구성된다. 또한 EU의 기관인 유럽지방위원회(EU Committee of the Regions)의 제안에 기반하여 지중해연합에는 유럽-지중해 지방의회(Euro-Mediterranean Regional and Local Assembly, ARLEM)를 설치하여 회원국들의 지방자치단체에서 지명한 의원들이 지방의 이해관계를 대변하고 협력을 모색하는 제도가 마련된다.

지중해연합의 정책적 진화

지중해연합의 정책은 공동 의장단 및 선임관료회의를 중심으로 수립하고, 상설사무국을 중심으로 집행된다. 구체적으로는 우선 장관급 회의를 중심으로 합의된 핵심 협력 영역에 대한 정책 프레임워크(Policy Framework)를 수립하면 이를 토대로 다양한 지역 내 행위자들 간 대화와 협력이 가능하도록 다중 이해관계자 접근법(multi-stakeholder approach)에 기반한 지역 대화 플랫폼(Regional Dialogue Platforms)을 마련한다. 그리고 이를 뒷받침할 다양한 프로젝트를 상설사무국을 중심으로 구체적으로 수립하여 운영한다.

이러한 지중해연합의 정책은 크게 인간개발(Human Development)과 지속가능개발(Sustainable Development) 두 분야를 중심으로 나눠볼 수 있다. 인간개발은 경제개발과 고용(Economic Development and Employment), 고등교육 및 연구(Higher Education & Research), 사회 및 시민 영역(Social & Civil Affairs)을 중심으로 정책을 추진한다. 지속가능개발은 물, 환경, 청정 경제(Water, Environment, and Blue Economy), 운송 및 도시 개발(Transport & Urban Development), 에너지 및 기후행동(Energy & Climate Action)을 중심으로 협력을 진행한다.

경제개발과 고용

지중해 남측 회원국의 경우 지역 고용의 대부분이 중소기업(Small Medium Enterprises, SMEs)에서 창출되고 있고, 노동 인구의 상당수가 30세 이하의 젊은이라는 점을 고려하여, 지중해연합의 경제개발 및 고용 정책은 청년 세대의 역량 강화와 스타트업 및 중소기업의 진흥에 초점을 맞추고 있다. 특히 청년 실업률 감소를 위해서 고용 효과가 큰 분야를 중심으로 중소기업 지원을 위한 다양한 프로젝트를 운영하면서, 이 과정에서 특히 창조적 분야 및 사회적 경제가 활성화될 수 있도록 방향성을 강조하고 있다.

고등교육 및 연구

지중해 남측 회원국의 경우 상당수의 기업이 숙련 인력이 부족해 인력 충원에 어려움을 겪는 반면, 이 지역의 15~24세 젊은이들의 약 30퍼센트는 의무교육 이후에도 진학이나 취업을 하거나 직업훈련을 받지 않는 니트족(Not currently engaged in Education, Employment or Training, NEET)인 상황이다. 이에 따라 지중해연합은 이 지역에서 가장 필요한 청정 해양 기술(Blue skills)이나 식량 안보(Food security)에서의 교육 협력을 진행하고, 이러한 교육 및 연구 허브로서 유로-지중해 대학(EMUNI University)을 슬로베니아에 창설하여 운영하고 있다.

사회 및 시민 영역

지중해 남측 회원국의 경우 여성들의 경제 활동 참여도가 전 세계 평균의 반 정도에 머무를 정도로 여성의 역량 강화가 경제 성장에 중요한 의미를 지닌다. 이러한 맥락에서 여성의 경제적·사회적·정치적 참여의 확대는 지중해연합의 핵심 정책 과제로 초기부터 상정되었다. 이를 위해서 여성의 직업 교육은 물론 여성 경영인 양성을 위해 교육, 재원, 네트워크 활성화를 위한 프로젝트를 운영하고 있다. 특히 이러한 부분을 지속가능 개발과 연결 지어 여성이 이 분야에 보다 주도적으로 참여할 수 있는 방안을 적극 모색 중이다.

물, 환경, 청정 경제

지중해연안 국가들의 관광산업 분야 의존도는 상당히 높은 편이지만 해양 오염 문제가 이 지역의 해묵은 해결 과제로 존재했다. 특히 플라스틱류의 바다 쓰레기 문제가 심각했던바, 지중해연합 출범과 함께 이 문제는 최우선 협력 사안으로 공감대를 형성했다. 2015년부터 지중해연합은 블루경제(Blue economy)라는 이름으로 해양 오염 방지 정책에 합의하고, 물을 매개로 내륙 지역에서의 수자원 접근성 개선은 물론 지속 가능한 발전으로 정책 영역을 확대하여 현재는 지속 가능한 블루경제(Sustainable Blue economy) 활성화로 진화하고 있다.

운송 및 도시 개발

지역 협력과 통합을 증진하기 위한 사람과 물자의 자유로운 이동은 무형의 제도뿐만 아니라 유형의 인프라가 전제되어야 한다. 특히 지중해연합은 육지와 해상을 잇는 운송 인프라 구축이 필요한바, 이를 단순히 경제성장이 아닌 지속가능 개발의 틀에서 추진하고 있다. 이러한 운송 부문의 정책과 함께 지역들에서 무분별한 도시 개발이 이루어지지 않도록 지중해연합은 지속가능한 도시 개발을 정책적으로 장려하고 있다. 이는 단순히 수직적이고 일방향적 정책이나 노하우의 전수가 아니라 수평적이고 양방향적 지역 간 대화와 협력에 방점을 두고 있다.

에너지 및 기후행동

MENA 지역은 전 세계에서 에너지 수요가 가장 빨리 증가하고 있는 지역 중 하나로서 지중해연합은 이러한 지역 내 신규 에너지 수요의 상당 부분을 태양력, 풍력 등과 같은 재생에너지로 충당하기 위해서 다양한 정책적 노력과 협력에 경주하고 있다. 이를 통해서 파리기후협약(Paris Climate Agreement)이 목표한 국제사회의 기후변화 대응 노력에 적극 동참하면서 경영 및 공학 분야 등 지역 내 다양한 민간 행위자들과도 공동으로 대화 플랫폼을 구축하고 파일럿 프로젝트를 진행하면서 지역의 협력과 통합에 기여하고 있다.

지중해연합의 성과와 한계

1995년 바르셀로나 선언에서 2008년 파리 선언으로 이어지는 지중해연합의 탄생 과정에서 프랑스의 역할은 매우 두드러졌다. 바르셀로나 선언은 표면적으로 당시 EU 이사회의 순회의장국이던 스페인 주도로 이루어졌지만, 실제로 바르셀로나 프로세스는 프랑스의 자크 시라크(Jaques Chirac) 대통령의 적극적인 의지가 강하게 작용했다. 그리고 자크 시라크 대통령의 후임인 니콜라 사르코지 대통령이 지중해연합을 제안하고 정식 출범하게 된다. MENA 지역은 프랑스가 식민지 시대 이래 지속적으로 정치적 및 경제적 영향력을 미치고 싶어 하는 국가들이 위치한 곳이었다.

그러나 이처럼 지중해연합 창설을 프랑스가 주도하면서 이로 인해 발생한 한계도 적지 않았다. 지중해연합 초기 구상에 대한 독일의 부정적 입장이나 EU 집행위원회의 우려도 결국 프랑스에 대한 견제 심리가 작동한 측면이 있다. 또한 터키가 초기 지중해연합 참여를 거부한 것도 주도국이 프랑스였기 때문에 그 정치적 의도를 의심한 측면이 있었다. 게다가 이러한 특정국이나 소수 국가들이 주도하는 다자 간 기구는 초국가주의적 제도 설계를 하기 힘들기 때문에 오늘날 EU처럼 제도적 진화를 해나가는 데는 한계가 있을 수 있다.

특히 지중해연합의 상설사무국은 EU의 전신인 유럽석탄철강공동체(ECSC)의 고위관리청(High Authority)과 같이 초국가주의적 동학이 작동할 수 있도록 제도적 권능이 부여되지 않았다. 정부간주의를 넘어서 초국가주의 동학이 작동하는 제도적 설계가 가능하려면 회원국들의 주권 일부를 상위 기구에 이양할 수 있는 동학이 필요하다. 지역통합이론에 따르면 이를 위해서는 통합을 주도하면서 개별 국가들의 반발을 극복할 수 있는 통합의 엘리트와 같은 행위자(agency)적 요소나 공유된 정체성, 가치, 규범이나 강하지 않은 민족주의 등과 같은 구조(structure)적 요소가 필요하다.

지중해연합이 현재까지 성과와 한계를 동시에 명확히 보여주는 또 다른 면은 EU의 외교안보정책에 있어 지중해연합이 구조적·제도적·정치적으로 차등화된 위상을 갖는다는 점이다. 특히 바르셀로나 프로세스와 그 결과로 탄생한 지중해연합은 동방 파트너십(Eastern Partnership)과 함께 2004년부터 유럽근린정책(European Neighbourhood Policy, ENP)과 그 재정적 기반이 되는 유럽근린파트너십기금(European Neighbourhood and Partnership Instrument, ENPI)의 중요한 한 축을 차지하면서 EU 대외 정책의 발전은 물론 EU-MENA 관계의 중요한 축을 구성해왔다.

그러나 ENP와 ENPI의 두 축을 이루는 지중해연합과 동방 파트너십의 구분이 단순히 지리적 및 문화적 차이에 기반한 것이 아니라 EU 회원국

가입 가능성을 기준으로 한 정치적 전망의 차이로 인식되면서 지중해연합의 위상에 회의적인 시각들이 많아졌다. 또한 지중해연합 출범 과정에서 당시 프랑스의 니콜라 사르코지 대통령과 독일의 앙겔라 메르켈 총리 사이에 커다란 이견이 노출된바, 이는 EU를 주도하는 핵심 국가들 사이에 지중해연합이 지향하는 통합의 심화와 확대에 대한 근본적인 시각차가 존재한다는 것을 보여준다.

이러한 가운데 코로나-19 상황에 맞선 지역 내 긴밀한 협력의 필요성과 지속가능개발 및 기후변화 대응에 대한 공통의 이해관계는 지중해연합 차원에서의 제도적 및 정책적 진화에도 큰 영향을 미치고 있다. 특히 기후변화 대응은 회원국들 간 이견이 비교적 크지 않아 다른 어느 분야보다도 향후 협력과 통합의 원동력이 될 가능성이 높으며, 그중에서도 태양열과 풍력을 중심으로 한 재생에너지 분야에서의 협력이 두드러지고 있다는 점에 주목할 필요가 있다. 2050년까지 기후중립(climate neutrality)을 달성하겠다는 EU의 목표는 향후 지중해연합의 지향에도 큰 영향을 미칠 것이다.

참고문헌

Denis Bauchard, "L'Union pour la Méditerranée: un défi européen," *Politique étrangère* (2008), (1), pp. 51~64.

Dorothée Schmid, "La Turquie et l'Union pour la Méditerranée: un partenariat calculé," *Politique étrangère* (2008), (1), pp. 65~76.

Michael Reiterer, "From the (French) Mediterranean Union to the (European)

Barcelona Process: The 'Union for the Mediterranean' as Part of the European Neighbourhood Policy," *European Foreign Affairs Review* (2009), *14* (3), pp. 313~336.

Mireia Delgado, "France and the Union for the Mediterranean: Individualism versus Co-operation," *Mediterranean Politics, 16* (2011), (01), pp. 39~57.

Richard Gillespie, "The Union for the Mediterranean: an intergovernmentalist challenge for the European Union?," *JCMS: Journal of Common Market Studies* (2011), *49* (6), pp. 1205~1225.

Stephen C. Calleya, "The Union for the Mediterranean: An Exercise in Region Building," *Mediterranean Quarterly* (2009), *20* (4), pp. 49~70.

EU의 대(對)MENA 협력 제고 전략
MENA 국가에 대한 EU 독자 제재와 ODA•

17

심성은 국회입법조사처

EU의 MENA에 대한 ODA와 제재 확대

유럽공동체는 1958년 창설 이후 개도국과 경제적·정치적 관계를 강화해 왔다. 공적개발원조(Official Development Assistance, ODA)는 유럽의 주요 대외지원 정책의 하나로 2018년 EU와 EU 회원국의 ODA 규모는 OECD DAC 지원 중 57퍼센트에 해당했으며, EU 기관은 공여국 중 5위를 기록했다. ODA 정책은 수원국의 경제·사회·정치적 발전 도모와 ODA 수원국과의 관계 강화를 목적으로 한다. EU는 아프리카, 카리브해, 태평양 지역 국가에 대해 1960년대부터, 그리고 지중해와 중동 국가에 대해서는 1990년대 들어 ODA를 본격적으로 운영하는 등 지역에 따라 ODA

• 이 글은 〈EU의 MENA에 대한 협력 제고 전략: MENA 국가에 대한 EU 제재와 ODA〉, 《통합유럽연구》 제11권 제3호(2020)를 수정·재편집한 것이다.

실행에 차이를 두었다. MENA 국가에 대한 ODA 규모는 다른 지역에 비해 적은 편이다. 2018년 개발협력기구(Development Cooperation Instrument, DCI)의 ODA 금액 중 7퍼센트(1억 5000만 달러)가 MENA 지역 국가에 공여되었다.

ODA가 수원국이 ODA 목표를 달성하도록 전략 및 행동 변경·강화를 유도하기 위한 것이라면, 제재는 불이익을 가함으로써 목표를 달성하고자 하는 것이다. 2020년 EU는 27개 국가와 테러 단체 등 3개 단체에 대해 제재를 실행하고 있다. EU 제재는 2000년대 들어 증가했는데, 특히 UN의 제재와 무관하게 단독으로 제재를 결정한 독자 제재(autonomous sanctions)의 수가 급증했다. 2020년 EU의 독자 제재는 총 17개국에 대해 실행하고 있으며, 이는 EU 전체 제재 대상국 중 63퍼센트에 해당한다.

전반적으로 EU의 ODA와 제재는 아프리카 지역에 집중되어 있으며, MENA 국가들은 장기간 소외되었다. 2018년 유럽개발기금(European Development Fund, EDF)과 DCI의 ODA 대부분이 아시아와 아프리카에 편중되어 있다. 제재 역시 아프리카(10개국, 전체 제재 대상국 중 37퍼센트) 등에 집중되어 중동(3개국, 11.1퍼센트), 아시아(3개국, 11.1퍼센트)는 상대적으로 적다. 2020년 EU는 중동 국가 중 터키, 이란, 시리아에 대한 제재만 실행하고 있으며, 이를 MENA 지역으로 확대해도 총 6개국에 불과하다.

EU의 MENA 국가와의 협력 강화는 1990년대 중반에서야 구체화되었다. EU는 1995년 유로-지중해 파트너십(Euro-Mediterranean partnership), 2004년 유럽근린정책(European Neighbourhood Policy, ENP)을 통해 MENA 20개국과 정치적·경제적 관계를 강화해왔다. 이 글에서는 EU의 MENA 지역 국가에 대한 ODA와 제재 사례를 통해 EU의 특정 MENA 국가에 대한 이해관계를 살펴보고자 한다.

EU의 MENA 국가에 대한 제재

EU와 UN의 MENA 제재 대상국 내 정치적 상황

2020년 기준, 20개 MENA 국가 중 UN이나 EU의 제재를 받는 국가는 이란, 이라크, 터키, 시리아, 레바논, 이집트, 리비아, 튀니지 등 8개국이다. 민주주의 지수와 프리덤하우스 지수에 따르면 EU와 UN의 동시 제재국은 민주주의 지수가 가장 낮은 반면, EU나 UN 중 한 곳의 제재를 받는 국가는 상대적으로 높다.

EU와 UN의 동시 제재를 받는 시리아, 리비아, 이란의 민주주의 지수 평균은 1.94로 EU 독자 제재 대상국 4.62, UN 독자 제재 대상국 4.05에 비해 현격히 낮다. 프리덤하우스 지수도 동시 제재 대상국은 8.67로 EU 독자 제재 대상국 41, UN만 제재를 실행하는 국가(UN 독자 제재국) 37.5에 비해 낮다. 이는 EU와 UN 모두가 제재를 실행하는 국가는 민주주의 등 정치 상황이 매우 좋지 않은 경우이며, 이에 대한 회원국 간 이견이 없을 정도임을 의미한다.

반면 UN이 정치적 불안정성이 높은 터키와 이집트에 제재를 실행하지 않거나, EU가 민주주의 지수가 높은 튀니지에 대해 제재를 실행하는 것은 언뜻 이해하기 어려운 일이다. 이는 제재 행위자마다 제재 실행 기준이 다르거나 제재 대상국에 대한 상이한 이해관계를 바탕으로 제재가 결정되고 있음을 보여준다.

표 17.1은 MENA 지역 국가에 대한 EU 제재의 목표와 제재 유형에 관한 것이다. EU와 UN의 동시 제재국인 시리아, 리비아, 이란에 대한 EU 제재 목표는 위기관리와 민주주의·인권 제고이며, 그중 리비아와 이란에 대해서는 핵 비핵산 목표도 추가되었다. 제재 유형도 자산 동결, 여행 금

표 17.1 EU의 제재 유형과 이유

국가	EU	UN	EU 제재 목표	EU 제재 유형
시리아	○	○	위기관리, 민주주의·인권 제고	무기 금수, 자산 동결, 여행 금지, 금융 제재, 선박 검색, 인권 탄압 장비 수출 금지, 유류 제재, 통신 장비 수출 금지 등
리비아	○	○	위기관리, 민주주의·인권 제고, 핵 비확산	무기 금수, 자산 동결, 여행 금지, 선박·항공기 검색, 인권 탄압 장비 수출 금지 등
이란	○	○	민주주의·인권 제고, 핵 비확산	무기 금수, 자산 동결, 여행 금지, 이중 용도 상품 금수, 인권 탄압 장비 수출 금지, 통신 장비 수출 금지 등
이라크		○	-	-
레바논		○	-	-
터키	○		위기관리	자산 동결, 여행 금지
이집트	○		민주주의·인권 제고	자산 동결
튀니지	○		민주주의·인권 제고	자산 동결

출처: European Commission, *EU Sanctions Map* (2020); 전혜원, 〈EU 제재 정책의 현황과 시사점〉, 국립외교원 외교안보연구소(2016).

지 등 특정 개인이나 단체만 제재 대상이 되는 단계부터 무기 금수, 금융 제재, 선박 검색 등 광범위한 영향을 야기하는 제재까지 포괄하였다.

흥미로운 점은 EU 제재에는 UN에 비해 제재 대상국 내 민주주의 및 인권 상황 악화에 더 중점을 두어 인권 탄압 장비 수출 및 탄압에 악용될 수 있는 통신 장비 수출 금지도 포함되어 있다는 것이다. 2000년 〈EU 기본권 헌장〉을 채택하고, 2007년 이를 리스본 조약에 포함시켜 민주주의, 인권, 법치 원칙에 EU 최고 상위법 지위를 부여하는 등, EU의 인권 강조 원칙과 맥을 같이하는 것이다. 반면 EU 독자 제재 대상국은 제재 목표가 위기관리 혹은 민주주의·인권 제고 등으로 한정되었다. 제재 유형 역시 자산 동결이나 여행 금지 등 특정 개인이나 단체를 목표로 하는 선택적 제재를 실시해 일반인에 대한 피해를 최소화하고 있다.

EU와 UN의 동시 제재 대상 국가: 시리아, 리비아, 이란

EU와 UN은 시리아, 리비아, 이란에 대해 제재를 실시한다. 대개 UN이 먼저 제재를 결정하고 EU는 이를 지원하는 형식을 취했는데, 두 기관의 제재 조치는 제재마다 내용과 형식 면에서 다소 차이가 있다.

시리아는 2005년부터 두 국제 기구의 제재를 받았다. 시리아는 레바논 총리 암살 개입 의혹을 받은 뒤 2005년 10월 UN 상임안보리의 결의안(UN Security Council Resolution, UNSCR) 1636(2005)으로 제재를 받게 되었다. 2011년 4월 시리아 내전이 발발한 뒤 UN은 1년 가량이 지난 2012년에서야 UNSCR 2042를 채택했는데 프랑스, 영국, 미국은 내전 발발 후 1년 만에 결의안을 채택한 것에 대해 너무 늦은 조치라고 비판했다.

EU는 UN이 2005년 결의안을 채택한 후 4개월 뒤 2006년 2월 여행 금지를 결정했다. 시리아 내전 발발 시에는 UN보다 더 신속하게 제재를 결의했다. 내전 시작 후 한 달 만인 2011년 5월, EU는 무기 금수와 금융 제재, 9월 유류 제재 등으로 제재를 강화하는 등 지속적으로 시리아를 압박했다. 그 결과 EU는 무기 금수, 자산 동결, 금융 제재, 지정 화물 선적 유예 조치, 투자 금지, 입국 금지, 사치품 및 통신 장비 수출 금지, 유류 금수 등, UN 제재보다 더 다양하고 강도 높은 제재를 실행하게 되었다.

리비아의 경우 2011년 2월 카다피 정권과 반군 간에 내전이 발발하자 UN은 2011년 2월과 3월에 금융 제재와 자산 동결을 실행했다. 2014년 리비아 총선에서 패배한 이슬람계 세력이 승복하지 않고 반란을 일으키자, 새 정부는 투브루크로 피란을 떠나고 이슬람계 세력이 트리폴리에서 새 의회를 구성하면서 리비아 내 혼란이 가중되었다. UN은 2016년 6월 UNSCR 2292를 채택해 수출 선박 검색을 허용하는 등 리비아 제재를 강화했다.

EU도 UN의 제재에 따라 제재 수위를 조절했다. 2011년 2월 EU도 2011/137/CFSP 결정을 통해 무기 금수, 입국 금지, 자산 동결을 채택했다. 같은 해 10월 카다피가 사망하자 UN과 EU의 제재가 점진적으로 완화되었다. 2014년 총선 이후 리비아 내 갈등이 심화되자 EU는 2016년부터 이슬람계 인사에 대해 여행 금지와 자금 동결 제재를 실행하는 등 제재를 강화했다. 2020년 9월에는 인권 악화를 이유로 여행 금지와 자산 동결 적용 범위를 확대하는 등 최근 EU 제재는 인신매매를 포함한 인권 보호를 포함하고 있다.

이란에 대해서는 EU가 UN보다 높은 수준의 제재를 실행 중인데, UN의 제재가 핵무기 등 대규모 살상 무기에 집중된 반면 EU는 이란의 인권 상황도 문제 삼고 있다는 점에서 차이가 있다. EU와 UN의 제재는 2002년 이란의 NPT 위반으로 시작되었다. 2006년부터 UN은 UNSCR 1747 등 결의안 채택을 통해 무기 부품의 수출 금지와 자산 동결을 채택·확대했으며, 2008년 회원국 영해를 통과하는 이란 선박과 항공기 수색과 화물 검색을 허용하는 등 제재 수위를 점차 강화했다. 2013년 온건파인 하산 로하니 대통령 당선 후 이란이 공동행동계획(JPOA)을 이행하면서 대이란 제재가 점차 해제되었다.

EU는 UN의 2006년 이란 제재에 따라 규칙 7423/2007을 채택해 무기 금수를 결정했다. 2010년 10월 EU와 이란 간의 수송 금지, 보험 취소 조치를 취해 이란의 원유 수출을 사실상 중단했다. 로하니 대통령 집권 이후 이란 제재가 완화되었으나 현재 EU는 UN보다 강경한 제재를 유지하고 있다. EU와 UN 제재의 차이점으로는 인권 보호에 대한 입장 차이를 들 수 있다. EU는 UN과 달리 지속적으로 이란 내 인권 악화에 대해 우려를 표했으며, 61명에 대해 자산 동결과 EU로의 여행 금지 등의 적극적인 제재 조치를 취해왔다.

EU의 독자 제재 대상 국가: 터키, 이집트, 튀니지

터키는 가장 최근에 EU의 제재 대상이 된 국가다. 2019년 터키가 동지중해 천연가스 시추를 재개하면서 그 지역에 대해 배타적 경제수역을 주장하는 그리스, 키프로스 등이 터키의 가스 개발에 반발하면서 지역 내 갈등이 악화되었다. 2019년 11월 EU는 키프로스 정부의 허가 없이 천연가스 시추 작업에 개입한 개인에 대해 여행 금지와 자산 동결 제재를 부과했다. 2020년 9월에는 EU가 UN의 리비아 무기 금수 조치를 위반한 터키 기업에 대해 제재를 추가했는데, 터키 정부가 이에 반발하는 등 갈등이 지속되고 있다. 반면 UN은 터키 문제를 논의하지 않았으며, 브리핑 등의 현황 파악도 진행하지 않았다.

이집트는 아랍의 봄 초기였던 2011년부터 제재 대상이 되었다. 2011년 3월 EU는 이집트 국고를 유용한 책임자 및 관련자에 대해 자금 동결을 실행했다. 반면 UN은 2013년 이집트 상황에 대해 보고를 받았을 뿐 제재는 채택하지 않았다. 튀니지 역시 EU의 독자 제재 대상국으로 EU는 2011년 2월 아랍의 봄 이후 사우디아라비아로 망명한 벤 알리 대통령과 그 측근 48인에 대해 공금 유용 혐의를 이유로 자산 동결을 실행했다. 하지만 UN은 튀니지에 대해 별다른 조치를 취하지 않았다.

3개국에 대한 EU 독자 제재는 EU와 UN 동시 제재에 비해 제재 내용 및 유형 면에서 차이가 있다. 동시 제재는 제재 강도가 높으며 대상 범위도 광범위하지만 독자 제재는 일부 개인에 대해 낮은 수준의 제재를 하는 경우가 많다.

제재 차이의 원인은 EU의 독자 제재 대상 국가의 정치적 상황이 내전이나 분단 상황에까지 이른 시리아나 리비아에 비해 덜 심각하며, 또 민주주의와 인권 상황 등도 상대적으로 낫기 때문이라 할 수 있다. 또 다른 이유로는 EU 독자 제재 대상국인 터키, 이집트, 튀니지는 이란이나 시리아와 달리 지리적으로 EU 27개 회원국과 육지나 해양으로 맞닿아 있기 때문에 이 국가들의 정치·경제·사회적 불안이 EU에 영향을 미칠 가능성이 높다는 점도 이유로 들 수 있다.

EU와 MENA 6개국의 정치·사회·경제적 관계

EU와 MENA 6개국 관계의 제도화

EU의 제재를 통한 적극적인 MENA 지역에 대한 관심은 1990년대부터 MENA 국가와의 관계를 강화해온 것과 맥을 같이한다. 1995년 유로-지중해 파트너십은 EU와 남지중해, 북부 아프리카, 중동 국가들 간의 FTA 체결 등 경제적·정치적·사회적 협력 강화를 목적으로 체결되었다. 2004년 유럽근린정책을 채택하면서 EU와 MENA의 협력이 본격적으로 강화되었다. ENP 체결 배경으로는 MENA 지역의 정세 불안정, 미국과 중동 분쟁 심화, 그리고 2004년 동유럽과 남유럽 국가의 EU 가입으로 주변 정세 안정을 도모하는 것이 EU에 유리하다는 여론 형성 등을 들 수 있다. ENP 재원은 지원 기구인 유럽인근국 지원 기구(European Neighbourhood Instrument, ENI)를 통해 마련하며, 2014~2020년 ENI 예산은 150억 유로였다.

EU와 MENA 지역의 협력은 2008년 지중해연합(Union for the Mediterranean) 창설로 이어졌다. 협력 분야는 산업 발전, 교육·연구, 사회, 에너지·기후 등이며, 재원은 EU 집행위원회에서 50퍼센트 정도를, 나머지는 ENI와 유럽투자은행, 인프라메드 사회기반시설 기금(InfraMed Infrastructure Fund), 세계은행 등 회원국과 다른 기구에서 충당한다. 2010년대 중반 들어 MENA 국가들이 EU 지원에서 실질적인 결과를 도출할 수 있도록 지원의 결과물에 대한 '공유권(Joint ownership)'을 강조했으며, 지원의 실효성을 제고하기 위해 유연성 원칙(principle of flexibility)을 도입해 MENA 국가들이 유럽 지원의 결과에 대해 책임을 지도록 요구했다.

EU와 MENA 6개국의 경제적 관계

EU와 회원국들은 대부분의 MENA 국가에 대해 ODA 주요 공여국이자 무역 파트너다. 아랍의 봄 이후 서방의 제재가 이어지면서 양측 간 무역 관계와 FDI가 다소 악화된 바 있으나 전반적으로 EU는 독자 제재 대상 국가에 대해 더 큰 규모의 ODA를 공여하고 있다. EU의 MENA에 대한 ODA 중 가장 규모가 큰 터키 ODA는 2010년 이후 급증했다. 튀니지에 대해서는 2011년 아랍의 봄 이후 제재 실행과 함께 ODA 금액을 증액했으며, 이집트 ODA도 제재 실행 이후 더 많은 ODA를 투입했다. 반면 EU와 UN의 동시 제재 국가인 시리아, 리비아, 이란에 대해서도 EU의 ODA 금액이 다소간 증가했으나, EU 독자 제재 대상국에 비하면 증가 폭이 제한적이다.

표 17.2에 따르면 EU나 UN의 MENA 제재 대상국에 대한 주요 ODA 공여자는 EU 기관과 독일, 프랑스, 영국, 이탈리아, 네덜란드, 스웨덴 등

표 17.2 EU와 회원국의 MENA 국가에 대한 ODA 현황(2017~2018)

	국가	EU 기관 ODA(%)	EU 회원국 ODA [순위(%)]	공여국 혹은 기관 순위
EU·UN 동시 제재 대상 국가	시리아	4.75	3(12.9)	터키-독일-미국-EU-영국-노르웨이-캐나다-아랍에미리트-스웨덴-일본
	리비아	18.71	5(56.31)	독일-EU-미국-이탈리아-영국-터키-CERF-아랍에미리트-프랑스-네덜란드
	이란	10.48	3(63.96)	독일-일본-EU-오스트리아-프랑스-글로벌펀드-UNHCR-미국-터키-노르웨이
UN 독자 제재 대상 국가	이라크	9.49	4(37.87)	독일-미국-일본-프랑스-EU-아랍에미리트-영국-캐나다-이탈리아-노르웨이
	레바논	15.39	3(32.9)	독일-미국-EU-영국-쿠웨이트-UNRWA-아랍 펀드-캐나다-노르웨이-네덜란드
EU 독자 제재 대상 국가	터키	59.51	6(34.02)	EU-독일-프랑스-일본-영국-이탈리아-스페인-미국-유럽개발은행-오스트리아
	이집트	15.05	2(26.95)	사우디아라비아-쿠웨이트-독일-EU-프랑스-일본-아랍 펀드-미국-아랍에미리트-한국
	튀니지	35.18	3(33.57)	EU-독일-프랑스-일본-아랍 펀드-사우디아라비아-쿠웨이트-이탈리아-미국-스위스

주 1: 비중은 각 MENA 국가에 대한 1~10위 공여국의 총 ODA 금액 중 EU 기관 혹은 EU 회원국 ODA 금액의 비중.
주 2: CERF(Central Emergency Response Fund, UN 중앙긴급구호기금), UNHCR(United Nations High Commission for Refugees, UN 난민기구), UNRWA(United Nations Relief and Works Agency, UN 난민구호기구).
출처: OECD, *Top Ten Donors of Gross ODA 2017-2018 average*, http://www.oecd.org/development/financing-sustainable-development/development-finance-data/aid-at-a-glance.htm (검색일: 2020. 10. 11.).

EU 회원국들이다. OECD에 따르면 2017~2018년 EU 기관은 튀니지와 터키에 대한 최대 공여국이었다. 리비아에 대해서는 두 번째, 이란과 레바논에 대해서는 세 번째, 시리아와 이집트에 대해서는 네 번째, 이라크에 대해서는 다섯 번째 주요 공여자로 EU는 MENA 제재 대상국에 대해 5위 이내의 중요 공여자 위치를 유지한다. 회원국 중에서는 독일과 프랑스, 영국 순으로 ODA 기여도가 컸다.

ODA 외 EU와 MENA 제재 대상국과의 경제적 관계도 지속적인 발전을 보이고 있다. 유럽연합 통계청(Eurostat)은 2008년부터 2018년까지 EU 28개국의 MENA 국가에 대한 수출액이 50퍼센트 정도, 수입액은 25퍼센트 증가했다고 밝혔다. 6개의 EU 제재 대상국 중 EU에 대한 무역 의존도가 가장 높은 국가는 EU 독자 제재 대상 국가인 튀니지였다. 2018년 기준 튀니지에 대한 재화 수출액 중 약 72퍼센트, 수입액 중 약 53퍼센트가 EU와의 무역에서 창출되었으며, EU의 튀니지와의 무역은 2009년 이후 전반적으로 증가 추세를 보였다. FDI의 경우 2019년 튀니지의 최대 FDI 투자국은 프랑스로 총 튀니지 유입 FDI 중 34.2퍼센트(2.3억 달러)에 달했다. 그 외 튀니지 ODA의 2대 공여국인 독일도 튀니지 FDI 중 4위(5100만 달러), ODA 8위 국가인 이탈리아는 8.4퍼센트로 3위(5835만 달러)에 해당하는 등 ODA 주요 공여국이 주요 FDI 투자국이다.

EU와 독자 제재 대상국인 터키 간 재화 무역도 증가 추세다. 유럽연합 통계청에 따르면 EU의 터키 수출액은 2019년 682억 유로로 10년 전보다 113퍼센트 증가했으며, 수입액도 2019년 687억 유로로 동기간 동안 63.36퍼센트 증가했다. 2019년 EU의 총 재화 수출액 중 터키에 대한 수출액 비중은 3퍼센트, 수입액 비중은 4퍼센트로, 터키는 EU 전체 회원국의 수출과 수입국 중 6위를 차지할 정도로 중요한 무역 상대국이다. 터키의 FDI에서 유럽 국가들은 전통적으로 가장 중요한 투자국이다. 터키 중앙은행에 따르면 2018년 기준 터키의 주요 FDI 투자국은 네덜란드(15.7퍼센트, 1위), 영국(6.6퍼센트, 4위), 스페인과 독일(6.1퍼센트, 공동 6위), 벨기에(5.6퍼센트, 8위) 등을 들 수 있다.

EU와 이집트 무역은 아랍의 봄 이후 급증했다. 2009년 EU의 이집트 수입액은 56억 유로였으나 2019년 83억 유로로 48.2퍼센트 증가했으며, 수출액도 117억 유로에서 191억 유로로 62.7퍼센트 확대되었다. 2019년 EU는 제1위의 이집트 수출·수입 파트너였으며, 총 무역액에서도 1위를 유지했다. FDI의 경우 영국은 이집트의 최대 FDI 투자국이며, EU 회원국 중 가장 큰 금액을 공여한 독일은 2016년 1.4퍼센트, 프랑스는 4.2퍼센트를 투자했다(OECD).

하지만 시리아, 리비아, 이란 등 EU와 UN 동시 제재 국가들은 EU 독자 제재 대상국에 비해 상대적으로 경제적 이해관계가 적었다. EU와 시리아 무역 관계를 보면 제재 이후 EU의 수출액은 상대적으로 감소 폭이 적었지만, 수입액은 급감했다. 3개 독자 제재 대상국에 비해 제재 전 무역액도 적은 편이었다. 2009년 EU의 수입액은 23억 유로, 2019년에는 5900만 유로로 대폭 감소했으며, 수출액도 2009년 30억 유로였으나 2019년에는 5.9억 유로로 축소되었다. 세계은행에 따르면 시리아 FDI는 2011년 이후 공식 통계가 없으며, 내전으로 인해 FDI 금액이 전체적으로 급감한 상태다(World Bank).

EU와 리비아 간 무역 관계도 축소되었다. EU의 수입액은 2009년 199억 유로에서 2019년 159억으로 회복되었으며, 수출액은 61억 유로에서 45억 유로로 회복되었다. 2019년 EU는 리비아 수출, 수입 비중으로 1위를 유지했으나, 무역액은 감소한 상황이다. 이란도 제재 이후 EU와의 무역액이 급감했다가 최근 회복세를 보이고 있다. EU의 대(對)이란 수입액은 2011년 169억 유로로 고점에 달했다가 2017년 이후 회복세를 보였으나 최근 미국의 이란 제재 강화로 2019년 다시 7억 유로로 급감했다.

EU 무역 관계의 경우 2019년 기준, 이란은 EU 수입 상대국 중 84위(전체 수입액 중 0.0퍼센트), 수출 상대국 중 49위(수출액 중 0.2퍼센트), 총 무역 관계에서 57위(0.1퍼센트)를 차지하는 데 머물렀다.

결론

MENA 국가 중 EU의 독자 제재와 UN과의 동시 제재 대상국으로 구분해 분석한 결과, EU의 독자 제재 대상국과의 정치적·경제적 이해관계가 EU와 UN의 동시 제재 대상국과 차이가 있음을 알 수 있었다. 정치적으로 EU 독자 제재 국가들은 상황이 상대적으로 양호한 반면, EU와 UN 동시 제재 대상국들은 더 불안한 경우가 많았다. 즉 정치적 불안정이나 민주주의나 인권 침해가 심각한 국가일수록 동시 제재 대상국이 될 확률이 높았으며, EU 독자 제재 대상국들은 정치적 상황이 상대적으로 나은 경우가 많았다.

EU가 터키, 이집트, 튀니지에 대해 독자 제재를 선택적으로 실행한 것은 EU의 특정 국가에 대한 정치·경제·사회적 이해관계에서 그 원인을 찾을 수 있다. EU는 1990년대 중반부터 ENP와 ENI, 지중해연합 등을 통해 MENA 국가와의 협력을 제도화함으로써 체계적인 협력을 도모하는 동시에, MENA 국가에 대해 협력의 의무를 부과했다.

경제적인 면에서 EU는 제재 이후에 오히려 독자 제재 대상국에 대한 ODA, FDI를 증액했다. 또 EU는 독자 제재 대상 국가와의 무역 관계에서 중요한 위상을 차지하고 있었으며, 제재 이후 이러한 경향이 유지되거나 강화되는 경향을 보였다. 반면 시리아·리비아·이란 등 EU와 UN

의 동시 제재국에 대한 ODA는 상대적으로 규모가 적었으며, 무역 관계 역시 제재 이전부터 비중이 적었거나 제재 이후 무역액이 급감했다. 이란과 리비아의 경우 제재 이후 다소 회복되는 경향을 보였으나 증가 폭은 제한적이었다.

이와 같이 EU는 독자 제재를 통해 지정학적 이해관계 및 협력 제도화, 그리고 ODA, FDI, 무역 관계 등 경제적으로 이해관계가 높은 국가에 대해 독자 제재를 실시하는 경향이 있었다. 또 EU의 독자 제재 국가들은 경제적 이해관계 외에도 2004년 EU의 회원국 확장 이후 EU와 육지나 해양을 사이에 두고 있는 인접국이며 지정학적 의미가 큰 곳들이라는 점에서 EU의 중요한 협력 파트너로 인식되기 때문에 EU의 이해관계가 더욱 증가했다.

참고문헌

심성은·김성수, 〈EU의 독자 제재에 관한 고찰—짐바브웨, 기니, 부룬디, 튀니지, 이집트 사례 연구〉, 《통합유럽연구》 제8권 제2집(2017), 131~170쪽.

Andreas Boogaerts, "Beyond Norms: A Configurational Analysis of the EU's Arab Spring Sanctions," *Foreign Policy Analysis*, Vol.14, Issue 3 (July 2018), pp. 408~428.

Anthonius De Vries and H. Hazelzet, "The EU as a New Actor on the Sanctions Scene," in P. Wallesteen and C. Staibano (eds.), *International Sanctions: Between Words and Wars in the Global System* (London: Frank Cass, 2005), pp. 95~107.

Anthonius W. De Vries, Clara Portela and Borja Guijarro-Usobiaga, "Improving the Effectiveness of Sanctions: A Checklist for the EU," *CEPS Special Report*,

n° 95 (November 2014).
Konstanty Gebert, "Shooting in the Dark? EU Sanctions Policies," Policy Brief ECFR71, *European Council on Foreign Relations* (January 2013).
World Bank, https://data.worldbank.org/indicator/BX.KLT.DINV.CD.WD?locations=ZQ-EG-SY&most_recent_year_desc=false (검색일: 2020. 11. 1.).

시리아 난민 위기를 둘러싼 유럽과 터키의 갈등

18

장지향 아산정책연구원

시리아 내전과 이슬람 극단주의 테러 조직 ISIS의 부상에 따른 난민 위기

2010년 12월 튀니지에서 시작된 '아랍의 봄' 민주화 혁명이 역내 도미노 현상으로 번지면서 시리아, 이집트, 리비아, 예멘의 장기 독재 정권을 흔들었다. 2011년 3월 시리아에서는 시아파 소수 분파인 알라위파 출신 바샤르 알아사드(Bashar al-Assad) 세습 독재 정권이 반정부 시위대를 유혈 진압했고 이로써 내전이 시작됐다. 2012년 8월 유엔 총회는 결의안을 통해 시리아 정부의 민간인 학살을 규탄했고, 반기문 유엔 사무총장은 알레포에서 일어나는 전쟁 범죄의 주동자 처벌을 주장했다. 앞서 유엔은 시리아 사태를 해결하기 위해 시리아 정부에 대한 제재 경고를 포함한 안보리 결의안을 표결에 부쳤으나 러시아와 중국이 세 차례 반대했다. 이후 2019년까지 대량 살상 무기로 자국 민간인을 학살한 시리아 정부에 대해 유엔 안보리 결의안이 13건 상정됐으나 러시아는 13건 모두, 중국은 7건 반대하면서 무산됐다.

내전 초기 미국, 영국, 프랑스, 사우디아라비아, 카타르, 터키는 수니파 반군 자유 시리아군을, 이란과 러시아는 아사드 정부군을 지원했다. 이란의 역내 프락시 조직인 레바논 무장정파 헤즈볼라도 정부군을 도와 적극 싸웠다. 2014년 이슬람 극단주의 테러 조직 이슬람 국가(Islamic State in Iraq and Syria, ISIS)가 시리아 북동부에서 발호하면서 내전의 양상은 복잡해졌다. ISIS는 시리아 락까를 수도로 삼고 이라크 모술까지 장악해 칼리프 국가 수립을 선언한 후 전 세계를 상대로 극악무도한 테러를 자행했다. ISIS는 수니파 이슬람 국가 건설을 주장하는 폭력적 극단주의 조직으로서 알카에다 이라크 지부가 변형되어 생겨났다. 2003년 미국이 이라크 전쟁을 시작한 후 안정화와 재건 정책을 추진하는 과정에서 사담 후세인(Saddam Hussein) 정권 시기의 제도와 인력은 무차별적으로 제거됐다. 미국과 새롭게 권력을 장악한 시아파 정부의 차별 정책에 반발한 후세인 시절의 집권 바트당(Baath Party) 잔존 세력은 이슬람 극단주의자 세력과 손을 잡았다. 바트당 출신 고위 관료들이 ISIS의 핵심 지도부에 투입되면서 ISIS의 조직력은 한층 높아졌다. ISIS는 시리아의 아사드 정부군과 그에 저항하는 반군이 대치하는 내전을 틈타 세력 확장을 노렸고 이들에게 시리아 북부 도시 락까는 칼리프 국가의 수도로 삼기에 최적의 장소였다.

칼리프 국가는 예언자 무함마드가 7세기에 세운 순수한 초기 이슬람 공동체를 가리킨다. ISIS는 이슬람 본연의 모습을 되찾아야 한다는 구호 아래 타 종교, 타 종파는 물론 같은 수니파라도 자신에 동조하지 않으면 가차 없이 처벌했다. ISIS는 알카에다(al-Qaeda)가 절연을 선언했을 정도로 극악무도했다. 시리아와 이라크 장악 지역에서 교조적인 이슬람 해석에 근거해 법과 제도를 실행하고 열악한 공공 서비스를 홍보하며 '국가'

라고 주장했다. 원유와 유물을 밀매하고 인질의 몸값을 받아내며 주민으로부터 강압적으로 세금을 징수해 여타 테러 조직과 비교할 수 없는 풍부한 재정을 자랑했다. 무엇보다 SNS를 통한 조직원 모집에 능했다. ISIS는 온라인 플랫폼을 이용해 영어 홍보물을 선전하고 독자적으로 개발한 트위터 앱을 활용했다. 알카에다의 9·11 테러 이후 전 세계적으로 테러와의 전쟁이 시작되면서 극단주의 동조 세력은 온라인 플랫폼으로 모여들고 있었다. 유럽 출신의 외국인 테러 전투원(Foreign Terrorist Fighters, FTF)도 ISIS의 홍보 공간에서 집단적 극단화 과정을 거쳐 ISIS에 가입했다. 당시 조직원의 국적 수가 90여 나라에 달하고 외국인 테러 전투원의 숫자가 1만 5000여 명에 이를 만큼 ISIS는 다국적, 다인종, 다언어 초국제조직이 됐다(장지향 2015).

국제사회에 ISIS 축출이 절실했다. 2014년 9월 미국은 65여 동맹·우방국과 함께 반ISIS 국제연합전선을 조직해 격퇴전을 시작했다. 시리아 내전과 ISIS 격퇴전은 시리아 정부군, 반군, ISIS의 3파전으로 얽혔다. 타종파, 이교도를 적으로 삼는 ISIS는 시아파 아사드 정권도 공격했다. 반ISIS 국제연합전선 내부에서는 아사드 정권의 거취, 시리아 난민 위기에 대한 서로 다른 셈법을 두고 갈등이 일어났다. 수니파 중동 국가는 아사드 정권의 퇴진을, 서구 국가는 ISIS 격퇴를 더 중요하게 여겼다. 결국 반ISIS 국제연합전선의 리더 미국은 아사드 정권의 퇴진을 유보하고 ISIS 격퇴에 우선순위를 두기로 결정했다. 이어 시리아 정부군과 반군 사이에서 대치했던 여러 나라가 공동의 적 ISIS 격퇴에 힘을 모으고 대ISIS 공습과 지상전에 집중하기로 했다. ISIS를 추종하는 잔인한 테러가 전 세계로 확산해갔기 때문이었다.

아사드 정권은 차악의 존재로 변모했다. 반군을 지원하던 미국과 유럽·중동 동맹국이 ISIS 축출에 우선순위를 두자 아사드 정권은 그 틈을 타 반군을 공격하고 민간인을 대량 학살했다. 러시아도 ISIS 격퇴 명목하에 반군과 민간인을 가리지 않고 무차별 공습을 시작했다. 아사드 정권 축출의 목표를 보류한 미국은 시리아 정부군의 자국민 대상 화학무기 공격에도 군사적 대응을 하지 않았다. 지휘 체계도 제대로 갖추지 못한 채 여러 분파로 나뉘어 있던 반군의 사기는 바닥에 떨어졌다. 이후 반군은 대거 이탈했고 보복을 두려워한 일부는 정부군으로 흡수됐다.

아사드 정권의 자국민 학살, ISIS의 세기말적 폭력, 정부군-반군-ISIS 간의 치열한 전투와 공습으로 시리아에서는 삶의 터전을 떠나는 난민이 폭발적으로 늘어났다. 100만 명에 이르는 난민이 유럽행을 택했다. 2015년 9월 유럽으로 향하던 난민선이 전복해 세 살배기 아일란 쿠르디(Aylan Kurdi)의 시신이 터키 해안가로 떠밀려오자 국제사회는 분노하고 좌절했다. 시리아 내전의 심화와 시리아 내 극단주의 테러 조직 ISIS의 급부상으로 발생한 대량 난민 사태가 세계적 인도주의 위기로 전환되는 순간이었다.

시리아 난민 위기를 둘러싼 유럽의 내분과 비자유주의적 대응

2015년 9월 세 살배기 시리아 난민 아이의 시신 사진이 전 세계로 퍼지면서 유럽의 난민 정책에 변화가 일어났다. 아일란 쿠르디의 시신이 발견된 직후 독일과 프랑스는 16만 명의 난민을 유럽연합 회원국에 의무적으로 분산 수용한다는 원칙에 전격 합의했다. 앙겔라 메르켈(Angela Merkel) 독일 총리가 기존에 실시하던 4만 명 규모의 난민할당제에서 네배 더 늘린 난민을 수용하자고 긴급 제안했고 프랑수아 올랑드(François Hollande) 프랑스 대통령이 강력한 지지를 보냈다. 난민 수용 확대를 반대하던 영국도 태도를 바꿔 데이비드 캐머런(David Cameron) 영국 총리가 시리아 난민 수천 명을 받아들이겠다고 밝혔다. 이어 아일랜드 정부도 1800명의 난민 수용 방침을 발표했다.

5개월 전인 2015년 4월 메르켈 독일 총리는 유럽연합 회원국에 비유럽연합 국가의 난민 신청자를 분배하도록 하는 새로운 할당제를 제안했다. 난민의 희망 정착지가 독일·스웨덴·프랑스·이탈리아 4개국으로 특정됨에 따라 이들 국가가 유럽행 난민의 3분의 2 이상을 수용해왔기에 고통 분담 정책이 필요하다는 취지였다. 특정 국가에 난민이 몰리는 사태를 해결하기 위해 회원국의 특수한 상황을 고려하되 의무적으로 난민 수용을 분담하자는 내용이었다. 시리아 난민 아이 아일란 쿠르디의 사망 이후 유럽연합 집행위원장은 16만 명 규모의 난민 분산 수용안을 제의했고 포괄적 난민 수용 정책이 구체적으로 진행되는 듯했다. 메르켈 총리의 강력한 리더십 덕분이었다.

하지만 동유럽 국가들이 강하게 반발했다. 발칸반도를 거쳐 유럽으로 들어가는 난민의 진입 통로인 폴란드·체코·슬로바키아·헝가리의 반대가 특히 심했고 이들 국가는 난민 수용 거부를 단호히 선언했다. 이미 2015년 8월 헝가리의 극우 민족주의자 빅토르 오르반(Viktor Orbán) 총리는 난민 유입을 막기 위해 세르비아와 맞닿은 국경에 전기 철조망 장벽을 설치했다. 철조망에 더해 4미터 높이의 장벽을 세우고 경찰 배치 인력을 3000명으로 늘리는 방안이 추진 중이었다. 더구나 같은 해 11월 파리 한복판에서 유럽 국적의 무슬림 이민자 2세들이 ISIS 추종 연쇄 테러를 일으켰다. 유럽 전역에서 난민에 대한 여론은 악화됐다. 유럽 내 우파 포퓰리즘 추종 세력은 인종·종교 민족주의, 유럽연합 반대, 반세계주의를 부추겼고 여론은 급속도로 우경화됐다. 2016년 오스트리아마저 동유럽 국가의 국경 폐쇄에 동참했고 이듬해 오스트리아의 반난민 정책을 이끈 외무장관이 총리로 선출됐다. 새로운 총리는 앞으로 난민 신청자 수를 제한할 것이라며 유럽연합의 난민할당제를 비판했다.

1972년부터 전 세계 민주주의 변화를 추적해온 프리덤하우스의 2020년 보고서에 따르면 지난 15년간 민주주의가 정착한 25여 개국에서 민주주의 후퇴 현상이 두드러지고 있다(Freedom House 2020). 해당 나라의 지도자는 개인의 정치적 이익과 지지층 결집을 위해 인종 차별주의를 선동했고 자국 중심주의를 외쳤다. 위로부터 몰아친 포퓰리즘으로 표현의 자유, 법치, 정부의 기능이 훼손됐다. 이탈리아, 스페인, 오스트리아, 헝가리, 폴란드 등 유럽에서도 반이민, 반유럽연합을 내세우는 우파 포퓰리즘과 안보 우선주의가 확산하면서 시민 자유와 정치 권리 지수가 내려갔다. 유럽에서 나타나는 민주주의 후퇴는 정치 양극화에 기인하고 있다. 제2차 세계대전 이후 중도 좌·우파는 신자유주의적 세계화, 불평등 심화, 유럽 재정 위기, 이민·난민 문제 등 다양하고 첨예한 이슈에 적응하지 못한 채 카르텔 정당으로 몰락했고 정치인과 유권자는 상대 진영에 대한 존중과 관용을 잃게 됐다. 기존 자유 민주주의 정치 체제의 이러한 무능과 쇠퇴를 틈타 포퓰리즘이 부상했고 기존 정당들은 새 비전과 대안을 제시하는 데 실패했다. 정당 체제 쇠퇴와 포퓰리즘 확산은 유럽 민주주의의 구조적 위기로 이어졌다(변영학 2020).

지금껏 유럽은 미국에 비해 규범과 가치에 더 가까운 방식으로 원조와 난민 정책을 결정했고 중동의 여러 갈등 구도에서 중재자 역할을 수행했다. 특히 트럼프 미 행정부가 자국 우선주의와 신고립주의를 내세워 관여 정책을 포기함에 따라 중동과 이슬람 세계에서 유럽의 중재력과 도덕적 권위는 더욱 중요해졌다. 하지만 유럽 내에서 민주주의가 후퇴하고 포퓰리즘 세력이 영향력을 키워가면서 무슬림 난민을 향한 인도주의 정책은 거센 저항에 부딪혔고 유권자에게 가장 인기 없는 정책으로 추락했다. 그러나 유럽에 확산한 반난민 정서와 상관없이 시리아 난민은 계속해서 유럽 밀입국을 시도했다. 터키, 레바논, 요르단의 난민 캠프와 이들 국가의 대도시 주변에 머물던 난민들은 열악한 생활 여건과 대안 없는 상황에 지쳐갔다. 터키에 360만여 명, 레바논에 90만여 명, 요르단에 66만여 명의 시리아 난민이 각각 머물고 있었다. 유럽행 난민이 늘어가면서 유럽 내 국수주의와 반난민 정서는 더욱 강해졌다.

2016년 3월 유럽연합은 대안을 마련했다. 터키가 유럽으로 향하는 난민을 맡아주는 대신 유럽연합은 터키에 지원금과 혜택을 제공하기로 했다. 유럽연합과 터키는 브뤼셀에서 특별정상회담을 열고 합의안을 발표했다. 유럽연합은 난민 수용 시설 운영에 드는 비용 등의 몫으로 2018년까지 터키에 60억 유로를 건네기로 했다. 4개월 전 회담에서 양측 간 잠정 합의한 지원금의 두 배였다. 또한 유럽연합은 6월부터 터키 국민의 유럽연합 국가 입국 시 비자 면제와 터키의 유럽연합 가입 협상의 빠른 추진을 약속했다.

파격적 합의안에 유럽연합 회원국 일부가 반발했다. 특히 키프로스가 터키의 유럽연합 가입 협상 추진에 대해 즉각 반발했다. 터키가 그리스계 남키프로스를 국가로 인정하지 않고 공항과 항만을 개방하지 않는 한 터키의 유럽연합 가입을 강력히 반대한다고 밝혔다. 프랑스는 앞으로 유럽연합이 터키의 인권 민주주의 상황을 문제 삼지 못할 수 있다며 우려를 표명했다. 유엔 역시 난민의 인권 침해 가능성을 지적했다. 최근 터키가 권위주의 체제로 빠르게 퇴행하고 있기 때문이었다. 이에 유럽연합은 터키의 가입 협상 시기를 구체적으로 명시하지 않는 것에서 절충점을 찾았다. 터키 국민의 비자 면제는 특혜라는 비판에는 앞으로 터키가 유럽연합 가입 조건에 충족하도록 노력하겠다는 선에서 합의를 봤다.

유럽연합과 터키의 시리아 난민 문제 합의 이후 첫 이행 단계로서 그리스에 머물던 난민의 터키 송환이 실시됐다. 터키에서 그리스로 들어간 난민을 터키로 되돌려 보낸 후 터키 정부가 난민 선별 과정을 거친다는 계획이었다. 난민 유입을 막기 위해 폴란드·체코·슬로바키아·헝가리가 국경을 막고 오스트리아마저 이에 가담하면서 유럽으로 들어가려던 난민 4만여 명이 그리스에서 오도 가도 못하는 상황에 처해 있었다. 이들 난민을 터키로 송환해 터키 정부가 일자리를 위한 유럽 잠입 여부를 따진다는 것이다. 국제 인권단체들이 난민 인권 침해 문제를 강하게 제기하자 유럽연합은 국제법과 국제 기준에 따른 난민의 개별 상담과 유엔 난민기구의 상시적 감시를 거듭 강조했다.

그러나 터키는 합의를 이행하지 않았다. 유럽연합이 터키에 제공한 난민 처우개선 지원금이 시리아와 접한 국경 지대 감시 강화를 위한 군사비로 전용됐다는 폭로가 이어졌다. 국경 지대 군사력 강화는 시리아 쿠르드계 자치 지역을 압박하는 용도로 효과적이었다. 터키 정부는 시리아 쿠르드계 민병대인 인민수비대(Yekîneyên Parastina Gel, YPG)를 자국 내 분리주의 테러 조직 쿠르드노동자당(Partiya Karkerên Kurdistan, PKK)의 분파라고 주장한다. 2017년 10월 시리아에서 ISIS 패퇴가 선언된 후부터 터키는 시리아 국경을 넘어 쿠르드계 자치 지역 공격을 시도했다. 2018년에는 시리아 북서부의 쿠르드계 도시 아프린을 기습 공격해 YPG와 교전을 벌였고 민간인 수백 명이 사망하기도 했다.

터키에 난민 관리를 맡긴 책임론이 유럽연합을 향했음에도 유럽은 터키에 한목소리로 항의나 대응조차 못 하고 있다. 레제프 타이이프 에르도안(Recep Tayyip Erdoğan) 터키 대통령이 시리아 난민의 유럽행을 더 이상 막지 않겠다며 협박하고 있기 때문이다. 터키는 유럽연합이 제공한 시리아 난민 지원금을 군사비로 전용하더니 2020년 3월 유럽연합에 추가 지원을 요구했고 유럽행을 원하는 난민에게 문을 활짝 열겠다고 했다. 프랑스는 그리스·키프로스와 동지중해 영유권 분쟁을 벌이는 터키를 향해 강경한 반대 목소리를 내고 터키가 참여하는 NATO 지중해 작전 불참을 선언했다. 반면 독일은 유럽 내 반이민 여론을 의식해 날선 비판을 자제하고 있다. 이처럼 인권과 민주주의의 수호자로 불리던 유럽이 자유주의 외교 정책을 포기하고 자국의 이익을 좇아 분열하더니 권위주의 지도자 에르도안 대통령에 쩔쩔매는 모습을 보이고 있다(Baboulias 2019).

터키의 권위주의 퇴행과 대외 정책 일탈, 그리고 난민 비즈니스

터키는 최근 국제 규범에 위배되는 대외 행보를 보이며 터키 민족주의, 신오스만주의, 유라시아주의에 기반한 팽창주의 정책을 공세적으로 펼치고 있다. 한때 온건 이슬람주의를 내세웠던 에르도안 정부는 터키 민족주의를 앞세워 극우 민족주의 정당과 연합을 맺은 후 쿠르드 소수민족 보호제도를 폐기했다. ISIS 격퇴전에서 지상군으로 싸운 시리아 쿠르드계가 국제사회의 지지를 받자 국내 쿠르드 탄압 정책을 강화해왔다. 또한 오스만 제국의 영광을 강조하며 역내 패권 추구의 당위성을 내세웠고 유럽이 아닌 유라시아 진출을 강조하며 러시아, 중국과 빠르게 밀착하고 있다. 터키는 유엔이 아닌 러시아가 주도하는 시리아 내전 종식을 위한 평화 협상에 이란과 함께 적극 협력하고 있다. 이로써 터키는 자국의 민주주의 후퇴와 인권 탄압을 비판하는 서구와 점차 멀어졌다.

2019년 10월 터키는 시리아 북동부 쿠르드계 자치 지역에 기습 군사 작전을 감행했다. 미국이 시리아 병력 철수를 발표한 지 사흘 만에 터키군이 시리아 국경을 넘어 대대적인 군사 작전을 감행했다. 미군이 시리아 쿠르드 자치 지역에서 떠날 채비를 막 마치던 때였다. 에르도안 대통령이 트럼프 대통령과 통화를 마친 후 터키군은 중화기를 앞세워 YPG 거점 도시를 점령했다. YPG는 미국 주도의 ISIS 격퇴전에서 핵심 지상군으로 활약했고 시리아 내전에서 아사드 독재 정권에 맞선 반군 연합 시리아민주군의 주축이기도 하다. 에르도안 대통령은 시리아 쿠르드계를 쫓아내고 안전지대를 설치한 후 자국 내에 정착한 365만여 시리아 난민 가운데 100만여 명을 이주시키겠다고 밝혔다.

터키의 군사 작전으로 시리아 쿠르드계 500여 명이 사망하고 30만여 난민이 발생했다. 이 와중에 YPG가 구금 시설에서 관리하던 ISIS 포로 1000여 명이 탈출하기도 했다. YPG는 시리아 북동부에서 ISIS 포로 1만 2000여 명과 가족 구성원 5만여 명을 수용·관리해왔다. YPG 사령관은 러시아와 시리아에 도움을 구했다. 터키의 쿠르드 학살을 방조한 미국과 달리 블라디미르 푸틴(Vladimir Putin) 대통령과 아사드 정권은 쿠르드의 요청에 즉각 화답했다. 터키군에 맞선다는 명분하에 시리아 정부군은 2012년 이후 처음으로 북동부 지역에 다시 들어왔고 러시아군은 미군이 남기고 간 기지들을 접수했다. 푸틴 대통령은 에르도안 대통령과 소치에서 만나 안전지대의 양국 공동 관리, 나머지 국경 지대의 시리아 단독 관리에 합의했다. YPG는 안전지대 밖으로 철수했고 자치권 포기와 미군이 제공한 무기 반납을 공식화했다. 이어 터키는 러시아와 S-400 미사일 방어 시스템 추가 도입을 논의했다(장지향 2019).

터키의 대외 정책이 일탈 행보를 걷게 된 결정적 원인은 에르도안 대통령 개인의 국내 정치적 이해관계 때문이다. 대통령이 일인 체제 강화와 국내 정치 위기 돌파를 위해 포퓰리즘 정책을 적극 활용하고 있기 때문이다. 2002년 온건 이슬람주의 정의개발당의 압승으로 총리가 된 에르도안은 17년째 집권하며 21세기 술탄이라 불린다. 에르도안 총리는 집권 10년 차를 넘기더니 권력 사유화 행보를 보이기 시작했다. 권위주의적 의사 결정과 친인척 비리를 비판한 당내 온건파를 숙청하고 언론인과 시민단체를 탄압했다. 총리 3연임으로 출마 길이 막히자 2014년 역사상 처음 대통령 직선제를 도입해 당선됐다. 2017년에는 대통령 중심제 개헌 국민투표를 통과시켜 대통령의 권한 강화와 장기 집권을 제도화했고 1년 후 재선에 성공했다. 에르도안 대통령의 일인 체제와 선거 권위주의는 여느 때보다 공고해졌다. 프리덤하우스에 따르면 2020년 터키의 민주주의 수준은 역내 왕정 모로코, 요르단은 물론 장기 독재 국가 알제리보다 낮다. 국경 없는 기자회는 터키의 언론 자유를 콩고, 파키스탄보다 낮은 180개국 중 154번째라고 발표했다. 권력의 사유화는 경제 위기를 불러왔고 민주주의 추락은 국가신용등급 강등으로 이어졌다. 2020년 국제신용평가사 무디스는 G20 회원국 터키를 르완다, 탄자니아 등이 속한 투자 '주의' 등급으로 강등하고 '부정적' 전망을 덧붙였다(Freedom House 2020).

특히 2016년 에르도안 대통령을 겨냥한 쿠데타가 실패한 후에는 강도 높은 폭압 정치가 이어졌다. 국가비상사태가 선포된 2년 동안 군·검찰·행정 관료는 물론 교사와 언론인까지 포함해 15만 명 이상이 해임되거나 투옥됐고 인력 공백으로 나라 전체가 삐걱댔다. 소신 있는 총리, 장관이

줄지어 경질됐고 대통령의 사위가 에너지부와 재무부의 수장이 됐다. 민심이 동요하자 에르도안 대통령은 지지 세력 결집을 위해 시대착오적 포퓰리즘에 기댔다. 터키의 시리아 쿠르드계 공격과 시리아 난민 강제 이주 시도의 촉발 요소는 2019년 3월 지방선거의 패배였다. 집권 정의개발당은 3대 도시 앙카라, 이스탄불, 이즈미르에서 패했다. 대통령 중심제 전환 후 첫 선거로서 에르도안 장기 집권에 대한 신임투표와 마찬가지였으나 정의개발당은 25년 만에 최대 도시 이스탄불을 잃었다. 더구나 에르도안 대통령이 이스탄불 시장선거의 부정 개표 의혹을 제기해 석 달 후 재선거를 치렀으나 대통령의 최측근 후보가 더 큰 표 차로 패배했다. 3월 선거에서 공화인민당의 정치 신인 에크렘 이맘오울루(Ekrem İmamoğlu) 후보가 정의개발당의 총리 출신이자 대통령의 최측근 비날리 이을드름(Binali Yıldırım) 후보를 0.3퍼센트 표 차로 막판 역전했으나 6월 재선에서는 10퍼센트 차이로 이겼다.

지방선거의 민심에서 경제 파탄 책임론이 확산된 가운데 터키 내에 정착한 365만여 시리아 난민에 대한 여론도 날로 나빠졌다(Karasapan 2019). 터키는 시리아 내전 발발 후 수니파 종주국 오스만 제국의 과거를 소환하며 시리아 무슬림 난민을 대거 받아들였다. 물론 전 세계로부터 막대한 인도적 지원금을 받았고 특히 시리아 난민의 유럽행을 막아주는 대가로 유럽의 지원금을 받았다. 그러나 민생고에 따른 난민 여론은 날로 악화되어 에르도안 대통령의 일인 체제를 위협했다. 이때 미국이 시리아 철군을 발표하자 에르도안 대통령은 내부 위기 돌파를 위한 군사 작전을 강행했다. 여당의 선거 참패가 극우 민족주의에 기반한 포퓰리즘 정책의 즉각적 발동으로 이어진 것이다. 이를 통해 시리아 쿠르드계를 접경지대에서 몰아낸 후 자국 내 시리아 난민을 이주시키겠다는 일석이조의 효과를 노렸다. 난민의 강제 이주는 명백한 국제법 위반이다.

나가며

지난 10여 년간 유럽에서는 인종 차별, 국수주의, 반세계주의를 내세운 우파 포퓰리즘이 확산하면서 공고화된 민주주의가 후퇴 위기에 직면했다. 대외 정책이 국내 지지층 결속에 이용됐고 여러 국가가 공유했던 자유주의 외교 정책이 흔들렸다. 유럽 민주주의의 약화는 시리아 내전의 심화와 극단주의 테러 조직 ISIS의 부상으로 발생한 2015년 중동발 난민 위기를 더욱 위태롭게 했다. 독일과 프랑스가 유럽연합 차원에서 인도주의에 입각한 포괄적 난민 수용 정책을 펼치려 했지만 동유럽과 남유럽 국가의 강한 반발에 부딪혔다. 트럼프 미 행정부의 신고립주의와 거래식 외교로 인해 유럽의 도덕적 권위가 중요해진 시기에 결국 유럽마저 난민 문제 앞에서 국제 규범과 보편 가치를 외면했고 권위주의 국가 터키에 유럽행 시리아 난민 관리를 맡겼다. 유럽연합은 터키에 난민 처우 개선 지원금을 건넸으나 터키는 자국 국경 지대 강화 군사비로 전용했다. 2019년 터키는 시리아 쿠르드계 자치 지역에 군사 작전을 감행해 러시아와 함께 안전지대를 설치하더니 국내 시리아 난민을 강제 이주시키겠다고 발표했다. 터키에 난민 관리를 맡긴 책임론이 유럽연합을 향해 빗발쳤지만 유럽은 터키에 단호히 대응하지 못했다. 오히려 2020년 터키는 유럽의 추가 지원이 없으면 유럽행을 원하는 난민에게 문을 활짝 열겠다며 으름장을 놓았다.

미국과 유럽의 민주주의 위기에 따른 자유주의 국제질서의 약화는 그

틈새를 공략하는 러시아의 부상으로 이어지고 있다. 러시아는 역내 후원국 시리아의 정상국가 복귀를 위해 노력해왔다. 푸틴 대통령은 유엔의 시리아 평화 협상에 맞서 아스타나·소치 종전 협상을 주도해 아사드 대통령의 거취 논의를 종식시키고 시리아의 전후 재건에 초점을 맞추는 데 성공했다. 아사드 정권이 자행한 민간인 학살과 인권 침해에 대해 유엔 조사위원회 구성, 유럽연합 이사회 규정, 미 대통령 행정명령의 조치가 시리아 내전 기간 동안 이어졌다. 하지만 자국 민간인을 상대로 200여 차례 화학무기 공격을 감행한 아사드 정권은 러시아와 이란의 전폭적 도움으로 전쟁에서 승기를 잡았고 정상국가 복귀와 재건 사업의 본격화를 선언했다. 시리아 내전이 시작된 이래 시리아 정부 관련 유엔 안보리 결의안이 13건 상정됐으나 러시아는 13건 모두, 중국은 7건 반대하면서 채택되지 못했다.

푸틴 대통령이 주도한 시리아 종전 협상은 2018년 아사드 정권과 반군 진영을 처음으로 같은 협상 테이블에 앉게 했고 이어 독일과 프랑스를 배석시켜 반군 거점 지역의 완충 지대 전환을 이끌어냈다. 러시아의 중재 노력으로 2019년 제네바에서 반군 진영을 포함한 시리아 헌법위원회가 출범하기도 했다. 러시아는 종전 협상 중에도 시리아 정부군을 도와 반군의 최후 거점지 이들립에서 병원, 학교, 난민수용소를 무차별 공습했다. 이러한 러시아와 NATO 회원국 터키가 부쩍 가까워지고 있다. 터키는 이란과 함께 러시아 주도 시리아 종전 협상을 지지하고 있다. 2019년 터키는 러시아제 지대공 방공미사일 S-400 시스템을 인도받았고 미국과 유럽 NATO 회원국의 제재 경고에 눈 하나 깜짝하지 않고 있다. 같은 해 터키는 장기 내전 중인 리비아의 이슬람주의 통합정부와 그리스의 배타적 경제수역을 침범하는 동지중해 협정을 일방적으로 체결했고 2020년

이 정부에 자국 군을 파병해 군사 지원을 본격화했다. 이렇게 팽창주의 행보를 보이며 일인 체제 강화에 집중하는 터키에 유럽연합은 시리아 난민 관리를 내맡겼고 인권과 민주주의, 다자주의 원칙이 아닌 자국 내 난민 여론의 향방에 따라 대외 정책을 재단했다. 물론 우파 포퓰리즘의 확산으로 인해 대부분 유럽 국가에서 무슬림 난민을 향한 인도주의적 정책은 가장 인기 없는 정책으로 전락한 지 오래다.

참고문헌

변영학, 〈흔들리는 서구 민주주의: 문제와 전망〉, 《민주주의 위기, 국제질서 혼란》(아산정책연구원, 2020).

장지향, 〈배신과 일탈의 동맹 정치: 미국의 시리아 철군과 터키의 쿠르드 공격〉, 《아산이슈브리프》, 2019-27.

장지향, 〈2015 파리 테러와 ISIS〉, 《아산이슈브리프》, 2015-20.

Freedom House, *Freedom in the World 2019* (Lanham: Rowman & Littlefield, 2020).

Omer Karasapan, "Turkey's Syrian refugees—the welcome fades," *The Brookings Institution's Future Development Blog* (2019), https://www.brookings.edu/blog/future-development/2019/11/25/turkeys-syrian-refugees-the-welcome-fades/.

Yiannis Baboulias, "The Next Syrian Refugee Crisis Will Break Europe's Back," *Foreign Policy* (2019), https://foreignpolicy.com/2019/10/24/syrian-refugee-crisis-europe-greece-turkey-balkans/.

유럽연합과 터키의 불편한 동반 관계, 1945년 이후부터 현재까지•

19

신종훈 경상국립대학교

역사적 기억

역사적 기억 속에서 튀르크인은 오랫동안 유럽인의 적으로 각인되어 있었다. 11세기 말부터 크리스트교 유럽인은 성지 수복을 위해 200년 동안 피비린내 나는 십자군 전쟁을 벌이면서 모슬렘 튀르크인을 적으로 만났다. 13세기 말 수립된 오스만 제국도 20세기 초 해체될 때까지 크리스트교 유럽인과 어두운 역사적 관계를 맺어왔다. 1453년 오스만 제국이 비잔틴 제국을 멸망시키자, 에네아 실비오 피콜로미니(Enea Silvio Piccolomini)는 이듬해 프랑크푸르트 제국의회에서 오스만 제국을 향한 새로운 십자군 원정의 시작을 호소했다. 그는 이슬람교도들에 의해서 그리스도의 이

• 이 글은 〈유럽연합과 터키의 불편한 동반관계. 1945년 이후부터 2018년까지〉, 《통합유럽연구》 제10권 제2집(2019)을 수정·재편집한 것이다.

름이 모욕을 당했고, 크리스트교 세계가 치욕을 받았으며, 크리스트교인들이 유럽에서 참담하게 당한 사실을 통탄했다. 15세기 후반 무렵에는 오스만 제국은 다뉴브강 유역까지 영토를 확장함으로써 크리스트교 유럽인들을 두려움에 떨게 했다.

16세기 초반 오스만의 술탄 술레이만(Suleiman the Magnificent)은 크리스트교 세계를 향한 성전을 수행하였고 1529년 빈을 포위함으로써 유럽을 공격했다. 1683년 빈이 또다시 오스만 제국에 의해 포위되었을 때 교황 인노켄티우스 11세(Innocentius XI)는 이슬람에 맞서 유럽 가톨릭 세력이 십자군으로 연합할 것을 호소했다. 이러한 적대적인 역사적 경험으로 인해 수 세기 동안 유럽인은 오스만 제국을 유럽의 종교와 문화에 대한 지속적인 위협으로 간주했다. 그 결과 유럽인의 역사적 기억 속에서 오스만 튀르크인들은 야만적이며 잔혹할 뿐만 아니라 "신의 재앙"이자 "적그리스도"의 모습으로 각인되었다.

19세기 오스만 제국이 유럽의 협조 체제(Concert of Europe)에 편입함으로써 유럽과 오스만 제국의 관계는 가벼운 변화를 겪었다. 유럽의 적으로 인식되었던 오스만 제국이 이제 유럽 국가 체제의 일부로 간주되었기 때문이다. 심지어 크림전쟁을 마무리 지은 1856년 파리조약에서 유럽의 열강들은 오스만 제국의 안정이 유럽의 안정에 필수적인 요소라고 인정하기까지 했다. 19세기 후반에는 "유럽의 병자"로 놀림받던 오스만 제국의 쇠퇴를 어떻게 관리할 것인가 하는 문제가 유럽 외교의 골칫거리로 대두하기도 하였다. 물론 유럽 국가 체제 속에서도 오스만 제국은 결코 동등한 구성원으로 인정되지는 않았다. 그 이유는 오스만 제국이 크리스트교 유럽 문명의 가치와 규범을 공유하지 않는다고 생각했기 때문이다.

제1차 세계대전 이후 해체된 오스만 제국의 역사를 1923년 수립된 터키 공화국이 이어받았다. 터키 공화국의 초대 대통령 무스타파 케말 아타튀르크(Mustafa Kemal Atatürk)는 이슬람 신정정치라는 오스만 제국 역사와의 단절을 꾀하면서 터키를 근대적이고 세속적인 국가로 변모시키려는 일련의 개혁을 단행하였다. 그는 술탄제와 칼리프제를 폐지하고, 유럽법 체계와 라틴어 알파벳을 도입하는 등 터키를 정신적·이념적·정치적으로 유럽적 국가로 변모시키려 하였다. "터키 공화국의 오디세이"로 비유되는 "서구화 과정" 속에서 터키는 냉전이 시작되자 서방 세계를 선택했고, 1950년대 서유럽에서 유럽공동체가 탄생했을 때는 유럽공동체와도 긴밀한 제도적 관계를 유지하고 싶어 했다. 그러나 터키 공화국의 탈오스만 노력에도 불구하고 터키 공화국은 오스만 제국에 대한 유럽인들의 어두운 역사적 기억들로부터 완전히 자유로울 수는 없었고, 그 기억들은 유럽연합과 터키의 관계에 달갑지 않은 영향력을 지속적으로 행사하고 있다.

터키의 유럽연합 가입을 둘러싼 시소게임

1945년 이후부터 가입 협상 시작 이전까지

제2차 세계대전 이후 전개된 냉전에서 터키의 서방 진영 선택으로 인해 터키와 유럽연합은 긴밀한 동반자 관계를 꾸려나가야만 했다. 1948년 터키는 유럽경제협력기구(OEEC)에 창립 회원국으로 가입하였고, 1949년에는 유럽평의회(Council of Europe)에도 가입하였다. 유럽화 과정의 연장선 위에서 터키는 1952년 NATO에 가입함으로써 군사적으로도 서방 세계에 속하게 되었다. 냉전이 심화하면서 터키는 서방 세계 방어 체제에 있어 중요한 전략적 위상을 가질 수 있었다. 유럽 남동부 지역 NATO의 군사적 거점으로서 터키가 소련의 팽창을 저지할 수 있는 중요한 방어벽 역할을 했기 때문이다. 동시에 터키는 중동지역과 유럽을 연결해주는 교량이 되었고, 중동지역에 대한 소련의 정치적 영향력 확대를 견제할 수 있는 지정학적 이점도 가지고 있었다. 지정학적 이유로 냉전 시대에 터키는 서유럽이 포기할 수 없는 중요한 안보 자산이 되어 있었다.

냉전 종식 이후 소련의 팽창을 저지하는 방어벽으로서 전략적 위상은 의미를 상실했지만, 터키는 유럽 안보를 위해서 여전히 중요한 국가로 남았다. 중동과 중앙아시아에서 민족 문제를 둘러싼 정치적 갈등과 이슬람 근본주의 세력 확산이라는 종교적 불안정은 난민과 테러 문제 등 유럽 안보에 새로운 과제를 제기했기 때문이다. 이러한 이유로 이 지역들을 유럽과 이어주는 교량이 되었던 터키와 유럽연합은 냉전 종식 이후에도 안보적 관점에서 여전히 상호 의존성을 가질 수밖에 없었다. 안보 차원에서 터키와 유럽연합의 상호 의존성은 1945년 이후 전개된 양자 사이의 특별하고 불편한 관계를 지속시킨 중요한 연결고리가 되었다.

터키는 1959년부터 유럽연합과 제도적 관계를 원한다는 의사를 표시했고, 그것을 계기로 1963년 유럽경제공동체(EEC)는 터키와 앙카라 협정으로 알려진 준회원국 조약을 체결하였다. 이때 서방 세계를 위한 터키의 군사적 역할이 앙카라 협정 체결에 중요한 기여를 했다. 중요한 안보 자산으로서 터키에게 준회원국 자격을 부여함으로써 유럽연합은 터키의 정치적 안정과 유럽화의 강화를 돕기 원했던 것이다. 터키는 이후에도 안보 자산으로서 자신의 역할을 유럽연합으로부터 정치·경제적 이익을 확보하기 위한 협상카드로 유용하게 사용할 수 있었다. 특히 1970년대 후반 이란 혁명으로 중동지역에서 소련의 팽창을 견제하던 세력이 사라지면서 소련의 남유럽으로의 영향력 확대 위협이 커지자 터키의 전략적 중요성은 더욱 강조될 수밖에 없었다. 유럽연합이 1978년 터키에게 유럽정치협력(EPC) 결정의 정보들을 제공하는 특별대우를 허락한 것에서 볼 수 있듯이 유럽연합은 터키의 정치적·경제적 요구에 유화적 태도를 취할 수밖에 없었다.

앙카라 협정 28조는 터키가 유럽연합 조약의 의무를 완전히 수용할 수 있을 정도로 양자의 관계가 진전을 이룰 때 터키의 유럽연합 가입을 검토할 것이라고 명시하였다. 따라서 그것은 터키의 정식 회원국 가입을 예비하는 협정으로 간주될 수 있었다. 1971년에는 터키와 유럽연합의 정치·경제적 관계를 강화하고 확대하려는 목적으로 양자 사이에 부가적 의정서가 체결되기까지 하였다. 그러나 반대로 앙카라 협정을 터키를 준회원국 지위에만 머물게 하려는 유럽연합의 봉쇄정책으로 이해하는 시각도 존재한다. 안보 자산으로서 터키를 포기할 수는 없지만, 정치·경제·문화적 이유로 터키의 공동체 가입을 우려한 유럽연합이 교역과 재정 분야에서의 제한된 협력에만 한정된 앙카라 협정을 통해 터키와의 관계를 관리하기 원했다는 것이다. 협정 체결 이후 터키가 1987년 유럽연합에 회원국 가입 신청서를 제출하기까지 20년 이상 양자의 관계가 진전하기보다는 후퇴했다는 사실이 이러한 입장을 뒷받침한다.

1980년대에 군부정권을 경험하고 민주주의를 회복한 터키는 1987년 유럽연합에 가입 신청서를 공식 제출함으로써 정식 회원국이 되려는 의지를 표명하였다. 당시 터키 총리 투르구트 외잘(Turgut Özal)은 민주적이며 정치적으로 강력한 터키는 유럽과 서방 세계의 관심사이며 유럽연합은 터키의 가입 신청을 수용함으로써 자신의 안보를 강화해야 할 것이라고 언급했다. 안보 문제가 유럽연합 가입을 위한 협상카드로 사용되었던 것이다. 그러나 유럽연합은 1989년 12월 낮은 경제발전 상태, 허약한 민주주의, 키프로스 문제 등을 언급하면서 터키의 유럽연합 가입을 거부하였다. 이 거부는 안보 문제가 터키의 유럽연합 가입과 관련하여 고려해야 할 긍정적인 준거점으로는 작용하지만, 그것이 터키의 가입을 위한 충분조건이 되지는 못한다는 사실을 확인시켜주었다. 물론 군사 쿠데타 이후 소원해진 터키와의 관계를 회복할 필요가 있었던 유럽연합은 터키의 가입을 거부하는 대신에 앙카라 협정에 기초한 양자 간 경제적 관계의 강화를 제안하였다. 이처럼 터키와 경제 분야에만 한정된 협력을 원했던 유럽연합의 의도는 1995년 12월 터키와의 관세동맹 체결을 통해 현실화될 수 있었다.

1997년에도 룩셈부르크 유럽이사회는 키프로스를 포함하는 중동유럽 국가들에게 모두 후보국의 지위를 부여하면서도 터키에게만 후보국 자격을 거부했다. 터키가 코펜하겐 기준을 충족하지 못한다는 이유에서였다. 이 결정에 대해 터키 정부는 유럽연합이 터키를 종교적으로 차별한다고 강하게 비난하였고, 많은 터키인이 이러한 결정이 이슬람 국가의 문화적 배경에 대한 유럽인의 적대감을 반영하는 공정하지 못한 처사라고 받아들였다. 그 후 터키는 2년 동안 유럽연합과의 정치적 대화를 동결시켰고 양자의 관계는 바닥을 치게 되었다.

1999년 헬싱키 유럽이사회가 터키에게 마침내 가입 후보국 자격을 부여함으로써 유럽연합과 터키의 관계는 회복될 수 있었다. 그러나 1999년 유럽이사회가 터키에게 후보국의 지위를 부여할 당시에도 집행위원회는 여전히 터키가 인권 및 민주적 개혁에 있어서 실질적 진보를 이루지 못했다고 평가했고, 유럽의회 역시 터키가 가입을 위한 정치적 기준을 충족하지 못한다고 판단했다. 따라서 유럽연합과 터키의 가입 협상이 시작되기까지는 터키의 유럽화 과정 강화를 위한 시간이 필요하였다. 2000년 12월 니스 유럽이사회는 터키의 유럽연합 가입사전전략(pre-accession strategy)으로 간주되던 '터키를 위한 가입협력문서(Accession Partnership Document for Turkey)'를 승인하였다. 이로써 터키의 유럽연합 가입을 위한 로드맵이 설정되었고, 터키는 이에 부응하여 일련의 개혁을 수행하였다. 터키 의회는 2001년 인권 관련 개혁입법을, 그리고 2002년 형사법, 반테러법, 사형제도 폐지 등 개혁입법을 통과시켰고, 2004년 6월에는 마침내 터키의 텔레비전에서 쿠르드 언어 방송을 허용할 수 있었다.

2004년 6월 집행위원회는 터키가 유럽연합 가입을 위한 정치적 기준을 충족한다고 인정했고, 터키와의 가입 협상 시작을 유럽이사회에 추천하였다. 그러나 집행위원회는 가입 협상이 시작된 이후에도 터키의 개혁이 지속되어야만 한다는 날 선 경고도 잊지 않았다. 집행위원회의 표현에 따르면 "터키의 개혁 속도가 협상 진행 속도를 결정하며", "자유, 민주주의, 인권 존중, 기본적 자유, 법치의 원칙 등에 대한 심각하고 지속적인 침해가 발생할 경우 협상이 중지"될 수도 있었다. 2004년 12월 브뤼셀 유럽이사회가 경고를 동반한 집행위원회의 권고를 채택함으로써 유럽연합과 터키의 가입 협상이 2005년 10월 3일 마침내 시작될 수 있었다.

유럽연합 가입 협상 시작 이후 현재까지

유럽연합 가입의 중요한 전제 조건의 하나는 '축적된 공동체 법과 관행(acquis communautaire)'을 인정하는 것이다. 그것은 공동체의 제도적 틀을 수용하고 유럽연합이 기초하고 있는 조약, 원칙, 정치적 목표 등에 동의한다는 것을 의미한다. 유럽연합은 가입과 동시에 발생하는 회원국으로서의 권리와 의무를 감당할 수 있는 터키의 의지와 능력을 검정하기 위해 35개 항목으로 세분한 '축적된 공동체 법과 관행'의 구체적 검증 영역을 설정하였다. 협상을 통해 35개 항목의 개별적 검증을 통해 터키의 제도, 관리 능력, 행정, 사법 체제 등이 유럽연합의 기준에 부합하는지 확인한 이후 유럽연합과 터키의 가입 조약 체결이 성사될 수 있었다. 이러한 복잡한 과정의 설정으로 터키의 가입 협상은 이전의 다른 회원국 가입 경우와는 다르게 많은 시간을 요구할 뿐만 아니라 협상의 결과도 사실상 예측하기 힘들게 되었다.

가입 협상이 시작된 지 15년이 지난 현시점에서 35개 항목 중 '25항 학문과 연구' 한 영역만 2006년 6월에 협상이 완료되었고, 나머지 19개 항목의 협상은 시작도 되지 않았으며, 2018년 6월 이후 모든 협상이 동결된 상태에 있다. 협상의 결렬 가능성이 농후한 현 상황은 21세기 초 터키와 유럽연합 사이의 불편한 관계를 상징적으로 대변해주고 있다. 2012년 10월 독일을 방문한 당시 터키 총리 레제프 타이이프 에르도안(Recep Tayyip Erdoğan)은 독일 총리 앙겔라 메르켈(Angela Merkel)에게 터키 공화국 창립 100주년이 되는 해인 2023년에 터키의 유럽연합 가입이 실현되기 희망한다는 언급을 하면서 협상이 그때까지 긍정적인 결과를 도출하지 못할 경우 터키가 더 이상 협상을 진행하지 않을 수도 있다는 가능성까지 암시하였다. 그러나 에르도안의 바람대로 2023년에 터키와 유럽연합이 함께 터키의 가입을 축하할 가능성보다는 협상이 결렬될 가능성이 더 커 보인다. 적어도 그것이 현시점에서 양자가 취할 수 있는 더욱 현실적인 선택지로 보이기 때문이다.

유럽연합의 관점에서 본다면 유럽연합과 터키의 가입 협상이 현재와 같은 막다른 골목에 이른 표면적 이유를 민주주의와 법치 원칙의 후퇴를 거듭했던 터키 국내 정치 문제에서 찾을 수 있다. 특히 2013년 6월 이스탄불의 탁심(Taksim) 광장 게치(Gezi) 공원 시위에 대한 터키 정부의 강경 진압과 2016년 7월 터키 군부 쿠데타에 대한 에르도안의 강경 대응 및 그 후 터키 정국의 전개가 유럽연합과 터키의 관계가 지속적으로 악화하는 중요한 계기를 제공하였다. 표면적으로는 이스탄불시의 게치 공원 재개발 계획에 반대한 환경단체들을 중심으로 2013년 6월 일어난 게치 공원 대중시위의 이면에는 일상생활에서도 이슬람 원칙을 적용하려 했던 정의개발당(AKP) 정부의 이슬람 종교윤리 강화 정책과 시민 사회에 대한 반민주적 억압에 대한 사회적 불만이 자리 잡고 있었다. 정의개발당 정부는 알코올 등과 같은 상품 광고에 대한 제약을 강화했고, 남녀 공동 기숙사를 금하면서 새로운 종교적 세대를 부흥하려고 호소하는 등 세속적 삶에 이슬람 종교윤리를 강화하려는 시도를 하였다. 그뿐만 아니라 집회·결사의 자유 및 언론과 표현의 자유를 제한했고 권력분립의 원칙과 법치주의 원칙을 경시하면서 반정부 세력과 시민 사회에 대한 반민주적 억압도 강화하였다. 이러한 불만이 게치 공원 대중시위로 폭발했다. 정부는 시위대에 대한 경찰의 강경 진압을 허락했고, 확대된 일련의 시위에서 강경 진압으로 인해 8명이 사망하고 8000명 정도가 부상하는 사태가 발생하였다.

유럽연합은 게치 공원 시위에 대한 터키 정부의 강경 대응을 정치적 자유의 위반이자 터키가 유럽 자유 민주주의 규범으로부터 멀어지는 신호로 해석했다. 유럽의회는 2013년 6월 13일 결의안을 통해 터키 정부가 사회의 다원성을 존중하고 세속적 삶의 방식들을 보호해줄 것을 호소하면서 표현의 자유와 언론의 자유가 유럽적 가치의 핵심이라는 사실을 상기시켰다. 이러한 비판에 터키 정부는 유럽연합이 비민주적 기구라고 맞대응했고, 외무부 장관 아흐메트 다우토을루(Ahmet Davutoğlu)는 유럽연합의 터키 국내 문제 간섭을 좌시하지 않을 것이라며 강경한 입장을 밝혔다. 그러자 유럽연합은 터키에서 자유, 민주주의, 인권 존중, 기본적 자유, 법치의 원칙 등에 대한 심각한 침해가 발생할 경우 협상을 중지할 수 있다는 경고를 일부 실행에 옮겼다. 2013년 6월 27일 독일 총리 메르켈은 의회 연설을 통해 유럽연합이 터키에서 벌어진 일에 침묵하지 않을 것이며, 터키는 우리의 중요한 동반자이기는 하지만 저항의 자유, 사상의 자유, 법치·종교적 자유 등 유럽적 가치는 협상의 대상이 될 수 없다는 사실을 분명히 언급하였다.

양자의 불편한 관계는 2016년 7월 터키의 군부 쿠데타 실패 이후 정적들에 대한 대규모 숙청으로 이어졌던 에르도안의 강경 대응으로 인해 더욱 악화되었다. 그해 11월 유럽의회는 가입 협상을 동결한다는 입장을 통과시켰다. 2017년 3월 16일 에르도안은 유럽연합과 터키 사이의 관계를 크리스트교 유럽과 이슬람 중동 사이의 십자군 전쟁에 비유하면서 적대적인 역사적 기억을 환기하는 연설을 하였다. "친애하는 형제들이여, 십자가와 반달 사이의 전쟁이 시작되었습니다. 다른 설명이 필요 없습니다." 그는 심지어 유럽의 정치인을 나치 정치인과 비교하면서 유럽에 파시즘 정신이 여전히 살아 있다는 원색적인 비난도 서슴지 않았다. 이제 유럽연합과 터키의 관계는 출구 전략조차 마련되지 않은 첨예한 대립으로 치닫고 있었다.

2016년 쿠데타 이후 에르도안은 유럽연합에 가입하려는 터키의 오랜 정치적 목표에 더는 미련을 갖고 있지 않은 것처럼 보였다. 그는 대통령의 권한 강화와 장기 집권을 가능하게 함으로써 권력분립 원칙을 심각하게 침해하는 헌법 개정을 2017년 4월 국민투표를 통해 통과시킴으로써 터키에 심각한 민주주의의 후퇴를 초래하였다. 그리고 2018년 6월 24일

터키 대선과 총선에서 승리를 거둠으로써 재선에 성공하였다. 2017년 3월 독일 국회의장 노어베르트 람메르트(Norbert Lammert)는 4월로 예정된 터키의 개헌 국민투표를 "민주주의에 대한 쿠데타"라고 비난했고, 이러한 비난에 대해 에르도안은 "가까운 시일 내에 유럽인들이 길거리에서 안전하지 않을 것"이라고 맞받아쳤다. 유럽의회 의원 알렉산더 그라프 람프스도르프(Alexander Graf Lambsdorff)는 2017년 4월 언론과의 인터뷰를 통해 반정부 인사와 언론의 자유 탄압 등과 같은 조치들은 법치에 관한 유럽의 기준에 부합하지 않으며, 터키 정부가 유럽으로 향하는 노력을 사실상 포기한 것이나 다름없다고 말했다.

유럽연합과 터키 사이의 첨예한 상호 비방 속에 에르도안의 재선이 확정되었고, 이틀 후 마침내 유럽연합 이사회는 중요한 결의안을 발표했다. 터키가 유럽연합 가입 후보국이자 중요한 동반자라는 사실을 여전히 확인하면서도 터키에서 민주주의 후퇴가 개선되고, 터키와 유럽연합 국가들과의 관계가 회복되기 전까지 유럽연합과 터키의 모든 가입 협상을 잠정적으로 중단한다고 선언했다. 이후 지금까지 터키와 유럽연합의 가입 협상은 중단된 상태로 머물러 있다.

터키의 유럽성을 바라보는 다양한 시각

터키와 유럽연합 양자의 관계가 다시 호전되어 협상이 재개되거나 아니면 완전히 결렬될 두 가능성 모두 열려 있다. 협상이 재개된다면 가입 조약을 체결할 수도 있다. 그러나 가입 조약을 체결하더라도 터키가 유럽연합의 정식 회원국이 되기 위해서는 터키와 모든 기존 회원국 각각의 법적 기준에 따른 조약 비준이라는 마지막 장애물을 넘어야 한다. 유럽연합 회원국 국민들이 터키를 바라보는 부정적 시각을 고려한다면 터키 가입이 마지막 비준 절차를 통과할 가능성은 현재로서는 희박하다.

터키의 유럽연합 가입을 반대하는 관점은 다양하다. 위르겐 코카(Jürgen Kocka)는 터키가 코펜하겐 기준의 규범적 가치들을 충족하더라도 유럽의 구성원이 아닌 이웃으로 남아야 한다고 주장하면서 터키의 가입을 반대한다. 그는 독일에 필적하는 인구를 가진 터키의 가입은 유럽연합을 과대 팽창시킴으로써 기구의 의사 결정과 존속 자체가 불가능할 것이라고 반대 이유를 들었다. 이 같은 반대에 대하여 유럽연합은 이미 거대한 규모를 관리하고 있기 때문에 터키가 가입하더라도 유럽연합 거버넌스의 기본적 형태와 방향에 큰 영향을 미치지 않을 것이라고 보는 시각도 있다.

그 밖에도 인구의 40퍼센트 정도가 농업에 종사하는 터키 경제의 구조적 약점으로 인해 터키의 유럽연합 가입을 반대하는 견해도 있다. 가난한 농업 국가인 터키가 회원국이 되면 유럽연합의 재정에 심각한 부담을 주게 될 것이라는 이유다. 터키가 유럽연합의 경제적 부담이 될 수 있다는 이 같은 우려에 대한 반론도 가능하다. 터키의 유럽연합 가입을 통해 터키의 경제 성장에 우호적인 제도적 환경이 만들어진다면 장기적으로 터키가 유럽연합 회원국 복지 향상에 기여할 수 있게 될 것이라는 예측이 가능하기 때문이다. 경제지표상 현재 유럽연합 절반 정도의 회원국보다 더 부유한 터키가 가입하면 가난한 회원국들보다는 유럽연합의 경제적 요구들을 더 잘 충족하게 될 것이라는 논리도 부정하기 힘들다. 이처럼 코펜하겐 기준과는 사실상 무관한 거버넌스 문제 및 경제적 부담 등과 같은 가입 반대의 실용적 이유들은 궁색하며, 그 논리를 유지하기 어렵다.

가입 조약을 체결하더라도 회원국 만장일치 동의를 요구하는 비준 절차 통과가 어렵다고 판단되는 중요한 근거를 아마도 기존 회원국들이 바라보는 터키의 타자성에서 찾을 수 있을 것이다. 전후 전개된 터키의 기나긴 유럽화 과정에도 불구하고 많은 유럽인은 여전히 터키가 역사·문화·종교적 전통 등에 있어서는 진정한 유럽 국가가 아니며 그 전통들이 유럽적 가치와 양립하기 어렵다고 생각하고 있다. 터키의 유럽연합 가입과 관련된 통계 자료들과 공적 담론 속에서도 지난 수 세기 동안 터키인들을 적이자 타자로 각인해왔던 유럽인의 집단기억이 현재에도 지속적으로 환기되고 있다는 사실을 확인할 수 있다.

2005년 터키의 유럽연합 가입 협상이 시작될 무렵 시행된 유로바로미터의 여론조사에 의하면 유럽 시민 응답자의 55퍼센트가 터키의 유럽연합 가입에 반대했고, 31퍼센트만 우호적이었다. 2005년 유로바로미터의 여론조사를 분석한 한 사회과학 연구는 유럽연합 시민의 다수가 터키의 가입을 반대하는 중요한 이유가 이슬람에 대한 공포에 기인하고 있다고 결론짓는다. 이 연구는 최근 유럽에서 발생한 모슬렘에 의한 일련의 테러로 인해 모슬렘이 후진적이며, 비관용적이며, 광적인 타자라는 인식이 유럽인들 사이에 광범위하게 퍼졌고, 터키의 주된 종교가 이슬람이라는 이유가 유럽 시민들의 부정적 여론 형성에 중요한 역할을 하고 있다는 결론을 내렸다. 그리고 아마도 유럽인의 심성에서 터키라는 국가가 크리스트교 세계에 위협이 되었던 오스만 제국의 기억들, 이슬람의 부흥, 터키 이주민에 대한 유럽인의 반감 등과 밀접한 연관성을 가지고 있을 것이라고 추론하였다.

터키의 가입 협상이 가시화되던 21세기 시작 무렵부터 본격적으로 제기된 터키의 유럽적 전망에 대한 논쟁에서도 찬반 논리의 핵심은 터키의 유럽성을 둘러싸고 전개되었다. 미국의 시사 주간지 〈타임〉은 1992년 기사에서 터키를 판단하는 유럽성의 모호함을 다음과 같이 표현하였다.

> 어떤 식으로 표현되든지 간에 서유럽에는 거의 명백하게 언급되지는 않지만 어떤 한 감정이 존재하고 있다. 그것은 모슬렘은 …… 수 세기 동안 유럽을 정복하기 위해 위협했던 터키인들을 몰아내려 했던 서방 세계의 가족에 속하지 않는다고 하는 감정이다.

비슷한 맥락에서 프랑스 대통령을 역임했던 발레리 지스카르데스탱(Valéry Giscard d'Estaing)은 2002년 터키는 유럽 국가가 아니기 때문에 터키의 유럽연합 가입은 유럽의 종말을 의미한다고 말했으며, 독일 총리를 지낸 헬무트 콜(Helmut Kohl) 역시 2004년 터키는 유럽에 속하지 않는다고 말했다. 역사학자 한스울리히 벨러(Hans-Ulrich Wehler)는 유럽연합이 터키를 받아들이면 "유럽통합의 원대한 프로젝트가 파괴될 것"이라고 경고한다. 그에게 터키의 가입은 "역사 속에서 성장한 결코 포기할 수 없는 유럽 정체성을 공유하지도 않고, 그것의 지속에도 기여할 수 없는 비유럽인들을 유럽공동체 속으로 받아들이는 것을 의미"하였다.

그러나 크리스트교 문명에 기초하여 유럽성을 정의하는 이 같은 논리에 맞서 유럽연합이 크리스트교의 중요성을 인정하면서도 모든 종교를 동등하게 수용하는 다문화적 공동체로 발전해야 할 것이라고 주장하는 논리도 제기되고 있다. 정치학자 조셉 S. 조셉(Joseph S. Joseph)은 크리스트교 세계와 이슬람 세계가 서로 친구가 될 수 있다는 사실을 보여줌으로써 문명의 충돌과 문화의 경계를 따라 정치 세계가 재구성될 것이라는 새뮤얼 헌팅턴(Samuel Huntington)의 억지 주장이 오류라는 것을 입증해야 한다고 주장한다. 같은 맥락에서 터키의 유럽연합 가입에 우호적이던 영국의 외무부 장관 잭 스트로(Jack Straw)는 2004년 덴마크를 방문하여 다음과 같이 터키의 가입을 옹호하였다.

"전투적 이슬람은 이슬람과 크리스트교 세계를 분리하기를 원합니다. 우리는 유럽이 이슬람 세계와 공유하고 있는 역사와 공동의 가치들을 강조함으로써 전투적 이슬람의 이러한 노력에 대항할 수 있을 것입니다."

터키의 유럽성을 옹호하는 베르너 바이덴펠트(Werner Weidenfeld)는 다원성의 관점을 가지고 유럽사를 해석할 필요가 있음을 상기시킨다. 그에 의하면 유럽사 속에서 출현했던 유럽의 여러 정체성의 다양성이 유럽 정치 문화의 정수를 구성하고 있다. 그는 한때는 유럽에 대한 위협이자 비유럽 국가로 간주되었던 터키를 유럽에 적대적 세력이 아니라 유럽 정체성을 보완하는 다양성의 소중한 한 축으로 인정해야 한다고 주장한다. 그러나 만약 유럽이 이슬람을 거부함으로써 "다원적 정체성과 삶의 다원성까지 허락하는 복합적인 시공간"으로 변화될 수 없다면, 유럽은 타랄 아사드(Talal Asad)의 경고처럼 "자신의 경계 내부의 모슬렘 소수자와 경계 너머의 모슬렘 야만인들에 대하여 항상 걱정해야만 하는 제국적 문명의 공동시장에 지나지 않게 될 것이다".

에필로그

유럽과 아시아 두 대륙과 두 문명을 잇는 교차로에 위치한 터키는 공화국 탄생 이후 유럽화의 긴 과정을 선택했지만, 아직도 완전한 유럽 국가로 인정받지 못하고 있다. 1959년 최초로 유럽경제공동체와의 제도적 관계를 맺기 희망하면서 시작된 터키의 유럽연합에 가입하려는 긴 과정은 이제 60년을 넘었다. 가입 협상의 시작 이후에도 짧지 않은 시간이 흘렀지만, 터키의 가입 전망은 여전히 오리무중이며, 유럽연합과 터키 사이의 최근 관계 악화로 그 가능성은 이제 점점 더 희박해지고 있다. 이처럼 유럽통합의 초창기부터 현재에 이르기까지 유럽연합과 터키가 맺어온 불편한 관계는 긴밀한 동반자 관계에서 적대적 냉각 관계에 이르기까지 상황 논리에 부응하면서 부침을 거듭해왔다. 그 관계를 유지하게 만든 공동의 이해관계는 터키의 지정학적 중요성에 기반을 두고 있는 유럽연합과 터키의 안보적 차원에서 상호 의존적이었다.

그러나 안보 문제는 터키의 유럽연합 가입에 유리하게 작용하는 긍정적 준거점이 될 수는 있었지만, 터키의 경제적 약점, 정치적 결함, 종교적·문화적 차이 등 부정적 요인을 상쇄할 만큼 가입을 위한 충분조건은 되지 못했다. 심지어 현시점에서 민감한 터키의 지정학적 위치는 한편으로는 유럽연합이 여전히 터키와의 긴밀한 관계를 유지할 필요성을 지속시키는 연결고리가 되고 있지만, 다른 한편으로는 터키를 유럽연합으로 완전히 받아들이는 것을 억제하는 제동 장치의 기능도 하고 있다. 유럽으로부터의 터키의 소외가 유럽에 불리한 터키의 중동 정책을 유발할 수 있는 위험 요소로 작용할 수 있다는 이유로, 유럽의 안보적·정치적·경제적 이익에 직접적인 영향을 미치는 터키를 유럽연합이 홀대할 수 없다는 사실이 전자의 관점을 설명해준다. 반면 터키와 중동지역의 갈등 및 불안정한 안보 때문에 터키를 유럽연합으로 받아들이면 이 지역의 분쟁과 문제점들을 유럽연합 내부로 끌어오게 되어 유럽 내부의 안보적 긴장을 증폭시킬 수 있다는 전망이 후자의 관점을 대변해주고 있다.

게다가 국민의 대다수가 무슬림인 터키의 유럽성을 부정하는 대다수 크리스트교 유럽 국가 시민들의 인식은 공식적으로는 문화적 다원주의와 세속주의를 표방하는 유럽연합 내부에 종교적 장애물이 여전히 은폐되어 있다는 사실을 확인시켜주고 있다. 그러한 이유로 결국에는 유럽인들이 자신들의 역사를 바라보는 관점, 자신의 역사를 소화할 수 있는 능력의 정도, 자신의 미래에 대한 전망 등이 터키의 유럽성을 가늠하는 최종 척도가 될 것이다.

시간이 흐르면서 유럽연합과 터키의 관계가 개선될 가능성은 크지만, 터키의 유럽연합 가입 가능성은 아마도 점점 더 줄어들 것이다. 물론 터키의 회원국 가입이 거부되더라도 유럽연합이 자신의 정치·경제적 이해관계 때문에 터키와 긴밀한 우호관계를 유지하는 것은 선택이 아닌 필수이며 유럽연합의 중요한 정책적 고려사항으로 남게 될 것이다. 양자가 풀어야 할 숙제가 생긴 것이다. 유럽연합은 터키의 가입 대신 터키가 수용할 수 있는 관계의 다른 대안적 형식을 찾아내어야 할 것이다. 아마도 터키의 유럽연합 가입 반대자들이 제시하는 해결책이 대안으로 선택될 가능성이 크다. 터키의 부분적 가입과 같이 터키에 특별한 지위를 부여하는 유럽연합과 터키의 특권적 동반자 관계가 대안이 될 가능성이 가장 크다. 물론 터키가 이러한 관계를 수용할 것인가 하는 문제는 미지수이며, 이러한 현실적 해결책은 유럽연합과 터키의 양자 관계에서 유럽연합이 언급한 기준과 목표를 스스로 어기는 행위가 될 것이다. 그리고 이러한 해결책은 스웨덴 총리를 지낸 칼 빌트(Carl Bildt)의 2005년 언급처럼 유럽이 터키 앞에서 자신의 문을 걸어 잠그는 행위나 다를 바 없을 것이다. 빌트는 문을 잠그는 행위에 내포된 위험과 관련하여 "문을 잠그는 것은 수십 년 후 자신의 문 앞에서 불안정을 초래할 다른 세력과 위험에 유럽이 자신의 문을 스스로 여는 것이라는 사실을 알아야만 할 것"이라고 경고했다.

참고문헌

신종훈, 〈유럽연합의 확장과 터키의 유럽연합 가입 문제—유럽 정체성에 대한 한 물음〉, 《서양사론》 제108호(2011).

Beken Saatçioğlu, "Turkey's Eu Membership Process in the Aftermath of the Gezi Protests," Isabel David & Kumru F. Toktamiş, *Everywhere Taksim: Sowing the Seeds for an New Turkey at Gezi* (Amsterdam University Press, 2015).

Harun Arikan, *Turkey and EU. An awkward candidate for EU membership?* (Ashgate, 2003).

John Redmond, "Turkey and the European Union: troubled European or Europena trouble?," *International Affairs* vol. 83 (2007).

Joseph S. Joseph, "Turkey's Accession to the European Union: Dilemmas, Opportunities, and Constraints," Yannis A. Stivachtis (ed.), *The State of European Integration* (Ashgate, 2007).

Talal Asad, "Muslims and European Identity: Can Europe Represent Islam?," Anthony Pagden (ed.), *The Idea of Europe. From Antiquity to the European Union* (Cambridge, 2002).

지중해의 유로메나, 키프로스
분단 문제 및 EU와의 관계를 중심으로•

20

윤성원 수원대학교

머리말

"키프로스 양 정상들은 중요한 사안에 대해 상당한 정도의 의견 일치를 보았다. ……곧 종합적인 해결안이 도출될 것으로 보인다."(*UN News*, 2011년 11월 1일 자)

2011년 11월 1일 반기문 유엔 사무총장은 그리스계 남키프로스의 디미트리스 크리스토피아스(Dimitris Christofias) 대통령과 터키계 북키프로스 데르비슈 에로을루(Derviş Eroğlu) 대통령과의 회담 직후 두 정상과 손을 맞잡으며 이렇게 말했다. 그러나 그로부터 10여 년이 다 되어가는 오늘

• 이 글은 〈지중해의 유로메나, 키프로스: 분단문제 및 EU와의 관계를 중심으로〉, 《통합유럽연구》 제11권 제2집(2020)을 수정·재편집한 것이다.

날까지 그 '종합적 해결안'은 도출되지 않고 있다. 북쪽으로 불과 75킬로미터 떨어진 곳에 터키와 인접해 있고 그로부터 시계 방향으로 시리아, 레바논, 이스라엘, 이집트, 리비아를, 그리고 마지막으로 북서쪽에 그리스를 두고 있는 키프로스. 그 위치만으로도 키프로스가 얼마나 교통의 요충지에 자리하고 있는지를 충분히 짐작할 수 있다. 그리고 바로 그 이유로 평화로운 지중해의 휴양지로서 기억될 수 있던 키프로스는 수백 년간 수차례 외세의 지배를 받는 갈등과 비극의 산실이 되어야 했다. 그리스와 터키의 갈등이 최고조에 달한 1974년에는 급기야 남북이 분단되기에 이르렀고, 그 결과 키프로스는 터키계 주민들이 대부분인 북키프로스와 그리스계 주민들이 대부분을 차지하는 남키프로스로 이분되어 반세기 가까이 분단국가로 남아 있다. 키프로스의 분단은 그리스와 터키 간의 갈등 관계만을 상징하는 것은 아니다. 이 분단은 유럽 문명과 메나 문명의 대립의 상징이자 크리스트교와 이슬람교의 대립이기도 하다. 한반도 면적의 불과 25분의 1밖에 안 되는 작은 섬나라에서 진행되고 있는 이 분쟁 이슈는 오랜 질곡의 역사 속에서 쓰라린 기억들의 상처가 치유되지 못한 데 기인한 것이라 할 수 있다.

키프로스의 분단 배경 및 과정

외세 침입의 역사

유럽과 아시아, 아프리카를 잇는 교통의 요충지에 위치한 키프로스는 일찍이 해상무역 국가로 발전하여 상당한 수준의 문명을 누렸다. 그러나 키프로스를 차지하는 것이 지중해 패권 장악의 지름길이라고 보았던 주변

강대국들의 이해관계로 인해 키프로스는 수 세기 동안 이들로부터 침략과 지배를 받아야 했다. 키프로스는 기원전 8세기 아시리아의 침입을 비롯하여 이집트, 페르시아, 로마, 비잔틴 제국, 오스만 제국의 지배를 받았고 19세기에는 영국의 식민지로 편입되기도 했다.

16세기 중반까지 키프로스는 비잔틴 제국의 일부에 속했다. 1571년 오스만 제국의 세력이 지중해 연안 및 발칸반도에까지 미치면서 키프로스는 오스만 제국의 지배를 받게 되었다. 원래 키프로스는 그리스계 주민이 대다수를 차지하고 있었다. 기원전 15세기 미케네 무역상들이 교역을 위해 이 섬을 방문한 것이 계기가 되어 이주가 시작되었다면 기원전 12세기부터 기원전 11세기까지 미케네 그리스가 몰락하면서 대거 이주했다. 이들이 현 그리스계 키프로스 주민의 시초라 할 수 있다. 그 후 외세의 침입이 계속되어왔음에도 불구하고 그리스계 주민들은 키프로스 인구의 대다수를 차지하였다. 이후 오스만 제국 지배하에서는 이슬람교를 믿는 터키인이 키프로스로 이주하기 시작하였는데 이주민 수는 점차 증가하여 전체 주민의 20퍼센트를 육박하였다.

19세기 오스만 제국이 쇠퇴하자 그리스계 키프로스 주민은 300년간 지속되어온 오스만 지배를 벗어나 그리스와 병합되기를 희망했다. 1878년 영국은 러시아의 키프로스 침공을 견제하고자 오스만 제국과 비밀리에 키프로스협약(Cyprus Convention)을 체결하였다. 그 결과 키프로스의 영토는 오스만 제국에 속하는 것으로 인정하나 실질적인 지배권은 영국이 넘겨받았다. 영국에게는 당시 가장 중요한 식민지였던 인도를 오가는 데 있어 수에즈 운하를 지나가는 것이 가장 효율적이었기 때문에 그 길목에 위치한 키프로스는 전략적으로 매우 중요했다. 영국은 여기에 해군기지를 건설하였다. 그러다가 1914년 제1차 세계대전이 발발하자 오스만 제국은 독일, 오스트리아-헝가리 제국과 함께 동맹국(Central Powers)의 일원이 되었는데 이를 계기로 연합국의 일원이던 영국과는 적이 되었다. 이때 영국은 키프로스협약을 파기하여 공식적으로 키프로스를 자국의 영토로 편입시켰다. 세계대전에서 승전한 연합국과 패전한 오스만 제국은 1920년 세브르 조약을 체결하였고 이때 영국은 키프로스를 직할 식민지로 삼았다.

앞서 언급한 대로 여러 외세의 침입과 식민 지배 와중에도 키프로스 주민의 대다수는 그리스계 주민이었고, 이들은 강력히 자치 정부 수립을 희망했다. 1930년대 들어서면서 이들의 주장은 폭력적 성향을 띠기 시작했다. 그러나 제2차 세계대전 발발 당시 키프로스는 여전히 영국의 지배하에 있었고, 그리스와 터키는 모두 연합군에 합류했다. 제2차 세계대전 후 영국은 대부분의 해외 식민지를 독립시켰으나 수에즈 운하를 관리하는 데 키프로스는 전략적으로 매우 중요한 요지였기 때문에 이들의 독립을 허용하지 않았다. 이때부터 키프로스의 내분은 격화되기에 이르렀다. 그리스계 주민들은 그리스와의 통합을 주장하면서 강력한 반영운동을 전개하였다. 키프로스민족해방조직(Ethniki Organosis Kyprion Agoniston, EOKA)이 그리바스 장군을 주축으로 결성되어 폭동을 일으켰다. 반면 터키계 주민들은 영국의 지배하에 있는 것이 소수민족의 지위와 정체성을 인정받을 수 있는 방법이라 여겼고, 궁극적으로는 키프로스를 분할하자는 입장을 취했다. 이들은 터키저항단(Turk Mudafa Teskilat, TMT)을 결성하여 EOKA의 통합 운동에 대항하였다. 그리고 시간이 지날수록 키프로스 독립을 둘러싼 내홍은 그리스와 터키로 확산되었다.

1958년 영국의 중재로 그리스와 터키 간의 협상이 진행되었고, 그리스, 터키, 그리스계 키프로스 대표, 터키계 키프로스 대표, 영국, 이렇게 모든 이해 당사자들이 모여 취리히-런던 협정을 체결하였다. 그러나 이 협정은 어디까지나 키프로스를 영국 지배하에 그대로 유지하는 것을 전제로 하고 있었기 때문에 협상 결과는 모두의 공분을 샀다. 통합(enosis)이 아니라는 이유로 그리스계 주민의 반발을 샀으며 그렇다고 키프로스의 분리를 허용한 것도 아니었기 때문에 터키계 주민의 반발도 불러일으켰던 것이다.

취리히-런던 협정에서 합의한 내용을 바탕으로 키프로스 헌법 초안이 마련되었다. 이를 근거로 키프로스는 1960년 독립국가인 키프로스공화국(Republic of Cyprus)이 되었다. 영국은 아크로티리(Akrotiri)와 데켈리아(Dhekelia) 두 곳에만 군사기지를 유지하고 철수하였다. 키프로스공화국에서는 그리스계인 마카리오스 3세(Makarios III) 대주교가 초대 대통령을, 그리고 터키계인 파질 퀴취크(Fazıl Küçük)가 부통령을 맡았다. 그리고 인구 구성 비율(그리스계 77퍼센트 : 터키계 18퍼센트)을 반영하여 내각 또한 7:3의 비율로 구성하였다. 다수인 그리스계의 지배를 인정하면서 소수인 터키계의 권리도 인정한 것이다.

그러나 독립 이후 양 진영 간의 갈등은 격화되었다. 1963년 마카리오스 대통령이 행정부를 보다 효율적으로 운영하고자 13개 헌법 개헌안을 제시하였는데 이에 대해 터키계 의원들이 반대하면서 양측의 대립이 촉발하였다. 의회는 파행에 달했고 연립정부는 붕괴하였다. 터키계 부통령은 키프로스의 분할을 주장하였고 터키 정부 또한 이를 지지하고 나섰다. 이 사태는 1964년 2월 UN 총회에서까지 논의되었다. 결국 UN은 그리스계가 이끄는 키프로스공화국만을 유일한 합법정부로 인정하였다. 또한 이 사태 해결을 위해 키프로스에 평화유지군을 파병하였다.

이때부터 미국도 본격적으로 키프로스 문제에 개입하기 시작하였다.

미국은 키프로스가 그리스와 통합하되 터키의 키프로스 군대 주둔을 허용하는 방안을 제안하였으나 마카리오스 대통령이 이를 거절하였다. UN도 수차례 다양한 방안을 제시하였으나 합의에 이르지 못하여 결국 중재를 포기하였다. 그 와중에 1967년 그리스에서 쿠데타가 발생하였다. 이는 키프로스에 바로 영향을 미쳤는데, 그리스계 주민이 터키계 주민이 거주하는 마을을 공격하여 사상자를 내는 사건이 발생했다. 이를 빌미로 터키 정부는 키프로스 내 그리스계 부대를 공격하였다. 그리스는 항복하였으며, 그리스계 군인으로 구성된 키프로스 방위군(Cypriot National Guard)의 최고 책임자인 게오르기오스 그리바스(Georgios Grivas) 장군은 본국으로 소환되었다. 혼란한 틈을 타서 터키계 키프로스는 별도의 임시 정부를 수립하였다. 이는 키프로스가 남북으로 분단되는 계기가 되었다.

키프로스의 분단

양측 간 대립이 극으로 치닫게 된 것은 1974년에 이르러서다. 그리스로 소환된 그리바스 장군이 그리스 독재 정권의 지지를 받고 다시 키프로스로 복귀했다. 그는 마카리오스와 공동으로 EOKA-B라는 무장조직을 이끌어 그리스와의 통합 운동을 전개하였다. 그러다가 그리바스가 갑작스레 사망하였는데 이는 마카리오스 정권의 몰락으로 이어졌다. 키프로스의 그리스 통합을 우려한 터키는 그리스 정부에 마카리오스의 후임으로 새로 추대된 니코스 샘슨(Nikos Sampson) 대통령을 사임시킬 것을 요구하였으나 거절당했다. 이에 유사시 군사 개입 요청을 할 수 있도록 한 취리히-런던 협정을 근거로 영국에 군사 개입을 요청하였다. 그러나 영국은 이를 거절하였다. 상황이 이렇게 되자 터키 정부는 일방적으로 병력을 키프로스에 파견하였다. 이 사건은 그리스 정부에 즉각적인 영향을 미쳤다.

쿠데타로 집권한 페돈 기지키스(Phaedon Gizikis) 대통령은 이 사태를 해결하지 못했다는 이유로 실각했고 군사정권 또한 몰락했다. 키프로스에 파병된 터키군은 그리스가 혼란한 틈을 타 그리스군이 장악하던 터키계 주민들의 거주지를 점령하였다.

1974년 7월 스위스 제네바에서 그리스, 터키, 영국 간에 평화회담이 시작되었다. 그러나 터키가 키프로스의 3분의 1에 해당하는 지역에 터키계 주민이 거주토록 하는 키프로스 연방국가 창설을 주장하여 협상은 결렬되고 말았다. 터키는 키프로스 내 주둔 병력을 늘렸고 휴전선인 아틸라선(Attila Line, 혹은 Green Line) 북쪽을 모두 점령하였다. 이듬해 UN의 중재로 빈에서 다시 협상을 진행했으나 연방국가에 대한 양측 간의 이견을 좁히지 못하고 결렬되었다. 터키가 양측이 대등한 연방국가를 주장한 것이라면 그리스는 소수민족의 권리를 인정하지만 대다수인 그리스계가 지배하는 단일 국가 체제를 주장하였다.

키프로스섬의 북부는 터키계 주민이, 남부는 그리스계 주민이 정착하게 되면서 남북은 사실상 분할이 된 것이나 다름없었다. 1983년 5월 UN 총회는 키프로스로부터 터키군의 철수를 결의하였는데 터키계는 이에 반발하여 당해 11월 기습적으로 북부 터키계 주민 거주 지역을 '북키프로스 터키공화국(Turkish Republic of Northern Cyprus, TRNC)'이라는 이름으로 독립선언을 하였다. 전 세계는 북키프로스의 이 같은 행동을 비난하였고 터키만이 북키프로스 독립국가를 승인하였다. 코피 아난(Kofi Annan) UN 사무총장은 1999년부터 남·북키프로스와 각각 수차례 협의한 끝에 총 다섯 번의 수정 과정을 거쳐 통일안을 마련하였고 키프로스 정부는 2004년 4월 24일 이를 수용할지 여부를 묻는 국민투표를 실시하였다. 통일안의 핵심은 남과 북을 각각 인정하는 연방국가를 만드는 것이었다. 어느 때보다 높은 참여율(그리스계 주민: 87퍼센트 참여, 터키계 주민: 89퍼센트)을 기록한 이 국민투표는 터키계 주민의 65퍼센트가 찬성한 반면 그리스계 주민의 76퍼센트가 반대하여 무산되었다. 이후 키프로스 분단 문제는 키프로스의 EU 가입 이슈와 맞물려 더욱 복잡해질 수밖에 없었다.

키프로스와 EU

경제적 협력 관계 구축

키프로스가 EU와 공식적인 관계를 맺기 시작한 시기는 1970년대 초부터다. 1960년 키프로스가 공화국으로 독립하기 전까지는 영국의 식민지였기 때문에 키프로스에서 생산된 물품은 대부분 영국으로 수출되었다. 또한 영연방의 일원으로 영연방 국가 간의 특혜관세 혜택도 누리고 있었다. 따라서 키프로스는 굳이 EU를 포함한 다른 국가와 외교적으로 무역 관계를 따로 맺어 수출해야 할 필요성을 갖지 못하였다. 1957년 로마 조약이 체결되고 유럽경제공동체(European Economic Community, EEC)가 출범했음에도 불구하고 당시 대부분의 키프로스 국민들은 유럽경제공동체 가입보다는 그리스와의 통합 가능성에 더 많은 관심을 가지고 있었다.

키프로스와 EU와의 관계 구축은 키프로스의 독립을 계기로 본격화되었다. 독립을 달성한 후 키프로스는 주변국들과의 관계를 공고히 하기 위한 목적으로 1962년 유럽경제공동체와의 제휴협정(Association Agreement) 체결을 추진하였다. 키프로스 독립 후에도 여전히 영국에 대한 무역 의존도가 높은 상황에서 영국이 유럽경제공동체 가입을 추진하고 있었던 점이 크게 영향을 미친 것으로 보인다. 영국의 유럽경제공동체 가입은 프랑스 드골 대통령의 반대로 무산되었다. 그러자 키프로스의 가입 열망 또한 사그라졌다. 그러다가 1969년 드골 대통령 사임 후 영국의 공동체 가입에 대한 프랑스의 태도가 우호적으로 바뀌고 이를 계기로 영국의 가입 협상이 본격화되자 키프로스의 입장도 다시 바뀌었다. 게다가 몇몇 지중해 국가들이 유럽경제공동체로부터 특혜적 시장 접근(preferential market access)을 인정받게 되자 키프로스는 지중해 지역에서 자칫 자국만 소외될지도 모른다는 우려에서 유럽공동체와의 제휴협정 체결에 박차를 가했다. 협상은 1971년에 시작되었고 이듬해 제휴협정이 체결, 1973년 6월 발효되었다. 그러나 키프로스와 유럽경제공동체 양측이 이 협정을 통해 기대했던 바는 다소 차이가 있었던 것으로 보인다. 키프로스 입장에서는 경제적 실익과 아울러 자국의 존재감을 유럽과 국제사회에서 인정받고자 하는 정치적 목적이 컸다. 반면 유럽경제공동체 입장에서는 이 협정을 통해 경제적 실익보다는 정치적 실익을 도모하고자 했던 것으로 보인다. 키프로스가 유럽경제공동체 수출에서 차지하는 비중이 높지 않았기 때문이기도 하거니와 유럽에서 중동으로 이어지는 길목에 위치한 지정학적 요충지인 키프로스의 평화 안정 여부가 유럽공동체의 번영과 안정에 직접적인 영향을 미친다고 보았기 때문이다. 키프로스와 EEC 간의 관세동맹은 1972년 체결된 제휴협정을 기반으로 15년에 걸쳐 진행된 논의 과정을 거쳐 완성되었다.

EU 회원국 가입

키프로스를 바라보는 EU의 입장은 단순하지가 않았다. EU는 대내적으로 모든 회원국을 아우르면서 통합을 진전시키는 것이 무엇보다 중요했지만 이와 동시에 EU와 정치·경제적으로 밀접한 관계를 가진 터키와도

원만하게 관계를 유지할 필요가 있었다. 키프로스와 이해관계가 얽힌 주변국들 중 영국과 그리스는 각각 1973년과 1981년에 EU에 가입한 상태였다. 그렇지만 터키는 그리스의 EU 가입을 인정하지 않고 있었다. 이런 상황에서 키프로스 문제는 EU의 입장에서는 매우 민감한 주제였다. EU는 자칫 키프로스를 둘러싼 국제 정치적 갈등에 휘말려 주변 및 회원국들과의 관계에 부정적인 영향을 받지나 않을까 우려했다.

EU는 키프로스 지역의 평화와 안정이 유럽의 평화와 안정에 직결된다고 보았기 때문에 키프로스 내분의 이해 당사자인 그리스, 터키, 키프로스를 어떠한 형태로든 EU라는 제도적 틀을 활용하여 경제적 상호 의존성을 높이게 하는 것이 이 지역의 평화를 유지하는 하나의 방법이라 여겼다. 더욱이 1989년 11월 베를린 장벽이 무너지고 독일이 통일되면서 또 다른 분단 지역인 키프로스에 대한 논의도 자연스레 이끌어볼 수 있는 분위기였다. 키프로스의 EU 가입에 대한 EU의 입장이 공식적으로 표면화된 것은 1990년 더블린 유럽이사회에서다. 이사회 직후 발표한 성명에서 유럽 정상들은 두 가지를 강조하였다. 하나는 EU-키프로스 관계는 어디까지나 EU-터키의 관계를 해치지 않는 선에서 진전될 것이라는 것이고 다른 하나는 키프로스의 문제 해결 방식은 UN의 입장과 저촉되지 않는 선에서 입장을 취하겠다는 것이었다.

애초에 EU는 키프로스가 EU에 가입하기 이전에 키프로스 내분이 먼저 해결되어야 한다는 입장이었다. 만일 키프로스 분단이 해결되지 않은 상태로 EU에 가입하게 되면 EU 모든 회원국에게 적용되는 공동체법이나 인권, 자유권 등이 키프로스 전역에 고루 적용되지 않을 것을 우려하였던 것이다. 또한 남키프로스만 EU에 가입하면 남북 간 극심한 경제적 불평등을 가져오게 될 것으로 보았다. 키프로스의 EU 가입이 논의되던 초기에는 키프로스의 EU 가입을 계기로 남북 간 통일이 되지 않을까 하는 예상도 있었다. 실제로 EU 이사회는 양측 갈등이 가입을 계기로 해결되어 양측이 모두 EU에 가입할 것을 대비하여 북키프로스에 2억 5000만 유로를 지원하기로 준비해두기도 했다. 그러나 만일 남키프로스의 가입을 승인하지 않는다면 동유럽 국가들의 EU 가입에 찬성하지 않겠다고 선언한 그리스의 강경한 입장으로 인해 남키프로스의 EU 가입을 위한 협상은 키프로스 사태 해결 여부에 관계없이 별개로 진행되었다. EU 내 모든 회원국이 동일한 표결권을 갖고 있는 데다가 EU 가입 승인은 기존 회원국 전원의 찬성을 얻어야만 가능한 일이었던 만큼 그리스의 이러한 협박은 결코 무시할 수 없는 것이었다. 남키프로스는 1990년 7월 공식적으로 EU 가입 신청을 하였다.

키프로스에 앞서 1987년 EU 가입 신청을 한 터키는 자국이 가입한 후에 가입할 수 있다며 반발했다. 그러나 키프로스의 가입 신청을 EU에서 긍정적으로 받아들이고 자국의 신청에 대해서는 아무런 후속 조치를 취하지 않자 이에 분개하여 즉각적으로 EU와의 모든 정치적 대화를 단절했다. 터키는 키프로스가 EU에 가입하면 지역의 세력 균형이 깨어져 자국에 불리해질 것을 알고 있었다. 터키는 자국과 북키프로스 간 이동 시 출입국 심사를 폐지하고 관세동맹을 도입하기로 합의하는 등 북키프로스 병합을 감행하려 하였다. 이와 아울러 EU에 대한 구매 동결 조치도 실시하였다.

한편 그 사이 EU와 터키 내부적으로 터키의 북키프로스 점령과 남키프로스의 EU 가입, 그리고 터키의 EU 가입 희망 의사에 대한 EU의 입장에 대해 각각 이해득실을 계산하고 있었다. 터키 입장에서는 만일 EU에 가입한다면 북키프로스를 점령함으로써 얻는 이득보다 더 큰 이득을 얻을 수 있을 것이라고 보았다. 한편 EU 또한 터키에게 EU 가입에 대한 실질적 희망을 줌으로써 키프로스의 문제 해결을 위한 터키의 협조를 이끌어내는 결과를 유도할 수 있을 것으로 보았다. 결국 그해 12월에 개최한 헬싱키 유럽이사회는 터키를 EU 가입 후보국으로 공식적으로 인정하였고 기준을 충족한다면 EU 가입을 승인할 것임을 약속했다. 이로써 EU와 터키의 관계는 화해 모드이자 '특별한 관계'로 격상되었다. 본격적인 터키의 EU 가입 협상은 2005년 10월부터 진행되었다.

그러다 2016년 터키 에르도안 대통령에 반발하는 군부 세력의 쿠데타가 실패하고 에르도안 대통령이 이를 진압하는 과정에서 대규모 숙청이 발생하자 터키의 인권 문제 개선을 지속적으로 제기해온 EU와의 관계는 다시 악화되었다. 2016년 유럽이사회는 이런 정치 상황에서는 터키의 가입 협상을 진행하기가 어렵다고 입장을 밝혔으며, 2018년 일반이사회(General Affairs Council)에서도 EU-터키 관세동맹의 후속 협상을 중단하기로 하였다. 2019년 2월 유럽의회가 터키의 EU 가입 협상을 공식적으로 중단하기로 발표하면서 현재 교착 상태에 있다.

반면 남키프로스의 EU 가입 협상은 순조롭게 진행되었다. 2001년 레어켄 유럽이사회에서는 2002년 말까지 가입 협상을 종료하기로 결정하였고, 2002년 세비야 유럽이사회에서 공식적으로 가입 협상이 종료되었다. 이후 2003년 4월 그리스에서 키프로스와 EU 간에 가입 조약(Accession Treaty)을 체결함으로써 남키프로스는 정식 EU 회원국이 되었다.

맺음말

지정학적 이유로 수 세기 동안 끊임없이 주변 국가의 침략을 받아야 했던 키프로스는 남쪽의 키프로스공화국과 북쪽의 키프로스터키공화국으로 분단되었고 그중 국제사회의 공식 승인을 받은 키프로스공화국만이 EU에 가입해 있는 상태다. 터키는 키프로스공화국의 EU 가입을 인정하지 않고 있으며, 키프로스터키공화국은 터키만 인정하고 있다. 남북 문제가 해결되지 않은 상태이기 때문에 반쪽만 EU에 가입한 키프로스는 EU와의 관계에서 애매한 상황이 많이 발생하고 있다. 우선 영토상으로는 북키프로스도 EU에 속한다. 따라서 법 적용도 EU 법을 따라야 하지만 현재는 유보상태다. 키프로스가 채택한 공식 화폐는 유로화이지만 이는 남키프로스에서만 해당하고 북키프로스에서는 터키 리라를 사용하고 있다. 또한 남키프로스와 북키프로스는 단일 시장이 아니다. 따라서 원칙적으로는 남북 간에 상품, 서비스, 노동, 자본 등의 생산 요소가 자유로이 이동할 수 없다. 북키프로스가 EU 시장으로 수출하기 위해서는 남키프로스로부터 '이동증명서(movement certificate)'를 발급받아야 한다. 역내 EU 시민의 자유로운 이동을 허용하는 센겐 조약에 가입하였으나 이 조약은 아직까지 정식으로 발효되고 있지 못하다. 그렇지만 EU는 터키계 키프로스 주민도 EU 시민으로 인정하고 있으며, 터키계 주민이라 하더라도 키프로스공화국에서 발급한 여권을 소지하고 있으면 유럽의회 선거권과 피선거권을 가진다. 유럽의회 내에서의 키프로스 의석수는 남·북키프로스 전체 인구수를 합한 수를 기준으로 하여 결정한다. 다만 현재 키프로스 출신의 유럽의회는 모두 그리스계가 차지하고 있다.

키프로스의 분단은 근본적으로 그리스와 터키 각자가 키프로스에 대해 가지는 이해관계가 커서 어느 한 쪽이 양보할 수 없었던 데 기인하였지만 그리스의 EU 가입을 계기로 그리스와 터키 간의 갈등은 EU라는 틀로 이전·확대되었다. 회원국 그리스와 비회원국 터키의 대립 구도는 그리스가 EU 회원국으로서 가지는 힘의 레버리지와 여타 EU 회원국들이 저마다 터키에 대해 가지는 인식과 이해관계와 맞물려 더욱 복잡해졌다. EU 스스로도 정치·경제적 측면에서 터키와의 관계를 무시할 수 없는 입장인 점도 영향을 끼쳤다. 처음에는 UN이 키프로스 문제를 중재하고 있다는 이유로 한 발짝 물러서 있었던 것은 터키와 키프로스에 대한 회원국 저마다의 이해관계를 하나로 조율하기 어려웠던 부분도 있었을뿐더러 굳이 그런 수고를 하면서까지 회원국 간의 갈등을 조장할 필요가 없었다는 판단도 있었던 것으로 보인다.

키프로스 문제는 유럽 문명과 메나 문명이 키프로스라는 하나의 섬에서 만나게 되면서 문화적 이질성이 상호 인정과 공존으로 승화되지 못한 현상의 표상이라 할 수 있다. 게다가 키프로스가 EU 회원국이 되면서 키프로스-터키-그리스의 삼각 갈등 구도는 EU 지역 분쟁이자 외교 문제로 확대되어버렸다. EU 정치체(polity) 고유의 특성상 회원국이 크건 작건 혹은 힘이 있건 없건 관계없이 모든 회원국은 동등한 발언권을 지닌다. 단적으로 말해 다른 모든 EU 회원국이 터키의 EU 가입에 찬성한다고 해도 84만의 남키프로스가 7300만의 터키를 거부할 수 있는 것이다. 실제로 남키프로스는 2008년 터키가 한창 EU와 가입 협상을 진행하고 있을 때 에너지 분야의 협상을 막은 적이 있다. 당시 에게해의 배타적 경제수역(EEZ)에서의 원유 추출로 인한 쌍방 간 갈등이 원인이었다. 향후 그리스와 남키프로스가 EU 회원국이라는 기득권을 이용해 EU의 이름으로 터키 또는 북키프로스의 이해관계에 해가 되는 조치를 취하게 된다면

EU는 언제든 스스로가 내건 "다양성 속의 통일성(unity in diversity)"이라는 공식 슬로건에 담긴 정신과는 정반대로 유럽 문명과 메나 문명의 충돌의 진원지가 될 수 있다.

이제부터 EU는 키프로스의 분단 문제에 대해 자체적인 전략이나 방향성을 가지고 접근할 필요가 있어 보인다. 키프로스가 통일이 된다면 오랫동안 EU 가입을 희망해온 터키의 EU 가입을 촉진하는 계기가 될 것이며, 그 결과 유럽의 경계가 터키로 확대되는 새로운 역사의 장을 넘기게 될 것이다. 또한 키프로스의 통일은 21세기 '소프트 안보'의 구심점으로서의 EU의 위상을 제고하는 데에도 일조할 것이다. 유럽은 향후 도약을 위한 새로운 전기를 맞이하고 있다. 현재 유럽이 겪고 있는 난민 문제와 테러 문제 등 유럽 전역에 걸친 문제들은 대부분 메나 지역과 깊이 연관되어 있다. 여기에 통합의 범위 또한 메나 지역으로 확대해갈지의 여부도 이제는 결정해야 할 문제다.

참고문헌

구동회·이정록·노혜정·임수진, 〈키프로스: 유럽의 마지막 분단국가〉, 《세계의 분쟁》(푸른길, 2011), 154~165쪽.

Birol A. Yesilada and Ahmet Sozen, "Negotiating a Resolution to the Cyprus Problem: Is Potential European Union Membership a Blessing or a Curse?," *International Negotiation*, Vol. 7, No. 2 (2002), pp. 270~296.

Desmond Dinan, *Europe Recast: A History of European Union* (Palgrave Macmillan, 2004).

George Christou, *The European Union and Enlargement: The Case of Cyprus*

(Palgrave Macmillan, 2004).

Indrani Talukdar, *Turkey and the Cyprus Conflict: Role of the European Union* (Lambert Academic Publishing, 2012).

Marc-Andre Gaudissart, "Cyprus and the Long Road to Accession," *Cyprus Review*, Vol. 8, No. 1 (1996), pp. 7~39.

United Nations, "Deal between Greek Cypriot and Turkish Cypriot leaders is attainable—Ban," *UN News*, 1 November 2011, https://news.un.org/en/story/2011/11/393742-deal-between-greek-cypriot-and-turkish-cypriot-leaders-attainable-ban.

4부

유럽 속의 메나

현대 유럽 사회의 무슬림 이민자

21

오정은 한성대학교

유럽의 무슬림 인구 현황

유럽에 무슬림이 거주한 역사는 중세 시대로 거슬러 올라간다. 하지만 제2차 세계대전 이전까지 일반 대중이 생각하는 유럽인의 이미지는 백인 크리스트교도의 모습이었다. 제2차 세계대전 이전에도 동부 유럽과 남부 유럽의 일부 지역, 예컨대 보스니아-헤르체코비나, 알바니아, 코소보에서 인구의 과반수가 무슬림이었고, 북마케도니아와 몬테네그로 일부 지역에도 무슬림 인구 다수 지역이 존재했지만, 유럽의 정치·경제·사회·문화의 질서를 이끌어가던 북서부 및 중부 유럽의 국가들은 무슬림 거주자 비율이 미미하였기 때문에, 일반인이 유럽의 사회 구성원으로서 무슬림을 떠올리기는 쉽지 않았다.

유럽에서 무슬림 거주자에 관심을 기울이게 된 것은 제2차 세계대전 이후부터다. 전후 복구와 경제발전을 위해 영국, 독일, 프랑스를 비롯한 서유럽의 주요 국가가 유럽 역외 지역으로부터 다수의 저숙련 외국인 노동자를 받아들였는데, 이들의 대다수가 터키와 북아프리카 지역 국가 출신 무슬림이었다. 서유럽 국가의 저숙련 외국인 노동자 수용은 1973년 전 세계적 석유파동이 일어나기 전까지 적극적으로 전개되었고, 이 시기에 유럽 거주 무슬림 수도 빠르게 증가했다.

유럽 각국 정부는 외국인 노동력 도입 초기에 초청 노동자 정책(Guest-worker policy)을 취했다. 무슬림 노동자에 대해서도 초청 노동자 정책을 적용하여, 이들을 계약 기간 동안 활동하다 본국으로 귀환할 산업 현장 노동력으로 간주하였고, 지역사회 주민은 아니라고 인식하였다. 유럽 각국은 오히려 무슬림 노동자가 지역사회에 미치는 영향을 최소화하고자 하였고, 작업장에서 외국인 노동자의 인권 보호와 노동 계약 준수를 통해 노동자가 대외적으로 의사 표명하는 일이 발생하는 것을 경계하였다. 하지만 유럽에 온 무슬림 노동자 가운데 노동 계약 종료 후에도 귀국하지 않는 사람이 증가하고, 이들이 본국에서 가족을 초청하거나 유럽 땅에서 새로운 무슬림 가정을 꾸리면서 유럽 주요국의 무슬림 인구는 계속해서 증가하였다. 1973년 석유파동 이후 저숙련 노동자로 유럽에 오는 것이 불가능해졌지만, 노동자 신분 대신 유학생, 결혼이민자, 난민, 사업가 등 다양한 신분으로 유럽에 오는 무슬림 이민자 행렬은 지속되었다. 오늘날에는 유럽 전역에서 정주자로서 생활하는 무슬림을 쉽게 만날 수 있다. 무슬림 이민자들이 유럽에서 가정을 꾸리고, 자식을 낳아 세대를 거듭하면서 지난 수십 년 동안 유럽 인구에서 차지하는 무슬림 비중은 계속해서 증가했다. 하지만 유럽 인구 가운데 무슬림 비율을 정확하게 확인하기는 어렵다. 유럽 일부 국가에서는 국가 통계에서 종교 관련 사항 공표를 불허하기 때문이다. 게다가 최근에는 난민임을 주장하며 정식 서류 없이 입국하는 사람도 많아서 정확한 수를 확인하기 더 어려워졌다.

현재 유럽의 무슬림 인구수는 몇몇 전문 조사 기관의 조사 결과를 토대로 추정하는 실정이다. 대표적인 무슬림 인구조사 기관 퓨 리서치 센터(Pew Research Center)는 2017년 보고서에서 2016년 기준으로 불법 체류자를 제외한 유럽 주요국(당시 EU 28개 회원국, 노르웨이, 스위스)에 거주하는 무슬림 인구를 평균 4.9퍼센트로 추산하였다.

전문가들은 유럽의 무슬림 인구가 앞으로 계속 증가할 것으로 예상한다. 터키와 북아프리카 및 중동지역 이슬람 국가로부터 다양한 목적을 가진 사람들의 유럽행이 계속될 뿐만 아니라 유럽에 정착한 이민자들의 자녀 출산율이 다른 유럽 거주자들보다 높기 때문이다. 퓨 리서치 센터의 동 보고서는 2015~2017년 사의의 무슬림 이민자를 토대로 2050년 유럽 주요국에서의 무슬림 인구를 추산하였는데, 이에 따르면 신규 이민을 엄격하게 통제하는 이른바 영이민(zero-migration) 상황에서도 유럽의 무슬림 인구는 2016년에 비해 늘어날 것으로 전망된다. 이민자 유입 정도가 현 상황을 유지하거나, 더욱 증가할 경우에는 유럽에서의 무슬림 인구 증가 폭이 더욱 확대되어, 2016년 유럽 주요국 인구 중 무슬림이 차지하는 비율이 평균 4.9퍼센트에서 2050년에는 14.0퍼센트까지도 증가할 수 있을 것으로 예상된다.

유럽 각국의 무슬림 이민자 수가 증가하면서 유럽 사회에는 무슬림 생활 문화가 확산하고 있다. 유럽의 대중문화에 무슬림 주인공이 등장하고, 라마단 기간에 약속을 잡지 않는 것을 매너로 여기는 사람들도 많아졌다. 유럽 일부 지역에는 무슬림 집중 거주지도 형성되었다. 유럽의 거리에서 이슬람 복장을 한 사람을 마주하는 것도 이제 낯선 풍경이 아니다.

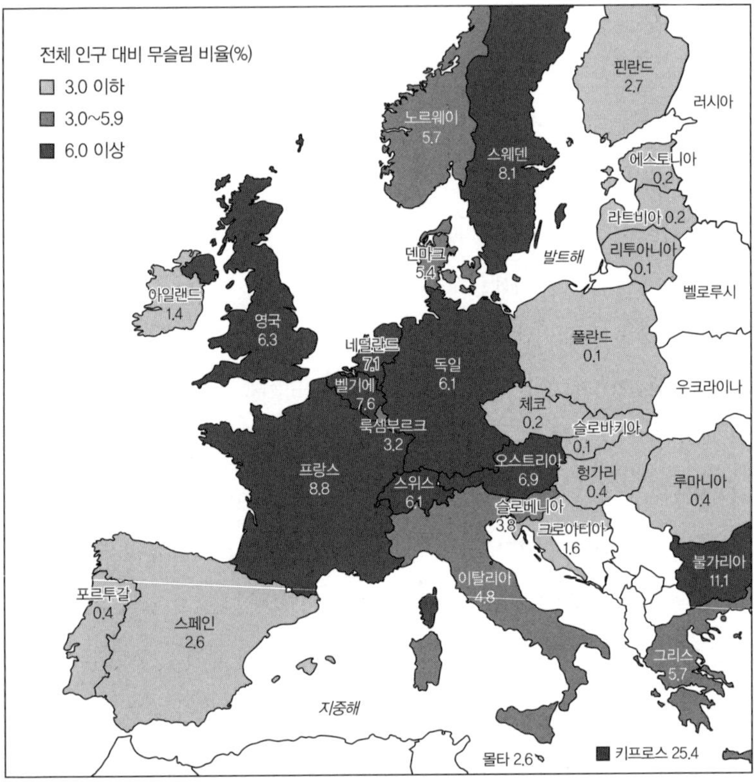

그림 21.1 유럽 주요국의 무슬림 인구

난민 신청자와 불법 체류자를 제외한 2016년 기준 추정치. 출처: Pew Research Center, *Europe's Growing Muslim Population* (2017), https://www.pewforum.org/2017/11/29/europes-growing-muslim-population.

유럽 이민 통제 시 2050년 무슬림 인구 전망(단위: 명, %)

전체	35,770,000	7.4
프랑스	8,600,000	12.7
영국	6,560,000	9.7
독일	5,990,000	8.7
이탈리아	4,350,000	8.3
스페인	1,880,000	4.6
네덜란드	1,510,000	9.1
벨기에	1,250,000	11.1
스웨덴	1,130,000	11.1

현재 상황 유지 시 2050년 무슬림 인구 전망(단위: 명, %)

전체	57,880,000	11.2
영국	13,060,000	16.7
프랑스	12,630,000	17.4
독일	8,480,000	10.8
이탈리아	7,050,000	12.4
스페인	2,660,000	6.8
스웨덴	2,470,000	20.5
네덜란드	2,200,000	12.5
벨기에	2,050,000	15.1
스위스	1,140,000	10.3

유럽 이민 증가 시 2050년 무슬림 인구 전망(단위: 명, %)

전체	75,550,000	14.0
독일	17,490,000	19.7
영국	13,480,000	17.2
프랑스	13,210,000	18.0
이탈리아	8,250,000	14.1
스웨덴	4,450,000	30.6
스페인	2,810,000	7.2
네덜란드	2,790,000	15.2
벨기에	2,580,000	18.2
오스트리아	2,120,000	19.9
스위스	1,320,000	12.9
노르웨이	1,100,000	17.0
덴마크	1,100,000	16.0

(단위: 백만 명)

유럽 인구 \ 연도	2016	2050		
		유입 이민 통제	현재 상황 유지	유입 이민 증가
무슬림	25.8	35.8	57.9	75.6
비무슬림	495.1	445.9	459.1	463.0
전체	520.8	481.7	516.8	538.6

그림 21.2 2050년 유럽 주요국 무슬림 인구 전망

출처: Pew Research Center, *Europe's Growing Muslim Population* (2017), https://www.pewforum.org/2017/11/29/europes-growing-muslim-population.

무슬림 이민자에 대한 유럽 일반 대중의 인식

전문가들은 유럽의 무슬림을 크게 여섯 가지 유형으로 구분하는 경향이 있다. 첫째는 수 세기에 걸친 유럽과 아랍 세계 사이의 교류 과정에서 보스니아, 알바니아, 코소보 등지에 확산한 이슬람교를 신봉하게 된 유럽 토착 무슬림이다. 둘째는 이슬람 국가로터 유럽에 온 유학생과 사업가 등 전문 인력 신분의 무슬림이다. 셋째는 과거 유럽 국가들의 식민지 출신으로, 특별한 제한 없이 식민 모국이던 영국, 프랑스, 네덜란드 등지로 이주한 무슬림이다. 넷째는 제2차 세계대전 직후부터 1970년대 초까지 서유럽 국가들에 저숙련 외국인 노동자 신분으로 이주한 무슬림이다. 다섯째는 무슬림 이민자의 자녀로서 유럽에서 출생하고 성장한 이민 배경 무슬림이다. 여섯째는 이슬람 국가 출신으로서 난민 자격 취득을 위해 유럽에 온 무슬림이다. 첫 번째 유형을 제외한 나머지 유형은 모두 이슬람 국가에서 유럽으로 이주한 이민자와 그 자녀들이다. 이들은 비록 개인별로

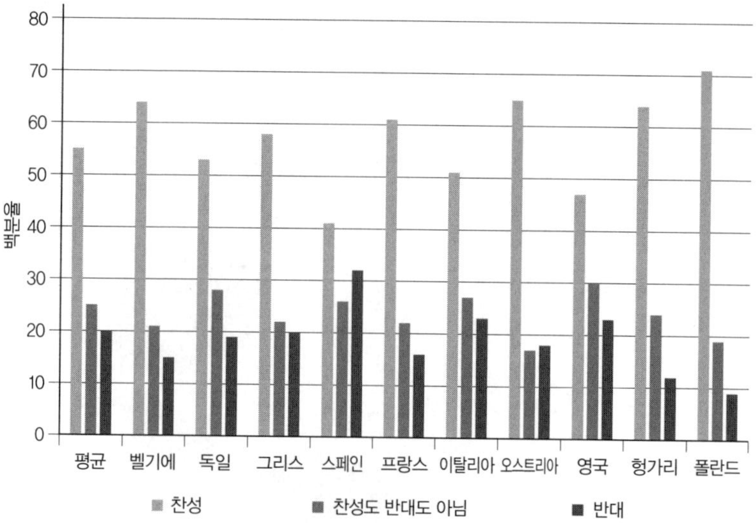

그림 21.3 이슬람 국가 출신 외국인의 유럽 이주 금지법에 대한 유럽인 의견

벨기에, 독일, 그리스, 스페인, 프랑스, 이탈리아, 오스트리아, 영국, 헝가리, 폴란드 거주자 1만여 명 대상 조사. 출처: Matthew Goodwin, Thomas Raines, David Cutts, *What Do Europeans Think About Muslim Immigration?* (Chatham House, 2017).

정도의 차이는 있지만, 일상생활에서 이슬람 국가의 문화를 향유하면서 크리스트교에 익숙한 유럽인 사이에서 차별화된 존재감을 드러낸다.

2015년을 전후하여 난민임을 자처하며 유럽에 오는 무슬림 이민자가 급증하고, 현재까지 대규모 이주 행렬이 지속되면서, 최근 유럽의 무슬림 이민자 수는 가파른 증가세를 보이고 있다. 이미 1980년대부터 유럽에서 무슬림 이민자에 대한 사회적 반감과 갈등이 불거졌는데, 최근의 난민 사태는 유럽의 일반 대중 사이에 무슬림 이민자에 대한 경계와 거부감을 빠르게 확산시키고 있다. 영국의 연구기관 차담하우스(Chatham House)가 2017년 유럽 주요 10개국(그리스, 독일, 벨기에, 스페인, 영국, 오스트리아, 이탈리아, 폴란드, 프랑스, 헝가리) 시민 1만여 명을 대상으로 이슬람 국가 출신 외

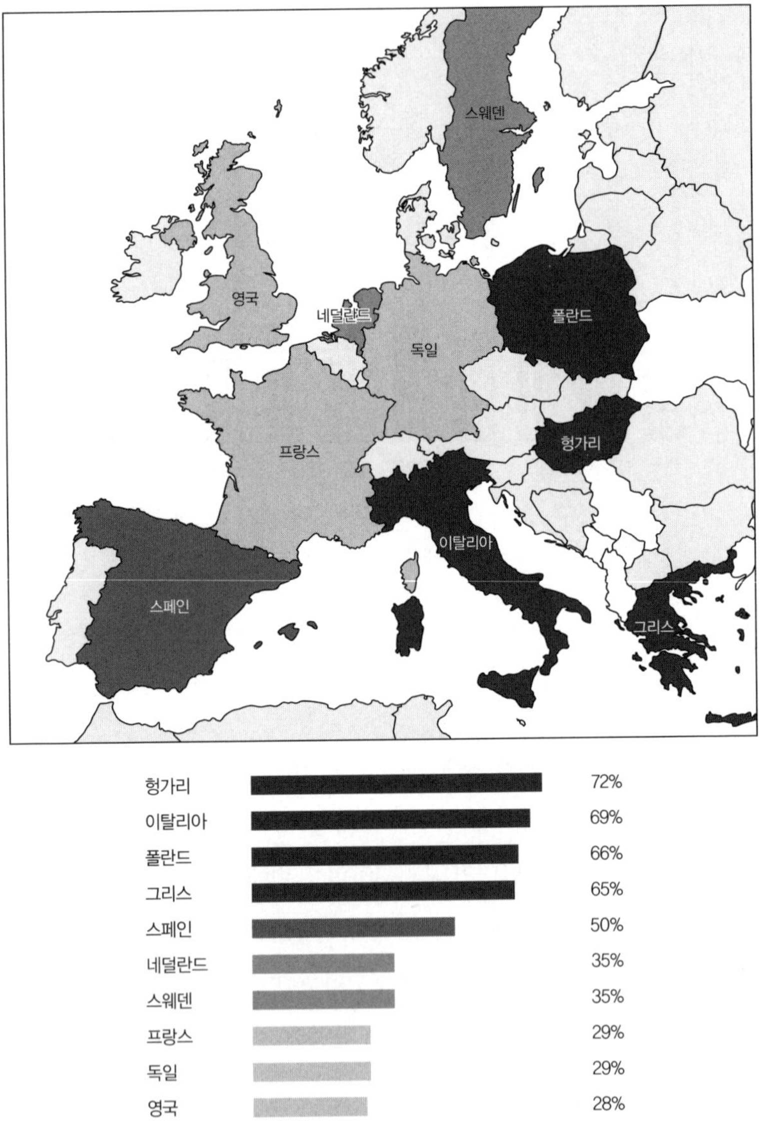

그림 21.4 유럽 주요국 국민들의 무슬림에 대한 반감

2016년 그리스, 네덜란드, 독일, 스웨덴, 스페인, 영국, 이탈리아, 폴란드, 프랑스, 헝가리 거주자 1만 여 명 대상 조사. 출처: Richard Wike, Bruce Stokes and Katie Simmons, *Europeans Fears Wave of Refugees Will Meam More Terrorism, Fewer Job* (Pew Research Center, 2016), p. 4.

국인의 유럽 이주를 금지하는 법안에 대한 의견을 조사한 결과에 따르면 평균 55퍼센트가 이슬람 국가 국민의 유럽 이주 금지에 찬성한다고 응답한 반면, 이슬람 국가 국민의 유럽 이주 금지에 반대한다는 의견은 평균 20퍼센트에 불과하였다. 국가별 찬성 의견은 폴란드가 71퍼센트로 가장 높았고 스페인이 41퍼센트로 가장 낮았는데, 찬성 의견이 낮은 스페인에서도 이슬람 국가 출신 이민 금지를 반대하는 사람은 32퍼센트로 찬성 의견보다 크게 낮은 수치를 보였다.

무슬림에 대한 반감은 서부 유럽보다 오히려 무슬림 인구 비율이 낮은 중·동부 유럽에서 더 강하게 나타나는 경향이 있다. 2016년에 퓨 리서치 센터가 유럽 10개국(그리스, 네덜란드, 독일, 스웨덴, 스페인, 영국, 이탈리아, 폴란드, 프랑스, 헝가리) 거주자 1만여 명을 대상으로 무슬림에 대한 반감 여부를 조사한 설문조사에서 프랑스, 독일, 영국 서유럽 3개국에서는 반감을 표시한 비율이 30퍼센트 이하인 반면 헝가리와 폴란드에서는 각각 국민의 72퍼센트와 66퍼센트가 무슬림에 반감을 표명하였다.

서부 유럽에서 중·동부 유럽보다 무슬림에 대한 반감이 낮다고 해서, 서유럽인의 대다수가 무슬림의 생활 문화를 거부감 없이 수용하고 있는 것은 아니다. 2017년 퓨 리서치 센터가 서유럽 15개국(네덜란드, 스위스, 벨기에, 이탈리아, 오스트리아, 독일, 프랑스, 노르웨이, 영국, 아일랜드, 스페인, 덴마크, 핀란드, 스웨덴, 포르투갈)에 거주하는 만 18세 이상 성인 2만 4599명을 대상으로 설문조사를 시행하면서 무슬림을 제외한 사람들에게 유럽에 거주하는 무슬림 여성의 이슬람식 복장 착용을 허용하는 데 대한 의견을 조사한 결과, 대부분의 국가에서 무슬림 여성 복장을 전면 허용해야 한다는 의견보다 제한적으로 허용하거나 전혀 허용하지 않아야 한다는 의견이 많았다. 15개국 평균을 살펴보면 전면 허용해야 한다는 의견은 25퍼센트로

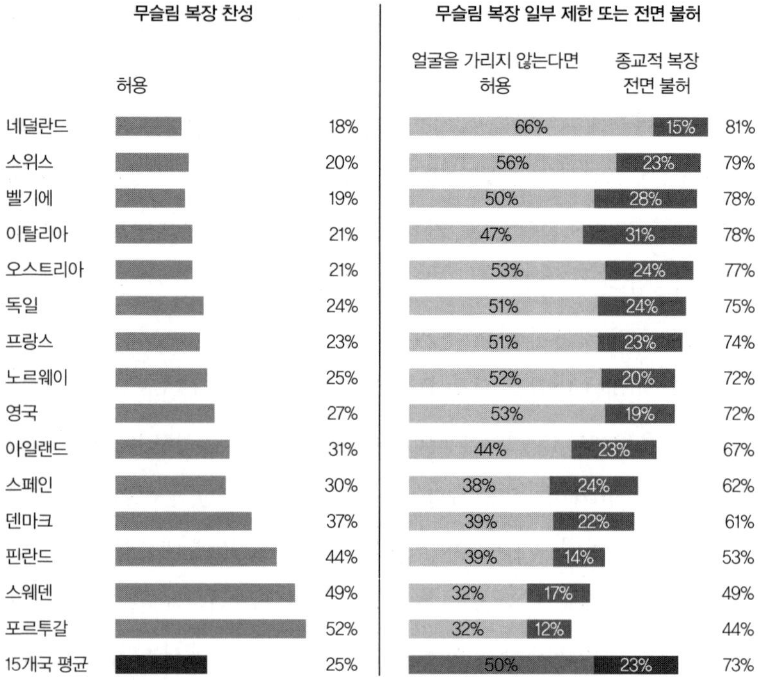

그림 21.5 서유럽 15개국 주민의 무슬림 여성 복장 허용에 대한 의견

2017년 4~8월 서유럽 15개국 거주자 대상 조사(무슬림 인구와 무응답 제외). 출처: Ariana Monique Salazar and Scott Gardner, *Most Western Europeans favor at least some restrictions on Muslim women's religious clothing* (Pew Research Center, 2018), https://www.pewresearch.org/fact-tank/2018/09/17/most-western-europeans-favor-at-least-some-restrictions-on-muslim-womens-religious-clothing.

제한해야 한다는 의견의 3분의 1에 불과하였다. 서유럽 15개국 중 무슬림 여성 복장을 허용해야 한다는 의견이 제한해야 한다는 의견보다 높게 나타난 경우는 포르투갈이 유일하였다.

유럽인들은 유럽에 거주하는 무슬림들이 이슬람 생활 방식을 고수하기 원한다고 생각하는 경향이 있다. 퓨 리서치 센터가 2016년 유럽 10개국 거주민에게 자국의 무슬림이 선호한다고 생각하는 방식을 질문한 결

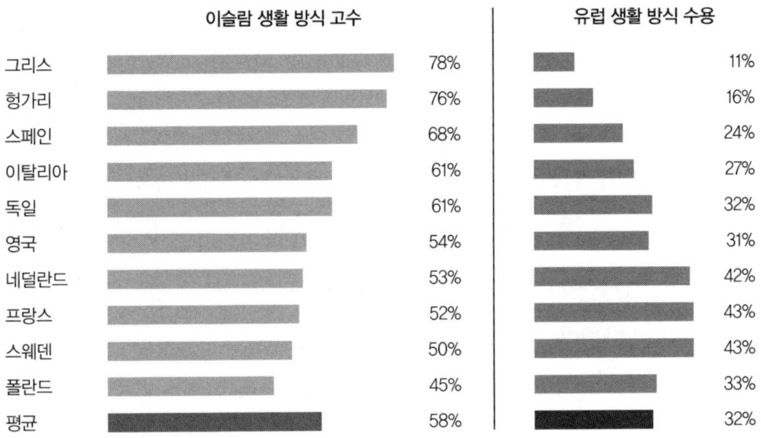

그림 21.6 유럽인이 생각하는 유럽 거주 무슬림 선호 생활 방식

출처: Richard Wike, Bruce Stokes and Katie Simmons, *Europeans Fears Wave of Refugees Will Meam More Terrorism, Fewer Job* (Pew Research Center, 2016), p. 5.

과, 10개국 모두에서 무슬림이 이슬람 생활 방식을 고수하기 원한다고 답하였다.

무슬림 이민자의 유럽 정체성

유럽의 일반 대중은 유럽 거주 무슬림을 일반적인 유럽인과 구분하는 경향이 있다. 그렇다면 유럽에서 생활하는 무슬림 이민자들은 스스로를 유럽인과 구분하고 있을까? 이에 대한 답은 유럽연합이 시행하는 유럽연합 소수자 차별에 관한 조사(European Union Minorities and Discrimination Survey, EU-MIDIS)를 통해 확인할 수 있다.

EU-MIDIS는 유럽연합이 유럽 거주 소수민족에 대한 차별과 편견을 없애고 유럽지역 사회통합을 이루기 위해 유럽연합이 기본권국(European Union Agency for Fundamental Rights, FRA)을 통해 EU 회원국에 거주하는 이민자 및 소수민족에 대한 인터뷰와 설문조사 방식으로 수행하는 방대한 조사다. 2008년 제1차 조사를 시행한 데 이어, 2015~2016년에 제2차 조사(EU-MIDIS II)를 시행하였다. 조사 대상에는 무슬림 이민자 이외에도 집시, EU 역외 국가 출신 비아랍권 이민자 등 다양한 유형의 유럽 내 수소민족이 포함된다. 하지만 EU-MIDIS 제2차 조사는 2016년에 집시를 중심으로 한 소수민족 조사 결과를 발표하고, 2017년에 무슬림에 대한 조사 결과를 별도의 보고서로 발표하여, 유럽에서 생활하는 무슬림의 입장을 자세하게 소개하였다.

제2차 조사의 무슬림 결과 보고서는 유럽 거주자 가운데 스스로를 무슬림으로 분류하는 응답자 1만 527명의 응답지를 분석하였다. 응답자의 거주국은 오스트리아, 벨기에, 키프로스, 덴마크, 핀란드, 프랑스, 독일, 그리스, 이탈리아, 몰타, 네덜란드, 슬로베니아, 스페인, 스웨덴, 영국 등 15개국으로, 유럽 전체 무슬림 인구의 약 94퍼센트가 거주하는 공간이다. 이에 따르면, 76퍼센트의 무슬림이 자신이 거주하는 국가에 강한 소속감을 느끼고 있었고, 거주국에 소속감을 전혀 느끼지 않는다고 응답한 사람은 전체 응답자의 약 2퍼센트에 불과하였다. 이들의 거주국에 대한 소속감 정도는 5점 척도에 평균 4.1점으로 매우 강했다.

유럽 거주 무슬림 이민자들이 거주국에서 느끼는 소속감은 성별, 시민권 보유 여부, 거주국, 이민 배경 출신 지역 등에 따라 차이가 있었는데, 이민자 수용에 비교적 관대한 것으로 알려진 핀란드, 스웨덴 등 북유럽 국가 거주자는 5점 척도에 4.6점, 4.4점 등 매우 높은 소속감을 드러낸 반면, 극우주의 정당의 영향력이 강한 오스트리아, 네덜란드, 이탈리

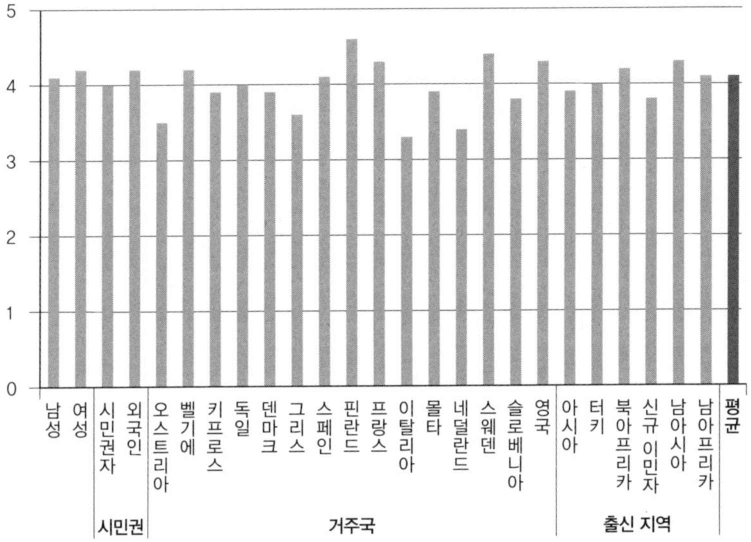

그림 21.7 EU 회원국 거주 무슬림의 거주국에 대한 소속감

주 1: 무슬림 응답자 중 유효 응답 1만 489명 결과를 토대로 분석.

주 2: 5점 척도 기준(1=소속감 없음, 5=매우 강한 소속감).

주 3: 성별, 시민권 여부별, 거주 국가별, 출신 지역별 구분.

출처: FRA, *EU-MIDIS II: Muslims-Selected findings* (2017), figure 2, p. 20.

아 등지에서는 5점 척도에 각각 3.5점, 3.4점, 3.3점으로 상대적으로 낮은 소속감을 보여주었다.

일반 대중 사이에 무슬림이라는 단어가 이슬람 원리주의자 혹은 분리주의자로 불리는 폐쇄적인 이슬람교도를 연상시키는 경우가 종종 있지만, 조사 결과는 대다수의 유럽 무슬림들이 타 문화에 대해 개방적인 입장이라는 사실을 알려준다. 92퍼센트의 응답자가 이웃에 자신과 종교적 배경이 다른 사람들이 거주하는 데 별다른 불편을 느끼지 않는다고 답했고, 88퍼센트는 무슬림이 아닌 친구가 있다고 답했다. 48퍼센트는 자신의 가족이 무슬림이 아닌 사람과 결혼하는 것에 대해 전혀 불편하지 않다고 답했다. 자신의 가족이 무슬림이 아닌 사람과 결혼하는 데 불편한 감정을 느낀다는 의견은 17퍼센트에 불과하였다.

이러한 수치는 유럽인이 무슬림 이민자에 대해 가지는 의견과 대조적이다. 2015년 유로바로미터의 조사에서 유럽인의 약 30퍼센트는 자신의 자녀가 무슬림과 결혼하는 것을 불편하게 생각한다고 응답하였다. 시기적으로 차이는 있지만, 2008년 유럽가치연구(European Values Study)의 조사에서 유럽 15개국 거주 유럽인의 평균 20퍼센트가 무슬림이 이웃으로 거주하는 것을 불편하게 생각한다고 응답한 바 있다.

유럽의 무슬림들은 거주국의 정부 기관에 대해서도 높은 신뢰도를 보였다. 10점 만점으로 진행된 조사에서 무슬림 이민자들이 정부 기관에 대한 신뢰도로 경찰에 대한 신뢰도 6.6점, 법적 시스템에 대한 신뢰도 6.6점, 거주국 국회에 대한 신뢰도 5.7점, 유럽의회에 대한 신뢰도 5.0점을 보였으며, 이 수치는 일반 유럽인이 자국 정부 기관에 대해 가지는 신뢰도보다 오히려 높은 수치다. 유럽의 무슬림들이 거주국에서 정부의 정책을 신뢰하고 동참할 의향이 있음을 미루어 짐작하게 한다.

EU-MIDIS 제2차 조사 결과는 유럽 일반 대중이 무슬림 이민자에 대해 느끼는 거리감과 달리, 대다수의 유럽 거주 무슬림 이민자들은 거주국 사회문화를 긍정적으로 인식하고, 유럽인 정체성을 가지고 생활하고 있음을 알려주었다. 이러한 결과는 유럽에서 무슬림의 사회통합을 우려해온 사람들에게 유럽의 밝은 미래를 전망하게 하였다. FRA 사무총장 마이클 오플래허티(Michael O'Flaherty)는 EU-MIDIS II와 관련하여 "우리의 조사 결과는 무슬림이 유럽 사회에 통합되지 않는다는 주장을 웃음거리로 만들었다"고 평가하면서, 민주적 제도를 근간으로 하는 유럽의 사회통합에 대한 기대를 내보였다.

무슬림 이민자와 유럽의 미래

유럽에서 무슬림 이민자는 저소득층, 저학력자, 테러리스트 등 부정적 이미지를 연상시키곤 한다. 실제로 유럽 거주 무슬림이 이슬람 극단주의 단체에 가입하여 테러를 자행하거나, 유럽에서 태어나 성장한 무슬림 이민자 2세가 외로운 늑대가 되는 경우가 있다. 이러한 이유로 일반 유럽인은 무슬림을 경계하고 차별한다. 유럽의 무슬림들은 일상생활에서 종교적 혹은 이민 배경의 이유로 사회적 차별을 경험하곤 한다. EU-MIDIS II에 참여한 무슬림의 39퍼센트가 피부색, 민족 배경, 이민 배경, 종교 등의 이유로 일상생활에서 차별을 경험한다고 응답하였다. 조사일 기준으로 최근 12개월 이내에 차별을 경험했다는 응답도 25퍼센트에 달했다. 종교적 이유로 차별을 받는다는 응답은 17퍼센트였는데, 이 수치는 2008년에 시행한 EU-MIDIS 제1차 조사 결과인 10퍼센트보다 상승한 것이다. 유럽에서 무슬림 이민자로서 차별을 경험했다는 응답 비율은 이민 1세보다 이민 2세에서 더 높게 나타났다.

무슬림 이민자의 차별 경험은 특히 직장을 구할 때와 일터에서 고용주의 대우에서 많이 나타났다. 유럽에서 이민 배경을 가진 무슬림이 일반 유럽인에 비해 실업률이 높은 경향이 있는데, 이러한 결과는 이민 배경 무슬림이 청소년기에 학업을 중단하는 경우가 많기 때문이기도 하지만, 같은 조건을 갖추더라도 무슬림 이민자라는 이유가 취업에 불리하게 작용하는 사회적 분위기로 그 이유를 설명하기도 한다.

일반 유럽인들의 시각으로 볼 때, 유럽의 무슬림은 유럽 사회의 문제점처럼 인식되기 쉽다. 하지만 실제로는 대다수의 무슬림 이민자는 일상생활에서 차별을 경험함에도 불구하고, 거주국의 국적을 취득하고, 거주국에서 강한 소속감을 느끼며, 거주국의 평범한 구성원으로 생활하고 있다.

전후 유럽의 초기 무슬림 이민자는 주로 저숙련 노동자였지만, 오늘날 유럽의 무슬림 이민자 가운데에는 유럽 사회의 지도층이자 전문가 집단 일원으로서 활동하는 경우도 늘고 있다. 무슬림 이민자 단체들이 무슬림 전문가를 양성하면서 거주국에서 무슬림 이민자 역할 증대를 도모하기도 한다. 대표적인 예가 독일의 터키 이민자 협회로, 출신국 정부와 협력하여 고등교육을 이수한 유럽의 차세대 무슬림들에게 부모나 조부모의 출신국에서 유학과 인턴십을 경험하도록 기회를 제공하면서 거주국과 출신국 사이의 가교 인력 양성을 지원하고 있다.

유럽 거주 무슬림 수는 당분간 증가세가 이어질 전망이다. 무슬림 증가를 위험한 현상으로 간주하면서 등장한 유라비아(Eurabia), 이슬라모포비아(Islamophobia) 등의 부정적 용어도 확산할 수 있다. 하지만 무슬림 이민자 증가가 과연 위험하고 경계할 일인지 객관적으로 검토할 필요가 있다. 여론에서 주로 다루는 모습과 달리, 대다수 유럽 무슬림은 스스로를 유럽 사회 구성원으로 인식하며, 타 문화에 개방적이다. 이민 1세대가 주로 저숙련 노동자로서 낮은 사회적 지위에 머물던 상황에서, 오늘날에는 사회 주류층에 합류한 무슬림도 많아지고 있다. 유럽 사회에 적응하고 유럽 무슬림의 역할 증대를 도모하는 무슬림 이민자 사회의 모습에 주목하고, 무슬림 증가에 대한 외부인의 우려 답습을 넘어, 보다 긴밀한 유로-메나 관계 조성을 위한 자산으로서 유럽 무슬림 이민자를 바라볼 필요가 있다.

참고문헌

Ariana Monique Salazar and Scott Gardner, *Most Western Europeans favor at least some restrictions on Muslim women's religious clothing* (Pew Research Center, 2018), https://www.pewresearch.org/fact-tank/2018/09/17/most-western-europeans-favor-at-least-some-restrictions-on-muslim-womens-religious-clothing.

FRA, Second European Union Minorities and Discrimination Survey: Muslims-Selected findings, European Commision (2017).

Matthew Goodwin, Thomas Raines and David Cutts, *What Do Europeans Think About Muslim Immigration?* (Chatham House, 2017).

Pew Research Center, *Europe's Growing Muslim Population*, Pew Research Center Demographic Study (2017), https://www.pewforum.org/2017/11/29/europes-growing-muslim-population.

Richard Wike, Bruce Stokes and Katie Simmons, *Europeans Fears Wave of Refugees Will Meam More Terrorism, Fewer Job* (Pew Research Center, 2016).

교황 프란체스코가 아라비아로 간 까닭은?

22

박현도 서강대학교

흰옷 입은 검은 교황

로마가톨릭교회에는 수도회와 얽힌 뼈 있는 농담이 꽤 있다. 특히 청빈한 삶을 지향하는 프란체스코회와 마르틴 루터 이후 위축된 가톨릭 세계를 추스르는 데 두뇌 역할을 한 예수회 관련 농담이 눈에 띈다. 두 수도회가 교회 역사에 끼친 영향이 커서 그럴 것이다. 프란체스코회와 예수회의 특성을 잘 보여주는 농담으로 '하느님이 모르는 세 가지'가 있다. 하느님은 첫째, 세상에 얼마나 수녀가 많은지, 둘째, 교황청의 재산이 얼마나 되는지 모른단다. 그런데 셋째는 두 가지다. 한쪽 이야기에 따르면, 예수회원들이 무슨 생각을 하고 사는지 모르고, 다른 쪽 말로는 프란체스코회가 자꾸 가난을 이야기하는데, 프란체스코회가 정말 얼마나 가난한지 모른다!

로마가톨릭교회사에서 예수회는 교육으로 가톨릭 세계관을 확립하는 데 지대한 공을 세웠고, 교황청에서 두뇌 역할을 하였다. 좋은 쪽으로만 머리가 뛰어나지만은 않았던지, 영어 사전에서 예수회원(Jesuit)은 첫 번째 뜻인 예수회원 다음으로 책략가, 음모가라는 낙인이 찍혀 있다. 예수회를 싫어하는 사람들은 "하얀 교황(White Pope) 뒤에 검은 교황(Black Pope)이 있다"고 하면서 예수회가 교황청을 좌지우지한다고 비판한다. 교황의 복장은 하얀색인데, 예수회 수장은 검은색이다. 또 교황처럼 예수회 수장은 전 세계 예수회를 통솔한다. 그러다 보니 예수회 수장을 검은 교황이라고 불렀고, 이를 더 확대하여 검은 교황이 하얀 교황을 조종한다고 한 것이다.

그런데 2013년 3월에 로마가톨릭교회 역사상 처음으로 검은 교황 쪽에서 하얀 교황이 나왔다. 아르헨티나의 이탈리아 이주민 아들로 태어난 예수회원 호르헤 마리오 베르고글리오(Jorge Mario Bergoglio)가 프란체스코 교황이 된 것이다. 이탈리아의 한 언론은 프란체스코를 "하얀 옷을 입은 '검은 교황'"이라고 불렀다. 도대체 무슨 생각을 하고 사는지 하느님도 갈피를 잡을 수 없다고 한 예수회 소속 베르고글리오 추기경이 도대체 얼마나 가난한지 하느님도 모른다는 프란체스코 수도회를 세운 성인 프란체스코를 존경하여 교황명으로 프란체스코를 선택하였으니, 두 수도회를 주제로 한 농담이 어찌 전개될지 궁금증을 자아낸다.

그런데 교황 프란체스코는 안으로는 교회 개혁, 밖으로는 평화의 행보로 전 세계인의 이목을 사로잡고 있다. 로마가톨릭교회에서 성프란체스코가 상징하는 청빈과 평화를 구현하고자 노력하면서 '평화의 사도'라는 강렬한 인상을 남기고 있다. 무엇보다도 교황의 성프란체스코 따라잡기는 중동지역을 향한 발걸음에서 잘 드러난다. 교황은 2019년 2월 3일부터 5일까지 이슬람의 발상지 아라비아반도에 위치한 아랍에미리트연방

(United Arab Emirates, UAE)을 공식 방문하였다. "역사상 최초"라는 수식어를 붙이면서 세계 각 언론은 교황이 아라비아반도에 발을 디뎠다는 보도를 쏟아냈다.

엄밀히 말해서 사상 최초의 아라비아반도 방문이라는 표현은 옳지 않다. 프란체스코 전임 베네딕토 16세가 방문한 요르단과 레바논도 아라비아반도에 있는 국가이기 때문이다. 그럼에도 불구하고 반도 위쪽에 자리잡은 요르단이나 레바논보다 아랍에미리트연방이 반도에 확연하게 있다는 느낌이 크고, 이슬람의 두 성지 메카와 메디나가 있는 사우디아라비아와 심리적으로 더 가깝게 보이기 때문에 최초라는 수식어를 쉬지 않고 쓰는 것 같다. 실제로는 요르단의 수도 암만이나 레바논의 수도 베이루트에서 메카까지가 아랍에미리트연방 수도 아부다비에서 메카까지보다 더 가깝다.

베네딕토 16세의 인용문 논란

전임 교황 베네딕토 16세는 2006년 9월 12일 독일 레겐스부르크 대학에서 "신앙, 이성, 그리고 대학"이라는 주제로 서구 크리스트교 신앙이 이성의 튼튼한 토대 위에 서 있다는 내용의 특별 강연을 하였다. 신앙과 이성의 관계를 설명하고자 베네딕토 16세는 강연 도입부에서 "무함마드가 가져온 새로운 것을 내게 보여봐라. 그러면 칼로 신앙을 전파하라는 명령과 같이 악하고 비인간적인 것들만 보게 되리라"는 인용문을 언급하였다. 이는 1391년경 마누엘 2세 팔레올로고스 비잔티움제국(동로마) 황제가 페르시아 출신 무슬림에게 한 말이다. 하느님은 피 흘리는 것을 싫어하고, 무력 사용은 비이성적 행동으로 하느님의 본질에 어긋난다고 하면서 황제는 육체가 아니라 영혼에서 나오는 신앙을 이성적 방식으로 전파해야 한다고 말한 것이다.

황제가 이 말을 할 당시 비잔티움제국의 안보 상황은 말 그대로 바람 앞의 등불이었다. 1071년 소아시아 만지케르트(Manzikert, 현 Malazgirt)에서 중앙아시아 출신 셀주크튀르크 무슬림 군대에게 패배한 이래 무슬림들로부터 끊임없이 군사적 위협을 당하고 있던 제국 입장에서 보면 이슬람은 힘을 앞세워 신앙을 전파하려는 비이성적 종교였을 것이다. 황제가 발언한 지 50년 뒤에 제국의 수도 콘스탄티노플이 오스만튀르크군에 정복당하면서 비잔티움 제국은 막을 내렸다.

뛰어난 신학자로도 명성이 높은 베네딕토 16세의 강연은 황제 발언 인용문 때문에 논란만 불러일으켰다. 유럽 내외에서 무슬림들이 분노하였다. 2005년 9월 30일 덴마크 일간지 〈윌란스포스텐〉의 무함마드 얼굴 만평 12컷, 이듬해 2월 8일 프랑스 시사 주간지 〈샤를리에브도〉의 무함마드 풍자 만평 표지로 유럽뿐 아니라 전 세계 무슬림들이 유럽 사회가 이슬람을 폄훼하고 반감을 조장한다며 시위를 벌인 지 불과 몇 달 지나지 않은 시기에 다시 베네딕토 16세가 종교 분쟁의 불씨를 살린 셈이다.

강연 전문을 읽어보면, 이슬람을 의도적으로 욕보이려고 한 의도 없이 신앙과 이성의 관계를 알아듣기 쉽게 설명하고자 한 것이라는 사실은 알 수 있다. 그러나 무슬림들이 반발할 것이 불 보듯 뻔한 700여 년 전 황제의 발언을 굳이 끄집어낼 필요가 있었는지는 의문이다. 차라리 크리스트교나 유럽의 역사 속에서 있었던 이슬람과 무관한 예화를 언급했더라면 훨씬 더 좋았을 것이다.

베네딕토 16세는 거듭 해명하였지만, 무슬림들의 분노는 쉽게 가라앉지 않았다. 논란의 강연이 있은 지 두 달 후 베네딕토 16세는 11월 28일부터 12월 1일까지 터키 방문 때 모스크에서 무슬림들과 함께 기도하며 화해와 평화를 구하였지만 무슬림들의 반응은 미지근하였다. 베네딕토 16세는 황제의 말을 지지하지 않는다고 하였지만, 교황 자신의 내면 자체가 이미 반이슬람적이기 때문에 그런 말을 인용하였고, 미제국주의, 친이스라엘, 반이슬람 정서를 완벽하게 보여주었다는 정치적 주장까지 무슬림들 사이에서 나왔다.

베네딕토 16세의 진심을 두고 벌인 이러한 논란을 보면 무슬림들의 서구 불신의 강도가 어느 정도인지 잘 드러난다. 역사는 그저 지난 일이 아니라 현재를 보는 틀이다. 한때 리비아를 철권으로 다스렸던 카다피는 1798년 나폴레옹의 알렉산드리아 침략을 9차 십자군, 1948년 이스라엘 독립을 10차 십자군이라고 하였다. 이처럼 무슬림은 중세 유럽 그리스도인이 벌인 십자군 전쟁이 여전히 근대 서구의 이슬람 문화권 식민 지배와 미국의 중동 정책에서 지속되고 있다고 본다. 베네딕토 16세의 강연의 파장이 컸던 것도 이런 이유 때문이다. 아울러 무슬림의 반응에서 우리는 이슬람의 이상과 현실의 간극을 볼 수 있다.

그 어떤 무슬림도 이슬람이 폭력을 가르치거나 행사하는 종교라고 믿지 않는다. 그러나 이슬람 역사를 보면 폭력과 이슬람, 아니 폭력과 무슬림을 별개로 보기 어려운 경우가 적지 않다. 세간에서 말하듯 "칼이냐 《꾸란》이냐", 즉 이슬람을 받아들이지 않으면 죽였기에 이슬람 초기 시대에 영토 팽창이 가능했다는 것은 사실이 아니다. 종교적 열정으로 정복 전쟁에 나섰을지 모르나 근본적으로 전쟁을 통해 초기 무슬림이 원한 것은 경제적 이득이었다. 세수가 필요하니 당연히 피정복민을 대체적으로 관대하게 다스릴 수밖에 없었다. 그러나 어찌 되었든 간에 무슬림 군대가 정복 전쟁을 한 것은 엄연한 사실이다. 또 같은 이슬람 신앙이라도 생각의 차이에 따라 서로 죽이기도 하였다. 수피로 유명한 할라지(Hallaj)는 10세기에 신성모독 죄명으로 처형당하였고, 오늘날 서구어 암살자(assassin)의 어원이 된 11세기 이스마일리 니자리 시아파는 순니 세계 지도자를 암살하였다. 이에 비추어보면 비잔티움 제국 황제의 반이슬람 발언이 오늘날 듣기에는 불편할 수 있지만, 과장되고 잘못된 말이라고 비난하기는 어렵다. 무슬림들의 믿음대로 이슬람이라는 종교가 폭력을 교사하지는 않더라도, 무슬림은 폭력을 써서 정복 전쟁을 하였고, 종교적 또는 정치적 이유로 무슬림을 죽였기 때문이다.

그러나 이슬람 역사를 돌이켜보면 베네딕토가 인용한 황제의 반이슬람적 발언을 정면으로 반박하는 사건도 있었다. 1690년 오스만튀르크 제국이 오스트리아 합스부르크 왕가와 전쟁을 하고 있을 때 수피가 무슬림 군인들에게 말하였다. "바보 같은 사람들! 당신들은 왜 아무것도 아닌 것에 목숨을 바치는가. 가여운 사람들! 당신들이 들은 지하드(Jihad)와 순교의 미덕이라는 것은 말이 되지 않는 것이네. 오스만 술탄은 궁전에서 즐거움을 누리고, 프랑크 왕은 이 나라에서 향락을 누리는데, 당신들은 왜 여기 산 정상에서 목숨을 바쳐 싸우려 하는지 진정 알 수가 없네."

종교적 이상과 현실의 간극은 물론 이슬람 역사에서만 볼 수 있는 것은 아니다. 황제는 칼로 신앙을 전파하는 것이 비이성적이고, 신이 원하시는 것이 아니라고 하면서 이슬람을 비난했지만 크리스트교 전통 또한 이러한 비난에서 자유로울 수 없었다. 신이 원하지 않는 비이성적 방식으로 신앙을 퍼뜨린 죄를 저질렀기 때문이다.

교황 우르바누스 2세(Urbanus II, 재위 1088~1099)는 1095년 클레르몽 공의회에서 십자군 전쟁을 선포하였다. 클레르보(Clairvaux)의 성베르나르(St.

Bernard, 1090~1153)는 2차 십자군 직전 성전을 재촉하면서 이렇게 말하였다. "불신자를 죽이는 그리스도인들은 보상을 확실히 받을 것이고, 순교하는 자는 더 확실한 보답을 받을 것이다. 그리스도인의 영광은 이교도의 죽음에 있다. 그리스도께서 영광을 받으시기 때문이다."

중동의 크리스트교

그런데 무슬림들과 불편한 관계였던 베네딕토 16세와 달리 교황 프란체스코의 친무슬림 행보는 거침이 없다. 역대 교황 중 가장, 아니 유일한 무슬림 친화적 교황이라고 해도 지나친 말이 아닐 정도다. 유대교, 이슬람교 신앙인들과 대화를 강조하고 가톨릭 신학 교육도 이러한 종교 간 대화를 교육과정에 반영해야 한다고 강조하였다. 신학자들 때문에 대화가 잘 안 된다는 것을 꼬집기라도 하듯, 종교 지도자들이 육지에서 대화를 하는 동안 신학자들은 외딴섬에서 생각에 잠겨야 한다는 농담을 하면서 종교 간 대화의 중요성을 설파한다. 신학적 틀에 갇힌 사고를 하던 전임 요한 바오로 2세나 베네딕토 16세의 한계를 확실히 훌쩍 뛰어넘고 있다.

프란체스코는 무슬림과 "인류 형제애(Human Fraternity)를 바탕으로 세계 평화를 증진하겠다는 약속을 다짐하기" 위하여 아랍에미리트연방을 방문하였다. 바티칸으로 돌아와 순방 결과를 설명하면서 자신의 방문이 역사상 최초로 로마가톨릭 교황이 아라비아반도에 간 것이라며 "아시시의 성프란체스코(Francesco d'Assisi, 1181~1226)가 십자군 전쟁 당시 이슬람교의 술탄 알말리크 알카밀(al-Malik al-Kamil, 1180~1238)을 만난 지 800년 만에 같은 이름을 가진 교황이 아라비아반도를 방문한 것은 하느님의 섭리"였다고 순방의 의의를 해석하였다.

청빈의 상징으로 가난한 자의 성인 아시시의 성프란체스코는 제5차 십자군 전쟁(1217~1221) 중이던 1219년에 목숨을 걸고 적진인 이집트의 항구 도시 둠야트(Dumyat, Damietta)로 들어가서 술탄을 만나 평화를 구한 것으로 유명하다. 성프란체스코의 용기는 물론 높이 평가해야 한다. 그러나 침략군 진영에서 온 사람을 해치지 않고 만나 정중히 응대한 술탄의 관대함이 더욱 돋보인다는 사실을 부인하기는 어렵다.

800년 전과 달리 지금 유럽과 중동 무슬림 세계가 전쟁을 하고 있지는 않지만, 양 지역에서 오랫동안 문화적 대표 주자로 자리매김해온 크리스트교와 이슬람교 간에 긴장감이 흐른다. 2001년 9·11 뉴욕 테러 이후 전 세계적으로 이슬람은 테러의 종교, 무슬림은 테러 분자라는 등식이 성립되었다고 해도 지나친 말이 아닐 정도로 이슬람 혐오/공포증(Islamophobia)이 일종의 보편 현상이 된 느낌이다. 문명의 충돌이 아닌 문명의 대화를 강조하고 소수 극단주의자와 다수 선량한 무슬림을 구분해야 한다는 공감대 또한 형성되었지만, 2011년 중동 북아프리카를 휩쓴 아랍의 봄 민주화 시위 이후 정치적 혼란을 틈타 다이시(Daish, 우리에게 익숙한 테러 조직 IS를 아랍어, 터키어, 페르시아어에서 부르는 말)가 발흥하면서 이슬람 혐오/공포증이 다시 살아났다. 다이시는 2014년 6월 29일 "이슬람 국가"를 선포하고 자신들의 이슬람 해석만이 절대적으로 옳다고 여겨 생각이 다른 무슬림뿐 아니라 비무슬림도 참수라는 비인간적이고 야만스러운 방식으로 무차별 살해하였다. 또, 중동뿐 아니라 유럽 등 전 세계에서 무자비한 테러를 자행하여 전 세계가 극단주의 공포에 치를 떨었다.

다이시 출현 이전부터 중동의 비무슬림 소수 종교인들의 삶은 늘 불안하였다. 비이슬람교 중에서 가장 큰 종교는 역시 크리스트교다. 교황이 방문한 아랍에미리트는 필리핀 노동자들이 많아서 로마가톨릭 신자가 100만 명에 달하고, 이 외에도 개신교, 정교회 등 다양한 크리스트교 종파가 존재하며 중동 그 어느 국가보다도 종교 생활이 자유롭다. 그러나 아랍에미리트를 제외하면 다른 곳의 그리스도인들의 삶은 비교가 불가능할 정도로 열악한 것이 현실이다. 소수 종교로 7세기 이슬람 시대 이후 끈질긴 생명력으로 살아남았지만, 2003년 이라크 전쟁에 이어 2011년 시리아 내전과 다이시의 출현으로 많은 그리스도인이 목숨을 잃고, 교회가 파괴되고, 공동체가 사라졌다. 광기 어린 폭력을 피해 평온한 삶을 찾아 고향을 등져야 했다. 이라크의 그리스도인 공동체가 대표적인 예다. 2003년 이전 이라크의 그리스도인은 약 150만 명으로 추산하였지만, 이제는 약 25만 명에 불과하다.

역사적으로 보면 로마가톨릭은 중동에서 소수 중의 소수 교파에 불과하였다. 십자군 전쟁 때 발견한 레바논산의 마론파 교회가 아니었더라면 중동은 그야말로 로마가톨릭의 불모지였다. 엄밀히 말해 마론파도 신학적으로나 교회 전례상 로마가톨릭이 아니었지만, 서로 편의에 따른 결합이 이루어져 마론파는 로마가톨릭교회의 중동 진출 교두보가 되었고, 로마가톨릭교회는 마론파의 든든한 후원자가 되었다. 로마가톨릭교회의 큰딸 프랑스는 마론파를 위해 1932년 인구조사를 근거로 다수인 마론파를 중심으로 이슬람교 순니파와 시아파 무슬림이 함께하는 레바논을 만들었다.

마론파를 제외한다면, 중동의 크리스트교회는 오리엔트정교회(Oriental Orthodox)와 아시리아 동방교회(Assyrian Church of the East)가 주를 이룬다. 이들 교회 이름은 그동안 외부인의 편견이 가득 담긴 다양한 말로 불렸기 때문에 중동 그리스도 교회 역사를 공부하지 않으면 언제나 혼란스럽다. 초대 크리스트교회의 중심지는 영원한 성도(聖都) 예루살렘, 로마 제국의 수도 로마, 새로운 로마로 자부심 가득했던 콘스탄티노플, 이집트 지중해 변 항구 도시로 역사의 고도인 알렉산드리아, 셀레우코스 왕조의 수도이자 크리스트교를 처음 전도한 안티오키아 등 다섯 도시였다. 로마와 콘스탄티노플을 빼면 사실상 다섯 중 셋이 중동에 있다. 크리스트교회는 313년 콘스탄티누스로부터 신앙의 자유를 인정받으면서 기세를 펴기 시작하였지만, 그리스도(메시아)인 예수 해석, 즉 그리스도론을 두고 갈라지기 시작하였고, 중동의 크리스트교회는 바로 이러한 분열의 산증인이자 산물이다.

예수는 그리스도론에서 완전한 인간이자 신이다. 인성(人性)과 신성(神性)을 모두 갖춘 존재다. 4세기부터 교회는 인성과 신성 문제를 어떻게 해석할 것이냐를 두고 골머리를 앓았다. 특히 5세기에 이 둘이 분리되었는지, 아니면 하나로 되어 있는지를 두고 다툼을 벌였다. 콘스탄티노플 총대주교였던 네스토리우스가 신성과 인성의 완전한 분리를 뜻하는 의견을 내자 431년 에페수스 공의회는 네스토리우스를 단죄하였다. 이때 교회에서 쫓겨난 사람들이 당시 사산조 페르시아가 지배하던 이라크에 자리 잡았던 아시리아교회로 들어간 것 같다. 로마와 사산조 페르시아라는 두 거대 제국의 정치적 대립 때문에 공의회에 참석하지 못했던 아시리아교회는 국제 정치의 희생양이기도 하다. 주류 교회는 단죄받은 네스토리우스를 내치지 않았다고 하여 아시리아교회를 네스토리우스파 교회라고 불렀다. 물론 아시리아교회는 스스로를 아시리아 동방교회라고 한다. 사실 네스토리우스파라고 부르는 것은 조롱의 뜻이기에 좋을 리 없다.

다시 교회는 인성과 신성이 예수 안에서 어떻게 존재하느냐를 두고 다툼을 벌여 451년 칼케돈 공의회가 열렸다. 공의회는 예수가 인성과 신성이라는 두 본성을 지니되, 이 두 본성이 "섞이거나(inconfuse, ἀσυγχύτως), 바뀌거나(immutabiliter, ἀτρέπτως), 갈라지거나(indivise, ἀδιαιρέτως), 떨어지지 않는다(inseperabiliter, ἀχωρίστως)"고 결정하였다. 이것이 이른바 양성론(兩性論, dyophysitism)이다. 오늘날 우리에게 익숙한 주류 교회, 즉 로마가톨릭교회와 동방정교회의 그리스도론이다. 결의문은 그리스도의 두 본성이 "섞이거나 바뀌지 않는다"는 표현으로 오리엔트정교회의 생각을 반박하였다. "아울러 갈라지거나 떨어지지 않는다"는 표현으로 이미 431년에 쫓아낸—인성과 신성을 엄격히 나누어 본—네스토리우스의 생각을 반박하여 아시리아 동방교회의 그리스도론의 잘못을 지적한 셈이다.

칼케돈 공의회에서 내쳐진 교회는 오리엔트정교회인데, 그리스도의 신성과 인성이 하나로 되어 있다고 보았다. 칼케돈 공의회를 주도한 주류 교회는 오리엔트정교회가 예수의 본성을 하나로만 인정한다고 해서 단성론(單性論, monophysitism) 교회라고 불렀다. 그러나 사실 이들 교회의 그리스도론은 신성과 인성의 결합을 의미하기에 무조건 하나만 있다는 뜻이 아니다. 혼합일성론(混合一性論, miaphysitism)이라는 표현이 더 합당하다.

이처럼 그리스도론을 두고 교회는 분열하였고, 431년과 451년 공의회 결의를 따르지 않는 교회가 황제의 주류 크리스트교회와 함께 중동에 자리 잡았다. 교회 역사상 주류였던 로마가톨릭교회와 동방정교회가 자신들의 양성론(兩性論) 교의와 다르다고 해서 단성론(單性論, Monophysitism) 교회라고 부른 오리엔트정교회, 교회에서 파문당한 네스토리우스의 견해를 따른다고 해서 네스토리우스파로 불렀던 아시리아 동방교회 신도가 중동에서 다수를 이룬다. 인구로 보면, 중동 최대 크리스트교회는 오리엔트정교회에 속하는 이집트정교회다. 그리스어로 이집트를 아이귑토스(Aigyptos)라고 하였다. 아랍어는 꿉뜨(Qubt)라고 하였는데, 라틴어는 이를 꼽뚜스(Coptus)라고 표기하였고, 영어는 이를 받아 콥트(Copt)라고 하였으며, 우리는 영어 표기를 그대로 받아 이집트정교회를 콥트교로 부르고 있다. 이집트정교회 신도가 얼마나 되는지는 정확히 알기 어렵다. 보통 전 국민의 5~15퍼센트로 추정한다. 그렇다면 500만~1500만 명이 될 것이다.

로마가톨릭교회는 근대 들어 지속적으로 4세기에 이별한 중동의 교회들과 다시 결합하고자 노력해왔다. 그 결과 로마가톨릭교회와 일치를 이루어 교황을 수장으로 인정하는 교회가 생겨났다. 중동의 오리엔트정교회는 시리아정교회, 아르메니아정교회, 에리트레아정교회, 이집트정교회, 에티오피아정교회 등으로 이루어져 있는데, 이들 교회 중 로마가톨릭과 일치를 이룬 교회는 정교회 대신 가톨릭이라는 말로 구분한다. 즉 시리아가톨릭, 아르메니아가톨릭, 이집트가톨릭 등으로 쓴다. 동방정교회는 동로마의 전례를 따르는 교회로, 우리가 흔히 그리스정교로 부르는 교회인데, 아랍지역에서는 아랍어로 미사를 한다. 그런데 이들 교회에서도 로마가톨릭과 일치를 이룬 교회가 생겼다. 그래서 그리스정교와 그리스가톨릭으로 나뉜다. 가톨릭이라는 말은 보편, 공번을 뜻하는 그리스어 카톨리코스(Katholikos, καθολικός)에서 나온 말이다. 그리스정교에서도 자주 쓰는 용어다. 보편교회라는 말이니 로마가톨릭만 쓸 수 있는 말이 아니다. 실제로 우리가 그리스정교라고 부르는 동방정교회의 공식 명칭은 정통가톨릭교회(Orthodox Catholic Church)다. 그런데 현대 세계에서 가톨릭이라고 하면 로마가톨릭을 가리키는 경우가 많기에 이젠 영어로 표기할 때 정교회도 가톨릭이라는 표현을 잘 안 쓰는 경향이 있다. 그리스가톨릭이라는 말이 모든 전례나 전통은 원래 하던 그대로 그리스정교 양식을 따르지만 로마가톨릭교회와 일치를 이루었기에 더 이상 그리스정교가

표 22.1 로마가톨릭교회와 일치를 이룬 23개 교회

전례 형식	교회
알렉산드리아 전례 3	이집트(콥트)가톨릭, 에리트레아가톨릭, 에티오피아가톨릭
서(西)시리아(또는 안티오키아) 전례 3	마론파가톨릭, 시리아가톨릭, 시리아말란카라가톨릭
아르메니아 전례 1	아르메니아가톨릭
동(東)시리아(또는 칼데아) 전례 2	칼데아가톨릭, 시리아말라바르가톨릭
콘스탄티노플(또는 비잔틴) 전례 14	알바니아가톨릭, 벨라루스가톨릭, 불가리아가톨릭, 크리제브치 비잔틴교회(크로아티아, 세르비아, 몬테네그로), 그리스 비잔틴가톨릭, 헝가리가톨릭, 이탈리아알바니아가톨릭, 마케도니아가톨릭, 멜키트 그리스가톨릭, 루마니아가톨릭, 러시아가톨릭, 루테니아(Ruthenia)가톨릭(미국 비잔틴가톨릭), 슬로바키아가톨릭, 우크라이나그리스가톨릭

아닌 사람과 교회를 가리키기 때문이다.

페르시아 지역에서 고군분투하던 아시리아 동방교회에서도 로마가톨릭과 일치를 이룬 사람들이 교회 살림을 따로 차렸다. 이들을 칼데아가톨릭교회(Chaldean Catholic Church)라고 한다. 칼데아(Chaldea)는 고대 지역 이름으로 이라크 동남부 지역을 가리킨다. 이들 역시 오랜 기간 동안 지켜오던 그대로 교회 전통을 따르되 로마가톨릭과 하나가 되었다. 칼데아가톨릭교회가 분리된 후 아시리아 동방교회는 다시 1964년에 교회 수장 선정 방식을 두고 분란이 일었다. 한집안에서 교회 지도자가 세습되는 것을 반대한 사람들이 고(古)동방교회를 만들어 나갔다.

이처럼 다양한 형태의 교회가 존재하는 곳이 중동이다. 전례 언어도 아랍어만 쓰는 것이 아니다. 그리스정교회 소속 그리스도인들은 아랍지역에서 비잔티움 전례를 따르되 아랍어로 미사(예배)를 한다. 그러나 시리아정교회와 시리아가톨릭교회는 시리아어(Syriac, 서쪽 방언)를, 아르메니아

정교회와 아르메니아가톨릭교회는 아르메니아어를, 아시리아 동방교회와 고(古)동방교회, 칼데아가톨릭교회는 시리아어(동쪽 방언)를, 가장 먼저 로마가톨릭과 하나가 된 마론파 크리스트교회도 시리아어(서쪽 방언)를 쓴다. 시리아어는 아람어다. 예수가 쓴 말이다. 아람어의 시리아 지역 방언을 시리아어라고 하는데, 시리아어 전례를 하는 신자들은 예수가 아람어로 한 주기도문을 지금도 자신들이 같은 말로 쓰고 있다는 사실을 무척 자랑스럽게 생각한다.

아라비아의 프란체스코

7세기부터 무슬림이 중동을 지배하고, 1054년 콘스탄티노플의 동방정교회와 서로 파문하면서 교회가 동서로 갈라지더니 1204년 4월 12일 프랑크와 베네치아의 제4차 십자군은 콘스탄티노플을 점령하고 역사에 오명으로 길이 남을 약탈, 살인, 강간을 저질렀다. 하기아소피아(Hagia Sophia) 정교회 성당은 로마가톨릭 성당으로 바뀌었다. 잊어버리기 어려운 상처를 그리스정교회 형제들에게 입히면서 동서 로마 교회는 완전히 갈라섰다. 비잔티움 제국의 역사는 이 엄혹한 시절을 프랑크 지배기(Frankokratia, Φραγκοκρατία), 또는 라틴 지배기(Latinokratia, Λατινοκρατία)라고 부른다. 베네치아가 지배한 곳은 베네치아 지배기(Benetokratia, Βενετοκρατία)라고 한다. 1261년 미카엘 8세 팔라이올로고스(Mikhael VIII Palaiologos)가 베네치아의 숙적 제노바(Genova)의 도움으로 콘스탄티노플을 되찾으면서 십자군 지배 시대가 막을 내리고 하기아소피아 성당도 정교회 전례를 회복하였다. 그러나 이로부터 200년 후인 1453년 콘스탄티노플이 오스만튀르크

손에 떨어지면서 동로마 크리스트교회도 구심점을 잃었다.

로마가톨릭교회는 신자 수나 전통이 퍼진 지역이 넓고 많은 점을 고려할 때 세계 크리스트교회에서 중요한 역할을 차지하고 있지만, 과거 교회 분열의 상처로부터 평온할 수는 없는 상황이다. 특히 신앙 전통이 시작되고 발전한 중동과 동로마 지역의 크리스트교회는 모두 이슬람 문화권으로 편입되었다. 교회는 과거 같은 믿음을 지닌 사람들끼리 반목하여 갈라졌고, 오랜 기간 소수 공동체로 고립되었다. 이러한 현실에서 로마가톨릭교회가 할 수 있는 최선의 사목은 어려움 속에서도 굳건히 믿음을 지켜온 신앙의 형제들을 위로하고 돕는 일일 것이다. 그러나 이 또한 현실적으로 쉬운 일이 아니다. 자칫 잘못하면 관련 국가나 국민으로부터 크리스트교를 선교한다는 의심을 받을 가능성이 크고, 지역 교회로부터는 교회일치를 이룬다면서 로마가톨릭교회 수하로 편입하려는 시도가 아닌지 의혹을 살 수도 있기 때문이다. 그런데 이러한 의심과 의혹은 적어도 프란체스코 교황 시대에는 나올 것 같지 않다. 교황은 이미 스스로가 훌륭한 그리스도인으로 사는 것이라면서 전통적 선교 방식을 벗어난 선교의 길을 제시한 바 있고, 로마가톨릭교회의 수위권을 갈라진 교회에 강요할 움직임조차 없기 때문이다.

교황이 방문한 아랍에미리트연방에는 로마가톨릭 신자가 무려 100만 명에 달한다. 대다수가 전통적 가톨릭 국가 필리핀 출신 저임금 이주 노동자들이다. 아랍에미리트연방의 수도인 아부다비에 처음으로 로마가톨릭교회가 들어선 때는 1965년인데, 현재 연방 전체에 9개의 성당이 들어섰다.

교황이 방문한 아랍에미리트연방은 종교의 자유를 인정하지만, 자신이 속한 종교를 따르는 자유만이다. 우리나라나 서구처럼 개종의 자유, 선교의 자유를 포함하여 완전한 종교의 자유를 누릴 수는 없다. 이는 중동 대다수 무슬림 국가에서 공통적인 현상이다. 종교의 자유를 완전히 허락할 경우 각 국가의 근간을 이루는 이슬람 문화 정체성이 훼손될지 모른다는 두려움을 느끼고 있기 때문이다. 특히 무슬림을 크리스트교 신앙으로 초대하는 선교 행위를 엄금한다. 선교를 가장한 스파이 활동이 있을 수 있기 때문에 선교가 단순한 종교의 문제를 넘어 국가 안보와 연결된 사항으로 인식하여 선교나 개종을 안보 측면에서 심각하게 다룬다. 무슬림이 압도적 다수인 국가 중 모로코만이 유일하게 온전히 종교의 자유를 처음으로 인정하였는데, 개종을 처벌하지 않는 조건으로 정치적 목적을 띠지 않아야 한다는 단서를 달았다. 즉 정치적 목적이 없는 개종만 가능하다는 뜻을 밝혔다.

이처럼 종교의 자유가 제한적인 중동의 현지 사정을 고려할 때 아랍에미리트연방이 프란체스코 교황을 초대하여 무려 18만 명이 운집한 가운데 성대한 야외 미사를 치르고 이를 생방송으로 중계한 것은 실로 선구적인 조치였다고 평가해야 한다. 비이슬람교 행사를 공개된 장소에서 이렇게 대대적으로 개최한다는 것은 적어도 걸프 지역에서는 놀라운 일이다. 국경을 맞댄 이웃 사우디아라비아 왕국에서는 크리스트교회를 세울 수도 없는데 말이다. 이와 같은 크리스트교 공개 행사는 테러 분자들의 제1호 공격 표적이 될 것이기 때문에 국가 권력이 물심양면으로 지원하여 보안 조치를 철저히 해야만 가능하다.

2월 4일 아랍에미리트연방 수도 아부다비에서 교황은 이집트 알아즈하르(Al Azhar)의 대이맘(大Imam) 아흐마드 타이입(Ahmed el-Tayeb) 박사와 만나 '세계 평화와 공동 공존을 위한 인류 형제애 선언'에 서명하였다. 이 선언문은 "신앙인이 다른 사람을 돌보고 사랑하는 형제로 볼 수 있도록 신앙이 인도한다"고 강조하면서 "모든 사람이 신에 대한 믿음과 서로를 일치시키고 함께 일할 수 있는 인류 형제애에 대한 믿음을 가슴에 간직할 것"을 권유한다. 모든 인류가 동등하게 권리와 의무와 존엄성을 갖도록 창조한 신의 이름으로, 살상을 금지한 신의 명령에도 불구하고 죽임을 당한 무고한 인간 영혼의 이름으로, 가난한 자, 고아, 과부, 난민, 망명자, 전쟁의 모든 희생자, 박해받는 자들의 이름으로 교황과 대이맘은 인류 형제애를 이야기하고, 대화의 문화, 공동 협력, 상호 이해를 형제애를 이루기 위한 방법으로 채택하겠다고 선언하였다. 또한 선언문은 자유가 모든 사람의 권리이고, 사람들 각자가 신앙과 생각과 표현과 행동의 자유를 누리며, 다원주의와 종교, 피부색, 성별, 인종, 언어의 다양성이 지혜로운 신의 뜻이라고 주장한다. 신앙의 자유와 다양성의 자유가 신의 지혜에서 나오기 때문에 사람들을 특정 종교나 문화에 속하도록 강요하고, 다른 사람들이 받아들이지 않는 문명 양식을 강요하는 것을 비난한다. 종교적 폭력이 만연한 중동과 세계를 되돌아보면 사실 이보다 더 중요한 말이 어디 있을까 싶다.

미국 중앙정보부의 자료에 따르면 2020년 그리스도인(24억 1152만 명, 31.4퍼센트)과 무슬림(17억 8176만 명, 23.2퍼센트)의 수가 세계 총인구 대비 54.6퍼센트에 달한다. 이처럼 전 세계인의 반 이상을 차지하는 두 전통의 신앙인들이 평화롭게 지내지 않는다면 인류는 갈등과 폭력으로 고사할 것이다. 온 우주의 창조주 유일신의 사랑과 자비를 즐겨 칭송하고 전하면서 싸움과 살인을 정당화하는 모순을 범한다면 우스꽝스럽지 아니한가!

로마가톨릭 교황과 같이 통일된 세계 지도자가 따로 없는 이슬람교에서 이집트의 대이맘이 대표성을 지닐 수는 없겠지만, '인류 형제애' 선언 자리를 마련해준 아랍에미리트연방이 든든하게 변화의 물결을 이끌어나가는 모습은 비록 그냥 보여주기 위한 "쇼"라는 비판이 있음에도 불구하고 상당히 고무적이다. 선언문보다 18만 명이 함께 기도한 야외 공동 미사가 무슬림 국가에서 있었다는 사실 하나만으로 교황이 동쪽으로 간 까닭과 그 숨은 뜻을 충분히 이해할 수 있을 것 같다.

종교적 이상과 현실의 차이는 무서우리만치 냉혹하고 크고 다양한 주파수를 지니고 있다. 이슬람과 그리스도 신앙 전통의 이상은 고귀하고 아름답고 평화롭고 지극히 거룩하다. 그러나 그 전통에서 살아 숨 쉰 신앙인들이 만들어낸 현실은 이상만큼이나 온전하지 않은 경우가 많다. 생각이 여기까지 이르면 신앙인들이 해야 할 일은 의외로 단순 명백하게 떠오른다. 역사적 사실을 있는 그대로 인정하자. 긍정하기 힘들다 할지라도 솔직 담백하게 받아들이고 아름다운 이상에 비추어 다시는 그런 실수를 하지 않도록 고치면 된다. 무슬림이나 그리스도인이나 교황 베네딕토 16세의 강연을 둘러싼 논란에서 깨닫고 실천해야 할 것은 불타듯 정열적인 정치적·선동적 주의 주장이 아니라 바로 이런 담담하고도 솔직한 신앙인의 자세가 아닐까 한다. 전임자의 잘못을 직시라도 하는 듯, 프란체스코 교황은 겸허한 마음으로 인류형제애를 향한 아랍에미리트 방문에 나섰고, 그 파장은 전임자의 잘못된 발언보다 더 깊고 길고 넓게 이어질 듯하다. 프란체스코가 전하고자 한 종교 평화, 종교 공존, 종교 자유의 아름다움이 아라비아반도에 충만하길 기원한다.

참고문헌

주원준·박태식·박현도, 《신학의 식탁》(들녘, 2019).

David Thomas et al. eds. *The Encounter of Eastern Christianity with Early Islam* (Brill: Leiden, 2006).

Fareed Z. Munir, "Sultan al-Malik Muhammad al-Kamil and Saint Francis: Inter-religious Dialogue and the Meeting at Damietta," *Journal of Islamic Law and Culture* 10 (2008), pp. 307~317.

Hugh Goddard, *A History of Christian-Muslim Relations* (Chicago: New Amsterdam Books, 2000).

Pope Francis and Ahmad Al-Tayyeb, A Document on Human Fraternity for World Peace and Living Together, Abu Dhabi, 4 February 2019.

William Montgomery Watt, *Muslim-Christian Encounters: Perceptions and Mis-perceptions* (London: Routledge, 1991).

유럽과 이슬람 세계의 문명 교착점, 코르도바 대모스크-성당•

23

이수정 서강대학교

스페인과 포르투갈이 위치한 이베리아반도 남쪽에는 안달루시아(Andalusia)라고 부르는 지역이 있다. 유럽 속에 있지만 아랍의 문화와 유산이 남아 있는 곳이다. 흔히 문명의 교착지라 부르는 이 지방의 주요 도시를 꼽으라면 코르도바(Cordoba), 그라나다(Granada), 세비야(Sevilla)를 들 수 있다. 이 중 코르도바는 후기 우마이야조(Umayyad Dynasty)의 수도로 다양한 문화유산이 남아 있는 곳이다. 크리스트교와 이슬람 문화를 함께 고스란히 가지고 있는 코르도바 가운데 위치한 대모스크-성당은 우리에게 많은 이야기를 전해준다. 이 글을 통해 1300년 전, 이 땅을 살았던 사람들의 이야기를 엿보려 한다.

코르도바는 안달루시아 지방에 속하며, 안달루시아에서는 세비야, 말

• 이 글은 〈코르도바 대모스크-성당의 건축적 특징에 기반한 후원 의도 분석〉, 《통합유럽연구》 제11권 제3집(2020)을 수정·재편집한 것이다.

라가(Malaga)에 이어 세 번째로, 스페인 전역에서는 열두 번째로 큰 도시다. 역사적으로 로마의 지배를 받았고 이후 서고트족이 남하하여 이베리아반도 전역을 지배함에 따라 코르도바 역시 서고트족이 주로 거주하게 된 지역이다. 711년 우마이야조의 지배를 받던 북아프리카의 베르베르족(Berber)이 이베리아반도로 진출하며 이슬람 세력은 유럽 대륙 점령을 시작하였고, 716년 코르도바를 점령하였다. 750년 시리아 다마스쿠스를 중심으로 발달한 우마이야조가 멸망하고, 새롭게 세워진 압바스조(Abbasid Dynasty)를 피해 달아난 우마이야조의 왕자, 압드 알라흐만 1세(Abd al-Rahman I)가 이베리아반도로 이주하여 756년에 후기 우마이야조를 건립하였다. 766년에 이르러 코르도바는 공식적으로 후기 우마이야조의 수도로 공포되었고, 후기 우마이야 왕조는 1031년까지 존속하였다. 압드 알라흐만 1세는 왕조를 건설하고 약 30년이 지난 786년에 코르도바 대모스크-성당을 건설하였고 이후 압드 알라흐만 2세(Abd al-Rahman II), 알하캄 2세(Al-Hakam II), 재상 알만수르(Al-Mansur)가 전면적으로 대모스크-성당을 증축하였다. 후기 우마이야조에서 스스로를 칼리프로 선언한 압드 알라흐만 3세(Abd al-Rahman III)는 대모스크-성당의 미너렛을 개축하였다.

코르도바 대모스크-성당은 코르도바 도시 내를 흐르는 과달키비르강(Guadalquivir River)에 맞닿아 있다. 무슬림이 코르도바 지역을 점령했을 당시 이 위치에는 성빈센트 성당(Saint Vincent Church)이 있었다. 무슬림이 이 지역을 장악한 초기에는 서고트족이 건설한 해당 건물을 무슬림과 가톨릭교도가 공간을 공유하며 성당과 모스크로 동시에 활용하였다. 무슬림은 성빈센트 성당을 제외한 다른 성당은 초기에 파괴한 것으로 기록에 남아 있다. 성당을 공유해서 사용하다 결국은 성당을 부수고 모스크를 건설하기에 이르렀다. 그러나 정확한 사료가 남아 있지 않고 단편적인 기록만 존재함에 따라 이후 모스크 건설 과정과 목적은 건축의 요소를 분석하면서 짐작할 수밖에 없다.

당시 코르도바 지역 분포를 보면, 도시의 서쪽 구역이 서고트족 거주 지역이고, 동쪽 구역은 무슬림 유입 후 확장된 도시 권역이다. 서쪽 구역 아래편에 대모스크-성당이 위치한다. 지도에서 확인할 수 있듯이 성빈센트 성당은 도시 중앙에 위치했으며, 당시에 코르도바에서 가장 큰 규모였다. 대모스크는 바로 그 성당을 무너뜨리고, 그 위치에 그대로 건설되었다. 성당을 파괴하고 그 위치에 그대로 모스크를 건설한 예로는 우마이야조가 시리아의 수도인 다마스쿠스(Damascus)에 건설한 다마스쿠스의 대모스크가 있다. 이 건물 역시 세례 요한의 성당을 부수고 그 자리에 건설하였다. 이와 같은 행동은 건축이 위치한 곳이 지역의 중심지라는 중요성을 인식하고 그 지역을 아우르는 종교적 상징물을 부수고 새로운 종교의 상징물로 대체한다는 의미를 갖는다.

즉, 지역의 상징적 성당을 모스크로 대체하는 행위는 우선, 무슬림이 자신들의 힘을 타 종교인에게 강조하고 표출하기 위함이라 볼 수 있다. 이를 통해 해당 공간이 갖고 있는 성스러움, 성지의 의미를 그대로 연결하여 이을 수 있다. 둘째, 무슬림의 예배 공간을 도시 중심에 건설하여 비무슬림이 무슬림의 종교 생활을 직접적으로 볼 수 있게 되고, 이슬람이라는 종교를 인식할 수 있게 된다. 특히 이슬람은 예배 과정에서 예배 시간을 알리는 '아잔(Azan)'이라는 행위를 반드시 해야 하기에, 시각적 효과와 청각적 효과를 모두 누릴 수 있게 된다. 셋째, 모스크를 통해 해당 지역에 거주하는 피지배민들은 자신이 거주하는 지역의 통치자가 무슬림이고, 이슬람을 믿는다는 사실을 인식할 수 있다. 마지막으로 성당과 함께 사용하던 모스크를 새롭게 건설하여 자신들의 종교가 이전에 이베리

그림 23.1 모스크 중정 모습(필자)

대모스크 건축 당시 중정은 빈 공간이었으나, 현재는 오렌지 나무와 같은 조경수로 가득 차 있다. 관광객들은 중정에 있는 나무 주변에서 햇빛을 피하며 시간을 보낸다.

아반도에 존재하던 유대교나 크리스트교와 다르지 않으며 그들과 같은 뿌리를 가지고 있다는 사실을 간접적으로 투영할 수 있다. 코르도바가 무슬림의 통치를 받게 된 이후, 코르도바는 당시 유럽에서 가장 큰 도시로 성장하였다. 스스로 칼리프를 선언할 정도로 후기 우마이야조의 권력은 상당하였다. 기록에 따르면 최전성기를 구가하던 압드 알라흐만 3세가 통치할 당시 코르도바의 인구수는 10만 명에 달하였으며 수천 채의 집과 정원, 600여 개의 모스크, 900여 개의 공중목욕탕, 대학, 도서관이 존재하였다. 즉 코르도바는 비단 유럽 세계뿐만 아니라, 이슬람 세계에서도 가장 중요한 도시로 꼽혔고, 이 도시 중심에 있던 대모스크-성당은 세계의 이목이 집중되는 곳이었다. 따라서 해당 지역에서 꾸준하게 종교적 전통이 있던 곳에 건설하여 그 정통성을 그대로 이어받았고, 여러 차례 증축을 거쳐 종교적 위엄 역시 확보하게 되었다.

압드 알라흐만 1세가 코르도바 대모스크-성당을 건설하였고 이후 세 차례의 증축과 한 차례의 미너렛 재건을 진행하였다. 최초 건축에서 모스크 앞에 흐르는 강 쪽으로 두 차례 증축을 진행하였고, 강으로 인해 추가 증축이 어려워지자, 만수르의 경우 측면으로 증축을 시도하였다. 당시 모스크 건설 과정에는 비잔틴 제국 출신의 기술자를 대거 활용하였고, 오랜 시간에 걸쳐 많은 자본과 기술력을 투입했을 것으로 추측 가능하다. 즉, 대모스크-성당이 건설된 위치와 건설 과정, 추가 증축 과정을 진행한 사실만으로도 모스크 건설 후원자들이 모스크를 통해 자신들의 권력과 경제력, 종교성을 표출하려 하였다는 사실을 알 수 있다.

코르도바 대모스크-성당을 설명하는 데 있어 역사적 특징을 언급하지 않을 수 없다. 후기 우마이야조가 시리아 다마스쿠스 지역을 중심으로 발달하였던 우마이야조의 후신이기에 이들의 영향을 사회 전반에 걸쳐 받았다고 볼 수밖에 없다. 종교 건축 역시 우마이야조의 건축 양식에서 영향을 받았다. 물론 단순히 이전 선조의 건축 양식을 그대로 모방하는 데 그치지 않고, 이베리아반도 현지의 건축 양식 역시 차용하여 무슬림만의 특징적 건축 구조를 만들어내었다. 그중에서 열주 양식과 중정은 이슬람 세계가 구축되던 초기부터 내려온 전통 양식의 영향을 받았다고 볼 수 있다. 압드 알라흐만 1세 때 진행한 모스크 최초 건축 당시에는 120개의 기둥을 사용하여 모스크를 건설하였다. 각 줄에 열두 개의 기둥을 세우고 총 열 줄로 복도를 구성하였다. 당시에 건축된 구역은 현재까지도 그대로 유지되어 보존되고 있다.

물론 열주 양식은 이베리아반도에 산재해 있던 성당의 건설 양식과 일치하는 형태다. 그러나 예언자 무함마드의 가옥이나 다마스쿠스의 대모스크처럼 초기 이슬람 세계에 건설되어 모스크가 이와 같은 열주 양식을

그림 23.2 모스크 내 이중 아치 구조물(필자)

모스크 상부 아치 구조물이다. 붉은색과 흰색이 반복되어 사용되고 있으며, 이중으로 아치가 구성되어 건물 기둥이 받는 하중을 지탱한다.

보이는 것 또한 사실이다. 그러나 열주 양식과 함께 아치를 이중으로 쌓아 올린 형태는 성당의 구조물보다 초기 이슬람 세계의 건축 양식과 더 유사하다. 따라서 다양한 영향을 받았다는 사실을 간과할 수는 없겠으나, 코르도바 대모스크-성당의 예배당 내부 구조가 성당보다는 초기 이슬람 세계의 종교 건축 영향을 크게 받았다고 봐야 할 것이다. 물론, 초기 이슬람 세계의 종교 건축이 독자적으로 구축된 양식으로 보기 어렵고, 이 또한 비잔틴 제국을 비롯하여 먼저 존재했던 다양한 문화권과 종교의 영향을 받아 구성된 양식이다. 그러나 다마스쿠스를 중심으로 발달한 우마이야 왕조에서 이미 바위의 돔, 다마스쿠스의 대모스크와 같이 기념비적 대형 건축물이 건설되었고, 이때 반복적으로 사용한 건축 양식은 초기 이슬람 세계 고유의 양식으로 발전하고, 자리 잡기 시작한 것이라 평가해야 할 것이다.

아울러 예배당 밖에 위치한 중정(Courtyard)과 중정을 에워싸고 있는 열주 양식의 복도는 초기 이슬람의 종교 건축 양식과 거의 일치한다. 비록 현재는 오렌지 나무가 중정에 심어져 있지만, 대모스크-성당 건설 초기에는 다른 모스크와 마찬가지로 텅 빈 공간으로 사람들이 예배를 진행할 수 있는 공간으로 활용되었을 것이다.

대모스크-성당 예배당 내부는 줄지어 서 있는 기둥으로 가득 차 있다. 기둥 윗부분은 아치 구조물로 연결되어 있는데, 이 아치는 두 개 층으로 중복되어 건설되었다. 모스크 건설 초기, 120여 개에 달하는 기둥은 새롭게 만든 것이 아니라, 주변에 건설되어 있던 신전과 성당에서 취득한 것이다. 따라서 각각의 양식과 길이나 두께에 차이가 발생하였고 이를 건물에 사용하고 불규칙하게 가해지는 무게를 분산하여 안정된 건축을 하기 위해 이중으로 보강된 아치를 활용하였다. 이런 아치는 구조적 이점뿐만 아니라, 대모스크-성당만의 경쾌한 분위기를 연출하는 데 제 역할을 하고 있다. 이런 이중 아치 구조 역시 시리아의 다마스쿠스 대모스크에서 찾아볼 수 있다. 특히 대모스크의 외벽을 장식하는 요소로 활용되었다. 일부 학자는 이런 이중 아치 구조가 이베리아반도에 이미 존재하던 수도교의 영향을 받았다고 해석하기도 한다. 이 역시 열주 양식과 마찬가지로 어느 문화에서 영향을 받아 사용되었다는 정확한 사료가 없기 때문에 확답을 내릴 수는 없다. 다만 코르도바 대모스크-성당 건축의 다른 요소가 이슬람 문화권의 영향을 받았을 가능성이 크다고 상정하고 있는 만큼, 이중 아치 역시 코르도바와 지리적으로 떨어져 있는 곳의 수도교의 영향이라기보다는 역사적 맥락을 함께하고, 실질적으로 눈으로 보고 경험하였을 다마스쿠스의 건축 구조에서 영향을 받았을 가능성이 클 것이라 해석하였다.

모스크 내부 장식의 다수를 구성하는 다엽아치(Cusped Arch)와 말굽아치(Horseshoe Arch)는 후기 우마이야조 건축에서 찾아볼 수 있는 독창적 요소다. 하캄 2세는 세 번째로 모스크를 증축하였다. 당시 미흐랍(Mihrab) 주변의 공간을 의미하는 막수라(Maqsura)를 구성하였는데, 막수라 주변부뿐만 아니라 모스크 중간에 다엽아치를 활용한 장식 구조를 만들었다. 다엽아치는 마치 나뭇잎처럼 보이는 형태의 아치로 아치 자체에도 조각을 통해 화려함을 더하였다. 말굽 아치를 활용해 예배 방향을 일컫는 키블라(Qibla)를 알려주는 구조물인 미흐랍을 구성하였는데, 미흐랍 뒤 공간으로 들어가는 입구를 말굽아치 형태로 구성하고, 아치 주변을 화려한 문양과 명문을 통해 장식하여 화려함을 극대화하였다. 사용한 명문은 대체로 유일신앙인 이슬람을 알릴 수 있는 구문을 사용하였다. 이와 같은 건축 구조물은 이전에 존재하는 이슬람 세계 건축에서는 찾아보기 힘든 요소로 후기 우마이야조의 독창성을 보여준다. 특히 초기 건축이 아닌 개축 과정에서 후기 우마이야조만의 독창적 건축 특징을 반복해 사용하고, 장식적 요소를 극대화한 것은 자신들만의 독창적 정체성을 부여하고 표출하기 위한 의도가 숨어 있다고 해석할 수 있을 것이다.

코르도바 대모스크-성당의 예배당에 들어서면, 붉은색과 흰색이 교차 사용되어 장식적 요소를 강조하고 있기 때문에 예배당 내부가 경쾌하고 춤을 추고 있는 듯한 느낌을 받는다. 제프리 도즈(Jeffrey Dodds)는 논문에서 이중아치에 장식되어 있는 붉은색과 흰색의 교차는 마치 3차원의 세계에 있는 듯한 인상을 준다고 기록하였다. 이와 같은 색감의 반복을 통한 장식은 바위의 돔 내부에서 찾아볼 수 있다. 바위의 돔의 경우 내부 아치를 검은색과 흰색을 반복하여 사용하였다. 코르도바 대모스크-성당

그림 23.3 모스크 내부 전경(필자)

모스크 내부는 두 가지 색감이 교차함에 따라 밝고 경쾌한 느낌이 든다.

그림 23.4 미흐랍 내부 천장 장식과 미흐랍 정면(필자)
화려하게 장식된 미흐랍과 주변 구조물이다. 말굽아치와 다엽아치를 활용해 장식하였다.

과 달리, 바위의 돔의 경우 건물 내부는 열주 양식이 아니다. 다만 가운데 위치한 돌을 둘러싸고 있는 원형 구조물과 이를 지탱하는 기둥을 연결하는 아치 구조물이 있으며, 이 아치 구조물의 상부를 검은색과 흰색의 색감을 활용해 장식하였다. 이런 특징적인 건축의 장식 요소는 후기 우마이야 건축의 가장 두드러지는 특성으로 꼽히며, 이들 스스로도 이런 판단을 갖고 있었다는 사실은 다른 유물을 통해 짐작 가능하다. 13세기에 작성된 《바야드 와 리야드(Bayad wa Riyad)》라는 작품의 세밀화 속에서 모스크 내부 장식과 같은 색감과 방법을 사용해 그린 건축의 모습을 확인할 수 있다.

크리스트교 세력이 이슬람 세계를 몰아내고, 코르도바를 재정복한 이후에 개축한 성당 부분을 제외하고 모스크에 해당하는 구역에서 가장 화려한 장식을 뽐내는 곳은 미흐랍일 것이다. 알하캄 2세는 미흐랍을 모자이크를 활용해 장식하였다. 특히 비잔틴 제국 출신의 기술자를 채용하여 장식한 것으로 여겨진다. 모자이크의 주된 주제는 기하학 패턴과 식물 패턴, 꽃문양과 명문이다. 명문에는 다양한 내용이 새겨져 있는데 그중에서도 천국과 인간의 행위에 대한 보상을 언급한 《꾸란》 7장 41절에서 43절과 알라를 두려워하고 공경하여야 한다는 교훈을 담고 있는 《꾸란》 9장 109절에서 110절이 새겨져 있으며 965년 11월 27~28일이라고 하는 날짜도 함께 새겨져 있다. 미흐랍 안쪽 구조물 내부 역시 화려하게 장식되어 있으며 특히 천장 부분은 마치 우주를 형상화한 듯한 모습이다. 이처럼 비용 소모가 큰 화려한 장식을 모스크 전반에 걸쳐 할 수 있고 자신들의 의도를 그대로 옮길 수 있다는 점 자체가 코르도바 대모스크-성당이 건축 후원자의 권력과 경제력을 상징적으로 나타내는 것이라 추정 가능하다. 이를 후원한 사람들의 의도 역시 자신의 힘을 과시하고 대중에 표출하기 위한 수단으로 삼았을 것이라는 이해가 가능하다.

코르도바 대모스크-성당이 다른 대모스크와 비교하여 더 특별한 이유는 모스크와 성당이 말 그대로 공존하고 있기 때문이다. 크리스트교 세력이 재정복(레콩키스타, Reconquista)에 성공하고, 무슬림 세력이 코르도바에서 완전히 쫓겨난 이후, 크리스트교인들은 모스크를 파괴하는 대신, 모스크 중앙에 성당을 만들었다. 성당 위로 강한 빛이 쏟아지게 구성하였고 성당과 그 주변부를 화려한 성당 내 장식 구조물로 바꾸었다. 따라서 모스크 내로 입장한 관광객은 어둡게 비치는 모스크 부분에 대한 인식과 함께 중앙에서 밝게 빛나는 성당에 대한 인식을 동시에 하게 된다.

하나의 건축이 두 가지 기능을 하게 되었고, 모든 것을 파괴하여 없애는 것이 아닌, 자신들의 문화를 강조하여 삽입함으로 이전에 존재한 문화를 억누르는 효과를 갖고 온 것이다. 모스크를 개축한 무슬림은 아니었지만, 모스크의 기능을 바꾸고, 건축 요소를 변화시킨 크리스트교인 역시 코르도바 대모스크-성당의 후원자 역할을 하였다. 결과적으로 이들 역

그림 23.5 대모스크-성당 내부 성당 구조물(필자)
대모스크 내 성당 구조물이다. 실제로 미사를 진행하고 있으며 주변부에 비해 밝다.

시 대모스크-성당을 통해 자신들의 힘을 과시하고, 자신들이 믿는 종교를 이 건축물을 통해 대중에 강하게 표출하고 주입하고 있는 것이다. 8세기에서 15세기에 이르기까지 코르도바 대모스크-성당이 세워진 땅과 그 위의 건축물의 주인은 크리스트교인에서 무슬림으로 다시 크리스트교인으로 바뀌었다. 이에 따라 이 건축을 통해 의도를 표출하는 주체와 그 속에 담긴 종교는 바뀌었지만 결과적으로 자신의 권력과 통치력, 종교성을 대중에 노출하기 위해 이 건물을 활용한 것이다. 코르도바 대모스크-성당은 원래 무슬림들 사이에서는 코르도바 대모스크로 일컬어졌고, 크리스트교인들은 코르도바 대성당으로 불렀다. 대모스크와 주변부의 역사적 가치를 인정받아 1984년에는 유네스코 세계문화유산 역사지구에 선정되었다. 2014년부터 코르도바 대모스크-성당이라는 이름으로 두 가지 기능을 병행하여 명명해야 한다는 의견이 제시되고 행정 절차가 진행되었다. 2016년 이후에는 공식적으로 대모스크-성당이라는 명칭을 사용하기 시작하였다. 이에 반발한 가톨릭에서 대모스크-성당에 대한 소유권을 주장하기도 하였는데 스페인 정부는 이를 거부하고 대모스크-성당의 특수성을 보존하기 위해 노력하고 있다.

무려 8세기에 건축이 시작된 종교 건축물과 관련하여 현대를 살아가는 사람들 사이에도 갈등이 발생할 정도로 이 건물이 갖는 상징성은 중요하다. 자신을 홍보하고 드러낼 방법이 도처에 산재해 있는 현대와 달리, 그 시대 사람들은 자신의 힘과 권력, 정치력, 종교성 등을 대중에게 알리고 사회적 반향을 일으키고자 할 때, 가장 손쉬운 방법의 하나로서 예술적 가치를 가지는 건축물을 활용했을 것이다. 즉 현대의 전광판과 같은 역할을 수행할 건축물 하나하나가 중요했을 것이라는 판단이다. 코르도바라는 당시 세계 중심지 중 한 도시 가운데에 건설된 이 모스크는 자신의 권력과 종교성을 대중에게 표출하고 싶었던 여러 후원자들의 의도가 투영되었다. 코르도바 대모스크-성당을 후원하여 증축을 시도한 압드 알라흐만 1세, 압드 알라흐만 2세, 알하캄 2세, 알만수르 재상은 자신들의 권력과 종교성을 표출하고 이를 통해 통치 권력을 공고히 하기 위한 목적으로 모스크를 활용했다고 보아야 한다. 이렇게 만들어진 건축의 가치는 시간이 흐르고 시대가 변화함에 따라 사라지는 것이 아니라, 수많은 사람의 의도와 이해관계가 겹겹이 쌓여 수없이 많은 이야기를 내포하게 되었다. 이것이 바로 이슬람과 크리스트교 문명이 교차하는 지역에 위치하고 있는 만큼, 두 종교 문화권의 종교적 기능을 모두 갖추고 있는 코르도바 대모스크-성당에 대한 이해가 필요한 이유다.

참고문헌

D. Fairchild Ruggles, "The stratigraphy of forgetting: The Great Mosque of Cordoba and its contested legacy," *Antipoda. Revista de Antropología y Arqueología*, 12 (2011), pp. 19~37.

James Corbett, "The Great Mosque of Cordoba," *The Poetry Ireland Review* (1989), pp. 101~101.

Jeffrey Dodds, *Great Mosque of Cordoba* (1992).

Manuel Nieto Cumplido, *La catedral de Córdoba* (Obra Social y Cultural de Cajasur, 1998).

Nuha NN. Khoury, "The meaning of the Great Mosque of Cordoba in the tenth century," *Muqarnas Online*, 13. 1 (1996), pp. 80~98.

헝가리 문화 속의 오스만 문화
헝가리인의 인식

24

김지영 숭실대학교

들어가는 말: 역사 속의 헝가리 역사와 오스만튀르크 제국•

1526년 헝가리 왕 러요시 2세가 이끄는 크리스트교 연합군은 헝가리 왕국의 남부 국경 지대인 모하치(Mohács)에서 오스만 제국의 술레이만 1세가 이끄는 군대와 대규모 전투를 치렀다. 이 전투에서 헝가리 군대는 거의 괴멸 수준으로 패전하였다. 이후 1541년 오스만 제국이 부다를 점령한 후 1686년까지 약 150년간 오스만의 통치를 받음으로써 헝가리는 합스부르크 지배의 서부 헝가리, 오스만 지배의 중·남부 헝가리, 헝가리인이 통치하는 트란실바니아의 세 부분으로 국토가 나뉘었다.

• 이 글에서는 오스만튀르크와 터키라는 용어를 글의 문맥에 따라 혼용한다. 주로 과거의 역사적 사실을 지칭할 때는 오스만튀르크 혹은 오스만이라는 용어를 사용하고, 현재와 관련된 서술에서는 터키라는 용어를 사용한다.

오스만 제국의 직접 지배를 받았던 중부, 남부 헝가리 지역과 수도 부다(Buda), 오스만 제국과 계속해서 접촉과 교류가 빈번했던 트란실바니아 지역은 오스만 제국으로부터 많은 영향을 받았다. 150여 년간의 오스만 제국의 지배를 거치면서 헝가리의 문화 속으로 오스만 문화가 상당히 유입되었고, 현재까지도 그 유산이 존재하고 있다. 물론 터키의 유물이나 흔적이 광범위하게 남아 있는 것은 아니다. 헝가리 학자들은 현재 헝가리에 '터키의 유물(heritage)'은 많이 남아 있지 않지만, '터키의 유산(legacy)'은 헝가리 사고방식의 형성에 아주 결정적인 영향을 미쳤다고 언급하기도 한다. 또한 오스만 제국의 통치는 헝가리 정치·문화의 양상을 변화시켰으며 헝가리의 문화적 자존심을 무너뜨렸다고 평가하기도 한다.

근대 이후 헝가리에서 유행한 '헝가리의 고독함', '많은 재앙을 견뎌온 민족', '영광스러운 과거에 대한 향수', '(유럽의) 희생자의 역할', '(신에게) 선택받은 자' 등의 메타포는 예외 없이 오스만 제국의 헝가리 지배와 관련되어 있다. 헝가리인에게 존재한다는 '유럽으로부터의 소외의식'도 오스만 제국의 지배 시기부터 시작되었다는 견해도 있다.

헝가리는 국토가 세 부분으로 나뉜 후 각 지역에 따라 상이한 역사 발전의 모습을 보여왔다. 합스부르크의 지배하에 있던 서부 지역에서는 중세의 르네상스, 인문주의, 종교개혁과 같은 문화적 현상들이 유럽으로부터 도래하였고, 헝가리의 지배하에 있던 트란실바니아 지역에서는 헝가리 고유의 농민 문화와 전통문화가 전통을 고수하며 발전하였다. 오스만 제국의 지배하에 있던 부다와 페스트를 포함하는 중앙부와 남부 지역에는 오스만 제국의 의복 문화, 음식 문화, 목욕 문화 등이 유입되었다. 이러한 일상 문화들은 헝가리 민중의 삶에 영향을 미치며 헝가리의 문화 양상을 다양하게 만들었다. 헝가리가 직접 통치하던 트란실바니아 지역에는 오스만 제국의 공산품·농산품이 유입되어 헝가리 전통문화와 공예품에도 영향을 주었다. 따라서 17세기 말까지 이어진 오스만 제국의 헝가리 지배는 헝가리의 문화에 적잖은 영향을 미쳤으며 그 흔적들은 현재까지도 헝가리 문화의 여러 분야에서 발견할 수 있다. 이 글에서는 헝가리 문화 속에 잔존하는 오스만 문화의 편린들을 살펴보며 이에 대한 헝가리인의 인식을 추적해보고자 한다.

오스만 제국 통치 시기의 헝가리 사회

헝가리인은 오스만 제국의 통치를 헝가리의 정체성을 위협하는 요소 중의 하나로 받아들였다. 헝가리인은 자신의 종교적 정체성, 즉 가톨릭교도로서 반크리스트교적인 이슬람에 대항하여 오스만 제국에 맞서 싸우는 것이 자신의 정체성을 지키는 거룩한 행동이라고 생각했다. 따라서 오스만 제국의 통치가 150여 년에 걸쳐 이루어졌음에도 불구하고, 헝가리와 오스만 제국 간의 동화 현상이 확연하게 나타나지 않았다고 할 수 있다. 물론 오스만 제국의 통치자들이 헝가리를 점령지로 간주하여 비교적 관대한 지배 정책을 펼쳤고, 강력한 동화정책을 추진하지 않았던 점도 있다. 이런 분위기 속에서 시간이 지나면서 오스만의 통치에 협력하는 헝가리인도 나타났다. 이런 통치 방식과 상황으로 인해 오스만 제국 점령기 헝가리의 사회 구조는 오스만 제국 출신의 지배자 계급과 그에 동조하는 헝가리인, 그리고 피지배민인 헝가리인으로 비교적 명확히 구분되었다.

이 시기의 특징적인 중요한 현상은 오스만 제국의 통치하에 있던 '왕립 도시들'에 거주하던 상당수의 헝가리 귀족이 트란실바니아 지역으로 이주하였다는 점이다. 또한 지속적인 탄압으로 헝가리의 종교, 문화의 중심축이던 대수도원과 주요 성당이 상당 부분 파괴되었다는 점이다. 1570년대 후반까지는 겨우 프란체스코회, 바오로회의 몇몇 수도원과 수녀원, 포조니(Pozsony)와 너지솜버트(Nagyszombat)에 있던 수녀원 정도가 명맥을 유지할 수 있었다. 이러한 상황이 오스만 제국이 헝가리에서 완전히 철수한 1699년 이후에 헝가리에서 가톨릭교회를 복구하는 것을 어렵게 만드는 요인이 되었다. 그러나 다른 측면에서는 오스만 제국이 가톨릭교회를 약화시킨 면이 있지만, 반면에 이러한 탄압 정책이 헝가리의 루터교나 칼뱅교 등 신교 확산에 기여한 측면이 있었음을 지적하지 않을 수 없다.

오스만 제국 시기 헝가리의 특징적인 변화 중 중요한 부분이 인구 구조의 변화이다. 기존 연구에 따르면 헝가리 인구는 오스만 통치 시대 동안 상당히 감소했다는 것이 정설이다. 그러나 최근의 연구 결과에 따르면 중세 후반에는 헝가리 인구가 330만 명이던 것에 비해, 오스만 제국 통치 이후인 16세기 후반에는 350만 명, 17세기 후반에는 400만 명까지 늘어났다. 유럽은 16세기 동안 인구가 증가하였으나, 30년 전쟁에 들어서 급격히 감소하였다. 통계에 의하면 1500년과 1700년 사이 다른 중유럽 국가들에서 인구가 120~130퍼센트 증가했기 때문에 이러한 관점에서 보면 헝가리의 인구 증가율이 그리 높다고 할 수는 없다. 따라서 자연적 인구 증가라기보다는 이민에 의한 인구 증가가 이루어졌을 것이라고 추측해볼 수 있다. 정확한 통계 수치는 나와 있지 않지만, 대략 이 기간 중 헝가리로 이주해온 세르비아·크로아티아·보스니아 등 남슬라브 민족과 루마니아·루테니아 이민자 수는 최소 50만 명 정도로 추정된다. 따라서 이들 이민자들을 고려하지 않는다면 헝가리 인구는 증가하지 않았을 것이라고 할 수 있다. 엄밀히 말하면 이 시기 전체적으로 헝가리인은 감소하였고, 헝가리 주변국이나 국경, 접경지대에 살고 있던 비헝가리계 인구는 증가했다고 할 수 있을 것이다.

남슬라브 이민의 물결은 주로 헝가리 남부와 중부 헝가리까지 이르렀다. 16세기 후반, 중세 헝가리 왕국이 완전히 붕괴하였을 즈음에는 이미 20만 명 정도의 슬라브 이민자가 헝가리의 남부 지역에 살고 있었다. 그러나 이 지역에 거주하던 헝가리 지주들은 자신의 농노를 대신하여 노동력을 확보할 목적으로 이들 남슬라브계 이민자들을 호의적으로 받아들였다. 따라서 전체적으로 오스만 제국의 통치 시대에 헝가리 남부 지역에서는 세르비아와 다른 발칸 지역 출신 이민자들을 받아들이는 경향이 강해졌다고 할 수 있을 것이다. 그 결과 테메시꾀즈(Temeskoz, Banat) 지역은 대부분 세르비아 이주민이 사는 지역이 되었다. 이러한 인구 구성의 변화는 17세기 중반 들어서 중부 헝가리에서 정교 신자와 가톨릭 신자들이 공존하는 결과를 초래하였다.

다뉴브강 너머의 트랜스다뉴비아(transdanubian) 지역에도 왈라키아인과 세르비아인 등 정교도들이 거주하게 되었는데, 이들의 종교·문화적 전통은 헝가리의 가톨릭 신앙, 전통문화와 상이한 점이 많았기 때문에, 애초에 이들이 헝가리에 동화될 가능성은 그리 높지 않았다. 이러한 역사적 이유로 헝가리 남부 지역의 일부에는 현재까지도 정교 문화의 전통이 남아 있다.

헝가리 문화 속의 오스만 문화: 단어 유입, 민속공예

오스만 제국 지배기에 튀르크어가 헝가리어에 미친 영향은 그리 강하지 않았다. 이 시기에 헝가리어로 유입된 튀르크어는 예상외로 소수다. 1526년 헝가리가 모하치 전투에서 오스만 제국에 패하기 이전에도 헝가리와 오스만 제국은 제한적이지만 외교와 상업 부문에서 관계를 맺고 있었다. 본격적으로 오스만 제국과 헝가리가 접변을 하게 된 것은 여러 차례의 크고 작은 전쟁을 통해서였다. 따라서 헝가리인이 튀르크어 중 가장 먼저 알게 된 단어는 무기, 전략, 지형 등 전쟁과 관련된 것들이다. 특히 트란실바니아는 오스만 제국의 접경 지역으로서 지속적으로 오스만 제국의 문물이 들어오는 관문 역할을 하고 있었기 때문에 특별히 이 지역에서 튀르크어의 유입이나 혼용 등의 흔적이 발견된다.

최초로 헝가리어로 유입된 튀르크 어휘들은 오스만 제국과의 외교 관계를 통해서 습득하게 된 외교 관련 어휘들, 특히 선물로 받은 의상, 여러 가지 옷감의 이름 등이다. 이 외에도 오스만 제국과의 무역 교류, 특히 다뉴브강을 통해 유입된 가죽 제품, 카펫, 옷감과 금속 및 개인 용품의 명칭들이 헝가리어에 남아 있다. 오스만 제국의 통치기에 헝가리에 정착한 오스만 장인과 상인들은 헝가리보다 발전된 가죽 가공, 직조와 방적 공예 기술을 헝가리인에게 전해주는 중요한 역할을 하였다. 이들은 자신이 생산하는 제품의 이름을 모두 튀르크어로 칭하였다. 따라서 이들 오스만 상인이나 장인이 생산하거나 수입해온 물건들은 일반적으로 그들이 사용하던 고유한 명칭으로 불렸다. 이러한 이름들은 현재에도 헝가리어에서 그 흔적을 찾을 수 있다.

이와 더불어 언어적 영향력을 파악하는 데 간과하지 말아야 할 점은 오스만 점령 이후 헝가리에 정착하게 된 오스만 장인과 상인, 그리고 군인의 대부분이 오스만 제국의 본토에서 온 아나톨리아인이 아니라, 이슬람교로 개종한 발칸반도 출신의 슬라브인이었다는 사실이다. 또한 이들 중에는 오스만 군대의 공격을 피해 발칸반도에서 헝가리 영토까지 올라온 세르비아인도 상당수 있었기 때문에, 이들이 사용하던 일부 튀르크어는 슬라브 형식을 차용한 형태로 헝가리어에 남아 있고, 일부는 튀르크식으로 헝가리어에 남아 있다는 점이다. 일반적으로 도자기공예(agyagművesség)와 관련한 분야에서 온 단어는 대부분 슬라브어에서 유래했고, 자수(hímzés, embroidery)와 관련한 표현들은 대부분 튀르크어에서 직접적으로 유래한 것이다. 일부 헝가리 언어학자는 튀르크어에서 유래한 외래어는 터키 문화에서 바로 온 것이라기보다는 서유럽 언어를 매개로 하여 헝가리어에 유입되었다는 의견을 제시하기도 하지만, 이러한 주장은 일반적이고 광범위하게 사용되는 단어들에만 해당하고 그 외에는 신빙성이 떨어진다.

오스만 제국 통치기에 헝가리어로 작성된 사료를 보면 약 1200개의 튀르크어 단어가 나타난다. 그러나 대부분 외교, 정치, 군사와 관련된 것이어서, 일상생활에서 사용한 단어의 비율은 그보다 훨씬 적었다고 추측할 수 있다. 이후 오스만 제국의 통치가 끝난 17세기 후반부터는 헝가리 문헌에 군사와 행정에 사용하던 튀르크어가 나타나지 않는 경향을 보인다. 물론 물건을 지칭하는 단어에는 남아 있지만, 그 사용 범위가 점차로 줄어들었고, 나중에는 튀르크어에서 차용한 단어들은 고어 혹은 의고조(archaic)의 단어가 되었다.

튀르크어의 잔재는 헝가리 남부 지역이나 중부 지역의 방언에서도 찾아볼 수 있다. 현대 헝가리어에서 일반적으로 사용하는 단어에서도 몇 개

정도의 튀르크 단어를 발견할 수 있다. 오스만 제국 시기 일상에서 사용한 튀르크어는 약 300개로 파악되는데, 현대 헝가리어에는 70~80개가 남아 있다. 특이한 점은 이 단어의 절반 정도는 지방의 방언에만 남아 있다는 사실이다. 어휘의 관점에서 볼 때 오스만 문화의 영향은 의상, 옷감, 가죽 제품들에 대한 어휘에서 가장 뚜렷하게 발견된다.

오스만 제국의 통치기에 트란실바니아와 가까운 지역으로 동양에서 오는 제품들의 분배지 역할을 했던 너지꾼샥(Nagykunság)과 인근 지역에, 특히 오스만 제국의 문화적 영향이 많이 남아 있다. 너지꾼샥 지역을 통해서 오스만 제국과 동양의 허브 식물, 과일과 채소가 많이 유입되었다. 이 지역에 유입된 동양의 새롭고 화려하며 색채가 다양한 제품과 원재료는 헝가리 민속 장식 문화를 기본적으로 변형시켰다.

최초로 동양풍의 장식 문화가 유입될 때에는 주로 귀족층에서 받아들였는데, 이후 점차 시간이 흐르면서 서민층으로 확산하였다. 오스만 제국 점령 이전부터 무역과 외교를 통해서 상당량의 오스만 제품이 헝가리로 수입되었는데, 특히 트란실바니아 지역은 수입 규모가 상당했다. 헝가리 민속공예의 중요한 소재인 스코피움(금속 실)도 이 시기 오스만 제국으로부터 수입한 것이다. 스코피움은 의복 제조용 고급 천이나 옷감과 더불어 수입되었는데 '튀르크식 금실로 자수를 넣은' 제품이란 바로 이런 스코피움으로 만든 제품을 의미하는 것이었다. 이 제품은 헝가리에서 인기가 높아서 헝가리 국내에서도 많이 생산하였다. 헝가리의 명문가 라코치(Rákóczi) 가문은 콘스탄티노플(Konstantinápoly)의 스코피움 전문가들을 초청하여 헝가리 북부 뭉카치(Munkács)라는 도시에 스코피움 공장을 만들기도 하였다. 이러한 오스만 제국의 제품들은 헝가리 상인들을 통하여 서유럽으로 수출되었는데, 헝가리를 통한 수입품, 혹은 헝가리에서 생산한 '튀르크식 제품'은 특히 폴란드에서 인기가 높았다고 한다. 당시 헝가리인은 오스만튀르크의 관습, 문명, 제품에 상당히 호의적이었던 것으로 보인다. 헝가리 귀족 미케시 켈레멘(Mikes Kelemen)의 편지에는 트란실바니아 왕이 몰도바나 왈라키아의 지도자들을 방문했을 때, 그의 부인에게 선물로 '튀르크식 손수건'을 받았다고 기록되어 있다. 고급 의상과 고가의 일상용품 등은 헝가리에 거주하는 오스만인 가족, 특히 귀족 집안에서 많이 소비하였다. 이와 같은 제품의 수입과 유통은 자수와 같은 헝가리의 일상 문화에 영향을 주었다.

헝가리에서 '튀르크식 자수'는 오스만 제국 통치기인 16세기 이후부터 발전하였는데, 헝가리에서 발견되는 '튀르크식 자수'의 특징은 자수에 큰 문자를 사용한다는 점이다. 초기에는 이러한 특징이 이른바 '귀족 가문의 자수'의 표본이 되었는데, 이러한 귀족 가문의 자수는 후에 서민의 민속 자수에도 영향을 미쳤다고 볼 수 있다.

헝가리 민속 문화에 나타나는 또 다른 오스만 제국의 영향은 '식물 문양'의 사용이다. 오스만식 장식 문화의 특징은 같은 줄기를 갖고 있는, 다른 종류의 꽃 장식이다. 즉, 줄기는 구부러지고, 거기에 달려 있는 꽃들을 정확히 알아볼 수 없는 형태로 되어 있는 것이 당시 헝가리에서 유행하던 튀르크식 장식의 특징이다. 예를 들어 6개나 8개의 줄기가 있는 장미를 표현하는 '튀르크식 장식'은 헝가리의 자수, 테이블보 등에서 특징적으로 나타난다. 헝가리 자수에서 흔한 낮은 바늘땀(lapos öltés) 방식은 서유럽에서 잘 발견되지 않는데, 헝가리 자수에서는 오스만 제국의 영향을 받아 이러한 문양이 자주 나타난다. 또한 '튀르크식 자수'의 특징인 '톱니잎 무늬', '석류 무늬', '카네이션 무늬'는 오스만 제국의 통치 시기인 16세기 이후 헝가리 자수에 최초로 등장한 것으로서 오스만 제국의

문화적 영향이라고 할 수 있다.•

금속공예 제품에서도 오스만 문화의 영향을 발견할 수 있다. 특히 놋쇠(réz)로 만든 제품을 헝가리에서 많이 사용했는데, 기록에 의하면 부다에 '오스만의 놋쇠 장인들'만 사는 거리가 있었다고 한다. 이와 더불어 이 시기에 오스만 제국의 대표적인 산물인 카펫이 유입되어, 헝가리에서도 '튀르크식 카펫'이 상당수 제작되었다. 이러한 '오스만 제국'이 문화적 영향을 받아 헝가리 고유문화가 된 민속예술품들의 모티프는 근대에 헝가리 민족의식이 각성되고 민족주의 운동이 활발해지면서 헝가리의 아르누보에 반영된다. 즉, 이러한 헝가리의 민속예술의 모티프들이 헝가리의 '분리파 형식'에 반영되어 적극적으로 재해석되고 재탄생한 것이다. 당시 헝가리 예술가들은 헝가리적인 것의 뿌리를 '헝가리에서 뿌리를 내린 동양식 방식'에서 찾고자 했고, 그것을 유럽인과 헝가리인을 구분 짓는 헝가리적 특성이라고 간주하였던 것이다.

그 결과 20세기 이후에도 '튀르크식 식탁보'에서 발견된 '튀르크식 장식'이 헝가리의 도자기나 생활 문화 속에서 나타났던 것이다. 따라서 오스만 제국의 통치하에서 헝가리가 받아들인 '장식'과 '치장'의 문화는 '헝가리적인 분리파 양식'의 이념으로 재해석되어 20세기 들어 더욱 활성화되었고, 오늘날까지 헝가리 문화에 남아 있다고 할 수 있다.

식문화의 관점에서 오스만 제국이 헝가리 식문화에 끼친 영향으로는 버터를 기반으로 한 요리가 발전하고, 많은 유제품과 다양한 양념을 사

• 이 무늬가 발전한 컬로터세그 지역은 제1차 세계대전 이전 헝가리 영토였으나, 1920년 트리아농 조약에 의해 루마니아로 편입되었다. https://hu.wikipedia.org/wiki/H%C3%ADmz%C3%A9s#/media/F%C3%A1jl:Regi_kalotaszegi_irasos_lepedo.jpg 그림 참조.

용하게 되었다는 점이다. 여기에 더하여 면류, 그리고 작은 만두 혹은 덤플링 등이 전래되어 헝가리인이 애용하는 '국(leves)'에도 사용되었다. 그 밖에도 오스만 제국의 요리 방식은 헝가리의 음식 문화에도 영향을 주어 잘게 자르기(reszelés), 발효(pácolás), 불 먹이기(tűzdelés), 삶기(párolás), 튀기기(pirítás) 등의 요리법이 헝가리식으로 정착하였다. 오늘날 헝가리 음식에서 뺄 수 없는 양념인 파프리카(paprika, 과거에는 튀르크식 후추라고 부름)도 이 시기 오스만 상인을 통해 헝가리에 들어왔다는 점은 주목할 만한 일이다.

'오스만 제국'과 '터키'에 대한 헝가리인의 인식

헝가리인들은 150년간에 걸친 오스만 제국의 지배에 대해 중층적인 인식을 갖고 있다. 헝가리인들은 오스만 제국의 지배가 헝가리의 자존심을 무너뜨렸으며, 헝가리인 특유의 패배주의적 관념을 형성시키는 데 중요한 역할을 했다고 언급한다. 헝가리인이 유럽인에게 느끼는 소외감과 열등의식도 이 시기에 배태되었다고 주장하기도 한다. 이 시기 헝가리의 대표적 지식인 섹퓌 줄러(Szekfu Gyula)는 '동쪽 헝가리인'과 '서쪽 헝가리인'의 대립으로 이해했던 헝가리 자국 문화의 적대적 대립이 오스만 제국의 통치기부터 생겨났다고 본다. 즉, 천주교와 신교도의 대립, 친합스부르크파와 친오스만파의 대립, 독립파와 친트란실바니아파의 대립 등에서 이러한 헝가리인의 특징이 나타난다는 것이다.

근대에 이르러 오스만 제국의 유산에 대한 헝가리인의 태도는 이중적인 양상을 보인다. 헝가리의 애국가 〈힘누스(Himnusz)〉와 1848년의 독립

선언서 쏘졋(Szozat)도 모두 오스만 지배 아래 있던 헝가리의 비극적 역사를 기억하는 것으로 시작한다. 그러나 귀족층을 중심으로 인기를 얻기 시작한 '동양적 정서와 문화'를 자신들 고유의 문화라고 간주하는 이들도 있었다. 이들은 튀르크 혹은 아시아 민족과 헝가리가 친연 관계가 있다는 '투라니즘'의 연관성에 대한 주장을 펼치고, 헝가리 조상의 원 거주지를 찾아 20여 년간 아시아를 여행한 쾨뢰시 초머 샨도르(Kőrösi Csoma Sándor)에 대해 연구하는 등 동양에 깊은 관심을 보였다. 투라니즘은 투란 민족(핀란드, 헝가리, 터키, 몽골 등)이 공동의 이익과 이해를 위하여 결합하고 단합하여야 한다는 사상이다. 이 사상은 낭만적 민족주의의 한 유형으로 범게르만주의나 범슬라브주의의 영향을 받아 헝가리를 중심으로 성립되었다.

헝가리 학술원의 정회원인 밤베리 아르민(Vámbéry Ármin) 같은 학자는 헝가리 학술원의 지원을 받아 아시아 지역을 여행한 후, 《중앙아시아 여행(Közép-ázsiai utazás)》이라는 책을 쓰기도 하였다. 이 책에서 그는 아시아 지역의 여정을 통하여 투라니즘에 대한 이론과 실제를 설명한다.

동양에 우호적이고 친화적인 분위기가 확산하면서 오스만 제국에 대한 기억과 그들에 대한 인식도 변화하였다. 특히 1848~1849년에 합스부르크 제국의 지배에 항거하여 일어난 헝가리 독립혁명이 실패한 후, 상당수의 혁명 지도자가 오스만 제국으로 망명하거나 이민을 간 사실과 크림전쟁 이후의 반러시아 정서 또한 오스만 제국과 헝가리가 의식적으로 가까워지도록 일조하였다. 특히 19세기 후반 헝가리 민족 정체성에 대한 논의가 활발히 전개될 때 헝가리 민족이 아시아에서 유래했다는 주장이 중요한 의제가 되었다.

당시 헝가리에서는 헝가리의 정체성, 헝가리 국가의 성격과 상반되는 입장이 다수 존재하였는데, 그중 헝가리에 존재하는 모든 민족을 헝가리 국민이라고 보아야 한다는 입장과, 헝가리는 고유한 민족의식과 언어에 의해 확립되어야 한다는 입장이 가장 중요한 의견이었다. 이 중 후자의 논의는 당시 다시 각광받기 시작한 헝가리 민족 문화 또는 헝가리 농민 문화가 동양에서 비롯한 것이라는 사상에 근거하고 있었다. 이러한 분위기에서 헝가리 지식인 사이에는 '타 유럽 국가에 대한 두려움'과 '헝가리는 유럽에서 혼자'라는 정서가 퍼져 있었다. 이 때문에 헝가리와 함께 위기를 극복할 수 있는 형제 민족을 동양에서 찾아야 한다는 '투라니스트 운동(turanista)' 혹은 '범투라니스트 운동(pan turanista)'이 전개되기도 하였는데, 그 결과로 19세기 후반부터 헝가리에서 '친튀르크' 정서가 강하게 부상하였던 것이다. 한 예로 1877년 러시아-오스만 제국 전쟁 직전에 오스만 제국을 방문한 헝가리 학생들은 당시 술탄과의 강한 연대감을 표현하며 '오스만 제국'의 친구를 자처하기도 하였다. 이에 대한 답례로 술탄은 오스만 제국의 통치기 헝가리로부터 몰수한 35편의 중세 고문서를 헝가리에 돌려주기도 하였다. 이와 같은 친오스만 입장의 강화는 당시 '우고르-터키 전쟁'으로 불린 헝가리어의 유래에 대한 언어학적 논쟁에서 가장 잘 드러난다. 이 논쟁에서 헝가리어의 '튀르크어계 친연성'을 강조하는 입장은 '반합스부르크의 입장'을 의미하는 것으로 이해되었다. 이러한 입장을 견지하던 전문가들은 오스만 제국의 통치기를 낭만적으로 묘사하고, 심지어는 헝가리와 오스만 제국의 군대가 합스부르크 군대에 대항하여 함께 투쟁했다고 주장하기도 했다.

19세기 말 20세기 초에 이르러 헝가리에서 동양과 서양이란 개념은 또다시 논쟁의 중심으로 부상하였다. 1905년 헝가리의 유명한 작가 어디 엔드레(Ady Endre)는 오스만 제국의 통치기에 헝가리가 동양과 서양 사이를 오가는 연락선의 역할을 수행했다고 주장하였다. 그러나 섹퓌 줄러는 15~17세기를 '동양과 서양 문명의 충돌'로 이해했으며, 오스만 제국의 통치가 헝가리 민족과 국가를 발전의 경로에서 빠져나가게 한 중요한 요소라고 주장하였는데, 이는 어디 엔드레의 주장과 상반되는 것이었다.

헝가리의 대표적인 소설가 요커이 모르(Jókai Mór) 같은 이는 오스만 제국의 통치기를 장단점이 공존한 시기로, 비교적 공평한 시각으로 묘사하였다. 결국 '오스만 제국 또는 터키'에 대한 헝가리인의 인식은 양가적이라고 할 수 있다. 오스만 제국에 우호적인 정서가 상존하고 있었다는 점은 1910년 오스만튀르크 제국과의 문화·학술·경제 교류의 목적으로 투란 협회(Turáni társaság)를 창립하여 활발히 활동하였다는 데서도 잘 드러난다. 이 협회는 오스트리아-헝가리 제국, 일본에서 정치적 지원을 받기도 하였다.

최근 헝가리 외교 정책에서 표면화된 '동방으로의 개방(keleti nyitas)' 정책은 헝가리가 원초적으로 가지고 있는 '동방'에 대한 낭만적 인식의 발로이며, 헝가리가 유럽에서 정착하며 경험한 '1000년에 걸친 역사의 유산'에서 비롯된 것으로 이해할 수 있다.

헝가리인의 오스만 제국, 동양에 대한 인식은 시대에 따라 분명히 구분된다. 현대의 헝가리인은 오스만 제국과 현재의 터키를 분리하여 생각한다. 150년 동안의 오스만 제국 통치 시대에 대해서는 오스만인을 야만인, 침략자, 악의적인 사람으로 인식한다. 특히 초·중등학교 교육과정에서 이런 인식을 갖게 된다. 헝가리의 모든 중등학교 학생이 필수적으로 읽어야 하는 가르도니 게저(Gárdonyi Géza)의 《에게르의 별(Egri csillagok)》이라는 소설은 오스만튀르크의 침략을 막아낸 영웅적인 헝가리 군인과 민중의 이야기를 소재로 다루고 있는데, 이 소설에는 오스만 제국의 군대가 평화롭게 사는 헝가리 일반인의 일상생활을 침해하고 방해하는 공격자, 침략자로 묘사되어 있다. 또한 오스만 제국과의 전쟁에서 군인은 물론 여성과 아이까지도 혼연일체가 되어 오스만 군대의 침략을 막아내는 장면을 묘사한 세켈리 베르털런(Székely Bertalan, 1835~1910)의 그림 〈에게르의 여자들(Egri nők)〉에서도 오스만 제국의 이미지에 대해 부정적 인식을 받는다. 그렇지만 오스만 제국의 후계국인 터키에 대해서는 부정적 인식을 보이지 않는다. 오히려 역사는 역사로 이해하고, 현실에서는 친밀하고 우호적인 이웃이라는 인상을 갖고 있다. 헝가리인은 오스만 제국이 헝가리의 문명화에 도움을 줬다거나, 세련된 동양의 문화를 전수해주었다는 입장에 동의하기도 한다.

맺음말

헝가리는 지역적 조건으로 인하여 유럽 국가들 중 오랜 기간 동안 오스만 제국과 직접적인 관계를 맺어왔다. 특히 1526년 모하치 전투에서 패한 이후에는 150년간에 걸쳐 오스만 제국의 직접적인 통치를 받은 경험이 있으며, 많은 부분에서 오스만 제국의 영향을 받았다. 오스만 제국의 정복 이후 헝가리는 셋으로 나뉘어 서부 지역은 합스부르크 제국의 지배를 받았고, 부다페스트를 포함한 헝가리 중부 지역은 오스만 제국의 통치를 받았으며, 현재 루마니아 지역인 동부의 트란실바니아 지역은 헝가리인에 의한 통치가 이루어졌다. 이러한 조건, 즉 헝가리가 지배하던 동부의 트란실바니아 지역의 지리적 환경으로 인하여 오스만 제국과 교류가 활발했던 것이다. 따라서 합스부르크가가 지배한 서부를 제외하고, 부다페스트를 포함한 중부 헝가리와 동부 트란실바니아 지역은 오스만 제국으로부터 많은 영향을 받았다고 볼 수 있다. 이 영향들은 언어, 관습, 사고방식, 건축, 의상 등 문화적인 부분에서 보다 선명히 드러난다. 헝가리에 정착한 오스만 상인들이 사용한 튀르크 어휘들, 다뉴브강을 통해 오스만 제국으로부터 유입된 오스만 가죽 제품, 카펫, 옷감과 금속, 개인 용품 등의 명칭도 헝가리어에 남아 있게 되었다. 이 외에도 튀르크어의 흔적은 헝가리 남부 지역이나 중부 지역의 방언에서도 찾아볼 수 있다. 또한 헝가리의 민속 문화, 즉 식문화, 공예, 자수 문화 등에도 영향을 주었다.

헝가리에 유입된 오스만 제국의 문화는 귀족 계층을 중심으로 수용되어 점차 부유층, 서민층으로 확산하였고, 이러한 '오스만 제국'의 문화적 영향은 후대의 건축가와 예술가에 의해 적극적으로 수용되어 19세기 말 20세기 초 헝가리 특유의 '분리파 형식'의 한 갈래가 되었다. 이러한 현상이 문화의 접변과 수용, 이를 통한 개성적인 문화 창조의 한 형태임을 부인할 수 없다는 점이 중요하다고 할 수 있다. 이러한 오스만 제국 통치기의 영향에 대해 현대 헝가리인은 긍정과 부정이 교차하는 양가적 감정을 보인다. 그러나 중요한 점은 오스만 제국의 통치기에 대한 부정적 역사 인식이 현대 터키와 터키인에 대한 부정적 인식으로 이어지지 않는다는 것이다. 이는 '역사적 사실'과 '현재의 현실'을 구분하는 헝가리인의 지혜가 돋보이는 지점이기도 하다.

참고문헌

Balassa Iván, Ortutay Gyula, *Magyar néprajz* (Budapest: Corvina, 1979).

Fodor Pál, *Magyarország Kelet és Nyugat között* (Budapest: Europai Folklor Kozpontert Egyesulet, 2017).

Gerő Győző, *Az oszmán-török építészet Magyarországon, Dzsámik, türbék, fürdők* (Budapest: Akademiai Kiadó, 1980).

Kakuk Zsuzsa, *Török kultúrhatás a jövevényszavaink tükrében, Török hagyaték-Tanulmányok a magyar kultúra török kapcsolatairól* (Budapest: Europai Folklor Kozpontert Egyesulet Budapest, 2017).

Pálffy Géza, "A magyarországi török uralom mérlege," *Magyar évszázadok*, Tanulmányok Kosáry Domokos 90. születésnapjára (Budapest: Osiris, 2003).

Vámbéry Ármin, *Közép-ázsiai utazás* (Pest: Emich Gusztáv kiadó, 1865).

아랍 언론의 시각에서 본 유럽 내 이슬라모포비아

김재희 서강대학교

머리말

이슬라모포비아는 '이슬람에 대한 두려움 또는 공포'를 의미한다. 최근 유럽에서 심각한 문제로 대두되고 있는 반(反)무슬림·반(反)이슬람(이슬라모포비아) 정서는 사실은 매우 오랜 역사를 가지고 있다. 학자들은 그 뿌리를 십자군 전쟁 때로 거슬러 오르기도 하는데, 사이드 살만(Sayyid Salman)에 따르면 특히 프랑스에서 식민지 맥락에서 1920년대에 지속적으로 발전하여, 에드워드 사이드(Edward Said)의 1985년 《오리엔탈리즘》의 재고와 같이 간간이 언급되다가, 1997년 영국의 러니미드 트러스트(Runnymede Trust)가 발간한 보고서에서 '이슬람에 대한 근거 없는 공포'라는 의미로 처음 공식적으로 사용한 이후 전 세계로 빠르게 확산하였다. 그 후 프랑스, 영국 등으로부터 식민지 시대를 겪으며 알제리 같은 일부 국가들은 격렬한 유혈 독립 투쟁을 벌인 끝에 독립을 쟁취하게 된 역사 속에서 유럽과 아랍·메나(중동 및 북아프리카) 국가들은 상처와 갈등의 역사를 내포하고 있다. 하지만 단지 식민지 역사 때문에 오늘날 유럽 내 무슬림·이슬람 혐오(이슬라모포비아) 현상이 증가하는 것은 아니다. 또한 과격 이슬람 원리주의 테러 단체의 유럽 주요 도시에 대한 무차별적 테러가 전적으로 이슬람 혐오 현상을 가져왔다고 단정 지을 수도 없다. 유럽 내 이슬람·무슬림 혐오 현상, 즉 '이슬라모포비아'는 정치, 안보, 경제, 사회, 문화, 인구 등 여러 요인이 복합적으로 맞물리면서 지속적으로 확대되어왔다. 물론 유럽 내 인종 차별이 무슬림 이민자들만을 대상으로 한 것은 아니며 동유럽 이민자들에 대한 서유럽인의 차별, 혹은 집시·동양인에 대한 차별 역시 존재하지만, 그중에서도 무슬림 이민자들에 대한 인종 차별과 혐오가 가장 두드러진다. 그 이유가 무엇일까?

이슬라모포비아의 원인

식민지 역사

아랍 언론들은 식민지와 이슬라모포비아 현상 간의 밀접한 연관성을 언급하며 이슬라모포비아 현상을 식민지 사상과 떼어서 이해할 수 없다고 보고 있다. 학교에서 무슬림 여학생의 히잡 착용을 거부할 것인가 받아들일 것인가 하는 문제는, 사실은 북아프리카 무슬림 이민자들을 받아들일 것인가 아니면 거절할 것인가 하는 보다 심화된 의도를 내포하고 있다는 것이다. 현재 유럽 내 무슬림 이민자들이 무슬림 혐오 현상을 겪게 된 주요 원인 중 하나로 비유럽인으로서는 최대 인구를 구성하는 무슬림 이민자들 수가 지목되고 있다. 유럽 내 무슬림 수가 최대 인구를 형성하게 된 이유 역시 식민지 역사와 깊은 관련이 있다. 1950년대부터 1970년대까지 프랑스의 식민 지배를 받은 알제리, 모로코, 튀니지 등에서 무슬림이 대거 유럽으로 이주의 물결을 이루었다. 프랑스의 경우, 제1차 세계대전 이후 프랑스 내 노동력 부족과 전쟁 이후 사회 재건의 이유로 다수의 북아프리카 무슬림이 프랑스로 이주하게 되었다. 하지만 1970년대 오일쇼크로 프랑스 경제가 침체기에 이르자, 프랑스 정부는 프랑스 내 이민자 수용 정책을 변경하여 1974년 이후 가족 재결합을 위한 이민 이외에는 일체의 이민을 제한함으로써 불법 체류자가 증가하는 결과를 가져왔다. 이들은 일부 극우 정파에 의해 프랑스의 높은 실업률의 주범인 것처럼 부각되었으며, 사회 불안을 초래하는 주요 요인으로 비난받게 되었다.

한편 유럽 내 무슬림 이민자가 증가하게 된 데에는 1980년대 이후 정치·경제적으로 위기에 처한 아랍·중동 국가들의 상황과도 관련이 있다. 자국 내에서 안보와 안정을 위협받게 되자, 아랍·무슬림 이민자들이 계속해서 유럽으로 몰려오게 되고, 파리, 로마, 런던, 스톡홀름, 암스테르담, 프랑크푸르트, 마드리드 등 유럽의 주요 도시는 거대한 무슬림 이민자들로 넘쳐나게 되었다.

역사적으로는 1970년대 이전까지는 유럽 내 무슬림 이민자에 대하여 부정적 시각보다는 무슬림 이민자를 옹호하고 백인 인종 차별주의자들을 비난하는 분위기가 더욱 우세했던 것으로 보인다. 하지만 1차 오일쇼크를 가져온 아랍-이스라엘 전쟁(1973), 이란 혁명(1979), 팔레스타인 인티파다(1987~1990), 살만 루슈디 사건(1989), 걸프 전쟁(1990), 보스니아 내전(1992) 등의 사건을 겪으며 점차 유럽 내에서는 이슬람과 무슬림에 대한 부정적 인식이 증가하였고, 무슬림 이민자를 옹호하던 연설은 점차 이들에 대한 혐오 또는 증오 연설로 대체되었다. 대다수 무슬림 이민자는 노동자로서 주류 사회에 통합되지 못하고 소외되어 그들만의 거주지에 몰려 거주하게 되었다. 유럽 정부들이 모스크와 무슬림 시설 건립을 허가하자, 곧 과격 이슬람 원리주의자들이 점령하여 무슬림 이민자들에게 원리주의 사상을 전파하였다. 유럽에 거주하면서 유럽 국적의 혜택을 누리고 있지만, 유럽 사회에 통합되지 못하고 빈민가에서 소외되어 살아가던 이민자 3·4세들이 급진주의로 빠지게 되고 이슬람의 이름으로 테러와 살상을 저지르는 '알카에다', 'ISIS' 같은 이슬람 원리주의 테러 단체에 가입하게 되었다.

9·11 테러

전 세계에서 이슬람과 무슬림에 대한 공포와 적대감이 형성된 가장 두드러진 계기는 2001년 9·11 테러일 것이다. 9·11 테러 이후 다문화주의와 포용과 통합이 사회의 기저를 지탱하고 있는 유럽 사회에서 무슬림 이민자들을 향한 시선이 '적대감'과 '의혹'으로 바뀌며 이주 무슬림들을 향한 적대감과 인종 차별 행위가 점증하였다. 그 후, 영국인들과 무슬림 청년들 간 북부 잉글랜드 폭력 사건(2001), 마드리드 폭탄 테러(2004), 런던 테러(2005), 스톡홀름 폭탄 테러(2010) 등 이슬람 극단주의 과격 테러 단체들이 전 세계 곳곳에서 자행한 무차별적 테러 사건들과 이로 인한 유럽인의 이슬람과 무슬림에 대한 공포는 2014년 극에 달했다. "현재의 이슬람은 타락했으며 7세기 칼리파 시대로 돌아가자"는 기치를 내걸고 이라크와 시리아 영토를 무력으로 점령한 ISIS가 2014년 6월 29일 국가 수립을 선포한 이후 이슬람에 대한 두려움과 혐오는 전 세계로 더욱더 빠르게 확산하였다. 유럽인들의 사고방식에는 '이슬람은 곧 테러'이며 '무슬림은 곧 테러리스트'라는 부등의 공식이 자리 잡게 된 것이다. 이러한 혼란 속에서, 유럽에서는 급진 인종 차별주의자, 우익 세력이 부상하여 이슬람과 무슬림을 악마로 규정하고, 유럽의 문명·문화적 쇠락을 그들의 책임으로 돌렸다. 그러자 일부 무슬림, 아랍인에게 호의적이던 지식인의 수가 급감하고 인종 차별의 의미로 이슬라모포비아라는 용어가 대체되면서 곧 정치·사회·문화 연설에서 점차 이슬라모포비아가 언급되기 시작했다.

반면 아랍의 시각에서는 유럽 내 이슬라모포비아 현상의 확산을 여러 가지 '두려움'에서 야기된 것으로 보고 있다. 첫째, 통치에 있어 이슬람의 사례가 성공할지도 모른다는 두려움이다. 가장 성공적인 사례로 터키를 꼽을 수 있다. 터키는 최초로 이슬람의 원칙을 포기하지 않고, EU 회원국이 되기 위해 끊임없이 도전하고 있다. 터키의 성공과 오스만 술탄을 꿈꾸는 에르도안 대통령은 오스만튀르크의 추억에서 아직 치유되지 않은 유럽 국가들에게 두려움을 일으키고 있다. 둘째, 아랍지역에서 정치적 이슬람 세력의 부상에 대한 두려움이다. 셋째, 미국 내 이슬람 로비 영향력이 증가하는 데 대한 유대인들의 두려움이다. 현재 미국 내 무슬림 이민자의 수가 증가하면서 민주당과 같은 정당에 기부금을 내거나, 의회·워싱턴에서 활동하는 로비 세력의 수가 증가하고 있다. 넷째, 유럽 내 무슬림 인구수가 증가하는 데 대한 두려움이다. 이슬람은 모든 종교 가운데 가장 빠른 확산세를 보이고 있다. 2070년이 되면 신자 수가 가장 많은 종교로 부상할 것으로 전망된다.

세계적이고 구조적인 문제

아랍의 시각에서 이슬라모포비아는 어느 특정 국가 또는 특정 단체의 문제가 아니다. 또한 유럽 내 일부 국가에서 무슬림 적대 세력의 상승으로만 치부해서도 안 된다. 이슬람 혐오 현상은 더 큰 세계 질서와 연결된다. 시리아 정부가 저지르고 러시아와 이란이 지원하는 학살로 시리아인 수만 명이 국제적 침묵 속에 죽어갔다. 이집트인 수천 명이 재판 없이 구속되어 있고, 그중 수백 명은 거리에서 죽거나 사라졌다. 사우디의 저명한 언론인은 해외 자국 영사관을 방문하던 중 의문의 죽임을 당하였다. 예멘은 자비 없는 내전 속에 살고 있다. 세계 최악으로 여겨지는 인류의 비극이 벌어지고 있는 곳이다. 리비아 역시 오랜 내전의 늪에서 벗어나지 못하고 있으며 팔레스타인 국민들은 지난 수십 년 동안 현대판 최악의 점령 체제하에서 신음하고 있다. 이스라엘은 팔레스타인 영토를 최대한 점령하기 위해, 지속적으로 팔레스타인인을 선동하고, 증오와 적개심을 부추기고 있다. 팔레스타인 국민들은 안정과 안보와 평화를 구하는 사람들이 아님을 강조하고 있다. 친서구화된 아랍 국가들은 아랍 세계에서 발생하는 민주화 시위와 혁명에 반대하면서 서구에 적대적인 강경한 무슬림을 두려워하고 있다.

이상과 같이, 이스라엘의 지속적인 선동과 친서구 아랍 국가들의 두려움으로, 튀니지·이집트·시리아 등 아랍 국가에서 민주화 혁명이 일어났을 때, 서구 국가들은 아무런 지원을 하지 않았다. 정부가 시위대를 무력으로 진압하고 국민들을 공격했을 때에도 유럽과 서구 국가들은 이를 중지하거나 도우려는 행동을 취하지 않았다. 그뿐만 아니라 이 모든 비극이 일어나는 동안 수십억 달러의 무기가 아랍으로 팔려나가는 것도 중지하지 않았다. 결국 아랍과 중동지역은 세계의 무기 창고로 전락했다. 유럽과 미국 기업들의 경제적 이익을 위해, 혹은 아랍·중동 국가들의 안보를 명분으로 더 많은 무기를 구매하도록 하고, 이곳에서 일어나는 유혈 사태를 애써 모른 척해왔다. 유럽 국가들은 사우디에 수출하는 무기가 예멘에서 무고한 사람들을 살상하는 데 사용된다는 사실을 뻔히 알면서도 결코 무기 수출을 금지하지 않고, 오히려 독일에 압력을 행사하여 무기 수출 금지를 해제하도록 했다. 아랍 언론들은 미국과 유럽이 아랍·중동지역에서 벌어지는 내전과 전쟁을 이용해 수십억 달러의 무기를 수출하면서도, 비극을 막기 위한 노력을 하지 않고 있다고 보고 있다. 또한 아랍 언론들은 유럽 및 서구의 경제적 부와 이득은 일부 부자 기업과 엘리트 계층에게만 허용되고 있으며 이들은 그들의 부를 해외로 이동시키고 더 많은 수익을 가져다주는 투자에만 관심이 있으며 세금을 덜 내는 방법에만 열을 올리고 있음을 지적했다. 그리고 저임금 숙련 노동자들을 그들 나라로 보내 일하도록 하고, 자국민을 교육하는 데는 관심이 없다는 것이다. 결국 유럽 국가들은 경제적 위기를 겪으며 국민에 대한 교육·의료·복지와 같은 서비스가 줄고, 유럽 주요 도시에는 갈 곳 없는 노숙자들이 늘어나고 빈곤율과 범죄율이 높아졌다. 이런 어려운 상황에서 급진주의 우익 정당과 단체들은 자국의 위기를 이민자들의 탓으로 돌리고 있다.

이슬라모포비아의 다양한 형태

증오 범죄

유럽에서 급진 우익 정당들의 부상과 무슬림에 대한 인종 차별적 적대감의 증가는 결코 무관하지 않다. 아랍 언론들은 유럽 내 급진 극우주의 정당들이 특히 선거 운동에서 유권자들의 지지를 얻기 위해 SNS 등의 미디어를 적극 활용하여 무슬림 이민자에 대한 부정적 이미지를 확산하고 있다고 보고 있다. 그뿐만 아니라 증오 연설, 이슬람 모스크 공격, 무슬림에 대한 폭언 및 폭력 등 다양한 형태의 이슬라모포비아를 실천하고 있다고 강조한다. 아랍 언론들은 이러한 구체적인 행동을 통해 급진 우익 세력들이 '유럽의 이슬람화'를 경고하고 있다면서, 급진 극우주의 정당들의 행위가 ISIS 등의 테러 조직이 자신들의 SNS 채널을 활용하여 테러를 선전하거나 자극적이고 잔혹한 장면을 담은 동영상을 퍼뜨리는 것과 결코 다르지 않다고 지적했다.

그 증거로 아랍 언론들은 2014년 ISIS 수립 선포 이후 유럽 내에서 SNS를 활용하여 무슬림 이민자들을 대상으로 한 증오 연설이 눈에 띄게 증가했음을 지적했다. 또한 모스크 등 무슬림 시설 앞에서 무슬림을 반대하는 시위도 더욱 빈번해졌다는 것이다. 증오 연설 외에도 이슬람과 무슬림에 대한 부정적 시각을 담은 영화를 상영하기도 했는데, 영화 상영 후 증오 연설이나 폭력 행위가 상영 전보다 약 40퍼센트 급증하고 인종 차별 사건이 약 9만 4000건 이상으로 늘어난 것으로 조사되었다.

언급할 만한 것은, 벨기에·네덜란드·덴마크·프랑스·스웨덴·독일 등 무슬림 이민자들이 다수 거주하는 국가에서 이들에게 매우 중요한 이슬람력으로 9번째 달인 라마단 달(단식월)에 이슬라모포비아가 증가하는 것으로 나타났다는 점이다. 특히 이슬람을 증오하고 반감을 고조시키는 급진 우익 세력의 연설이 빈번하였는데, 이러한 연설은 이슬람 사원이나 무슬림에 대한 직접적 공격으로 이어지는 결과를 가져왔다. 대표적인 사례가, 덴마크 이민 장관이 라마단 달에 단식하는 무슬림 근로자들로 인한 손실을 피하기 위해 일터에 미리 허락을 받아야 한다고 언급한 후, 사원에 대한 공격이 발생한 것이다.

히잡·부르카 착용 논쟁

9·11 테러와 미디어의 자극적이고 과장된 보도 외에, 이슬람 혐오 현상을 일으키는 원인으로 언급되는 것이 라마단 달, 돼지고기 금지, 예배, 히잡 착용 등의 이슬람 고유의 전통과 관습이다. 유럽 국가들은 유럽 내 무슬림 이민자들이 자신들만의 고유한 관습을 유지하고자 하는데, 이것이 유럽의 관습, 가치, 그리고 삶의 방식을 '위협'하고 있다고 여기고 있다. 무슬림 이민자들에 대한 적대적 담론에는 "돌이킬 수 없는 차이", "양립할 수 없음", "불일치", "불가능한 동화" 같은 부정적 어휘들이 다수 포함되어 있다. 그중에서도 히잡 착용 논쟁은 "불가능한 동화"를 보여주는 대표적인 사례라고 볼 수 있다. '종교적 상징물이 공공 영역에 진입하는 것을 반대하는 정책'에 의해 '차별이 드러날 수 있는 것을 금지'한다는 명분으로 2006년 프랑스는 공립학교에서 히잡 착용을 금지했고, 2011년 모든 공공장소에서 부르카 착용 금지 조치를 취했다. 프랑스에 뒤이어 영국, 독일 등에서도 히잡 착용 금지를 시도하였으나, 한시적이거나 무산된 경험이 많다. 유럽 국가와 같이 비이슬람 국가에서 무슬림 여성이 히잡을 착용하는 문제를 놓고, 이를 옹호하는 측과 반대하는 측의 논란이 뜨겁다. 즉, 무슬림 여성의 히잡 착용을 인권 문제와 결부하여 히잡을 여성에 대한 억압의 도구로 보거나 혹은 히잡을 이슬람을 상징하는 것으로 보고 거부감을 보이는 것이다. 다음과 같은 아랍 언론들의 주장은 이와 같은 시각을 뒷받침하고 있다. 아랍 언론들에 따르면 2019년 전 세계적으로 흥행을 일으킨 영화 〈알라딘〉이 무슬림 여성에 대한 부정적 시각 특히 히잡에 대한 서구의 편협한 시각을 잘 드러내고 있다는 것이다. 즉, 여주인공은 남성 위주의 가부장적 아랍 사회에서 희생자 캐릭터를 연기하며 부모로부터 일방적인 결혼을 강요당하지만 사회와 종교적 제약으로

부터 벗어나고자 한다. 그 증거로 영화에서 여주인공은 히잡을 거의 쓰지 않는다. 이러한 프랑스의 히잡 금지 결정에 맞서 이슬람 원리주의자들은 '히잡의 유용성', '서구 문명의 해악' 등을 주입시키며 상황을 더욱 악화시키고 있다. 이러한 상황에서, 무슬림 여성들은 강제로 히잡이 벗겨지거나, 폭행을 당하는 등의 범죄에 노출되며 히잡 착용 금지로 인한 갈등은 심화하는 양상을 보인다.

시사만평

유럽 내 반이슬람·반무슬림 정서의 다양한 형태 중 시사만평은 유럽과 무슬림 간에 가장 최악의 갈등을 불러일으킨 수단이었다고 할 수 있다. 그중에서도 2005년 9월 30일 덴마크 일간지 〈윌란스포스텐(Jyllands-Posten)〉이 불이 붙은 폭탄 모양의 터번을 쓴 무함마드를 희화화한 만평을 비롯하여 총 12컷의 만평을 게재하여 무슬림들의 분노를 산 사건을 들 수 있을 것이다. 이 만평들은 곧 노르웨이, 독일, 프랑스를 비롯한 여러 나라의 신문을 통해 다시 게재되고 이에 분노한 무슬림들은 덴마크 내에서뿐만 아니라 사우디아라비아 등 아랍·중동지역 주재 덴마크 대사관 앞에서 폭력 시위를 벌였다. 그 사건 이후, 다시 한번 유럽 내 무슬림들의 분노를 일으킨 최악의 결과를 가져온 사건 역시 만평이었다. 2011년 프랑스 좌익 성향 풍자 전문 주간지 〈샤를리 에브도(Charlie Hebdo)〉가 무함마드를 조롱하는 만평을 게재한 것이다. 이에 대한 무슬림들의 분노와 항의에 〈샤를리 에브도〉는 "무엇이든지 다 표현할 수 있다는 자유가 종교적 금기보다 앞선다"고 주장하며 2012년 무함마드 누드를 포함한 만평을 재차 게재했다. 만평 게재 후 신문 판매 매출은 급증하고 사람들의 관심을 불러일으키는 데에는 성공했지만, 동시에 2015년

1월 7일 3명의 이슬람 극단주의자가 파리에 위치한 〈샤를리 에브도〉 본사 사무실에 침입하여 총기를 난사해 만평가를 비롯하여 총 12명이 사망하고 11명이 부상하는 참혹한 테러를 가져왔다. 이 비극적인 사건은 프랑스 내 이슬람 혐오라는 또 다른 비극을 불러왔다. 즉, 〈샤를리 에브도〉 테러 사건 직후부터 50건 이상의 무슬림 적대 행위가 일어났는데, 구체적으로 21건의 방화 또는 폭탄 투척, 33건의 폭언과 위협 등이었다. 이 사건은 프랑스 내에서도 타 종교를 존중해야 한다는 의견과 '표현의 자유'를 옹호하는 의견이 팽팽히 맞서는 등 큰 논란을 가져왔다.

미디어 매체

증오 연설(hate speech), SNS 등은 이슬라모포비아를 확산하는 데 쉽고 파급 효과가 큰 영향력을 갖고 있다. 유럽의 미디어에서 무슬림 이민자들, 특히 무슬림 여성은 대부분 두 가지 타입으로 묘사된다. 즉, 고통받고 집에만 머무르며 권리가 없고 남자들로부터 희생되는 타입과, 다른 하나는 페미니스트들이다. 그녀들은 언제나 자신들의 정의와 권리를 주장하고, 화가 나 있는 모습으로 미디어에 묘사된다. 아랍 언론은 유럽 미디어가 '이슬람 혐오'를 증폭하는 데 크게 기여하고 있다고 본다. 이를 뒷받침하기라도 하듯, 최근 영국 내 언론 보도와 이슬라모포비아 증가가 상호 연관성이 있는지에 관한 조사에서, 주요 일간지 기사 100건당 약 78건이 영국 내 거주하는 무슬림을 부정적으로 다뤘다는 결과가 나왔다. 인터넷은 이슬라모포비아 현상이 거의 나타나지 않는 국가에서조차 이슬람 혐오를 퍼뜨릴 수 있는 역할을 한다. 증오 연설, 인신공격, 폭언과 위협, 〈샤를리 에브도〉의 예언자 무함마드 조롱 만평 등 유럽 내 무슬림 이민자들이 겪고 있는 다양한 형태의 이슬라모포비아에 대하여 유럽인들은 이를 '표현의 자유'라고 주장하고 있다. 이와 같이 유럽 내에서 무슬림 이민자들을 대상으로 발생하는 이슬라모포비아에 대하여 '표현의 자유'를 내세우고 있다. 하지만 〈샤를리 에브도〉 사건의 경우 주류 사회에 대한 조롱이나 정권 혹은 크리스트교에 대한 풍자가 아니라 타 종교인 이슬람, 특히 모든 무슬림이 존경하는 예언자 무함마드에 대한 조롱이었음을 아랍 언론들은 주장하고 있다. 즉, 성스러운 것들은 건드리지 않는다는 암묵적 약속을 위반했음을 지적하고 있다. 〈샤를리 에브도〉 테러 사건 이후 프랑스 내에서는 '타 종교에서 신성시하거나 금기시하는 것도 표현의 자유라는 명목으로 풍자의 대상이 될 수 있는가'를 놓고 논란이 지속되고 있다.

표현의 자유는 유럽 내에서도 논쟁거리가 되고 있다. 실제로 프랑스 여론조사 기관인 IFOP가 2012년 〈샤를리 에브도〉의 무함마드 조롱 만평에 대한 여론조사를 실시한 결과, 51퍼센트의 응답자가 "표현의 자유가 있기 때문에 보도할 수 있다"고 한 반면 47퍼센트의 응답자는 "또 다른 긴장을 조성할 수 있으므로 보도하지 말았어야 했다"고 답하는 등 표현의 자유를 지지하는 입장과 반대하는 입장이 팽팽히 맞서는 걸 알 수 있다.

유럽 내 무슬림 이민자들

최근 유럽 각지에서 발생하는 테러 사건의 가해자는 대부분 유럽 내 무슬림 이민자 3·4세들이다. 그들을 단죄하기 앞서, 왜 유럽 내 무슬림 이민자들이 극단주의 테러 단체에 빠지게 되었는지를 살펴볼 필요가 있다.

무슬림들은 유럽의 주류 사회에 참여할 수 없다. 독일의 경우 80퍼센트, 약 350만 무슬림이 독일 시민권을 취득하지 못했다. 당연히 이들에게는 투표권이 없다. 한마디로 독일 사회로의 진정한 통합의 기본인 정치에 능동적으로 참여할 수 없다는 것이다. 이 같은 상황은 유럽 내 다른 국가들도 마찬가지다. 많은 나라에서, 정부는 무슬림 공동체를 통제하는 정책을 펼치고 있다. 이슬람을 '현지화'하고, 무슬림들에게 다문화사회로 통합되도록 압박하며, 그들의 무슬림 신념과 관습을 포기하도록 강요하는 것이다. 결국 무슬림 이민자들은 주류 사회로부터 고립되고 단절되어 점차 사회에 불만을 갖게 될 수밖에 없다. 그들이 살고 있는 국가의 국적을 갖고 혜택을 누리고 있지만, 그들의 사상을 거부하고, 많은 수가 급진주의로 빠지게 되었다.

한 가지 주목해야 할 것은 유럽 내 무슬림이 처한 상황이다. 과격 이슬람 원리주의 테러 단체들이 유럽 내에서 자행한 무차별적 테러들은 유럽인만을 대상으로 하지 않는다. 오히려 유럽 내 무슬림은 유럽 내 모든 무슬림에 대한 경고로 받아들이고 있다. 2015년 프랑스 주간지 〈샤를리 에브도〉 테러 사건은 단순히 프랑스 언론에 대한 공격이 아니라 분쟁이 메나 지역에서 유럽으로 전이되었음을 보여준다. 이 사건은 유럽 내 무슬림에게도 대단히 부정적인 결과를 가져오게 될 것이라는 것이 아랍 언론인들의 의견이다. 〈샤를리 에브도〉 테러 사건 이후, 유럽 각지에서는 이슬람 원리주의 테러 단체들이 주도하는 무차별적 테러가 발생했다. 그 결과 무슬림 이민자에 대한 증오 연설, 혐오, 인신공격, 모스크 등 무슬림 시설 공격, 무슬림 폭행 등의 범죄를 유발하면서 유럽 내 비무슬림과 무슬림 간 갈등이 반복되는 악순환이 이어지고 있다. 즉, 유럽 내 무슬림 이민자들은 백인 극우주의의 혐오의 위협과 동시에 이슬람 원리주의 테러 단체로부터의 테러 위협에도 결코 안전하지 못한 상황에 처하게 되었다.

유럽 내 무슬림 이민자들은 급진 우익 세력의 증오 연설, 모스크나 이슬람 센터 등 무슬림 시설 공격, 히잡이나 부르카 또는 니캅을 착용한 여성에 대해 거리·쇼핑센터·기차·버스 등에서 가해지는 폭력으로 일상생활에서 위협받고 있다. 문제는 다른 승객들이 희생자들을 옹호하거나 도우려고 나서지 않는다는 것이다. 아랍 언론들은 희생자인 무슬림 역시 경찰서 등 사법 당국에 신고하지 않는 등 이러한 폭력에 적극적으로 대처하지 않는 것도 범죄가 줄어들지 않는 원인으로 보고 있다.

결론

이슬람 혐오 현상은 어느 나라에나 존재하는 도시 빈곤자들의 소외, 이민자·외국인·소수자에 대한 소외나 차별과 다르지 않다고 주장할 수 있다. 하지만 아랍 언론들의 시각은 다르다. 즉, 이슬라모포비아는 급진 극우주의 사상을 가진 일부에 의하여 저질러지는 명백히 인종 차별을 핑계로 한 범죄로서, 근절해야 할 현상이라는 것이다. 이를 위해 아랍·중동 지역 국가들이 더 이상 이를 무시하거나 방관해서는 안 된다고 주장한다. 거시적 차원에서 이슬라마포비아의 해결은 국민들의 더 나은 삶을 위해 전 세계가 직면한 다양한 분쟁과 분리해서 생각할 수 없다고 보고 있다. 이슬라모포비아의 근절은 아랍 세계에서 민주주의 확산 없이는 실현될 수 없다는 것이다. 이스라엘의 팔레스타인 영토 점령을 종식하지 않고서는, 전 세계에서 빈부격차가 줄어들지 않고서는, 무기 거래의 제한과 평화를 정착할 능력이 있는 세계적인 체제의 구축 없이는, 그리고 유럽 사회 내 급진 우익 세력에 맞서고 자유와 민주주의를 되찾으려는 노력 없이는 결코 실현되지 않을 것이다. 이것은 무슬림들의 반이슬라모포비아가 더 나은 세상을 위한 인류 투쟁의 일부임을 인정하는 것이다. 단지 무슬림들만이 치르는 전쟁이 아님을 강조하고 있다. 유럽 내 이슬라모포비아에 맞서 타인과 타 문화를 존중하는 진정한 다문화사회 분위기를 만들려는 노력이 없다면 이슬라모포비아는 유럽에서 쉽게 사라지지 않을 것이다. 이슬라모포비아는 무슬림 이민자들만의 문제가 아니라 어느 특정인이나 공동체에도 가해질 수 있는 폭력의 한 형태다. 따라서 이슬라모포비아 근절 노력은 더 나은 세상을 만들기 위한 공동선 작업이라고 할 수 있다.

참고문헌

아랍 언론

눈포스트 https://www.noonpost.com/content/29042.

알마르스드 https://al-marsd.com/139164.html.

알마아딘 http://www.almadaen.com.sa.

알빌라드 https://www.elbilad.net/service/caricature?c=741.

알아라비 https://www.alaraby.co.uk/opinion.

알아랍 https://alarab.co.uk.

알와프드 https://alwafd.news.

알위파끄 온라인 http://www.al-vefagh.com/News/101637.html.

알자지라 https://www.aljazeera.net/news/cultureandart.

알칼리지 https://alkhaleejonline.net.

앗사르끄 https://al-sharq.com/article/19/06/2017.
야움싸비아 https://www.youm7.com/story.
이라크후르 https://www.iraqhurr.org/a/26783412.html.
Anadolu Agency https://www.aa.com.tr/ar.
Hespress https://www.hespress.com/writers/252616.html.
Irfaasawtak https://www.irfaasawtak.com.
TRT https://www.trtarabi.com/explainers.